신약교회 사관에 의한

동시대 두 세상 I

[구약편]

정수영 지음

쿰란출판사

머리말

필자는 목사이며 역사학도이다. 그렇기에 성경 강해서들과 교회사에 관한 저서들을 여러 권 발표했다. 이렇게 성경과 역사에 관한 저술을 하면서 계속 필자를 지배해 온 생각이 있다. 그것은 성경이 역사적 산물이고, 교회사 역시 역사 속 사건이라는 것이다.

그런데 성경과 교회사만 과거 역사 속에 존재했던 것이 아니다. 성경과 교회사는 이 세상 전체에서 극히 미미한 일부 사건들이었고, 훨씬 더 많은 세상일들이 과거를 장식했다. 그렇다면 과거 극히 일부 세상에서만 통용되었던 성경과 교회사가 이 시대에 절실히 필요한 연구 대상이 될 수 있는가?

성경은 1,600년이라는 장구한 역사 속에 완성되었다. 1,600년 장구한 세월 속에 세상은 애굽, 팔레스타인, 이스라엘, 바벨론, 앗수르, 페르시아, 헬라, 로마 등 수없이 변화하였다. 그런데 세상은 달라졌으나 성경은 한결같았다.

성경과 세상이 다른 이유가 무엇인가? 과연 성경 각 저자들이 동시대의 세상 사람들과 어떤 차이가 있었는가? 차이가 있었다면 그 내용은 무엇인가? 그 차이는 누구나 다 깨달을 수 있는 것인가? 과거의 깨달음이 현대에도 간직할 만한 가치가 있는 것인가?

필자는 위와 같은 질문들에 대한 해답을 찾으려는 노력으로《동시대 두 세상 I(구약편)》이라는 본서를 집필하게 되었다.

'대비'(對比: comparison)란 서로 맞대어 비교한다는 말이다. 필자는 구약성경의 수많은 사건, 인물, 사상 등을 그것들이 이루어진 동시대 세속 세상 인간들 속에서 비교해 보려고 한다.

천지 창조나 인간 창조나 노아 홍수 같은 내용들은 동시대 세상과 비교할 만한 자료가 없는 것이 현실이다. 이런 내용들은 대비가 불가능하다. 그렇기에 현대의 상반된 주장을 그대로 정리했다.

그리고 B.C. 2000년경 아브라함부터 B.C. 400년경까지의 성경 인물들과 세상 사람들은 대비가 가능했다. 이들은 '동시대의 두 세상'을 살아갔던 인물들과 사상들이다. 이들을 열심히 살펴보았다.

혹자는 이미 다 지나간 옛날 사람들에 대한 연구가 오늘날처럼 급진전되는 첨단 세상에 무슨 필요가 있겠느냐고 반문할지도 모른다. '너무 현실을 모르는 꼰대 같은 넋두리가 아닌가?' 그렇게 생각할 수 있다. 그러나 필자는 역사학도로서 과거를 통해 현대를 이해하고 미래를 예측하는 역사 법칙으로 보자면, 일반적인 생각과 견해가 다르다.

우리는 수많은 과거에 의해 현재라는 결과들을 맞고 있다. 코로나19 재앙은 단순한 현재의 문제가 아니라 과거에 앞뒤 가리지 않고 산업화라는 달콤한 맛을 추구해 온 결과의 유산이다. 기후 재앙, 전 세계 각 곳의 이상 기후들은 모두 과거가 낳은 오늘의 현상들이다.

인류의 정신사도 마찬가지이다. 세계 인구가 75억이 넘었지만 인류 간 갈등이 증폭되어만 가는 것은 모두가 과거 유산들의 영향을 그대로 받고 있는 것이다. 각 국가가 각기 다른 정치적 성향으로 각기 다른 방향을 추구하고 있고, 세계인들이 경제적, 사상적, 종교적, 인종적으로 분리를 거듭해 나가는 것들은 모두가 과거에서 비롯된 결과들이다.

오늘 우리는 어떻게 살아가야 후손들에게 잘 살아간 조상으로 전승될 수 있을까? 현대인들의 시류에 따라 적당하게 살아간다면 당장에는 편할 것이다. 그러나 현대는 매스컴이 수많은 현상들을 전달해 줄 뿐, 좋고 올바른 판단은 각자 개인이 결단해야 할 몫이다.

우리는 지금 매우 복잡한 문제들의 소용돌이 속에서 수많은 소리들을 들으며 판단하기 매우 난처한 혼란 속에 살아간다. 이러한 때에 과거 성경의 인물들과 동시대의 세상 사람들을 비교해 보는 것은 올바른 판단력을 얻는 데 유익할 것이다. 혼란한 세상 틈에서도 '빛'으로 살아간 성경 인물들이나 세상 유명인들을 비교해 봄으로써 독자들의 바른 선택에 도움이 되도록 본서를 만들었다. 좋은 참고 자료가 되기를 바란다.

본서를 위해 워드로 정리해 준 계인철 목사와 사위 김용기 전도사와 다양한 자료를 종합 정리하는데 수고한 아내에게 감사한다. 필자 사정을 크게 배려해 주시는 이형규 사장님 그리고 편집진 여러분들께 깊은 감사를 드린다.

2023년 9월

평촌에서 정수영

제1권

동시대의 두 세상 I (구약 편)

차례

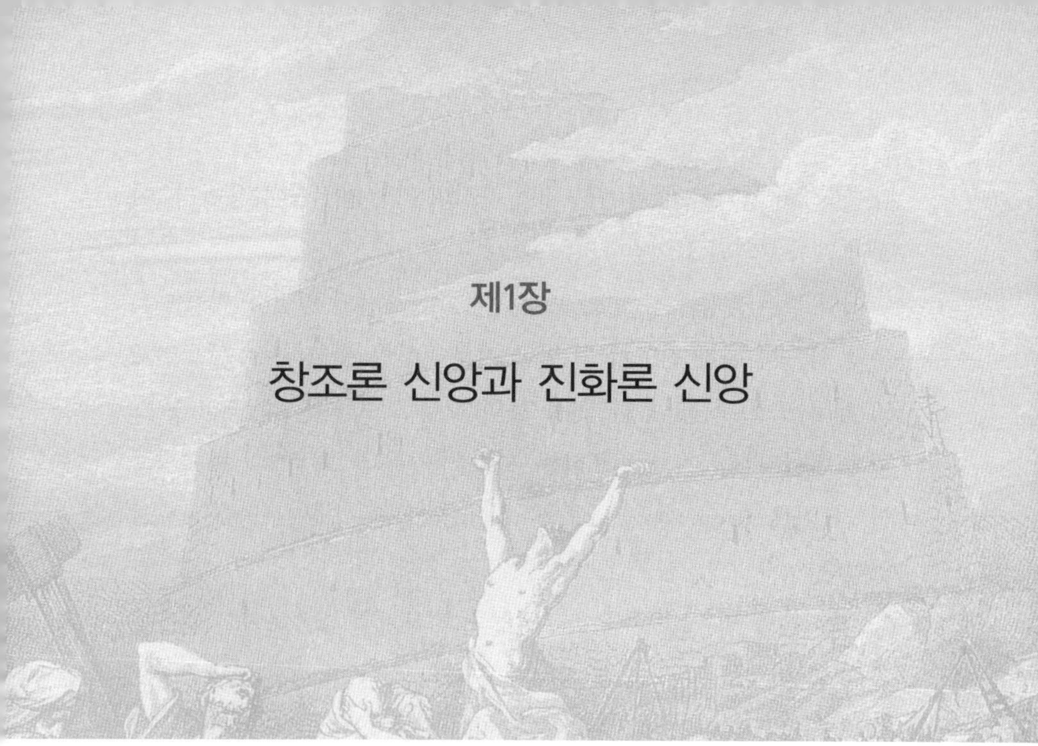

제1장

창조론 신앙과 진화론 신앙

서론

성경의 맨 첫째 내용은 우주 만물과 인간이 하나님의 말씀으로 창조되었다는 창세기 내용이다. 이 같은 창조신앙은 수천 년 인류 역사의 등불과 같은 역할을 해왔다.

그런데 중세기 천 년은 창조신앙의 주인이신 하나님을 제쳐 놓고 교황이 세계의 중심이 된 암흑 세상이었다. 중세기에는 신앙의 대상이 교황이었다. 그래서 정치도 교황 아래 예속되었고, 학문도 법률도 사회 제도도 모두 교황권 아래에서만 통용되었다.

이렇게 교황이 하나님 노릇을 하는 중세기의 암흑 세상을 다시금 성경으로 환원시킨 운동이 16세기의 종교개혁이었다. 종교개혁은 천 년 동안 억압받던 모든 학문들을 해방시켰다.

이렇게 해방을 맞은 학문의 자유는 모든 사상들을 해방시키는 세상을 열었다. 그것을 18세기의 계몽운동(The Enlightenment)이라고 한다. '과감히 생각하라. 용기를 내어 자신의 이성(理性)을 사용하라.' 이것이 계몽주의의 표어였다.

이와 같은 계몽주의 사조 속에 박물학(博物學)이 있었다. 박물학은 온갖 사물에 관해 참고가 될 만한 견문(見聞)을 뜻한다. 그중에 인체의 해부 도보, 식물, 동물, 곤충 등의 해부 도보들이 발표되었다. 그렇게 박물지(博物誌)를 발표하는 사람들 가운데 프랑스의 박물학자인 라 마르크(Jean-Baptiste de Monet Chevalier de La Mark: 1744~1829)가 있었다.

그는 곤충 및 연충학, 무척추동물들의 체계를 발표하면서 생물들은 자연 발생을 하고 생물 자체가 진화의 경향을 가진다는 주장으로 최초의 진화 사상을 주장했다. 이와 같은 그의 주장은 창조신앙을 부정함으로 많은 비판과 반대 속에 만년에는 빈곤과 실명(失明)으로 시달리면서도 두 딸의 조력으로 저술을 남겼다. 이것이 다윈 이전의 진화론의 시작이다.

19세기에 들어 영국의 생물학자 다윈(Charles Robert Darwin: 1809~1882)은 1859년 《종의 기원》을 통해 모든 생물들의 진화를 주장했다. 그리고 1871년에 《인간의 유래》를 발표하면서 인간도 다른 생물들과 마찬가지로 진화의 법칙에 의해 진화되었다고 주장했다.

이렇게 시작된 다윈의 '진화론' 주장은 160년도 안 된 것이다. 그런데 불과 150년 사이에 전 세계 인류는 걷잡을 수 없는 소용돌이 속으로 추락하고 말았다. '진화론'은 단지 학문적 가설일 뿐 명확하게 증명되지도 않는다. 그러나 이 같은 가설로 인한 후유증은 실로 전 세계를 타락시키고 말았다. 이에 진화론의 가설이 어떻게 이토록 전 세계 인류를 타락시켰으며, 그로 인한 해악의 결과들은 무엇인지 살펴보도록 하겠다.

1. 진화론 가설의 역사

1) 진화론의 창시자 다윈

(1) 다윈의 가정 배경과 진화론의 출생

찰스 다윈의 조부는 에라스무스 다윈(Erasmus Darwin: 1731~1802)은 의학을 공부한 후 의사로 활동했다. 그는 당시의 계몽주의 영향으로 생물의 진화를 연구하면서 동물의 발생에 있어서 진화설에 기초를 둔 견해를 저서로 밝혔다. 그것이 《주노미아》(Zoonomia) 두 권이다(1794~1796). 찰스 다윈은 바로 그의 조부에 의해 진화설의 영향을 받았다고 한다.

찰스 다윈은 의사인 R. 다윈의 아들로 1809년 2월 12일 잉글랜드 슈루즈베리에서 출생하였다. 1817년 초등학교에 입학한 8살 때 모친이 사망한다. 1825년 에딘버러 대학 의학부에 입학했다가 1828년 케임브리지 대학 신학부로 전학하여 1831년에 졸업했다.

참으로 납득하기 어려운 것은, 조부나 부친이 의사여서 의학대학에 입학한 찰스 다윈은 성격에 맞지 않는다고 신학을 공부했다. 신학을 공부한 찰스 다윈은 신학공부보다는 프랑스의 라 마르크처럼 박물학(博物學)과 동식물의 야외 채집과 지질 조사 연구를 위한 여행을 좋아했다. 찰스 다윈은 1831년에 케임브리지 대학 신학부를 졸업했다.

그는 졸업과 동시에 그의 취향을 살리는 기회를 만든다. 그것은 영국 해군 소속의 측량선인 비글호(Beagle)에 승선한 것이다. 비글호는 해군 소속의 목조 범선으로 10문의 포(砲)를 갖추고 있었다.

찰스 다윈은 1831년 12월에 비글호를 타고 플리머스를 출항하여 5년 후인 1836년 10월에 귀항한다. 그동안에 남아메리카 연안, 태평양 여러 섬들 중 특히 갈라파고스와 뉴질랜드, 오스트레일리아 등을 항해했다. 그는 이 기간 동안에 각지의 동식물과 지질을 관찰하고 표본을 수집하였다. 그리고 이 같은 항해기를 일기 형식으로 자세히 기록하였다. 훗날 이때 기록한 《비글호 항해기》가 진화론의 기초가 된다.

찰스 다윈은 1837년 런던에 거주하며 1839년에 왕립협회 회원이 되고, 엠마와 결혼한 후 《비글호 항해기》를 출판한다. 1848년 부친이 사망한 후 1851년에는 다리가 많이 달린 덩굴 모양의 절지동물에 관한 《만각류(蔓脚類)의 연구》라는 연구서를 출판한다. 이로 인해 왕립협회에서 수여하는 상패를 받는다. 1856년에는 《종의 기원》 집필을 시작해 1859년에 책으로 출판했다. 이때 초판은 1,250부 정도였다.[1)]

1860년 옥스퍼드에서 찰스 다윈의 진화론을 둘러싸고 공개 논쟁이 시작되었다. 이때 기독교계로부터 맹렬한 공격이 시작되었다. 찰스 다윈은 논쟁에 불참했다. 그 대신 다윈의 친구이며 영국 생물학자로 다윈과 비글호 항해에 동행했던 토마스 H. 헉슬리(Huxley: 1825~1895)가 다윈 편에서 다윈을 열렬하게 적극 지지하였다. 이때의 토마스 헉슬리의 손자 올더스 헉슬리(Aldous Huxley: 1894~1963)는 《연애대위법》, 《어릿광대》 등을 지은 소설가이다. 이때 영국 성공회 주교였던 B.S. 윌버포스와 토마스 헉슬리 간에 벌어진 창조론과 진화론의 공개 논쟁에서 헉슬리가 승리하며 진화론 보급에 큰 역할을 한다. 한편 독일에서는 E.H. 헤켈이 다윈의 진화론에 동조했다.

이때 《종의 기원》에서 찰스 다윈은 다음과 같은 주장을 했다.

① 같은 종 안에 있는 개체는 그 형태와 생리에 두드러진 연속적 변이가 있다.

---

1) 찰스 다윈, 송철용 역, 《종의 기원》(동서문화사, 2016).

② 이 변이는 기회가 있을 때마다 발생하여 유전한다.
③ 동물이나 식물의 개체군은 매우 높은 번식 능력을 가지고 있다.
④ 그러나 자원은 한정되어 있으므로 어느 군의 개체는 자신의 생존과 그 자손의 생존을 위해 투쟁하지 않으면 안 된다.
⑤ 따라서 몇 개의 개체 최적자만이 살아남고 똑같은 성질을 지닌 자손이 남게 된다.
⑥ 최적자는 자연 선택을 통해서 좀 더 잘 적응하는 좋은 개체에 의해서 구성되기에 이른다.

《종의 기원》의 내용은 이 정도로 요약된다.

그 후 1867년에 《사육 동물과 재배 식물의 변이》, 1871년에 《인간의 유래》에서 인간도 진화되었다고 주장한다. 이외에도 식물들에 관한 연구서들을 발표하고 1882년 73세로 사망한다. 그의 시신은 귀족과 왕족이 안장되는 웨스트민스터 교회에 안장되었다.

2) 인간 진화론의 근거를 수립한 사람들

찰스 다윈의 《종의 기원》으로 불붙은 동식물 진화와 인간 진화론 주장으로 유럽 세계가 한창 소용돌이치고 있었다. 학계가 진화론에 대한 찬반으로 뜨겁게 고조되어 갈 때에 증거물들에 근거한 인류 진화론 주장들이 나온다. 증거물에 의한 인류 진화론 주장은 당시 이미 세상에 뜨겁게 소용돌이치고 있는 다윈의 진화론 주장에 대해 물적 증거를 주는 주장이었는데 전반적인 학계에서 무시를 당하는 독불장군 이론이었다. 그러나 제2차 세계대전 이후에는 전 세계 각 곳에서 많은 동류(同類)의 화석들이 발견되며 인류 진화론이 힘을 얻게 되었다. 이로 인해 인간 진화론은 점차 세계 인류학자들에 의해 완전한 학설처럼 대중화되었다.

인간 진화론은 다윈의 이론 이후 이를 뒷받침하는 인간의 유골로 보이는 화석(化石)들에 의해 추상적 이론으로 정착하게 된다. 이제 인간 진화론의 근거를 수립한 사람들을 살펴보자.

(1) **레이먼드 다트**(Raymond Arthur Dart: 1893~?)

다트는 오스트레일리아 제3의 도시인 브리즈번(Brisbane)에서 태어났다. 그는 퀸즐랜드(Queensland) 대학과 시드니(Sydney) 대학에서 의학을 공부하고, 1920년 남아프리카 요하네스버그(Johannesburg)의 위트워터즈랜드(Witwatersrand) 대학의 해부학 교수가 되었다.

다트는 1924년 남아프리카 케이프 주(州) 타웅스(Taungs: 현재는 타웅)의 한 채석장에서 어린아이의 유년두골(幼年頭骨)을 입수했다. 그가 어린아이 화석을 처음 발견한 것이 아니다. 채석장 관리사무소 직원이 화석을 종이 서류들을 눌러두는 도구로 사용하는 것을 보고 즉각적으로 인간 진화론에 대한 호기심이 작용하였던 것이다.

다트는 어린아이의 화석을 입수한 후 1924년 그 화석을 소재로 한 오스트랄로피테쿠스 아프리칸인(Australopithecus Africanus), 즉 '아프리카 남쪽의 원숭이'라는 이름으로 연구논문을 발표했다. 이때 다트는 어린아이의 유골이 사람과 원숭이의 공통 조상인 유인원(類人猿)이라고 주장했다. 그러나 그의 독단적 주장에 대해 모든 인류학자들은 인정하지 않았다.

그러나 뒤를 이어 고생물학자 R. 브룸(R. Broom)이 다트의 견해를 입증하기 위해 남아프리카의 각지에서 유사한 종류의 표본들을 많이 입수하였다. 그로 인해 1945년 전후부터 이들 표본들에 대한 재

검토가 시작되었다. 그 결과 남아프리카에는 오스트랄로피테쿠스 속(屬) 외에 파란트로푸스 속도 있다고 했으나 그 후에는 다시 오스트랄로피테쿠스로 정리되었다.

이렇게 다트의 유인원 주장이 1924년에 처음 제기된 후 29년이 지난 1953년에 다트는 인류학자 최고의 영예인 바이킹(Viking) 메달을 받았다. 그 결과 오늘날 '오스트랄로피테쿠스' 화석은 초기 인류인 원인(猿人) 단계의 증거라는 학설이 존재하게 되었다. 오늘날 학계에서는 1924년 다트가 남아프리카 케이프 주(州) 타웅스(Taungs) 채석장에서 입수한 어린아이 유골을 '다트(Dart)인' 또는 '오스트랄로피테쿠스'라고 명명한다.

오스트랄로피테쿠스는 두 발로 직립 보행을 한 유인원(類人猿) 수준으로 송곳니는 짧고 작게 단소화(短小化)되었고, 뇌의 용량은 500 cc 정도이고, 음식물을 씹는 저작기(咀嚼器)도 크다고 한다. 이렇게 하여 유인원(類人猿) 학설이 세워졌다.

(2) 로버트 브룸(Robert Broom: 1866~1951)

브룸은 영국 스코틀랜드에서 출생했다. 그는 1887년 글래스고 대학(Glasgow University)을 졸업하고 당시에 영국에서 뜨겁게 화제가 되어 논쟁이 되는 《종의 기원》(1859년)의 영향을 받은 상태로 남아프리카의 스텔렌보스(Stellenbosch)라는 인구 5만 미만 되는 작은 도시의 교수로 갔다.

브룸은 이곳에서 1903년부터서 10년까지 교수로 지내며 화석(火石) 연구에 종사했다. 1934년부터는 남아프리카 북동부에 있는 인구 850만 규모의 대도시 트란스발(Transvaal)의 박물관에 근무하면서 남아프리카의 파충류를 연구하였다. 그는 조수인 J. T. 로빈슨과 함께 고대 원인(猿人)으로 분류되는 플레지언트로푸스, 파란트로푸스, 테란트로푸스 등의 화석들을 발표했다. 그러나 세상은 그의 주장들에 별로 흥미를 못 느꼈다.

그런데 R. 다트의 오스트랄로피테쿠스 견해를 지지하는 다양한 원인화석(猿人化石)에 대한 그의 분류학적 연구서들은 크게 인정을 받게 되었다. 그의 저서로 *The Mammal like reptiles of south Africa*(1932), *The Genera and species of the south African Fossil Ape-men*(1950) 등이 있다. 후자의 연구논문에서 브룸은 다트의 유인원 주장을 옹호했다.

이 연구논문에서 브룸은 유인원의 특징을 몇 가지로 설명한다.

① 유인원은 원숭이면서 사람이어서 직립 자세로 걷는 특성이 있다.

② 두개골의 용량은 500ml 정도로 현대인의 3분의 1쯤 되며, 고릴라 정도의 수준이다.

③ 위아래 턱뼈가 현대인과 다르게 크게 발달되어 있다.

④ 치아들이 현대인 치아보다 크고 어금니는 대단히 커서 거친 음식들을 잘 씹을 수 있다.

이와 같은 특징들을 갖춘 오스트랄로피테쿠스는 원숭이와 인간의 공동 조상인 200만 년 전 유인원의 화석이라는 이론이 만들어졌다.

우리가 반드시 기억해야 할 사실이 있다.

'진화론'이란 신념은 갑자기 만들어진 것이 아니다. 진화론을 최초로 발표한 찰스 다윈은 그의 조부인 에라스무스 다윈의 저서 《주노미아》(Zoonomia) 두 권에서 진화론의 영감을 받았다. 그래서 대학 재학중 그 분야에 취미활동을 하다가 대학을 졸업하자마자 비글(Beagle)호를 타고 5년간 그 분야에 관해 집중 취재한다. 그렇게 취재한 모든 자료들은 이 같은 취재가 자유롭지 못해 그 분야에 백지인 세상 사람들에게 반신반의의 《종의 기원》(1859)이 된다.

이것에 대한 결정적 공로자는 앞서 언급한 다트와 브룸이다. 이들 두 사람은 다윈의 《종의 기원》에 근거한 진화론 이론에 크게 자극받고 진화론 이론을 수립하려는 영웅심에 들뜬 자들이었다. 다트가 처음 유인원 화석이라고 주장한 오스트랄로피테쿠스 이론을 낸 것은 1924년으로, 다윈의 진화론 주장이 나오고 65년 뒤의 발표다. 브룸의 이론(1950) 역시 다윈의 진화론이 발표되고 50여 년이 지난 후의 것이다.

지금도 가톨릭은 구교(舊敎)이고 개신교는 가톨릭에서 갈라진 신교(新敎)이며, 한국에서의 장로교는 대장자(大長子) 교단이라고 한다. 이런 종류의 근거 없는 선입 개념이 무식한 독선을 만들어낸다. 진화론도 마찬가지다. 새로운 학설을 발표하여 영웅이 되고 싶은 자들이 비과학적 논리로 만들어 낸 것이 진화론의 실체이다.

3) 인간 진화론의 근거인 화석들 이론

인류의 진화론을 주장하는 인류학자들은 인간 진화의 근거로 몇 종류의 화석(化石)들을 제시한다.

(1) 200만 년 전의 인간과 원숭이의 공통 조상인 원인(猿人)

이에 대한 이론적 근거를 앞서 R. 다트의 '오스트랄로피테쿠스 이론'에서 설명했다. 이 이론을 뒷받침하려는 불완전한 뼈의 파편들은 동, 남아프리카에서 많이 출토되었다. 그 이름이 호모 하빌리스, 진잔트로푸스, 메간트로푸스 등등으로 명명되며, 오스트랄로피테쿠스 이론을 뒷받침해 주고 있다.

(2) 50만 년 전 공통 조상에서 분리된 원인(原人)

지금부터 50만 년 전에 공통 조상인 원인(猿人)에서 분리되어, 최초의 인간 독자적 원인(原人)이 있었다는 이론이다. 이 이론의 근거로 '하이델베르크인'이 제시된다.

하이델베르크(Heidelberg)는 독일 남서부에 있는 인구 13만 정도의 도시이다. 라인강의 지류인 네카어강이 흐르는 독일에서 가장 아름다운 도시이다. 이곳에는 독일에서 가장 오래된 하이델베르크 대학(1386년 설립)이 있고, 종교개혁 후에 칼빈주의자들이 독일 개혁파 교회의 입장을 정리한 '하이델베르크 교리 문답'을 선언했다.

이곳 하이델베르크 시 근처의 마우엘이라는 작은 마을에서 1907년에 아래턱을 이루는 부분이 말굽 모양으로 구부러져 있고 다른 뼈와 떨어져 있는 하악골(下顎骨) 하나를 발견하였다. 이 뼈를 O. 쇠텐자크가 호모 하이델베르겐시스(Homo heidelbergensis)라고 명명했다. 이 같은 명명이 하이델베르크인의 시초가 된다.

이때 발견된 하이델베르크인의 특징은 다음과 같다.

① 머리와 이마 사이가 좁은 것으로 뇌의 용량이 900~1,300ml 정도이고

② 턱뼈가 유별나게 크고

③ 치아가 현대인과 다르게 단단하다.

이와 같은 특징은 200만 년 전 원인(猿人)에서 진화된 최초의 인간의 시초인 원인(原人)으로, 50만 년 전의 인류 조상이라고 해석했다.

이와 같은 원인(原人)에 대한 이론은 인도네시아 자바(Java) 섬에 있는 피테칸트로푸스 원인(原人) 화석, 중국 베이징에서 발견된 베이징 원인(原人), 북아프리카 알제리의 아틀란트로푸스(Atlanthropus)에서 1954~55년에 발견된 하악골(下顎骨)과 한 조각의 두정골(頭頂骨) 등이 뒷받침되면서 50만 년 전의 원인(原人) 화석 이론으로 성립되었다.

(3) 15만~3만 5천 년 전의 구인(舊人)

독일 북서부 뒤셀도르프 동쪽 약 12km 지점에 있는 얕은 골짜기를 네안데르탈(Neandertal)이라고 한다. 1856년 이곳 펠트호퍼의 동굴에서 구석기 시대인으로 추정되는 인골(人骨)이 발견되었다. 이것을 최초의 발견지 이름을 따라 '네안데르탈인'(Homo Neandertal)이라고 명명하게 되었고, 이것을 현지 박물관에 보관하고 있다.

이외에도 프랑스의 라샤펠오생(La chapelle-aux-Saint's) 동굴에서 1908년에 거의 전신으로 남아 보존 상태가 좋은 남자의 화석을 발견했다. 또 벨기에 나므르 주(州) 스피(Spy) 동굴에서 1886년에 성인 2구의 인골 화석을 발견하였다. 또 이스라엘 하이파 항 남쪽 갈멜산의 스컬(Skhul) 동굴에서도 화석 인골을 1929~34년에 발견하였다.

이들 화석들은 발굴지가 각각 다른 곳이었는데도 불구하고 획일적인 형질을 지니고 있다. 즉 신장은 모두 160cm 정도이다. 뇌의 청각기를 싸고 있는 여덟 개의 뼈인 뇌 두개골(頭蓋骨)이 크고, 머리 길이인 두장(頭長)에 비해 두고(頭高)가 낮으며, 눈두덩이가 두두룩하고 얼굴이 큰 반면 송곳니 웅덩이라고 불리는 견치와(犬齒窩)는 없다. 또 위턱이 밖으로 튀어나온 데 비해 아래턱이 없다.

이와 같은 특징을 가진 것이 15만~3만 5천 년 전의 구인(舊人)이라는 이론이 만들어졌다. 이러한 구인들의 두개골 용량은 1,400~1,600ml

로, 원인(原人)보다 발전된 인간이다.

(4) 3만 년~오늘의 조상인 신인(新人)

그 후 인류학자들은 또 다른 화석들을 발견해 낸다. 프랑스 남서부 도르도뉴 주(州) 레제지에서 가까운 베제르 강(江) 근처에 있는 크로마뇽(Cro-Magnon) 암굴에서 1868년 철도 공사 작업원들이 5구의 사람 뼈들을 발견하였다. 그 후 유럽 각지에서도 비슷한 뼈가 많이 출토되었다. 프랑스 인류학자 J.L.A. 카트르파주는 이들을 통틀어 '유럽의 크로마뇽 인종'이라고 이름을 붙였다.

그리고 1888년 프랑스 서부 샹슬라드에서 발견된 '샹슬라드인'은 1913년 남아프리카 트란스발 남서부에 있는 보스코프(Boskop) 근처의 농장에서 도랑을 팔 때 지하 140cm에서 두개골과 아래턱뼈, 사지의 뼈들을 발견되었다. 이 뼈들을 '보스코프인'(Boskop Man)이라고 한다.

크로마뇽인의 형태적 특징은 180cm 안팎의 큰 키에 머리가 크고, 턱이 곧으며 이는 작다. 구인(舊人)과 같은 눈구멍 위의 융기와 이마의 후퇴는 볼 수 없고, 젖가슴 부분인 유양돌기가 발달하였다. 이처럼 현대인과 꼭 닮았지만 근육과 뼈인 근골(筋骨)은 현대인보다 강했던 것으로 보았다.

또 아프리카의 보스코프인 추정 신장이 165cm 정도이고, 두개골 용량은 1,630ml였다. 윗눈썹은 발달되지 않았고, 앞머리 부분은 융기되어 둥글다. 턱이 튀어나온 정도는 심하지 않다. 이들을 남아프리카 칼라하리 사막에 사는 채집 수렵 민족인 부시먼(Bushman)족의 조상이 아닌가 추정한다.

이들 크로마뇽인이나 보스코프인의 유골들은 3만 5천~1만 년 전에 살아간 신인(新人)들로 짐작을 한다. 이렇게 인류학자들은 200만 년 전의 인간과 원숭이의 공통 조상인 원인(猿人), 50만 년 전의 원인(原人), 15만~3만 5천 년 전의 구인(舊人), 3만 년 전에서 오늘에 이르는 신인(新人) 등 4단계의 진화를 거치면서 오늘에 이르렀다는 인류 진화론을 과학적인 진화론이라고 인정하고 있다.

4) 진화론 세력의 대중화 운동

앞서 인류의 진화 이론은 소수의 학자들에 의한 이론에 불과했다. 그러나 소수 학자들의 이론이 대중적 세력으로 확대되면서 진화론 세력은 세계로 뻗어 나갔다.

(1) 미국의 스코프스 재판(1925년)

유럽에서 1859년에 다윈의 진화론이 주창되었다. 당시 영국과 독일에서는 진화론을 놓고 기독교와 뜨거운 논쟁이 계속되었다. 그러나 창조론 신앙이 물적 증거들을 내세우는 진화론의 공격 앞에서는 이겨내기가 어려운 것이 현실이다. 또 물적 증거물들인 전 세계의 화석들을 근거로 진화론의 진실성을 증명하는 이들 앞에 창조신앙의 믿음만 가지고 저들과 대결한다면 창조론은 힘든 싸움을 싸울 수밖에 없다. 왜냐하면 "믿음은…보이지 않는 것들의 증거"(히 11:1)이고, 진화론들은 보이는 것들을 증거물로 제시하기 때문이다.

이렇게 힘든 싸움들이 미국에서 시작되었다. 미국 남부의 테네시주는 프로테스탄트의 정통주의인 근본주의(Fundamentalism)를 열심히 신봉하는 바이블 벨트(Bible belt)라고 소문난 남부 지역 중의 하나이다. 이곳 테네시주는 성경에 기록된 대로 창조신앙을 문자 그대로 믿고, 창조론에 위배되는 그 어떤 다른 주장도 학교에서 가르치지 못하도록 주법(州法)으로 정하고 있었다(1925년 3월).

그런데 테네시주의 테이턴이라는 작은 마을 고등학교 생물학 교사인 J.T. 스코프스(Scopes)가 주법을 무시하고 생물학 시간에 진화론을 가르쳤다. 당시 진화론은 유럽 대륙 전체에서 뒤끓다가 미국으로 건너왔었다. 스코프스는 당시 미국 사회가 공공연하게 진화론을 거론하고 있었으므로 크게 가책을 느끼지 않고 진화론을 가르쳤다. 그러나 테네시주에서는 주법을 무시하고 진화론을 가르친 스코프스를 체포하여 7월에 재판을 열었다.

스코프스의 재판이 테네시주 내 문제가 아니라 당시 진화론을 지지하는 미국 교육계 일반과 테네시주의 투쟁이 되었다. 이때 테네시주는 근본주의 신봉자로 알려진 브라이언(William Jennings Brayan: 1860~1925)을 검사 측으로 내세웠다. 브라이언은 민주당 대통령 후보로 1896년, 1900년, 1908년 등 세 번이나 대통령 후보로 나왔으나 모두 패배한 유명인이었다. 그가 말년에 '원숭이 재판'(Monkey Trial)으로 알려진 테네시주의 스코프스 재판의 검사 입장으로 나섰다. 이에 맞선 변호사로는 당대 일류 변호사로 소문난 C.S. 다로가 진화론을 옹호하는 입장에 섰다.

미국의 모든 신문들은 '원숭이 재판'에 관한 내용을 매일 특보로 계속 보도했다. 브라이언과 다로 간의 논쟁은 미국 전체의 화제가 되었다. 이때 브라이언은 창조론 신앙으로 공격을 했고, 다로는 진화론 학문으로 브라이언 주장에 대한 추궁을 했다. 이 논쟁에서 브라이언은 다로에게 밀렸다. 그러나 성서를 문자대로 믿는 근본주의의 정통주의가 워낙 강한 테네시주는 판결에서 스코프스에게 유죄를 인정하고 벌금 100달러를 선고했다. 이때부터 청교도적 정통주의의 기세는 점점 후퇴하기 시작했다. 그리하여 테네시주 법으로 창조론만 가르치도록 한 법령은 1967년에 폐지되었다.

1980년경부터 남부 각 주들을 중심으로 진화론과 창조론을 병행하여 가르쳐야 한다는 논쟁이 다시 벌어지기 시작했다. 그러나 결실은 보지 못하고 있다. 이와 같은 스코프스 재판은 "몽키 재판"이라는 영화를 통해 창조론을 마냥 비웃게 만들어 진화론을 상대적으로 격상시키는 결과를 가져왔다. 이것이 1925년대의 사건이다.

(2) 미국의 킨제이 보고서

킨제이(Alfred Charles Kinsey: 1894~1956)는 미국의 동물학자이다. 그는 1929년부터 인디애나 대학의 동물학 교수로 있었다. 그는 대학과 록펠러 재단의 후원으로 인간의 성적(性的) 행동을 연구 조사하였다. 그는 두 사람의 협력자와 함께 미국의 모든 연령, 직업, 계급에 걸친 남성 5,300명과 여성 5,940명의 성 행동을 직접 면접을 통해 확인하는 연구 조사서를 냈다.

그는 먼저 1948년에 〈남성의 성적 행동〉(Sexual Behavior in the Human Male)과 1953년에 〈여성의 성적 행동〉(Sexual Behavior in the Human Female)을 조사 발표했다.

킨제이가 이와 같은 보고서를 정력적으로 추진한 것은 그 자신이 양성애자였기 때문이다. 남녀간의 정상적인 성관계를 이성애라 부르고, 동성 간의 육체적 성관계를 동성애라 하고, 동성애와 이성애를 함께 성관계를 갖는 것을 양성애라고 한다. 킨제이는 양성애자였다. 그런 까닭에 그의 보고서를 통해 놀라운 조사 결과를 내놓았다.

그의 보고서에 의하면, 미국 남성의 10%가 16~55세 사이에 최소 3년간 동성애적 삶을 산다고 했다. 그는 동성애자의 비율을 높이려고 남성 매춘부, 성범죄자, 소아성애자, 노출증 환자 등을 의도적으로 찾아 표본 전체의 4분의 1을 차지하게 했다. 그는 보고서 끝에 근친상간, 어린이와의 성관계, 동물과의 성행위 등등 모든 종류의 성행위들을 옹호하였다.

그 후 킨제이 후계자들은 국민의 10%가 동성애자이므로 그들을 배려해야 한다고 주장하며, 성에 가해진 문화적, 종교적 제한에 대해 교육, 법, 정책을 바꾸는 일에 투신케 하였다. 이 같은 킨제이 보고서는 창조론에 근거한 정상적 가정 질서를 무너뜨리고 동성애나 양성애가 정상인 양 세상 질서를 왜곡하였다.

(3) 성경에 금지된 동성애

하나님께서 금지하신 동성애이다. 하나님께서는 우주 만물을 창조하신 뒤 맨 나중에 인간을 창조하셨다. 하나님께서는 인간에게 하나님께서 창조하신 우주 만물을 관리하도록 특권을 주셨다(창 1:26). 그 같은 특권은 '생육하고 번성하여 땅에 충만하라'(창 1:28)는 결혼제도를 통해서 완수하도록 하셨다.

하나님께서는 우주 만물의 관리자로 사람이 혼자 사는 것을 좋지 않게 여기시고 돕는 배필로 여자를 만들어 주셨다(창 2:18). 그러므로 남자가 부모를 떠나 그의 아내와 합하여 둘이 한 몸을 이루는 것이(창 2:24) 하나님의 뜻이다. 그렇기에 음행한 것 외에는 아내를 버리는 이혼은 성립되지 않는다(마 19:9).

하나님께서는 동성 간의 성행위를 행하는 소돔성을 유황과 불로 다 멸해 버리셨다(창 19장). 하나님께서는 남자가 남자와 동침하는 동성애를 짐승과 교합하는 것과 동일한, 더럽고 문란한 일로 여기시고 율법으로 금지하셨다(레 18:22~23, 20:13~16).

그뿐만이 아니다. 신약성경에서는 음행과 관련된 죄악들은 하나님의 나라를 유업으로 받을 수 없는 심각한 죄악으로 규정했다(고전 6:9~10; 딤전 1:10). 음행은 '포르노스'(πόρνος)로 모든 형태의 성적 타락을, 간음은 '모이코스'(μοιχός)로 배우자 이외의 다른 이와의 성관계를, 탐색하는 자란 '말라코스'(μαλακός)로 동성애자 중 수동적으로 따르는 자를, 남색이란 '아르세노코이테스'(ἀρσενοκοίτης)로 동성애자 중 능동적으로 적극적인 자 등을 의미한다.

동성애 문제는 비단 오늘의 문제만이 아니다. B.C. 2000년경 아브라함 때 그의 조카 롯이 살던 소돔과 고모라에도 있었다. 또 B.C. 1500년경 모세 때에도 있었다. 지금부터 2,000년 전 고린도에도 있었다. 그러나 성경은 처음부터 끝까지 동성애와 음행 등을 철저하게 금지하고 있다. 이 같은 성경의 진리를 킨제이 보고서가 왜곡하여 합법적으로 제도화할 수 있도록 토대를 닦아 놓았다. "킨제이 보고서"는 사탄의 활동을 공식화한 문서였다.

2. 진화론의 해악성

1) 인류 진화론의 근거인 화석들의 허위성

인류 진화론의 근거인 전 세계 각 곳의 화석들이 있다. 저들이 괴이한 화석(化石)들을 근거로 인간이 200만 년 전 원인(猿人), 50만 년 전 원인(原因), 15만~3만 5천 년 전 구인(舊人), 3만 년~오늘의 신인(新人)설을 제기했다. 이 같은 연대 측정들은 1930년대에 이루어진 추론이다. 그러나 지금은 보다 정확한 DNA로 보다 정밀한 연대를 측정해 낸다.

창조과학자들은 DNA로 과거 인류학자들의 추정을 다시 검사했다. 그 결과 진화론자들의 화석 연대 측정은 모두 다 허위였음이 밝혀졌다. 200만 년 전 인간과 원숭이의 공통 조상이라는 아프리카의 오스트랄로피테쿠스는 꼬리가 없는 일반 원숭이의 화석이었다. 15만 년 전 구인의 화석이라는 네안데르탈인은 현대인의 화석이었다. 3만 년 전의 신인 화석이라는 크로마뇽인 역시 현대인의 화석이었다. 과거에 인간 진화론의 근거로 세계에 알려진 각종 화석들은 원숭이나 멧돼지나 현대인들의 화석으로 밝혀졌다.

진화론의 역사는 160년밖에 되지 않는다(1859년 이후). 그리고 그들이 내세운 각종 화석들은 추정 이론으로 과학성이 없다. 그러나 DNA 검사는 검사의 정확성이 98.5%에 이른다. 현대 과학은 DNA로 70년 전 한국전쟁 때 전사한 자들을 미국, 중국, 한국인으로 분류해서 후손들까지 찾아낸다.

이와 같은 확실한 과학은 진화론자들의 추정 연대 이론이 모두 허위였음을 증명해 주고 있다. 그러나 허위와 추정에 의해 수립된 160년간의 기록들을 모두 다 허물어뜨리기에는 너무도 역부족이다. 그래서 잘못이 드러났는데도 수정되지 못하고 과거대로 흘러가고 있다. 참으로 가증스러운 진화론 이론이다.

그뿐만이 아니다. 인간이 공통 조상인 원인(猿人)에서 분리되어 최초의 인간으로 독립된 원인(原人)이 50만 년 전이라고 했다. 그보다 뒤에 시작된 구인(舊人)은 15만 년 전이라고 한다. 진화론자들의 주장대로 인간의 시작을 20만 년 전이라고 가정해 보자. 20만 년 동안 한 부모가 자녀 하나씩을 낳는다는 0.1% 비율로 계산을 하면 현재의 인구는 1,087억 명이 되어야 한다.

그러나 창세기 5장에 기록된 최초의 인류 조상 아담은 B.C. 4004년 인물로, 지금으로부터 6,000년 전 인물이다. 6,000년 동안에 인구가 한 부모가 자녀를 절반씩 낳는다는 0.5% 비율로 계산을 하면(현재 세계 인구 비율은 1.49%다) 세계 인구는 87억 명이 된다. 그런데 현재 세계 인구는 75억이다. 진화론의 허위 이론보다는 창세기의 창조 이론이 훨씬 과학적이고 합리적이며 믿을 수 있는 이론이다.

2) 진화론 신봉자들에 의한 동성애의 해악

동성애(Homosexuality)란 이성(異姓)인 것이 정상이나 같은 동성 간에 성 대상 도착증을 나타내는 현상이다. 남성과 남성의 동성애는 우라니즘(urnism)이라고 하고, 여성과 여성의 동성애는 그리스 여성 시인이며 동성애자의 이름을 따서 사피즘(saphism) 또는 그녀의 출생지 레스보스섬의 이름을 따라 레즈비언이라고도 한다. 또 성행위 양식에 따라 항문을 이용하는 것을 계간(鷄姦)이라고 불리는 페더레스티(pederasty)나 소도미(sodomy)가 있고, 또 외성기(外性器) 기계로 성기를 마찰해 성감을 만족시키는 트리버디즘(tribadism) 등이 있다.

동성애는 전 세계적 현상이다. 2003년 캐나다 공중위생 조사서에 의하면, 국민 2,700만 명 중에서 동성애자가 1%, 양성애자가 0.7%였다. 2012년 영국 통계청 조사서에 의하면, 국민 5,500만 중 동성애자 1.1%, 양성애자 0.4%였다. 2013년 미국 질병통제센터에서 국민 건강에 관해 면접 조사를 한 결과, 국민 2억 5천만 중에 동성애자 1.6%, 양성애자 0.7였다. 2003년 한국의 성과학연구소에서 서울의 1천만 시민을 조사한 결과 동성애자 0.2%, 양성애자 0.3%, 동성애 경험자가 1.1%였다. 이 같은 통계가 2020년에는 훨씬 달라졌을 것이다.

신문 지상에 공개된 현상은 동성애가 더욱 심각함을 의미한다. 2018년 8월 24일 조선일보에 의하면, 전 세계 중 동성 결혼을 금지하는 국가가 약 180개국으로 87% 정도이고, 동성애 차별 금지가 없는 국가가 약 140개국으로 68%라고 했다. 동성애는 개인들의 생활 문제가 아니라 이제는 법으로 합법화하느냐, 금지하느냐 하는 제도적인 문제로 발전했다. 현재 동성 결혼을 법으로 금지한 국가는 약 28개국이나 합법화한 나라도 약 27개국이라고 한다. 동성 결혼을 금지한 국가들이란 이슬람 국가들이고, 동성 결혼을 합법화한 나라들은 미국의 일부와 동유럽의 일부 국가들이다.

우리나라에는 동성애와 동성혼을 합법화하자는 인사들이 있다(2018년 10월 2일 조선일보). 거기에는 김명수 대법원장, 이석태 헌법 재판관, 진선미 여가부 장관, 황희석 법무부 인권 국장, 최영애 국가인권위원장 등과 우리법연구회와 민변 등이라고 했다.

이 모든 현상의 원인이 무엇인가? 이것은 창조론에 근거한 성의 고귀성을 망각하고, 인간이 짐승인 원숭이와 공통 조상의 후손이라는 진화론의 거짓된 논리가 가져온 해악의 결과이다.

참으로 개탄스러운 것은 성경을 믿는다는 가톨릭 성직자들 가운데 진화론 신봉자가 많이 양산되고 있으며, 개신교 신학자들 가운데도 동성애 옹호론자들이 있다는 사실이다. 그런 신학자들이 신학교수로, 목회자로 활동하고 있다. 실로 무서운 사탄 마귀가 집 안에 있다.

3) 생명 경시로 인한 자살율의 증가

한국은 매일 40명씩 자살을 하는, OECD 국가 중에서 자살률 1위국이라는 오명을 갖고 있다. 전 세계적으로 연 100만 명씩 자살을 하므로 4초에 1명씩 자살을 한다는 WHO의 통계가 있다. 한국인 중 75세 이상 자살률이 1위이고, 15~19세 청소년 자살률이 2위이며, 남성이 여성보다 3배가 많다고 한다.

왜 이토록 전 세계적으로 자살률이 높은가? 그것은 인간의 생명이 짐승에 불과한 원숭이의 후손이라는 진화론의 거짓이 크게 작용했기 때문이라고 본다.

진화론에 영향을 받은 후유증들은 매우 광범위하게 확산된다. 공산주의를 만든 마르크스(K. Marx: 1818~1883)는 베를린 대학에서 헤겔 철학을 배웠다. 그때 헤겔 좌파인 포이어바흐(L. A. Feuerbach: 1804~1872)가 기독교를 이기적이고 비인간적인 종교라고 비판한 《그리스도교의 본질》(1841)이란 저술이 마르크스와 엥겔스에게 큰 영향을 주었다. 마르크스주의의 근거가 되는 사적 유물론(史的 唯物論)은 헤겔 좌파의 사상이다. 마르크스는 당시 유럽에 큰 파문을 일으키고 있는 진화론에서 커다란 용기를 얻었는데, 그것이 바로 다윈의 적자생존(適者生存) 원리였다. 이렇게 헤겔과 다윈의 영향으로 만든 논리가 '공산당 선언'(1848)이다.

러시아의 혁명가 레닌(V. Lenin: 1870~1924)의 형이 황제 암살 미수 사건 음모에 연루되어 처형을 당한다. 이에 충격을 받은 레닌은 적개심으로 혁명가의 길을 걷기로 마음먹고 마르크스의 '공산당 선언'에 동조한다.

스탈린(Stalin: 1879~1953)은 흑해 위 그루지아에 태어난 무명인으로 러시아 정교회의 사제가 되려고 신학교에 진학하여 3년을 공부했다. 그는 신학교에서 다윈의 진화론을 탐닉하고 사제의 길을 포기한다. 그는 마르크스의 공산주의를 러시아에 접목하려고 볼셰비키 혁명당에 가입해 여섯 번 체포당하지만 여섯 번 탈출한다. 그렇게 해서 혁명가로 인정받고 러시아를 공산화시켰다.

스탈린에 의해 중국의 모택동과 북한의 김일성이 한국전쟁을 일으켰다. 그 같은 김일성에 의해 만들어진 사상이 '주체사상'이라는 소위 '주사파' 사상이다. 오늘 우리나라는 주사파사상의 지배 속에 살아가고 있다. 이 같은 주사파의 배경에는 공산주의, 진화론, 무신론 등이 기초가 되고 있다.

결론

창조신앙은 6천여 년 동안 변함없는 진리로 건재해 오고 있다. 그에 반해 진화론은 160여 년 동안 수많은 변천과 발전을 거듭해 오면서 만 가지 해악들을 양산해 오고 있다.

진화론이 전 세계적으로 영향을 끼치는 것은 창조론의 가정 기초를 파괴하는 동성애자들의 확산이다. 그리고 인간의 생명을 경시하는 자살률의 증가도 진화론의 영향이라고 할 수 있다.

진화론은 우리 민족에게도 큰 상처를 주고 있다. 그것이 공산주의, 주체사상 등으로 인한 민족과 국론의 분열이다. 진화론을 학문으로 방치할 수가 없다. 진화론은 과학이 아닌 인간의 상상적 추정이론이다.

최근에 화제의 책 《무신론자의 시대》가 발표되었다.[2] 이것은 영국의 언론인이며 사상사와 예술사의 저술가로 유명한 피터 왓슨(Peter Watson)의 저서다. 왓슨은 이 책에서 인류의 정신사를 추락하게 만든 사상들로 몇 가지를 지적한다. 그중 하나가 160년 전의 진화론과 그의 추종자들이고, 또 다른 하나가 130년 전의 신의 죽음을 선언한 니체의 사신론 추종자들이라고 지적한다. 그러면서도 신을 믿는 종교

2) 피터 왓슨. 정지인 역, 《무신론자의 시대》(책과 함께, 2016), pp. 13~50.

인들 중 57%가 행복하지 않다고 한다는 현실을 지적한다.

필자는 진화론이나 사신론이 인간들이 가지고 있는 본성적 신앙심을 약화시키는 데 직간접적으로 영향을 주었다고 생각한다. 그러나 보다 더 중요한 것은, 형식적인 종교인으로 살아가는 한 57%보다 더 많은 80%도 행복감은 가질 수가 없다는 것이다. 만일 단 10%라도 거듭난 그리스도인이 되어 성령님의 지배를 받는 영적 신앙인이 된다면 세상 풍조와 상관없는 행복감을 누리며 살아갈 것임을 확신한다. 그 10%의 소수 신앙인들이야말로 거룩한 그루터기(사 6:13)임을 믿기 때문이다.

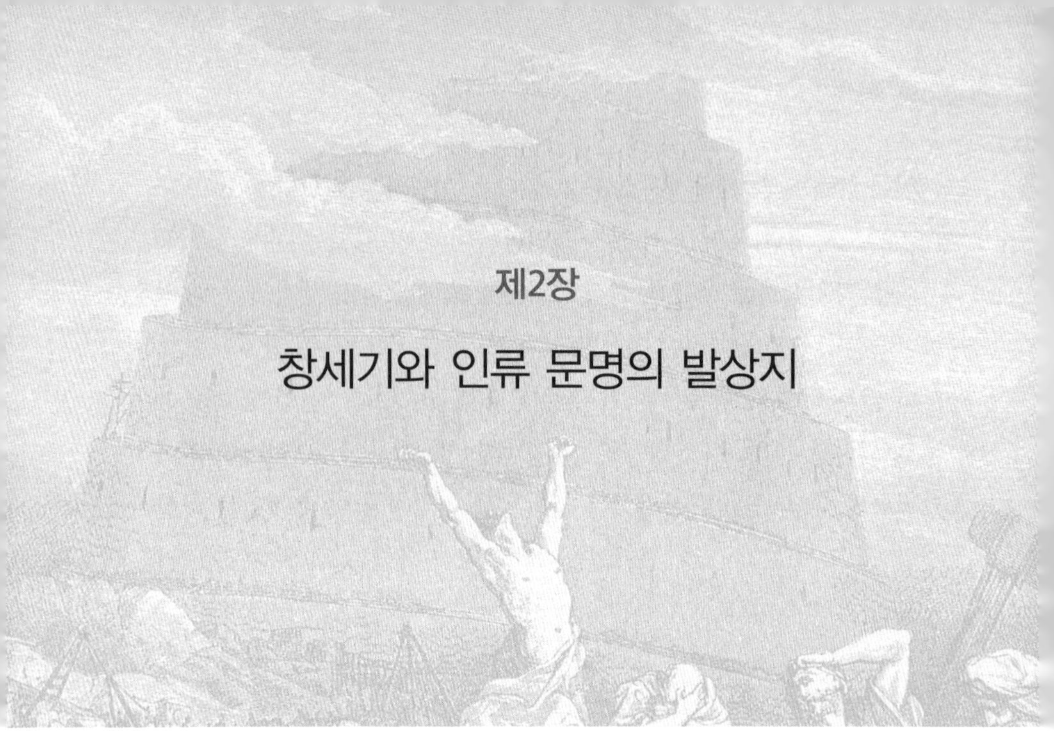

제2장

창세기와 인류 문명의 발상지

서론

필자는 초등학교 때 인류 문명의 발상지를 배웠다. ① 고대 이집트의 나일강 문명, ② 인도의 인더스강의 문명, ③ 중국의 황허 문명, ④ 메소포타미아의 바빌론 문명 등이다. 누구나 잘 알고 있는 내용이다.

이와 같은 '인류 문명의 발상지' 교육은 평생을 지배하는 상식이 되었다. 이렇게 상식이 되어버린 내용이 무엇인지는 미처 확실하게 알지 못한 채 그 상식이 일생 동안 작용해 왔다.

그렇게 살아오던 중 인생의 중반에 거듭나는 체험을 한 후에 창세기에 기록된 창조 기록과 인류 초기의 조상들의 생애를 완전히 새롭게 이해하게 되었다. 필자의 인생 전체에 성경과 관계를 맺고 살아온 것은 한결같다. 그러나 중생하기 이전의 성경 이해와 중생한 이후의 성경 이해는 하늘과 땅의 차이처럼 엄청나고 현격하다.

이제 창세기에서 새롭게 깨달은 바를 '창세기와 인류 문명의 발상지'라는 주제로 비교해서 설명해 보겠다.

1. 창세기에 기록된 인간의 역사

창세기는 성경 66권의 맨 처음에 기록된 내용으로, 크게 둘로 분류할 수 있다.

① 1~11장: 우주 창조와 전 인류의 시작

② 12~50장: 이스라엘 민족의 시작

전반부의 배경이 동방의 에덴과 메소포타미아 지역 위주라면 후반부는 가나안과 애굽으로 축약된다.

필자가 창세기에 기록된 인간의 역사에서 말하려는 것은 창세기의 전반부에 국한된 내용을 의미한다. 이중에서 특히 창세기 1~5장 내용에 중점을 두고 특히 인간의 기원에 관한 내용을 집중적으로 살펴볼 것이다.

1) 우주 만물과 인간 창조의 기초인 '하나님의 말씀'

고대 그리스 철학자들은 우주 만물의 기초에 대해 다양한 주장을 했다. 탈레스(Thales: B.C. 624~546)는 우주의 기원을 물이라 했고, 아낙시메네스(Anaximenes: B.C. 586~525)는 우주의 근원을 공기라 했고, 헤라클레이토스(Herakleitos: B.C. 544~470)는 불이라 했다. 또 다른 이는 물, 공기, 불에다 흙을 더 추가하기도 했다.

이와 달리 플라톤(Platon: B.C. 427~347)은 우주의 근원인 초월적인 '이데아'(Idea)가 이상적 존재로 따로 있다고 했고, 아리스토텔레스

(Aristotle: B.C. 384~322)는 눈에 보이는 '질료'들은 눈에 보이지 않는 '형상'(Idea)의 표현들이라고 했다.

한편 중국의 주역(周易)에서는 우주 만물의 궁극적 근원이 태역(太易), 태초(太初), 태시(太始), 태소(太素), 태극(太極)의 5단계를 거쳐서 나타난 음(陰)과 양(陽)의 결합으로 팔괘(八卦), 64괘(六十四卦)가 나타난다고 한다.

이렇게 세상 사람들은 각각 다른 주장들을 말한다. 그런데 성경은 처음부터 끝까지 우주 만물과 인간을 창조한 기초는 '하나님의 말씀'이라고 한다. 이 사실은 창세기 1장 전체 31절 중 11회에 걸쳐 '하나님이 이르시되'라는 말로 표현되고 있다. '하나님이 이르시되'라는 말의 원문은 '와요메르 엘로힘'(ויאמר אלהים)으로, '하나님께서 말씀하셨다. 하나님께서 지시하셨다'라는 의미로 표현되고 있다.

2) 세상의 모든 생명체들을 '종류대로' 창조하심

전지전능하신 하나님께서는 태초에 우주 만물 창조 시 살아서 번성해야 하는 동식물은 다 각각 '그 종류대로' 창조하셨다. 아마도 하나님께서는 생명체들을 창조하실 때에 사악한 인간들 사이에 창조론을 부정하는 진화론이 튀어나와 세상을 타락하게 할 것을 알고 계셨던 것 같다. 그래서 창세기 1장에는 생명체들을 창조하실 때에는 '종류대로'라는 말을 열 번이나 반복 강조하고 있다. 여기 '종류대로'란 '레미네후'(למינהד)다. 이 말은 '그 종류에 따라서'(According to his kind)라는 뜻이다.

3) 창조의 최고 걸작품인 인간

창세기 1장 26~27절에 하나님은 자기 형상대로 사람을 창조하셨다고 했다. '형상'이란 말은 '첼렘'(צלם)이다. 이 말은 '그늘지다'라는 말에서 유래한 '그림자'(시 39:6)라는 뜻이 일차적인 뜻이다. 그러나 그림자란 반드시 실체가 있어야만 생기는 것처럼 실체의 모양을 뜻하는 말로 발전되었다(창 5:3, 9:6; 삼상 6:5; 겔 23:14 참조). 그래서 '형상'(image)이라고 번역됐으나 하나님은 형상이 없다.

그렇다면 '모양'이란 무슨 뜻인가? '모양'이란 말은 '떼무트'(דמות)다. 이 말은 '닮다'라는 말 '따마'(דמה)에서 유래된, 어떤 실체와 유사한 상태를 가리키는 말이다(사 40:18 참조). 그렇기에 '형상'(image)과 모양(likeness)이라는 번역은 완전한 오역이다.

하나님께서는 다른 동식물들은 그 종류대로 창조하셨다. 그러나 인간만은 창조주의 실체를 닮은 유사한 존재로 창조하셨다. 그것은 인간이 모든 창조물 중에서 최고의 걸작품이라는 뜻이다. 태양이 아무리 위대하고, 산천초목과 강과 호수의 경관이 아무리 아름답다고 해도 하나님의 속성을 닮은 인간만은 못한 것이다.

창세기는 이처럼 인간 존재의 가치를 최상으로 표현하고 있다.

4) 인간은 완벽한 환경에서도 범죄한다

하나님께서는 최초의 인간인 아담과 하와를 부족함이 없는 완벽한 에덴동산에서 자유롭게 살게 하셨다. 그때의 자유는 인간이 임의대로 선택할 수 있는 자유의지를 주시되 단 한 가지 금지 조항을 주셨다. 그것은 선악을 알게 하는 나무의 열매는 먹지 말라는 금지

조항이었다. 저들에게는 '임의대로'라는 '아콜'(אכל)과 '먹지 말라'라는 '로 토칼'(לא תאכל)은 절대 자유와 절대 금지를 의미한다. 이와 같은 금지 명령 속에는 행위의 금지는 물론이고 생각조차도 금지하라는 명령의 의미가 담겨 있다.

인간들의 범죄 중 우발적인 경우는 드물고 대부분은 장기간의 생각들이 범죄행위로 이어진다. 하나님은 생각에서 범죄가 시작됨을 아시고 "육신을 따르는 자는 육신의 일을, 영을 따르는 자는 영의 일을 생각하나니 육신의 생각은 사망이요 영의 생각은 생명과 평안이니라"(롬 8:5~6)라고 하셨다.

아담과 하와는 완벽한 환경에서도 범죄했다. 그렇기에 환경 운동가들은 환경 개선에만 초점을 맞출 것이 아니라 인간의 정신적 의식 구조를 바꾸는 생각 교육도 병행해야 할 것이다.

5) 창세기 5장에 기록된 인류 시작의 정확한 역사

필자가 이 부분에서 특별하게 강조하려는 내용이 있다. 앞서 서론에 설명한 것처럼 평생 상식으로 알아왔던 '인류 문명의 발상지'라는 상식이 창세기 5장에서 깨지게 되었다. 필자로서는 큰 충격이고, 거듭남이 준 은총이라고 믿는다.

창세기 5장은 무슨 내용인가? 표면적으로 보면 아담에서 시작된 인류의 조상들이 노아 때까지 10대에 걸친 아담의 후손들의 계보 내용이다. 그런데 이 내용을 근거로 인류의 기원을 계산한다면 아담의 출생 연도와 사망 연도가 정확하게 계산이 나온다. 여기 보면 창세기 5장 3절에 아담이 130세에 아들 셋을 낳았고, 5절에는 그가 930세를 살고 죽었다고 했다.

아담의 아들 셋은 912세를 살고 죽었다(8절). 아담의 손자 에노스는 905세 살고 죽었다(11절), 아담의 증손자 게난은 910세 살고 죽었다(14절). 이렇게 계승된 아담의 10대 후손인 노아는 950세에 죽었다(창 9:29), 노아의 아들들 중 셈의 후손 명단이 창세기 10장 21~31절에 기록되었고, 셈의 후손들의 수명이 창세기 11장 10~26절에 기록되었고, 아브라함의 부친인 데라의 족보가 창세기 11장 27~32절에 기록되었다.

솔직히 말해서 필자가 거듭나기 이전에는 이런 내용들은 대충 읽고 그냥 아무 의미를 찾지 못한 채 살아왔다. 그런데 거듭난 후 성령님을 모신 상태에서 이 구절들을 읽으니까 이 말씀들이 완전히 새로운 깨달음으로 다가왔다.

그 내용은 이렇다. 창세기 5장의 인류 조상들의 수명 기록에는 우리가 미처 발견하지 못했던 깊은 뜻이 있음을 알게 되었다. 그것이 필자의 경우에는 두 가지이다.

첫째는, '죽었더라'와 '하나님과 동행'한 두 종류의 사람들이다.

창세기 5장에는 10명의 인류 조상 이름과 그들의 수명이 기록되어 있다. 그중에서 8명은 '죽었더라'로 기록되었고, 2명만이 '하나님과 동행'한 사람으로 기록되었다. 그 2명은 창세기 5장 21~24절에 기록된 에녹과 창세기 6장 9절에 기록된 노아이다.

그 나머지 8명은 모두 '죽었더라'로 표현되었다. 여기 '죽었더라'는 말은 '와야모트'(וימת)다. 창세기 4장 8절에 가인이 그의 아우 아벨을 '쳐 죽이니라'는 말은 '하라그'(הרג)인데 여기 5장에 '죽었더라'는 '무트'(מות)라는 단어를 사용하고 있다. 이 단어가 창세기 5장의 8명에게 사용되었고, 구약성경에 850회가량 사용되는데 구원받지 못하고 자연사한 사람들에게 사용되고 있다.

여러분! 구약성경에 기록된 인물이라고 해서 다 구원받고 천국 간 것이 아니다. 아담의 후손들 10명 중에 구원받아 천국 간 이는 에녹과 노아 둘뿐이다. 여기 에녹과 노아에 대해서는 뒤에 따로따로 살펴보겠다.

둘째로, 창세기 5장에 기록된 인류 시작의 정확한 역사이다.

창세기 5장에는 10명의 이름, 후손, 사망 연도가 정확하게 기록되어 있다. 이 후손들 모두와 아브라함의 조상들을 역으로 거슬러 올라가면 최초의 인간인 아담은 B.C. 4004년경의 인물이라는 계산이 나온다. 그래서 일찍이 보수적 성경학자들은 B.C. 4004년설을 주장했다. 어셔(J. Ussher: 1581~1656, 아일랜드 대주교), 존스(J.C. Jones: 1840~1930, 웨일스의 성경 주석가), 불링거(J.H. Bullinger: 1504~1575, 스위스 종교개혁자), 요세푸스(F. Josephus: 37~100, 로마에 귀화한 유대인 역사가)와 같은 정통파 유대인들 모두가 아담의 창조를 B.C. 4004년으로 보았다.

성경에 기록된 명확한 역사적 기록에 의하면, 최초의 인간 창조는 B.C. 4004년이 된다. 그런데 진화론자들의 주장은 전혀 다르다. 진화론자들은 200만 년 전의 원숭이와 인간의 공통 조상, 50만 년 전의 최초의 원인(原人), 15만 년 전의 구인(舊人), 3만 전의 신인(新人) 이론을 말한다.

성경 기록은 인류의 시작을 지금으로부터 6,000년 전인 B.C. 4004년이라고 말한다. 그에 반해 진화론자들은 200만 년 전부터 3만 년 전까지의 장구한 진화의 과정을 말한다. 이들 진화론자들의 주장과 그 주장의 황당한 허구성에 관한 내용은 다음에 따로 설명하겠다.

여기서는 성경 창세기에 기록된 인류의 역사와 지금까지 상식으로 알고 있는 '인류 문명의 발상지' 이론은 어떻게 다른가? 그 이론의 불확실한 면을 살펴보도록 하겠다.

2. 인류 문명의 발상지

1) 고대 이집트의 나일강 문명

고대 이집트에 나일(Nile)강 문명이 있었다고 한다. 나일강은 아프리카 동북부를 북류하는 길이 6,690km의 세계에서 제일 긴 강이다. 나일강의 유역 면적은 300만 7,000km²로, 위도 차이가 30도에 이른다. 이집트 동부를 비롯해 수단, 에티오피아, 케냐, 우간다, 자이르, 르완다, 탄자니아, 부룬디 등 많은 나라들이 나일강 지류에 인접해 있다.

학계에 알려진 나일강 문명이란 이집트 북쪽의 나카다(Naqada) 지역의 고대 유적의 발굴 내용을 의미한다. 나카다는 이집트 북쪽 수도 카이로와 나일강 중 제1폭포 근처에 만든 아스완 댐의 중간 지점에 있다. 이곳 나카다 지역에서 1900년대 초 영국인 고고학자 페트리(W.M.F. Petrie; 1853~1942)가 B.C. 4000~3500년경으로 추정되는 고대인들의 분묘 약 2,200개를 발굴해 냈다.

페트리는 그 분묘들에서 많은 토기들을 출토한 후 B.C. 4000년경의 유물을 '나카다 Ⅰ'이라 명명했고, B.C. 3500년경의 유물을 '나카다 Ⅱ'라고 명명했다. 이와 같은 페트리의 유물 발견 보고서를 바탕으로 나일강 문명 이론이 만들어졌다.

그런데 페트리가 고대 유물들을 토대로 B.C. 4000~3500년경에 나카다 지역에 많은 인구가 살았을 것이라는 이론을 만들었으나 그들이 어떤 사람들이며, 어떤 정신으로 살아갔는지는 분묘의 유물로는 확인할 수 없었다.

페트리의 유적 발굴 보고서는 고대 이집트에 B.C. 4000~3500년경으로 추정되는 시기에 사람들이 살았었다는 보고서일 뿐이다. 이것이 '이집트 나일강 문명'의 내용이다. 그러나 창세기 5장에는 B.C. 4004년에 살아간 아담을 비롯해서 B.C. 3000년경으로 추산되는 노아 때까지의 인물과 수명이 기록되어 있다.

창세기 5장의 기록과 페트리의 '나카다 보고서' 중 어느 것이 더 정확한가? 누가 보아도 성경 창세기 5장의 기록이 더 정확하다고 믿을 것이다. 차제에 우리가 어렸을 때 주입식으로 배운 인류 문명의 발상지 지식을 새롭게 수정할 필요를 느낀다.

2) 인도의 인더스강 문명

인도에는 갠지스강, 브라마푸트라 강, 인더스강 등 3대 강이 있다. 이 중에 인더스(Indus)강은 티베트 고원 남서쪽에서 발원하여 히말라야 산맥과 카라코람 산맥 사이의 계곡을 지나 계속 약 2,900km에 이르는 장대한 하천이다.

이곳 인더스강의 '하라파'(Harappa) 지역에서 1922년에 인도의 고고국(考古局) 직원 M.S. 바츠(Vac)가 커다란 성채를 발견하였다. 그것을 영국인 R.E.M. 윌러가 발굴 작업을 계속해 동서 약 200m, 남북 약 400m 규모의 성채를 발굴해 냈다. 그 후 윌러는 이것을 '하라파 문명의 유적'이라고 했다. 그리고 하라파 문명은 B.C. 2500~1800년경의 유적일 것이라는 추정 보고서를 발표했다.

이곳 하라파는 현재는 파키스탄의 영토로, 중동부 펀자브 지방의 사히왈 서쪽 20km 지점에 있다. 그러나 이곳을 발견했을 때는 인도의 영토였으므로 인도의 인더스강 문명으로 세계에 알려졌다.

그런데 하라파 문명이 B.C. 2500~1800년경의 문명이라는 추정만 할 뿐 그 시대의 인물상에 대해서는 전혀 알 길이 없다. 이에 반해 창세기 기록은 어떤가? B.C. 2100년경에는 아브라함이라는 실재했던 인물의 출생과 가족과 그의 인간됨과 신앙관이 명확하게 기록되어 있다. B.C. 1800년경에는 요셉의 생애가 정확하게 기록되어 있다.

우리는 성채 유적을 근거로 한 인더스강 문명 이론보다는 창세기에 기록된 명확한 역사적 사실이 더 정확함을 믿을 수 있다.

3) 중국의 황허(荒墟) 문명

중국 최대의 강은 양쯔강(陽子江)으로 길이 6,300km이고, 제2의 강이 황허(黃河)강으로 길이 5,460km이다. 황허강은 칭하이성(靑海省) 바옌카라산맥과 중부의 야허라다쩌산 동쪽의 높이 4,500m 전후의 분지 등에서 발원한다.

그래서 분지와 협곡과 소택지(沼澤地)와 호수 등을 경유한 후 다시 작은 산맥을 거쳐 여러 개의 성(省)들을 거치며 흐른다.

황허강이 지나가는 성들은 간쑤(甘肅), 닝샤(寧夏), 내몽고 산시(陝西), 산시(山西), 허난성(河南省) 중부를 거쳐 맹현(孟縣) 이동에서 다시 화북 평야로 흘러내린다.

이렇게 많은 곳을 흘러내리면서 여러 지류들에서 흘러내려온 많은 토사(土砂)가 합류되어 하류에 퇴적하기 때문에 황허강 하류는 극히 불안정하다. 그래서 2년에 한 번 정도라고 할 만큼 빈번한 범람이 되풀이되고 수로도 종종 바뀐다.

이 같은 황허강의 영향을 받은 우리나라 서해안을 황해(黃海)라 하고, 그 영향을 직접 받은 곳이 북한의 황해도(黃海道)이다.

이곳 황허강의 허난성(河南省) 멘츠현 양사오촌(仰韶村)에서 1921년 스웨덴의 J.G. 앤더슨(Anderson)이 중국의 채문토기(彩文土器)들과 돌

따위를 곱게 갈아서 물건을 만든 마제(磨製)석기들의 유물들을 발견하였다. 이 유물들을 방사성 탄소 C-14를 이용하여 연대를 측정한 결가 최고 B.C. 5000년에서 B.C. 2500년이 될 것이라는 폭넓은 추측이 나왔다. 이렇게 2,500년의 격차가 생기는 측정 결과를 볼 때, 한 지역에서 2,500년 동안 동일한 향상이 계속되었다고 추정하기 어렵다. 그래서 이 추정 연대를 과학적이라고 보지 않는다.

그러나 이 추정은 중국의 고대 문명이 황허강의 '양사오 문화'를 이루었다는 이론으로 세계에 알려지게 되었다. 이곳 양사오 문화(仰韶文化) 유적으로 거주지와 고열로 찰흙 따위를 구워 가공하는 요업(窯業)장, 공동묘지, 그리고 토기들이 있다.

또 중국 화베이 지방의 '룽산 문화'(龍山文化)도 있다. 룽산 문화 유적으로 산둥(山東), 허베이(河北), 허난(河南), 산시(陝西) 등 황허강 중류와 하류 유역을 중심으로 이루어진 문화를 말한다. 룽산 문화의 유적의 대표로 흑도(黑陶)라는 짙은 흑색을 띤 정교한 토기 항아리, 솥, 잔, 접시 등이 있다. 룽산 문화는 B.C. 2500~1700년경 유물로 추정한다.

이들 양사오 문화 유적을 B.C. 5000~2500으로, 룽산 문화를 B.C. 2500~1700년으로 추정하며, 이 두 개의 문화가 모두 다 황허강 주변에서 이뤄졌으므로 중국 문명을 '황허강 문명'이라고 한다. 이들 양사오 문화나 룽산 문화에 대한 이론은 모두 다 특이한 유물들에 의한 추정이고, 중국의 고대 전설 시대의 내용들이다.

중국의 자체적 전설에 의하면, 아주 먼 옛 상고(上古)에 3황 5제(三皇五帝) 시절이 있었다고 한다. 이때 말하는 3황은 천황(天皇), 지황(地皇), 인황(人皇)을 말하는데 이를 달리 말하는 수인씨(燧人氏), 복희씨(伏羲氏), 신농씨(神農氏)라고도 한다. 일본의 천황 숭배 사상이 여기서 비롯되었다. 또 5제란 고대 중국의 다섯 성군으로 소호(少昊), 전욱(顓頊), 제곡(帝嚳), 요(堯), 순(舜) 등을 말한다.

이 같은 3황 5제의 전설이 요순시대라는 이상시대의 전설이다. 이것은 후세가 만든 전설이다. 그리고 중국의 역사성이 인정되는 것은 B.C. 1600년경의 은(殷)나라 때로 본다. 전설시대에 해당되는 B.C. 5000년경의 양사오 문화나 B.C. 2500년경의 룽산 문화란 역사적 사실이라기보다는 하나의 전설적 해석에 불과한 비역사적 내용인 것이다.

이에 반해 성경 창세기의 기록은 어떤가? 창세기 5장에 기록된 아담과 그의 후손들, 이 인류의 조상에 대한 창세기의 기록은 확실히 믿을 만한 사실이고 그 내용 역시 진실임을 알 수 있다. 다시 한 번 '인류 문명 발상지'라는 세상의 상식이 얼마나 허황되고 거짓된 내용인가를 확인하게 해주는 사실이다.

4) 메소포타미아의 바빌론 문명

메소포타미아(Mesopotamia)라는 말은 그리스어로 '두 강(江) 사이'라는 뜻이다. 여기서 말하는 두 강은 유프라테스(Euphrates) 강과 티그리스(Tigris)강을 뜻한다.

유프라테스강은 터키, 시리아, 이라크 3개국을 거쳐 페르시아만으로 빠져나가는, 길이 약 2,800km의 강이다. 티그리스강은 터키 동부 엘라지에서 시작하여 시리아 국경을 지나 이라크로 들어와 유프라테스강과 합류하는 길이 1,850km의 강이다.

이 두 강을 근거로 하여 고대에 여러 문명들이 생성되었다가 사라졌다. 그 문명들이 수메르, 앗수르, 바빌론, 페르시아 등이다. 이 중에서 수메르(Sumer)는 고대 메소포타미아의 남부에 위치한 지역명이다. 후에 바빌로니아가 남북을 합병했으나 그 이전에는 북부를 아카드라 했고, 남쪽 페르시아만에 임한 남부를 수메르라고 불렀다. 창세기 11장 28절에 설명되는 아브라함의 고향 갈대아 우르는 수메르 지역이었다.

이곳 수메르인은 설형(楔形: 쐐기)문자를 발명했다. 설형문자는 아카드인, 시리아인, 엘람인, 히타이트인, 카시트인 등 여러 부족 국가들이 B.C. 50년경까지 사용한 문자로, 설형문자는 거의 3,000년에 걸쳐 사용된 고대 중동 전역의 문자였다.

그리고 앗수르는 창세기 2장 14절, 10장 11절에 나오기 시작한 아주 고대 부족국이었으나 열왕기하 15장 19절 이후에는 그 세력이 북왕국 이스라엘을 멸망시킬 정도로 창대해졌다.

그에 반해 바빌론은 메소포타미아의 남부 수메르와 아카드 지방의 부족 국가가 차츰 커져서 후에 바빌로니아(Babylonia)로 발전했다. 바빌론 제국이 가장 왕성했던 때는 함무라비(B.C. 1792~1750) 때였고, 그 이후에는 앗수르의 속국으로 예속되어 지냈다. 그러다가 신 바빌로니아 왕국을 개국한 나보폴라사르가 B.C. 625년에야 앗수르로부터 독립한 후 그의 아들 느부갓네살 왕(재위 B.C. 605~562)은 B.C. 612년에 앗수르를 완벽하게 멸망시킨다. 그리고 느부갓네살 왕은 남왕국 유다를 바벨론 포로로 끌고 갔고, 결국에는 B.C. 586년에 유다를 멸망시킨다. 이와 같은 바벨론은 B.C. 539년에 페르시아의 고레스 왕에 의해 망한다.

여기 메소포타미아에서 일어난 수메르, 앗수르, 바벨론 등의 고대 오리엔트 문명은 B.C. 3200년경 노아 홍수 이후부터 B.C. 330년경 알렉산더 대왕이 페르시아를 멸망시키기까지 무려 3,000여 년간 계속된 세계 최고의 문명이다.

이들 메소포타미아 문명의 대표 격인 바빌론 문명은 여러 가지 유산들을 전승해 주고 있다.

고대 바빌로니아에서 사용한 태음태양력법(太陰太陽歷法), 또 바빌로니아에서 발달한 수학의 60진법과 12진법은 현재도 각도와 시제(時制) 등의 도량형법으로 남아 있다. 또 표의(表意) 표음(表音) 문자인 설형문자로 된 "길가메시 서사시"도 바빌로니아 신화들인 이슈타르 신화에 영향 받은 이스터(Easter), 바벨론의 건축물인 공중 정원(Hanging Gardens of Babylon), 유대 백성을 포로로 잡아간 바벨론 유수(Babylonian Captivity) 등등 바빌론은 역사, 종교, 사회 등 각 분야에 많은 영향을 남겼다.

이와 같은 바빌론 문명은 B.C. 3000년경 수메르인, 아카드인 등과 함께 공생(共生) 관계의 평화적 시기가 있었고, B.C. 1830~1530년경은 셈족인 아무르인(성경의 아모리인)이 바벨론의 제1왕조가 되었다. 그 후 B.C. 1530~1150년경의 카시트 왕조를 거친 후 네브카드네자르 1세(B.C. 1146~1123)가 엘람을 멸망시켰으나 앗수르의 지배하에 지냈다. 그 후 B.C. 625년에야 앗수르 지배를 벗어난다.

과거의 바빌론이 구약성경에 기록되었음은 물론이고, 바빌론 제국이 B.C. 539년에 멸망했는데도 불구하고 신약성경의 미래 세계인 계시록에도 기록되었다(계 14:8, 16:19, 17:5, 18:2, 10, 21). 이 점에서 우리는 바빌론의 문명 역사는 B.C. 3000년경으로 기억하고 미래의 종말론 신학에서 바벨론을 문명사만이 아닌 다른 의미로 이해할 수 있다.

바빌론의 역사적 문명사는 B.C. 3000년경으로 확실한 역사이다. 이곳 바빌론 문명사는 구약성경의 내용을 보다 확실하게 뒷받침해 주는 문명사이다. 그렇기에 무한대로 연구해야 할 역사의 과제다.

이곳 메소포타미아의 바빌론 문명의 시작을 B.C. 3000년간으로 본다. 이것은 B.C. 3000년경에 있었던 노아 홍수로 인한 지구의 대격변 이후의 역사와 맞아떨어지는 역사다. 그리고 이보다 앞서 약 1000년 전의 창세기 5장의 아담의 창조 기사는 매우 합리적 근거를 말해 준다.

오늘의 메소포타미아는 너무도 황폐화되었다. 유프라테스강과 티그리스강은 옛날의 강이 아니다. 강의 상류 지역에다 터키가 아타투르크 댐을 막아 물을 하란으로 공급함으로 수량이 급격하게 줄어들었다. 남은 수량을 이라크가 아사드 댐을 막아 사용하고 있다. 그래서 과거의 유프라테스강물이 바그다드를 관통할 때에는 수량이 얼마 되지 않는다.

과거 메소포타미아의 찬란했던 문화 유적들은 IS 과격분자들에 의해 처참하게 파괴되었다. 남은 것은 성경과 관련된 내용들의 근원을 확인하려고 하는 신앙적 관심들뿐이다.

메소포타미아 문명의 시작이 B.C. 3000년경이라는 근거가 성경의 근거와 같음에 믿을 만한 증거로 이해가 된다. 그러나 고대 이집트 문명의 B.C. 4000~3500년 설이나 인도의 인더스 문명의 B.C. 2500~1800년경 설이나 중국의 B.C. 5000년경의 양사오 문화나 B.C. 2500년경의 룽산 문화 설 등은 신뢰하기 힘든 허구임을 알 수 있다. 그에 비해 B.C. 3000년경의 메소포타미아 바빌론 문화는 믿을 수는 있으나 모두가 이교 신앙 문화라서 조심스럽게 분석해야 하는 대상이라고 생각된다.

결론

필자는 평생 '인류 문명의 4대 발생지'라는 개념을 확고한 진리처럼 믿고 살아왔다. 그런데 그 내용의 핵심을 제대로 알고 보니 그 상식이 완전한 사실이 아닌 사람들의 추측성 주장이었음을 알게 되었다. 이렇게 잘못된 상식 속에 평생을 살아온 것에 대한 의문이 생기는 것과 함께 뒤늦게라도 깨닫게 된 사실이 너무 감격스럽다.

아울러 내가 믿는 성경의 진리는 배우면 배울수록, 더 많이 알면 알수록 초과학적, 초이성적 진리임이 깨달아지는 행복감을 누리게 된다.

독자들도 지금까지 상식으로 알고 지내온 것들에 대한 새로운 깨달음으로 세상 것들로 인한 허망함보다 성경의 진리에서 깨달아지는 생수 같은(요 4:14) 행복감을 누릴 수 있기를 바란다.

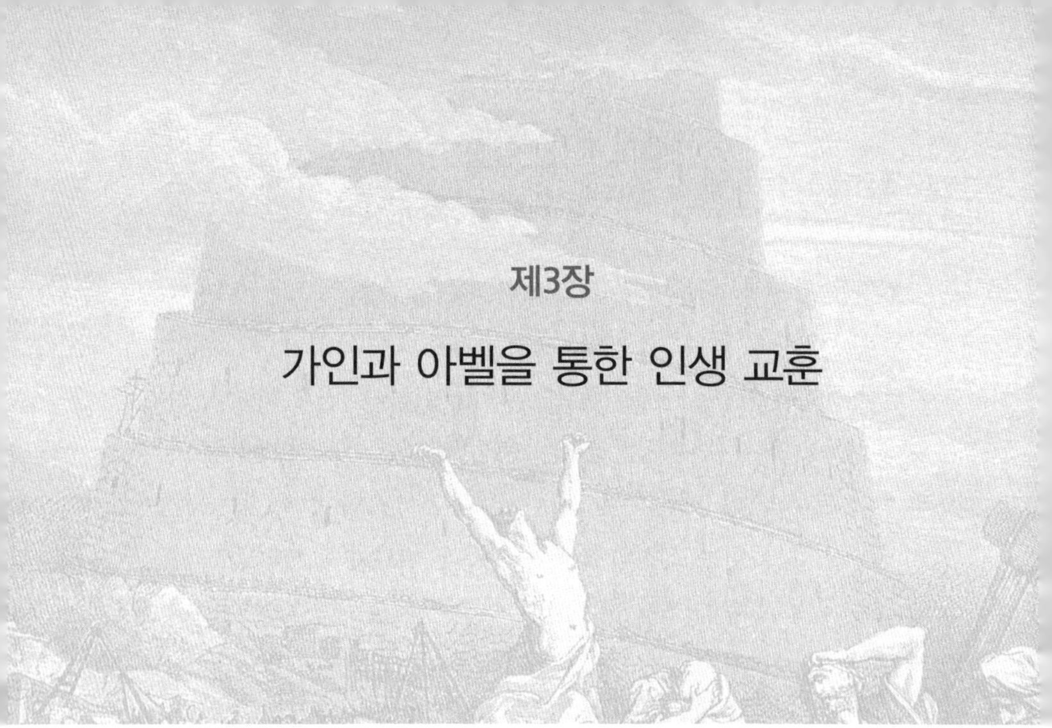

제3장

가인과 아벨을 통한 인생 교훈

서론

우리는 과거를 통해서 많은 것을 배우며 살아간다. 과거의 역사를 통해 오늘의 삶의 방향을 배울 수 있다.

과거 조선왕조의 제7대 왕 세조(1455~1468)와 사육신을 통해 역성 정치의 추태를 배운다. 우리는 과거 대원군과 명성황후를 통해 정권욕의 비극을 배운다.

우리는 또 성경을 통해 많은 것을 배운다. 창세기를 통해 신앙의 선조들은 많은 것을 가르쳐 주었다. 헨델(G.F. Händel: 1685~1759)이 이사야 6장에서 영감을 받고 오라토리오 “메시아”를 작곡했다(1742). 헨델의 “메시아”의 ‘할렐루야’ 코러스에 감동받은 하이든(F.J. Haydon: 1732~1809)은 창세기 1장을 소재로 “천지창조”(1798)와 “사계”(四季)를 작곡했다.

창세기 1장에 감동받은 미켈란젤로(Michelangelo: 1475~1564)는 바티칸 성당의 천장화 "천지창조"를 3년에 걸쳐 그렸다(1508~1511). 그리고 미켈란젤로는 "아담의 창조", "노아의 홍수", "최후의 심판", "바울의 개종" 등 성경에서 소재를 삼아 많은 그림을 그렸다.

창세기 2장과 3장에서 감동받은 밀턴(J. Milton: 1608~1674)은 《실낙원》(失樂園, 1667)과 《복락원》(復樂園, 1671)을 남겼다.

창세기 3장을 소재로 아우구스티누스(Augustine: 354~430)는 기독교의 원죄의 교리를 만들어냈다. 그리고 창세기 4장을 소재로 아우구스티누스는 《하나님의 도성》(the City of God)이라는 대작을 남겼다. 이것은 현재 《신국론》(神國論)으로 세상에 알려졌다.[3)]

아우구스티누스는 창세기 4장에 기록된 가인을 힘과 무력으로 생명을 이어가는 정치의 속성으로 보았고, 죽음과 희생을 당했으나 '셋'으로 이어진 '아벨'을 종교의 기원으로 보았다.

오늘 나는 가인과 아벨을 모든 인생들이 반드시 참고해야 하는 '인생 지침서'라는 관점에서 살펴보려고 한다. 왜 이 같은 주제를 삼는가? 아우구스티누스는 가인을 정치의 기원으로 보고, 아벨을 종교의 기원으로 보았다. 그러나 인생 100년을 살아도 정치와 종교와 무관하게 살아가는 인생이 얼마든지 있다. 우리는 가인과 아벨을 통해 하나님 앞에서 어떻게 살아가야 하는지, 모든 인생들이 삶의 지침서로 삼아야 한다고 본다. 가인의 후손들은 이 세상의 부귀영화를 탐하며 살다가 선민의 족보에서 제외되는 세상적인 인간들의 조상이었다. 그에 반해 억울하게 죽은 아벨은 죽었으나 그를 대신하여 '셋'이 하나님을 섬기는 구원자의 조상이 된다.

---

3) 아우구스티누스, 추인해·추적현 역, 《신국론》 I, II(동서문화사, 2016).

가인과 아벨, 그들은 '세상이냐 하나님의 사람이냐' 하는 선택의 상황에서 인생들이 깊이 살펴야 하는 인생 지침의 참고 인물로 보는 것이 적당하다고 생각한다.

그렇다면 가인과 아벨에게서 무엇을 배울 수 있는가? 이에 대해 가인과 그의 후손들인 라멕까지의 5대손의 세상적 인생과 아벨이 죽은 다음 아벨 대신 다른 씨로 태어나 여호와의 이름을 부르며 살아간 셋과 그의 후손들의 삶을 비교해 보겠다. 여기서는 인생들 전체를 가인과 아벨이라는 두 부류로 나누고, 이들의 삶을 비교하며 살펴보겠다.

1. 가인과 아벨의 차이 있는 삶

1) 받으시는 인생과 무시하는 인생

창세기 4장 4~5절을 보면 여호와께서 아벨과 그의 제물은 받으셨으나 가인과 그의 제물은 받지 아니하셨다고 했다.

이 구절에 대한 오해로 많은 문제 제기가 있어 왔다. 가인은 농사하는 자였기에 땅의 소산을 제물로 바쳤고, 아벨은 양 치는 자였기에 양의 첫 새끼와 기름을 제물로 드렸다. 가인과 아벨은 다 각각 자기 생활을 근거로 제물을 바쳤다. 그런데 왜 하나님은 아벨의 제물만 받으시고 가인의 제물은 거부하셨는가? 이에 대해서 많은 이들은 제물의 차이로 설명한다(히 11:4 참조).

그러나 이 같은 해석에는 문제가 계속 따르게 된다. 이 두 사람을 제물 때문에 구별하셨다면 하나님께 문제가 있는 것이 된다. 가인과 아벨의 차이는 그들의 인격에 문제가 있다. 성경에 '아벨의 제물'이라거나 '가인의 제물'이라고 기록되었다면 제물에 문제가 있음을 뜻한다. 그러나 성경은 '아벨과 그의 제물', '가인과 그의 제물'로 제물과 함께 제물을 바치는 자의 인격도 포함되었음을 기록하고 있다.

옛날 구약 때 제물이 필수적일 때는 제물을 바치는 자의 인격과 함께 제물이 수반되었다. 신약 때 제물이 필요 없을 때는 성령이 주체가 되어야 하는 인격이 더 소중함을 확실하게 보여준다. 그것이 사도행전 2~4장에 기록된 성령 받은 자들의 예배였다. 그러나 사도행전 5장에 성령을 속이고 제물만 바치려던 아나니아와 삽비라 부부는 즉사 당하고 만다.

구약 때에도 제물이 위주가 아니라 제물을 바치는 자의 삶과 인격이 더 우선적으로 중요했기에 가인은 거부당했고, 아벨은 받으셨다. 우리가 인생을 살아가면서 주일 하루만의 종교인의 예배가 아닌, 산 제사의 제물(롬 12:1)처럼 살아가는 전 생애적이고 전 인격적인 신앙생활이 되어야만 하겠다.

2) 받으심과 받지 아니하심을 어떻게 알 수 있는가?

가인은 자기 제물을 하나님께서 받지 아니하셨는데, 그의 아우 아벨의 제물은 하나님께서 받으심을 보고 몹시 분하여 안색에 변했다고 했다.

우리도 지금 예배를 드리지만 우리가 드린 예배를 하나님께서 받으셨는지의 여부는 오직 성령님만이 판단하신다. 그런데 옛날 가인의 때는 무엇으로 판단할 수 있었을까?

여기 '받으시다'는 말이 '와이솨'(וישע)다. 이 말은 '응시하다, 둘러보다, 기쁘게 받다'는 뜻이다. 창세기 15장 17절을 보면 아브라함이 제물을 바쳤을 때에 타는 횃불이 제물의 쪼갠 고기 사이로 지나갔다고 했다. 이때 제물 사이를 지나간 횃불은 제물의 응답 상징으로 이해된다.

출애굽기 19장 18절을 보면 시내산 언약 때에 하나님께서 연기가 자욱한데 불 가운데 강림하셨다. 또 솔로몬의 성전 봉헌식(왕상 8:11) 때에는 구름으로 말미암아 여호와의 영광이 성전에 가득했다. 또 엘리야의 갈멜산 제전에서는 여호와의 불이 내려와 번제물과 나무와 돌과 흙을 태웠다(왕상 18:38).

그런데 왜 신약 때에는 특별한 경우 외에는 하나님의 즉각적인 응답의 표징이 나타나지 않는가?

우리는 하나님께서 외아들까지 내어주셨기에 예배 때에는 성령과 진리로 예배드리는 성도를 찾으시는 하나님(요 4:23)을 알고 성령과 진리로 진실된 예배가 중요함을 깨달을 수 있다. 그렇기에 과거 가인과 아벨 때에 그의 삶과 인격이 하나님의 뜻에 맞지 않을 때에는 제물을 외면하셨음을 배운다. 아울러 현대인의 예배도 삶 속에서 성령과 진리와 무관한 삶을 살다가 주일 날 예배 시간에만 형식적으로 예배드리는 자의 예배는 지금도 거부하고 계신다고 추측해 볼 수 있다. 우리는 '헛된 제물, 월삭과 안식일, 성회 등을 더 이상 행하지 말라, 내 마당만 밟는 것을 견디지 못하겠다'(사 1:10~14)는 말씀을 깊이 새겨야 하겠다.

3) 제물 문제가 동생을 죽여야 할 정도로 심각한가?

가인은 자기 제물은 하나님께서 열납하지 않으시고 동생 아벨의 제물은 열납된 결과에 '몹시 분하여' '안색이 변했다'고 했다.

여기 '몹시 분하여'는 '와이하르 메오드'(ויחר מאד)다. 이 말은 적극적으로는 '진노하다, 맹렬하다'는 뜻이 있고, 소극적으로는 '한탄하다, 근심하다'는 뜻을 가진 말이다. 또 '안색이 변했다'는 말은 '와입펠루 파나이우'(ויפלו פניו)이다. 이 말은 얼굴이 굳어질 정도로 표정이 변했다는 뜻이다.

가인의 얼굴 표정이 돌변한 것을 보신 하나님은 "네가 분하여 함은 어찌됨이며 안색이 변함은 어찌됨이냐?"라고 질책하신다. 하나님은 가인에게 "네가 선을 행하면 어찌 낯을 들지 못하겠느냐?"라고 하셨다. 하나님께서는 가인이 단지 제물에만 문제가 있는 것이 아니라 선을 행하지 않고 살아온 가인의 삶에 문제가 있음을 확실하게 깨우쳐 주신 것이다.

그뿐만 아니다. "선을 행하지 않으면 죄가 문데 엎드려 있느니라"라고 하셨다. 이것은 매우 중요한 내용이다.

'선을 행하면'은 '임 테티브'(אם תיטיב)이고, '선을 행하지 않으면'은 '로 테티브'(לא תיטיב)다. 여기 '선을 행하다'라는 단어가 모두 다 미래완료형으로 쓰였다. '선을 행하는' 일이란 완료형으로 쓰인 일이 없다. 이 말은 과거에 선을 행했다고 해서 완료되는 것이 아니므로 일평생 끊이지 않고 계속적으로 선을 행해야 한다는 뜻이다.

하나님은 가인에게 '네가 과거의 선행에 만족하고 지금도 계속해서 선을 행하지 않는다면 너를 죽이려는 죄가 문 앞에서 호시탐탐 노리고 있다'고 하신 것이다. 그래서 하나님은 가인이 분함과 안색의 변함에 이미 죄가 시작되었음을 경고하신다. 그러나 가인은 분함과 안색이 변함을 청산하지 않고 계속적으로 키워나가다가 결국에 동생 아벨을 들에서 쳐 죽인다.

여기서 우리가 깊이 생각해야 할 내용이 있다. 가인이 아벨을 죽이는 결과는 '분함'이라는 감정과 '안색이 변함'이라는 감정에서 출발한다. 그 감정을 소멸시키지 않고 계속 품고 발전시키면 과대망상적으로 크게 발전되어 살인을 저지르게 된다.

야고보서 1장 15절에 "욕심이 잉태한즉 죄를 낳고 죄가 장성한즉 사망을 낳느니라"라고 했다. 요한일서 1장 8~9절에 "만일 우리가 죄가 없다고 말하면 스스로 속이고 또 진리가 우리 속에 있지 아니할 것이요 우리가 우리 죄를 자백하면…우리를 모든 불의에서 깨끗하게 하실 것"이라고 했다.

가인은 왜 동생을 죽였는가?

그는 제물 문제로 '분노'가 일어났다. 그런데 그 분노를 계속 불태우며 키워나갔다. 급기야는 자기가 하나님의 인정을 받으려면 아벨이 없어져야 한다는 살인으로 번져갔다. 살인은 이처럼 과대망상에 의한 피해의식이 큰 불행을 만들어내는 것이다.

애굽의 바로 왕의 "이스라엘 자손이 우리보다 많고 강하도다"(출 1:9)라는 과대망상이 히브리 민족 탄압으로 이어졌다. 페르시아는 그리스 본토를 정복해야만 제국이 안정된다는 허황된 정복욕에 의해 그리스 마라톤 평원에 출전하였고, 마라톤 전쟁(B.C. 490)에서 패전함으로 페르시아의 멸망을 재촉하게 된다. 스탈린이 유럽을 독점하기 위해, 미국이 유럽에 힘을 쓰지 못하도록 아시아의 중국과 김일성을 지원해 아시아에서 미국과 싸우도록 한 것이 6·25전쟁이었다.

우리 마음에 사라지지 않고 계속 자라고 있는 분노는 없는가?

가인의 분노는 계속 자라나서 살인을 저질렀다. 바울 사도는 "분을 내어도 죄를 짓지 말며 해가 지도록 분을 품지 말고 마귀에게 틈을 주지 말라"(엡 4:26~27)고 했다. 우리 마음에 항상 긍정적이고, 건설적이고, 낙관적인 마음이 자라야 하겠다.

4) 네 아우의 핏소리가 땅에서부터 내게 호소하느니라(창 4:10)

창세기 4장 10절 내용은 인생을 살아가는 데 있어서 반드시 기억해야 하는 중대한 교훈을 우리에게 가르쳐 주고 있다.

아벨은 죽을 만한 큰 잘못이 없는데도 믿고 의지하던 형으로부터 상상할 수 없는 죽음을 당한다.

일반적으로 부모는 자기 자식을 끝없이 감싸고 보호하려는 본능적 애정을 지니고 있다. 부모가 자식을 죽이는 경우는, 의붓 부모의 경우에나 있을 수 있다. 그러나 형제는 끝없는 경쟁과 적대 관계가 될 가능성이 많다. 이와 같은 근거가 성경의 맨 처음 책인 창세기에 기록되었다.

이와는 전혀 다른 그리스 신화가 있다. 그것이 에디푸스(Oedipus) 콤플렉스(Complex)라고 하는 프로이트(S. Freud: 1856~1939)의 용어로 발전된 내용이다.[4)]

그리스 신화에 의하면, 라이오스 왕은 아폴론 신으로부터 만일 아들을 낳으면 그 아들로부터 죽임을 당할 것이라는 신탁(神託)을 듣는다. 라이오스 왕은 아들을 낳자 그의 아내 이오카스테에게 미래 비극을 예방하기 위해 아들을 죽이라고 일러 놓았다. 그러나 이오카스테는 어머니의 정으로 자기 아이를 차마 죽이지 못하고 믿을 수 있는 하인을 통해 깊은 산속에 버리게 한다. 하인이 깊은 산속에서 어린아이를 버리려고 할 때 마침 이웃 나라의 목자가 귀한 생명이니 죽이지 말고 자기에게 달라고 한다. 그 아이는 이웃 나라 코린토스 영주에게서 양육된다.

4) 프로이드 저, 김양순 역,《정신분석입문》(동서문화사, 2016). pp. 302-319.

아이는 자라서 지혜가 출중하고 모든 운동 경기에서 우승하는 씩씩한 청년이 되었다. 그러던 어느 날, 아이는 친구에게서 자기가 타국의 보잘것없는 고아 출신이라는 얘기를 듣게 된다. 아이는 오랜 고뇌 끝에 아폴론 신에게 자기 신분을 묻는다. 그리고 아폴론 신으로부터 '절대로 고향에 가지 말라. 굳이 간다면 아버지를 죽이고 어머니와 결혼하게 될 것이다'라는 신탁을 듣게 된다.

어느 날, 아이는 산속에서 마차를 타고 오는 노인과 시비가 붙어 언쟁을 하다가 노인을 죽이고 만다. 이때 죽은 노인이 그의 친아버지 라이오스였다. 그 후 에디푸스는 알지 못한 상태에서 친어머니인 이오카스테와 결혼하여 네 명의 왕자를 낳는다.

이렇게 있을 수도 없는 황당한 그리스 신화를 소재로 해서 프로이트는 아동에 관한 심층 심리학의 이론을 만들었다. 그것이 아들들은 어머니에 대해서는 본능적으로 사랑의 마음을 갖는 애정이 있는 반면에 아버지에 대해서는 반감과 증오심을 갖게 된다는 이론이다.

에디푸스 콤플렉스 이론으로 가인이 아벨을 죽인 것이 합리화될 수 있을지는 모르겠다.

오늘 우리가 살아가고 있는 세상은 에디푸스 콤플렉스 이론이 맞는 것 같은 사회 현상들을 많이 목격하게 된다. 주변 각 부분의 모든 곳에서 형제간에 대결하며 원수시하고 살아가는 형제들을 많이 목격하게 된다. 특히 돈 많은 기업인들 가운데 그런 현상이 더 현저한 것 같다.

그러나 성경은 이 같은 인간적이고 세상적인 반인륜의 패역을 용납하지 않는다. 그것이 '억울하게 죽은 아벨의 핏소리가 땅에서부터 내게 호소한다'고 하는 하나님의 말씀이다.

'핏소리'라는 말은 '콜 떼메'(קול דמי)다. 여기 '피'라는 뜻의 '떼메'라는 단어와 '소리'라는 뜻의 '콜'이라는 말은 조화를 이루는 합리적 단어가 아니다. 왜냐하면 피는 소리를 내는 대상이 아니기 때문이다.

히브리어에서 말하는 '피'란 '땀'(דם)이다. 이 말은 '잠잠하다(시 4:4, 37:7, 62:5), 침묵하다(출 15:16)'라는 뜻을 가진 '따맘'(דמם)에서 유래된 말이다. 그렇기에 '피'는 '소리'와는 반대되는 속성을 가진 것이다. 그런데 왜 창세기에서는 이렇게 조화될 수 없는 반대 속성을 가진 '핏소리'라는 표현을 했는가?

이것은 '피'와 '소리'처럼 외형적으로 조화될 수 없는 이치를 본문에 병행시켜 놓음으로 역설적이지만 보다 강력한 인상을 주려는 것이라고 볼 수 있다.

아벨의 죽은 피는 땅속에 파묻혀서 소리를 낼 수가 없다. 그러나 전지전능하신 하나님은 억울하게 죽은 자의 피가 소리를 내면서 외치는 억울함을 다 들으실 수 있다는 논리이다.

성경 속에는 억울한 자의 탄원을 하나님께서 들으사 원통한 일을 풀어주신다는 신원(伸寃)이라는 개념이 있다. 시편 72편 4절의 억울함, 이사야 1장 17절의 고아를 위한 신원. 다니엘 7장 22절의 성도들의 원한, 요한계시록 6장 10절의 우리 피를 갚아 줌 등이 있다.

하나님은 죄 없이 죽은 아벨이 너무나도 억울한 자신의 사정을 의로우신 하나님께 쉬지 않고 계속하여 부르짖고 있음을 매우 실감 나는 표현으로 "네 아우의 핏소리가 땅에서부터 내게 호소하느니라"고 하셨다.

여기서 우리가 확실하게 배울 교훈이 있다. 하나님께서는 범죄하고 죄의 대가로 죽은 자들에게는 내버려 두시고 무관심하신다(롬 1:21~25). 그러나 억울하게 죽은 자에 대해서는 이 땅에서 밝혀지지 않을 수 있을지라도 장차 하늘나라에서는 반드시 신원하여 주신다(계

6:10). 이 사실을 깨닫고 세상 사는 동안 그 누구에게도 한이 맺히는 잘못을 저지르지 않도록 각별히 조심해야 할 것 같다.

5) 너는 땅에서 피하며 유리하는 자가 되리라(창 4:12)

하나님께서는 범죄한 가인에게 엄한 심판을 내리신다. 그 내용은 두 가지다.

(1) 땅에서 저주를 받을 것이다.

하나님께서 최초에 창조하셨던 땅은 각종 소산물들을 내는 인간의 양식의 근원이었다(창 1:29). 그런데 아담의 범죄로 땅이 1차 저주를 받아(창 3:17) 가시덤불과 엉겅퀴 등 잡초가 동시에 자라게 되었다. 그 후 가인의 범죄로 땅은 2차 저주를 받는다(창 4:11). 그래서 밭을 갈아도 땅이 다시는 옛날 같은 효력을 주지 않게 되었다.

여기 보면 범죄의 대가로 인간이 노력을 많이 한다고 하여도 땅의 소출에는 제한점이 따를 것임을 선언하고 있다.

(2) 땅에서 피하며 유리하는 자가 되리라.

하나님께서는 가인이 한곳에 정착하지 못하고 부랑자처럼 계속 떠돌아다니며, 마음에 평화를 얻지 못하고 슬픔 가운데 살아갈 것을 선언하신다. 이때 가인은 "나를 만나는 자마다 나를 죽이겠나이다" 라고 엄살을 떤다.

여기 '나를 만나는 자'란 '콜 모체이'(כל מצאי)이다. 이 말은 '나를 발견하는 모든 사람'(every one that finded me)이란 뜻이다.

우리는 가인 당시에는 아담 하와 다음에는 가인과 아벨만이 있었을 것으로 상상을 한다. 그러나 여기 가인이 '나를 만나는 자'라는 말은 이들 이외에 또 다른 사람들이 있었음을 암시해 준다. 그들이 남자가 아닌 여자로 상상할 수 있다.

창세기 5장에 아담 후손들의 10대 계보가 소개된다. 이때의 남자들이 여자들과 결혼해서 후손들을 낳았는데도 여자의 이름들은 소개되지 않고 남자들의 이름만 소개된다. 그렇기에 가인이 말한 "나를 만나는 자"란 남자들 이외의 여자들로 추정해 볼 수 있다.

또 하나 다른 가능성도 있다.

가인이 "나를 죽이겠나이다"라고 암살을 떤 '죽이겠나이다'라는 말이 '야하르게니'(יהרגני)라는 미완료형이다. 이 말은 앞으로 가인을 발견하는 자가 있을 때마다 죽이려 하는 행위가 계속 반복될 것을 가인이 염려하는 것이다. 그렇기에 가인 당시 사람들만이 아니라 미래의 사람들이 가인의 무자비성을 알게 되면 자기를 죽이려고 할 것을 염려한 엄살이라고 볼 수도 있다. 이때 하나님은 가인에게 가인을 죽이는 자는 벌을 7배나 받는다는 '표'를 주신다. '표'란 '오트'(אות)로 '어떤 징조'란 뜻이 있다.

2. 가인의 후손과 아벨의 후손

1) 가인의 후손(창 4:16~24)

가인의 후손들은 세상적으로 성공을 하며 현실적으로 잘 살아간다. 그러나 세상적으로는 각 분야에서 두각을 나타내며 성공적인 삶을 살아가지만 그들의 죄악은 점점 심화되고 영적으로 황폐화되어 간다. 그 결과 가인의 후손들은 인류의 조상 족보에서 제외되고, 육적이고 동물적인 후손들로 역사 속에 사라져 버리고 만다.

여기 창세기 4장 16~24절에는 가인의 후손 7대 족보가 소개된다.

(1) 가인은 여호와 앞을 떠나 에덴 동쪽 놋 땅에 살아간다.

원래는 인간의 조상인 아담과 하와는 타락함으로 인해 에덴동산에서 쫓겨나 에덴동산 밖에서 살았다(창 3:24). 그러나 가인은 에덴동산 밖에서도 떠나서 '놋 땅'으로 간다. 여기 '놋'이란 '노드'(נוֹד)란 말은 '도망하다(시 11:1), 떠돌다(잠 26:2), 탄식하다(렘 45:3)'는 뜻이 있는 '누드'(נוּד)에서 유래한 지명이다. 하나님께서 "너는 땅에서 피하며 유리하는 자가 되리라"(창 4:12) 선언하신 대로 가인은 사람들이 두려워 도망 다니는 비참한 삶을 살아간 것으로 추정된다.

(2) 가인의 아들 에녹 때는 성을 쌓고 공포 속에 살아갔다.

여기 '에녹'이란 '하노크'(חֲנוֹךְ)다. 이 말의 뜻은 '봉헌하다, 사용하기 시작하다'는 뜻이 있다. 구약에는 '하노크'라는 이름을 가진 사람들이 몇 명이 나온다. 창세기 5장 18~24절에 기록된 최장수 인간 므두셀라의 아버지가 에녹이었다. 또 창세기 46장 9절에 르우벤의 아들 하녹이 나오고, 또 창세기 25장 4절에는 아브라함 후처인 그두라의 후손으로 미디안의 아들들 중에 하녹이 있다.

가인은 자기 아들 에녹을 낳은 후 그 아들과 함께 사람들에 대한 공포심 때문에 '에녹'이라는 성을 쌓고 방어적인 삶을 살아갔다. 가인은 자신이 동생을 죽인 패륜아이자 인생 낙오자로 전락했다는 극도의 공포심 가운데 일생 갇혀 살았음을 상상할 수 있다.

(3) 이랏, 므후야엘, 므두사엘의 유명무실한 인간들

창세기 4장 18절은 가인의 손자 이랏 때부터 증손자 므후야엘, 고손자 므두사엘의 이름을 소개한다. 그런데 이들 3대 인류 조상들은 이름이 소개된 것 외에는 그들의 생애 내용이 아무것도 없는 유명무실한 자들이었다.

(4) 라멕의 패역한 인생

① 두 아내를 거느린, 일부일처제 전통 파괴자

가인의 6대 손인 라멕은 두 아내를 거느린 패역자로 살아간다. 라멕의 두 아내 이름이 '아다'와 '씰라'였다. 창세기는 대부분 남자들 이름만 소개하는데 여자들 이름을 소개하는 것은 매우 특수한 경우이다. 그런데 여기 라멕의 경우는 두 아내 이름과 딸의 이름까지 소개된다. 무슨 의미가 담겨 있는가?

'아다'(עדה)란 단장하다(사 61:10; 겔 23:40)라는 의미에서 비롯된 단어이다. 아마도 아다는 몸단장하는 것에 많은 시간과 정성을 쏟았던 여인, 현대적으로 표현하자면 화장하는 데 정신을 쏟는 허영심 많은 여인으로 추측된다.

'씰라'는 '칠라'(צלה)로 '딸랑거리는 자, 악기 다루는 자, 그림자'라는 뜻이 있다. 씰라는 인간의 귀를 즐겁게 하기 위해 딸랑거리기를 잘하며 동시에 악기를 다룰 줄 아는 여인이었던 것 같다. 라멕은 아다와 씰라라는 두 여인이 가진 특징들처럼 멋 부리는 여자, 아부 잘하는 여자와 함께 인생을 향락적으로 살아간 인간이었다.

② 자녀들은 문명의 개척자였다.

라멕은 첫 아내 아다에게서 야발과 유발이라는 두 아들을 낳았고, 둘째 아내 씰라에게서 두발가인이라는 아들과 나아마라는 딸을 낳았다. 라멕의 아들들은 인류 문명의 개척자들이었다.

ⓐ 야발은 가축을 치는 목축업자의 조상

ⓑ 유발은 수금과 퉁소를 잡는 모든 종류의 악기 제조의 조상

ⓒ 두발가인은 철 연장을 만드는 기계 공업의 조상이 된다.

성경은 인류 조상들을 목축업, 악기 제조, 기계공업 등 미개하지만 최초의 문명을 시작한 자로 소개한다.

이와 달리 진화론적 사관을 가진 자들은 인간이 수렵생활 등 미개한 삶에서 점진적 발전을 해왔다고 주장한다. 그러나 성경은 최초에 인류 조상들이 생활에 필요한 목축업, 기계공업과 함께 삶을 즐기려는 악기를 제작했음을 말한다. 아마도 이들은 즐기기 위한 인생을 살아갔을 것으로 추측된다.

③ 라멕의 살인 행위 정당화(창 4:23~24)

라멕은 자기에게 상처를 입힌 젊은 소년을 잔인하게 살해했다. 그리고 가인이 아벨을 죽였는데도 하나님께서는 가인을 보호하기 위해 가인을 죽이는 자는 벌을 7배나 갚겠다고 하셨다면 라멕이 살인한 것을 보복하려 한다면 벌이 77배는 되어야 한다고, 하나님의 긍휼을 잔인한 복수의 논리로 바꾸었다.

이러한 라멕의 살인 행위 정당화 논리를 학자들은 "칼의 노래"(The Song of Sword)라고 명명한다. 젊은 소년을 죽이고도 뉘우치기는커녕 노래를 만들어 자기의 악행을 정당화하는, 타락한 인간 본성이 그대로 반영되고 있다.

2) 아벨을 대신한 셋의 후손(창 4:25~26)

아담의 맏아들 가인은 동생 아벨을 죽였다. 그렇게 시작된 가인의 후손은 6대까지 계속 번창하면서 인류 문명도 개척해 나가는 공헌을 했다. 그러나 하나님께서는 가인의 후손들로는 인류에게 희망이 없음을 확인하게 된다.

가인의 후손이 6대까지 계속되려면 적어도 120~130년은 걸렸을 것이다. 이때 하나님은 가인의 후손들이 아닌 아벨을 대신한 '셋'이라는 새로운 인물로 새로운 인류 조상을 삼으신다. 바로 아담이 130세에 새로 낳은 셋이었다(창 5:3).

여기서 우리가 반드시 확인해야 하는 사실이 있다. 가인은 그의 후손이 6대까지 번성하였으나 인류의 조상 족보에서 가인의 후손 계보는 사라진다. 그리고 아벨을 계승한 셋이 인류 조상의 계보에 오른다(창 5:3~8).

가인의 후손이 인류 조상의 계보에서 제외되고 셋의 후손이 인류의 조상 계보에 오른 원인이 무엇인가? 그 내용이 창세기 4장 25~26절에 기록되어 있다.

(1) 아벨 대신에 다른 씨인 '셋'

창세기 4장 25절을 보면, 아담은 130세에 또 다른 아들 '셋'을 얻었다. 그런데 셋은 가인이 죽인 아벨을 대신한 다른 '씨'라고 했다. 여기서 '셋'이라는 이름에는 많은 의미가 있음을 짐작할 수 있다.

'셋'은 '쉐트'(שת)다. 이 단어에는 '정리하다(사 22:7), 일어나다(시 3:7), 주관하다(왕상 11:34), 세우다(시 141:3), 두다(시 132:11)' 등의 뜻이 있다.

그렇기에 셋이라는 말에는 셋이 죄악된 세상을 정리하며, 그가 하나님께서 새로 세우신 아벨을 대신하는 존재가 되라는 의미가 있다. 여기서 아담은 셋을 자기가 낳았으니까 자기의 소유라고 생각한 것이 아니라, 하나님께서 그를 통해 하나님의 원하시는 바를 이루게 해달라는 희망을 담았다고 하겠다.

(2) 그때에 사람들이 비로소 여호와의 이름을 불렀더라.

아담은 130세에 셋을 낳았고(창 5:3), 셋은 105세에 에노스를 낳았다(창 5:6). 바로 에노스가 태어난 것은 아담이 235세 때이다. 아담은 235년 동안을 '여호와의 이름'을 부르지 않고 살아갔다. 그런데 235년 후 에노스를 낳은 때에 비로소 사람들이 여호와의 이름을 부르기 시작한다.

여기서 말하는 "그때에 사람들이 비로소 여호와의 이름을 불렀더라"라는 말은 무슨 뜻인가? 그러니까 그 이전에는 사람들이 여호와의 이름을 부른 적이 없었고, 이때부터 사람들이 여호와의 이름을 부르기 시작했다는 뜻이다.

그렇다면 '여호와의 이름을 불렀다'는 말은 무슨 뜻인가? '불렀다'는 '리크로'(לקרא)로 이 말은 '부르다'(카라: קרא)에서 온 말이다. 이 단어가 독자적으로 쓰일 때는 '도움을 청하다'(시 34:7, 59:4)는 뜻이지만 본문처럼 '여호와'라는 이름과 관련해서 쓰일 때는 찬양과 관련된 뜻도 된다(창 12:8; 출 23:13; 시 79:6).

따라서 이 본문은 과거 아담은 가인의 후손들이 6대까지 번창해도 하나님께 도움을 청하거나 하나님의 은혜를 찬양하는 일들을 하지 않고 살아왔다는 것을 보여준다.

아담과 가인은 셋과 에노스 이전에 제물을 드리는 의식은 행했었다. 그러나 저들이 제사는 드렸지만 하나님께 도움을 구하거나 하나님의 은혜를 찬양하는 예배다운 예배는 드리지 않고 살아왔었다.

가인의 후손들은 교만하여 스스로의 힘으로 모든 것을 해결하며 세속 문화에 심취하여 살아갔었다. 셋의 아들 에노스 때에야 하나님께 겸허하게 예배드리며 찬양하는 공식 예배 생활이 시작된다. 그렇다면 에노스 때 공식 예배가 시작된 원인이 무엇인가? 그 원인은 '에노스'라는 이름의 뜻에서 알 수 있다.

'에노스'는 '에노쉬'(אנוש)다. '에노쉬'는 '아나쉬'(אנש)라는 말에서 유래되었다. '아나쉬'는 '상처가 중하여 낫지 아니하는 병든 상태(렘 15:18), 재앙의 상태(렘 17:16), 슬픈 상태(사 17:11)' 등을 의미하는 말이다. 그렇기에 '에노스'란 말은 인간이란 병들어 고통 가운데 살아가야만 하며 재앙과 슬픔을 안고 살아가는 존재라는 뜻이다.

한편 셋은 자기 형 가인과 그의 후손들이 인생을 자기들 멋대로 살아가며 물질문명 속에서 하나님을 무시하고 교만하게 살아가는 허망한 인생들임을 깨달았다. 셋은 인생이란 병듦, 재앙, 슬픔으로 얼룩진 무기력한 존재임을 깨닫고, 아들의 이름을 '허무함'이란 뜻의 '에노스'로 지었다. 이와 같은 겸허한 인생 자세가 하나님을 의지하는 신앙의 시발이 된다.

결론

창세기 첫 장들을 통해 많은 것들을 배운다. 창세기 1장을 소재로 한 "천지창조"의 그림과 음악, 창세기 2장을 소재로 한 《실낙원》과 《복락원》, 창세기 3장을 소재로 한 원죄의 교리들이다.

창세기 4장에서는 무엇을 배울 수 있는가? 창세기 4장에는 극히 인본적이고 세상적인 ‘가인’과 그의 후손들의 역사가 기록되어 있다. 또 창세기 4장에는 억울하게 희생당한 ‘아벨’과 그를 대신한 ‘셋’의 후손들의 영적 역사가 기록되어 있다.

가인의 후손들은 세상에서 문명을 개척하여 하나님 없는 부요한 생활을 살아간다. 그에 반해 아벨을 대신한 셋의 후손들은 하나님 없는 인생의 허무함을 절실히 깨닫고 신앙 중심으로 살아간다.

이들 두 조상은 과거의 인류 조상이었다. 우리는 이 두 조상에게서 무엇을 배울 수 있는가? 하나님 없는 세상 문명과 함께 마음대로 살다가 역사에서 흔적도 없이 사라지는 인생이 될 것인가, 아니면 세상에서 힘들고 외롭고 불편해도 욕망을 절제하며 신앙으로 살아간 영원한 신앙 후손들을 계승할 것인가?

이 두 가지 다른 인생 중 하나를 선택해야만 한다.

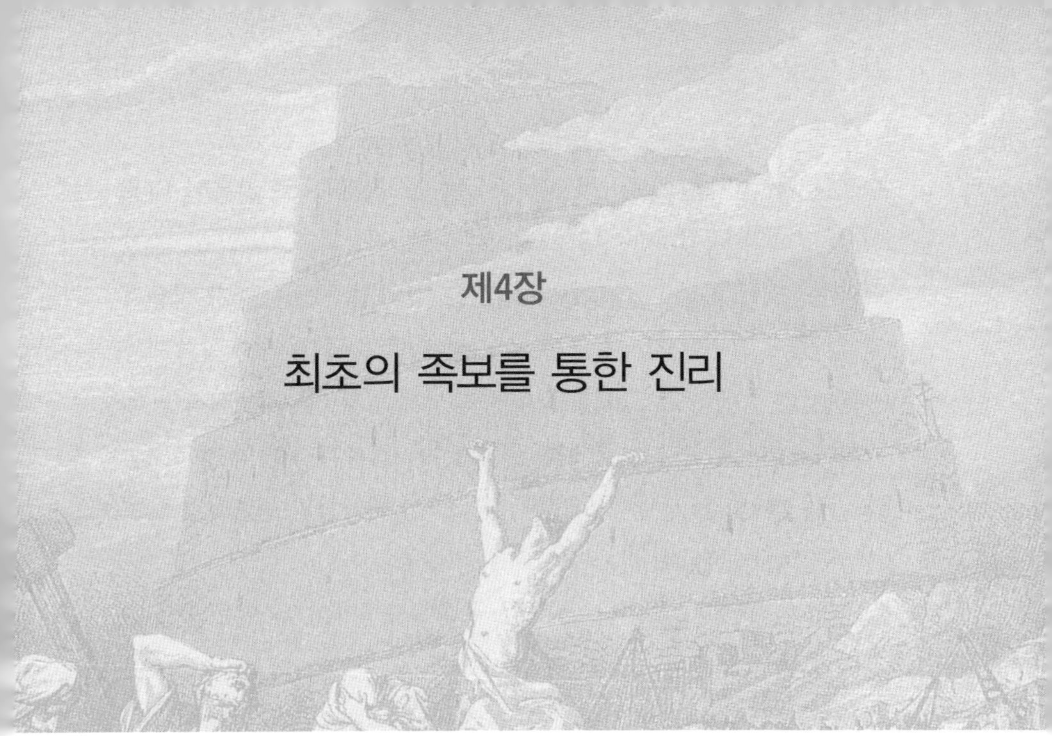

제4장

최초의 족보를 통한 진리

서론

우리는 성경의 처음 책인 창세기를 통해 많은 진리를 배운다.

창세기 1장에서 하나님이 천지와 우주 만물의 창조주이신 것과 만물들이 창조자에 의해 운영되고 있음을 배운다.

창세기 2장에는 만물들 중 최고의 영장인 인간의 창조와 인간의 기본 터인 가정의 존귀함이 기록되어 있다.

창세기 3장에서는 만물의 영장이 추악한 죄인으로 타락하여 비참한 운명으로 전락하게 된 인간의 타락사를 배운다.

창세기 4장에서는 인생의 두 모델인 가인의 세상적인 삶의 종말과 아벨을 대신한 셋의 후손들의 영적 삶의 가치를 배운다.

창세기 5장에서는 무엇을 배울 수 있을까? 창세기 5장에는 아담에서부터 10대 후손인 노아 때까지의 인류 조상들의 계보가 기록되어 있다. 이 평범한 10대 조상들 계보 기록에서 우리는 무엇을 배울 수 있는가? 10대의 인류 조상들 모두에게 공통적으로 기록된 내용이 '낳았고'와 '죽었더라'이다. 그렇기에 10대 조상들 중 '낳았고', '죽었더라'는 8명이 똑같은데, 그중 두 명만은 '낳았고', '죽었더라'가 적용되지 않았다. 그것이 창세기 5장 21~24절에 볼 수 있듯이 에녹에게는 "하나님과 동행하더니"라는 표현과 "세상에 있지 아니하였더라"라는 표현이고, 다른 하나는 창세기 5장 32절에 기록된 노아의 경우처럼 "노아는 의인이요 당대에 완전한 자라 그는 하나님과 동행하였으며"(창 6:9)라는 기록이다.

창세기 5장에서 특이한 인물인 에녹과 노아라는 두 인물만이 구원받아 천국에 간 것으로 믿어지는 '하나님과 동행'했다는 기록이 있다. 그 외에 8명은 모든 보편적 인류에게 적용되는 '낳았고', '죽었더라'는 단순한 표현만 있다.

여기 아담의 계보가 정확한 직계 아들만을 의미하는 것은 아니지만 적어도 '낳았고'라는 '와욜레드'(וידלד)라는 말과 '죽었더라'는 '와야모트'(וימת)라는 단어가 구약성경에서 보편적으로 쓰인 사례들 속에 우리가 모르는 암시적 교훈이 있다고 본다.

구약성경에는 부활의 개념이 없다. 구약성경에는 선인이나 악인이나 죽으면 다 '스올'(שאול)인 음부로 간다고 기록되었다.

구약성경에서 '죽었다'는 말이 '무트'(מות)인데, 이 말은 일반인의 자연사를 의미한다. 이렇게 구약성경에는 부활의 개념이 없는 자연사만을 의미하는 '무트'라는 말이 850회가량 사용되었다.

그런데 그 850회의 죽음들에 대한 표현들 중 구원받은 인물들로 천국에 갔을 인물들의 경우에는 '마웨트'(מות)라는 명사를 사용한다.

창 25:11 "아브라함이 죽은 후에"

민 33:39 "아론이 호르산에서 죽던 때의"

신 34:7 "모세가 죽을 때"(수 1:1)

삼상 15:35 "사무엘이 죽는 날까지"

시 116:15 "경건한 자들의 죽음은 여호와께서 보시기에 귀중한 것"

아 8:6 "사랑은 죽음같이 강하고 질투는 스올같이 잔인하며"

이 같은 표현들은 죽음이 가치 있는 것으로 표현된 사례들이다.

그에 반해서 절대적으로 많은 경우에, 죽음에 '무트'(מות)라는 동사를 사용했다.

창 2:17 "네가 먹는 날에는 반드시 죽으리라"

창 25:32 "에서가 이르되 내가 죽게 되었으니 이 장자의 명분이 내게 무엇이 유익하리요"

출 2:23 "여러 해 후에 애굽 왕은 죽었고"

민 26:65 "그들(이스라엘 자손)이 반드시 광야에서 죽으리라"

삼하 1:4 "사울과 그의 아들 요나단도 죽었나이다"

욥 2:9 "그(욥)의 아내가 그에게 이르되…하나님을 욕하고 죽으라"

전 3:2 "날 때가 있고 죽을 때가 있으며"

여기서 필자는 정확한 것은 아니지만, 구약성경에서 부활에 관한 진리는 기록이 없으나 구원받은 자와 구원받지 못한 자와의 '죽음'을 구별하려는 표현들은 찾아볼 수 있을 것 같다는 합리적 추론을 하게 된다.

아담에 대한 신약성경의 부정적 표현들이 더욱더 이와 같은 추론의 근거가 되어 준다. 인류의 조상 아담은 구원받아 천국에 갔을까? 성경이 말하지 않는 것이므로 쓸데없는 논란이라고 무시해 버릴 일인가? 그러나 신약성경을 보자.

롬 5:14 "아담으로부터 모세까지 아담의 범죄와 같은 죄를 짓지 아니한 자들까지도 사망이 왕 노릇 하였나니"

고전 15:22 "아담 안에서 모든 사람이 죽은 것같이"

고전 15:47 "첫 사람은 땅에서 났으니 흙에 속한 자이거니와"

히브리서 11장의 믿음의 조상들 사례 중 아담이 빠졌음을 보게 된다.

필자는 이와 같은 기록들을 근거로 하여, 구약성경에 기록된 유명인이라고 해서 다 천국에 간 것은 아니라고 생각한다.

창세기 5장에 기록된 인류의 조상들의 평균 수명은 900세인데, 장수했다고 해서 그들이 천국 간 것은 아니다. 가인의 후손들이 목축업, 음악 기구 제작자, 기계문명의 선두자 등 세상적으로 성공했다고 해서 천국 간 것은 아니다. 라멕이 두 아내를 거느리고 부귀영화를 누렸으나 그가 천국 간 것은 아니다.

성경의 핵심은 무엇인가? 그것은 그가 여호와의 이름을 부르고(창 4:26), 하나님과 동행했느냐 안 했느냐가 승리한 인생이냐 실패한 인생이냐를 판가름하는 기준이라고 볼 수 있다.

오늘 이 같은 취지에서 에녹은 어떻게 해서 하나님과 동행하게 되었는가? 에녹이 300년간 하나님과 동행한 방법은 무엇인가? 에녹이 300년간 하나님과 동행한 결과가 무엇인가? 이 세 가지를 살펴보겠다.

1. 에녹이 하나님과 동행한 원인

에녹은 당시의 조상들이나 후손들에 비해 3분의 1 정도인 365세를 산 인물이다.

에녹이란 말은 '하노크'(חֲנוֹךְ)로 '전수자' 혹은 '선생'이라는 의미가 있다. 구약성경에는 세 명의 에녹이 더 있다. 창세기 4장 17절의 가인의 아들 에녹, 창세기 46장 9절의 르우벤의 아들 하녹, 창세기 25장 4절의 아브라함의 후처 그두라가 낳은 미디안의 아들 중 하녹이 있다. 이들 세 명의 에녹은 크게 관심을 가질 만한 인물들이 아니다.

오늘의 주인공인 에녹은 365세를 사는 동안 전반기 65세까지는 하나님 동행과 무관한 자연인으로 살아갔다. 그런데 그가 65세에 므두셀라라는 아들을 낳은 후에 후반기 300년을 하나님과 동행하며 살아갔다. 에녹의 생애에 있어서 65세 이전까지는 B.C.에 해당된다면 65세 이후의 생애는 A.D.가 된다. 에녹의 생애 중 B.C.와 A.D.가 구분되는 65세 때 그에게는 무슨 일이 벌어졌는가? 그 실마리를 히브리인들의 이름의 의미에서 찾아볼 수 있다.

'아담'(אדם)이란 말은 '인간' 또는 '인류'라는 뜻으로 보통명사로 쓰이는데, 때로는 고유명사로 쓰여서 구약성경에 약 560번이나 나온다.

'하와'(חוה)는 타락한 후에 주어진 '생명'

'셋'(שת)은 '정리하다'

'에노스'(אנוש)는 '병들어 고통 가운데 살아간다'

'게난'(קינן)은 '태어난 아이'

'마할랄렐'(מהללאל)은 '하나님께 찬양'

'야렛'(ירד)은 '밑으로 내려감'

'아브라함'은 '많은 무리의 아버지'(창 17:4~5)

'사라'는 '여러 민족의 여주인'(창 17:15)
'이삭'은 '웃음'(창 17:19)
'야곱'은 '발꿈치를 잡은 자'(창 25:26)
'다윗'은 '사랑받는 자'
'예레미야'는 '여호와가 높이신다'
'다니엘'은 '사랑받는 자'라는 뜻이 있다.

그렇다면 '전수자, 선생'이라는 뜻을 가진 '에녹'이 자기 아들의 이름을 '므두셀라'라고 지은 데는 무슨 뜻이 있는가? 여기에 대해서 다양한 해석들이 있다.

투창의 사람(Gesenius)
병기의 사람(Furst)
날아가는 무기를 다루는 사람(Murphy)
성장의 사람(Delizsch)
호크마 주석은 이 중에서 '투창의 사람'을 따랐다.

'므두셀라', 히브리어로 '메투솰라흐'(מתושלח)란 무슨 뜻일까?

'메투솰라흐'의 뜻은 다양하다. 대체로 '남자'라는 뜻의 '마트'(מת = 삼상 25:22; 왕상 16:11, 21:21)와 '병기'라는 뜻(대하 23:10; 느 4:17), 또는 '칼'이라는 뜻(욥 33:18, 36:12)을 가진 '솰라흐'가 결합된 단어로 이해된다. 그렇기에 '병기의 사람', '투창의 남자'라고 이해한 것 같다.

그렇다면 '므두셀라'라는 이름이 '투창의 사람'과 무슨 관계가 있는가? '투창의 사람'이란 어떤 역할을 하는 사람인가?

고대 에녹이 살던 부족시대에는 아직 왕이나 국가나 군인이 없을 때였다. 부족들 간에 전투가 벌어지면 병기를 들고 적군과 맞서서 나간다. 이때 상대방 부족의 첫 공격 대상은 적군의 맨 앞에 있는, 전쟁을 대표하는 투창을 든 사람이다. 상대방 부족이 먼저 투창을 든 자를 공격해서 투창을 든 자가 죽으면 나머지 아군들은 다 죽는다. 그렇기에 '투창의 사람'이라는 단어의 내용적 의미는 '그가 죽으면 마지막이다'라는 관용어로 쓰였다.

사람들이 '폭탄 세례 받았다'고 할 때 문자적 의미는 세례라는 종교의식이 아니라 걷잡을 수 없는 폭탄에 압도당했다는 의미이다. 마찬가지로 단어의 뜻은 '투창의 사람'이지만 내용적 의미는 '그가 죽으면 마지막이다'라는 뜻이다.

그런데 에녹이 65세에 자기 아들을 낳고 그의 이름을 '그가 죽으면 마지막이다'라는 뜻을 가진 '므두셀라'라고 지었는데, 이는 좀 더 영적인 뜻으로 사용되었다. 즉 에녹은 자기 아들의 이름을 통해 '그가 죽으면 심판이 온다'는 뜻을 전하고자 했다. 이처럼 에녹은 일생 하나님의 심판을 외쳤음을 유다서가 증명한다.

유다서 14~15절에 "아담의 칠대 손 에녹이 이 사람들에 대하여도 예언하여 이르되 보라 주께서 그 수만의 거룩한 자와 함께 임하셨나니…뭇 사람을 심판하사…경건하지 않은 죄인들이 주를 거슬러 한 모든 완악한 말로 말미암아 그들을 정죄하려 하심이라"라고 외쳤다고 했다. 그렇기에 에녹은 일생 하나님의 심판을 외쳤으며, 그의 아들에게는 '그가 죽으면 심판이 온다'(When he dies judgment comes)는 뜻을 가진 므두셀라라는 이름을 지어준 것이다.

므두셀라, 그 단어 자체의 뜻은 '투창의 사람'이란 말이 맞다. 그러나 그 단어가 그 시대 사람들에게는 '그가 죽으면 마지막이다'라는 내용으로 활용되고 있었고, 에녹은 그 시대인들이 익숙하게 인식하는 대중적인 말을 신앙적 내용으로 활용했음을 추정할 수 있다.

우리의 선배들은 '므두셀라'라는 말의 의미를 단어적으로 파악하는 데 그쳤다. 그러나 A.W. Pink(1886~1952)는 므두셀라라는 단어적 의미를 유다서와 연관시켜 신앙적 의미인 '그가 죽으면 심판이 온다'로 적용하였다.[5)]

그렇다면 에녹은 어떻게 그 조상들과 다르게 이와 같은 신앙적 결단을 하는 독특한 인물이 되었는가? 그것을 알아야 에녹이 하나님과 300년을 동행한 이유를 알 수 있다.

에녹은 므두셀라를 낳은 후에 하나님을 만난다. 그리고 하나님으로부터 네 아들이 죽으면 이 세상은 홍수로 심판을 받는다는 계시를 받게 된다. 에녹의 인생 변화에는 그가 막연하게 알아왔던 하나님을 직접적으로, 개인적으로, 인격적으로 만나는 결정적 계기가 있었던 것이다.

그 내용이 므두셀라가 969세로 죽고 난 후에 므두셀라의 손자인 노아 때의 세상을 소개한 창세기 6장 1~12절 내용이고, 그와 같은 세상을 홍수로 심판하시려는 하나님의 지시 내용이 창세기 6장 13~22절 내용이다.

여기서는 에녹이 하나님과 동행하게 된 원인으로 에녹이 하나님을 만난 내용을 살펴보자. 구약에 나오는 위대한 인물들의 공통점을 생각해 보자. 노아는 분명 하나님을 만나 홍수 심판을 통한 하나님의 계획을 알고 120년 동안 방주를 만들었다. 아브라함은 하나님을 만나 하나님께 고향과 친척과 부모를 떠나라는 계시를 받고 살기 좋은 갈대아 우르를 떠나 척박한 가나안으로 옮겨갔다. 야곱은 형을

---

5) 정수영, 《창세기의 인물들》(쿰란출판사, 2014), pp. 96~100.

피해 도망가던 중 벧엘 광야에서 천사가 오르락내리락하는 환상을 보고 그의 인생이 달라진다. 모세는 살인죄를 저지르고 미디안 광야에 숨어 살다가 호렙산에서 하나님을 만남으로 그 인생이 달라진다.

신약의 12사도들은 오순절에 성령 체험으로 완전히 달라진다. 그리스도인들을 박해하던 사울은 다메섹 도상에서 살아 계신 주님을 만남으로 변하여 바울이 된다. 필자도 38살에 미국 유학 가서 사랑의 하나님을 직접 체험함으로 거듭남의 인생 변화를 경험했다.

신앙인에게 가장 중요한 것은 하나님을 직접적으로 만나는 것이고, 인간에게도 가장 중요한 것은 어떤 부모, 어떤 지도자를 만나느냐이다.

여기서는 인간에게 중요한 것 중에서 부모의 중요성을 예를 들어 살펴보겠다.

현대인들에게 가장 인기 있는 운동 중의 하나가 골프다. 골프는 야외 숲속의 맑은 공기를 마시며 걷는 것과 동시에 골프공이 정해진 목표에 적중되는 쾌감과 기대에 못 미칠 때 아쉬움이 교차되는 최고의 심신 운동으로 알려졌다.

전 세계인들이 알고 있는 골프의 황제 타이거 우즈(Tiger. Woods) 이야기다. 타이거 우즈의 아빠는 타이거가 생후 6개월 되었을 때 손바닥 위에 세워 놓으면 균형을 잡고 서 있는 것을 보고 남다르다는 것을 알게 되었단다. 10개월 되었을 때 갖고 노는 놀이 기구로 퍼터를 주었더니 보행기를 질질 끌고 다니면서 퍼터도 함께 끌고 다녔다. 그 다음에는 유아 키에 맞는 골프채로 놀이 도구를 삼았다. 아빠는 대화가 안 될 때이니 그림을 그려 골프채를 손에 쥐는 법을 보여주었다. 3살 때는 모래 구덩이에서 공을 빼내는 방법을 가르쳐 주었다. 4살 때부터는 아침 9시에 골프장으로 보내고 8시간 후에 데려왔다. 8살 때는 아빠와 아들의 골프 게임에서 아들이 이겼다. 10살 때는 전 미국 질병통제예방센터에서 주관하는 신체 발달 단계의 목록 경연 대회에 나가 전국 텔레비전 중계 속에서 우승을 했다. 대학 때는 야구 선수로 뛰면서 자제력을 터득했고, 육군 엘리트 부대인 그린베레에 들어가 베트남 복무로 상대방과의 심리전을 배우게 되었다. 타이거 우즈가 스탠퍼드 대학에 입학할 때 그는 이미 유명인이 되었다. 한국의 박세리도 대전 유성의 변두리 출신으로 그의 아버지가 어려서부터 골프인으로 만들었다고 알려졌다.

전 세계 테니스의 황제로 알려진 스위스의 로저 페더러(Roger Federer)도 마찬가지다. 페더러의 엄마는 운동 코치였다. 그는 걸음마를 떼기 시작했을 때부터 엄마와 공을 치면서 놀았다. 아이 때는 일요일마다 아빠와 스쿼시 또 스키, 레슬링, 수영, 스케이트보드도 잠깐씩 해보고, 야구, 핸드볼, 테니스, 탁구, 배드민턴도 했다. 훗날 그는 이렇게 다양한 스포츠들을 접한 것이 운동 실력과 손과 눈의 조화로운 발달에 도움이 되었다고 말했다.

그는 공만 있으면 종목에는 아무 상관 없이 흥미를 갖게 되었다. 부모는 아이에게 장래 계획 같은 것을 말하지 않고 그냥 다양한 스포츠를 접해 보라고 북돋아 주기만 했다. 아빠가 아이에게 강조한 규칙은 딱 하나였다. "속이지만 마." 10대 때에 실력이 좋아서 지역 신문 기자가 인터뷰를 했다. 그는 10대 때 프로레슬링, 축구 등에 열중하면서 승부욕이 드러났다. 다른 이들이 각 분야에 드러날 때 뒤늦게 축구를 포기하고 테니스에 집중하기로 한다. 늦게 시작했으나 지금 그는 전설적인 테니스 스타들이 은퇴할 나이인 30대 중반에도 여전히 세계 1위를 지키고 있다.

페더러의 오늘에는 다양한 스포츠를 권장하며 스스로 갈 길을 찾

도록 참고 기다려준 부모들의 공적이 배경이 된다.[6]

인생은 그가 어떤 부모를 만나느냐에 따라 인생의 기초가 닦이고, 어떤 지도자를 만나느냐에 따라 인생의 방향에 영향을 받고, 어떤 배우자를 만나느냐에 따라 인생의 결과가 달라진다. 인생이 만나는 시대나 사회나 국가도 큰 변수를 만든다. 이처럼 인생에서 만남이란 매우 중요한 것이다.

그렇다면 신앙에서는 무엇이 중요한가? 신앙에도 그가 신앙하려는 대상과의 만남이 중요하다. 대부분의 종교인들은 가정적 환경이나 어릴 때 자란 환경이나 기타의 환경에 의해 형식적인 종교인들이 된다. 그러나 세상에 영향을 주는 신앙인들은 그가 신앙하게 된 신앙의 대상을 만난 사람들이다. 한국 불교의 큰 스승인 원효대사(617~686)는 요석 공주와 잠자리를 같이해 설총을 낳은 파계승(破戒僧)이지만 부처의 정신을 깨닫고 대승불교(大乘佛敎)의 교리를 실천했다. 고려의 충신 정몽주(1337~1392)는 유교의 공자, 맹자가 가르친 도리를 깨닫고 이방원의 회유를 거부하다가 참살을 당하였다.

기독교 신앙에서도 관습적인 종교 형식이 아니라 신앙의 대상인 하나님을 개인적으로 직접 만나는 체험이 있어야만 참된 신앙인이 되는 것이다.

2. 하나님과 300년 동행의 방법

에녹이 65세에 므두셀라를 낳았고 므두셀라를 낳은 후 300년을 하나님과 동행했다고 했다. 여기 에녹이 므두셀라를 낳고 달라진 인

---

6) 데이비드 엡스타인, 이한음 역, 《늦깎이 천재들의 비밀》(열린책들, 2020), pp. 9~16.

생의 특징을 ‘하나님과 동행’이라는 말로 표현하고 있다.

‘동행하며’는 ‘와이트할레크’(ויתהלך)다. 여기서 동행하다는 말은 ‘할라크’(הלך)로 ‘걷다’라는 기본적인 의미 외에 ‘삶의 방식을 따른다’라는 뜻도 포함되어 있다.

시편 26편 3절 “주의 진리 중에 행하여”나 잠언 20장 7절의 “온전하게 행하는 자”가 할라크이다.

그런데 ‘할라크’가 전치사 ‘에트’(את)와 함께 쓰여서 본문처럼 ‘와이트할레크’가 되면 그 의미는 성관계를 갖는다는 의미가 된다. 욥기 34장 8절 “악한 일을 하는 자들과 한패가 되어”나 잠언 13장 20절 “지혜로운 자와 동행하면”이 ‘와이트할레크’다.

그렇다면 에녹이 하나님과 동행했다는 말이 무슨 뜻인가? 그것은 에녹이 결혼하여 한 몸을 이룬 부부처럼 하나님께서 원하시는 대로 밤이나 낮이나 항상 친밀한 교제 속에 살아갔다는 것이다. 이처럼 부부처럼 함께 먹고, 함께 자고, 함께 대화하고, 함께 같은 인생의 방향대로 살아가는 것을 ‘동행’이라고 한다.

우리가 인생을 살아가면서 동행하기 제일 어려운 문제가 무엇인가? 부부가 한집에 살면서 함께 먹고, 함께 자면서 살아갈 수는 있다. 그러나 대화가 없이는 살 수 없다. 부부가 일주일이나 한 달이나 대화 없이 각각 제멋대로 살아가는 동거란 지옥과 같은 생활이다. 부부뿐 아니라 부자간이든, 형제간이든, 친구 간이든, 교인 간이든, 직장인이든 그 누구와도 대화가 소통되지 못하면 관계가 오래 지속되기 어렵다. 더구나 신앙도 영적 생활인데 영적으로 소통이 안 되는 관계는 지속되기가 어렵다.

에녹이 300년간 하나님과 동행했다는 말은 300년간 소통을 하며 대화가 통했다는 의미라고 할 수 있다.

사람에게 있어서 대화를 통한 소통이 교육의 최상의 방법임을 일찍이 깨달은 사람이 소크라테스(B.C. 469~399)다. 그의 제자 플라톤 역시 스승의 대화 방법으로 교육을 한 후 《플라톤의 대화》라는 철학적 희곡을 남겼다. 소크라테스는 아테네의 거리, 시장, 체조장, 정치계 등 모든 곳에 찾아가 사람을 행복하게 하는 것이 무엇인가, 선한 것이 무엇인가를 계속 물으며 대화를 이어갔다.

사람 간에도 수준과 경험이 다른 이와는 대화가 안 된다. 하물며 영적 세계인 신앙생활에서는 내가 믿는 신앙의 대상과 영적 대화가 통하지 않으면 그 신앙은 형식적인 것이고 죽은 것이다. 매우 잘못된 종교적 관행은 소통은 무시하고 형식적, 의식적, 제도적 관습만 되풀이하면 깨달아질 때가 온다고 거짓으로 가르치는 것이다. 그러나 신앙은 영적인 신앙의 대상과 소통이 되어야만 참된 신앙으로 발전한다.

신앙인들의 최초의 시작은 하나님과의 '만남'이다. 그러나 만남 이후에 '동행'이라는 오랜 관계가 없으면 그 만남은 자라지 못하는 갓난아이나 힘을 발휘하지 못하는 소아적 무능자로 굳어진다.

기독교 역사에 기억되는 인물들은 하나님을 만난 후에 일생 '동행'을 통해 성장한 사람들이다.

고아원의 창시자로 알려진 뮐러(G. Müller: 1805~1898)는 독일에서 태어나 인생 초기를 방탕자로 살아갔다. 그가 20살 때 하나님을 만난 후 독일에서는 부끄러워 살 수가 없었다. 24살 때 영어의 기초도 모르는 상태에서 피신하듯 영국으로 갔다. 영국에 도착한 뮐러는 과거를 속죄하겠다는 의지만으로 고아원을 시작했다(1835년). 고아원 경영에는 현실적 필요들이 너무 많았다. 그러나 결코 세상적인 방법으로 쓰지 않고 오직 기도만으로 고아원을 운영해 가면서 5만 번의 기도 응답을 체험한다. 그는 기도의 능력을 증명한 사람이다.

무디(D.L. Moody: 1837~1899)는 정규 학교라고는 한 번도 다녀본 경험이 없다. 그는 보스턴의 구둣방 직원으로 인생을 출발한 뒤 좀 더 큰 도시인 시카고에서 구두 판매원이 된다. 그는 교회의 주일학교 선생인 킴벌(Kimball)의 영향으로 거듭난 영적 사람이 된다.

그는 영적으로 새사람이 되었으나 그의 무식함 때문에 교회에서 주일학생들 중 문제아들을 맡게 된다. 무디는 사회에서, 가정에서, 학교에서 문제아로 찍힌 아이들을 복음으로 회개시켜 새사람을 만든다. 그렇게 변화된 주일학교 학생들이 많아지는데 교회에서는 주일학교에 관심을 갖지 않았다. 그래서 무디는 변화된 주일학교 아동들 중심의 교회를 세운다. 거기서 대중을 회개시키는 대중 부흥가로 발전한다.

무디는 전 미국과 영국을 왕래하며 1억 명이 넘는 대중들에게 복음을 전한다. 하나님께서는 전도집회에서 쏟아지는 헌금으로 노스필드 신학교와 무디 성경학교(1886)를 세우도록 인도하신다. 무디 성경학교는 134년 동안 성경, 음악, 선교 세 가지를 가르치면서 전 세계에 복음을 전하는 인재들을 양성해 오고 있다.

모든 인생은 반드시 하나님을 만나야만 한다. 그래야 구원받고 천국에 가는 영생을 얻는다.

또 인생이 그리스인으로 변화된 후에는 에녹처럼 300년 동안을 하나님과 동행하면서 신앙적으로 장성해야만 한다. 그렇게 장성한 신앙인이라야 이 땅에 사는 동안 하나님의 사람으로 귀중하게 쓰임을 받게 된다.

3. 하나님과 300년 동행한 결과

에녹은 하나님과 300년을 동행했다. 그 결과가 세 가지로 따랐다.

1) 에녹 자신에 따른 결과

성경은 "하나님이 그를 데려가시므로 세상에 있지 아니하였더라"(창 5:24)라고 했다.

여기 '데려가셨다'는 '라카흐'(לקח)다. 이 단어는 이유를 나타내는 접속사 '키'(כי)와 '붙들다, 이끌다, 보호하다'는 다양한 뜻을 가진 '라카흐'가 결합된 말이다.

그리고 "세상에 있지 아니하였더라"는 '웨에넨누'(ואיננו)다. 이 말은 죽었다는 뜻이 아니라 단지 사람들의 눈에 보이지 않게 없어졌다는 뜻이다.

이것은 하나님께서 에녹을 붙들어 세상에서 천국으로 옮기셨음을 의미한다.

여기 쓰인 '라카흐'가 엘리야의 승천 때도 쓰인다. 열왕기하 2장에 여러 번 쓰인 '데려감'(3절, 5절, 9절, 10절)이라는 말이다. 그렇기에 에녹은 엘리야와 그리스도와 함께 죽지 않고 산채로 승천(昇天)한 세 사람 중의 하나가 되었다.

2) 후손에게 따른 결과

에녹은 65세에 아들을 낳고 하나님을 만남으로 '그가 죽으면 심판이 온다'는 이름을 지어주었다. 므두셀라는 출생과 함께 그의 수명이 하나님의 역사 진행과 관련이 지어진다.

므두셀라는 187세에 라멕이라는 아들을 낳았다(창 5:24). 라멕이라는 므두셀라의 아들은 182세에 노아라는 손자를 낳았다(창 5:28). 노아라는 손자가 태어났을 때 므두셀라 할아버지는 369세가 된다. 므두셀라가 969세로 살다가 죽던 때는(창 5:27) 그의 손자 노아가 600세 되는 해이다. 노아의 홍수가 시작된 때는 노아가 600세(창 7:6)로, 바로 노아의 할아버지 므두셀라가 죽은 해였다. 하나님께서 에녹에게 '그가 죽으면 심판이 온다'고 예언케 하신 것이 정확하게 969년 후에 그대로 성취되었다.

3) 후세인들의 에녹 우상화

우리는 그리스도인으로 세 가지 경전이 있음을 알아야 한다.

* 정경(政經: canon) - 신구약 66권

* 외경(外經: apocrypha) - 14권

① 제1에스드라서 ② 제2에스드라서 ③ 토비트서 ④ 유딧서 ⑤ 에스더 추가서 ⑥ 솔로몬 지혜서 ⑦ 집회서 ⑧ 마카베오 상 ⑨ 마카베오 하 ⑩ 바룩 ⑪ 세 젊은이 노래 ⑫ 수산나 이야기 ⑬ 벨과 용 ⑭ 므낫세의 기도 등이다.

* 위경(僞經: Pseudepigrapha) - 7권

① 모세 승천서 ② 이사야 승천서 ③ 에녹서 ④ 희년서 ⑤ 시빌 신탁서 ⑥ 솔로몬의 시편 ⑦ 십이 족장 예언서

에녹과는 전혀 무관한 B.C. 1~2세기경의 무명인이 죽지 않고 승천한 에녹이 준 묵시라는 이름으로 거짓 책을 만들었다. 그 내용은 장

차 올 그리스도의 재림과 최후 심판에 대해 노아와 에녹에게 임한 묵시라는 거짓으로 기록된 책이다. 이것은 신비에 싸인 에녹을 후대인이 우상화하려는 거짓 문서이다.

결론

우리는 창세기 5장을 통해 평범하게 살다 간 영생이 불확실한 인류의 조상들과 하나님을 만남으로 특징 있게 살아간 에녹의 생애를 알게 되었다.

에녹도 65세까지는 평범한 인간으로 조상들과 똑같이 살아갔다. 그러나 그는 므두셀라를 낳은 후 변화된 삶을 살아갔다. 에녹은 므두셀라를 낳은 후 하나님을 만남으로 그 인생이 변화되었다. 우리의 삶이 변화되려면 반드시 하나님을 만나야만 한다. 우리가 변화되면 고귀한 삶을 살아가고, 죽은 후에도 그 삶이 동경을 받는 인물로 기억된다.

우리는 인간 중 최고의 장수 수명을 누린 969세의 므두셀라를 안다. 그러나 그 누구도 므드셀라를 동경하지는 않는다. 반면에 365년을 살아간 에녹은 만대에 존경과 흠모를 받는다. 우리 모두 가치 있는 사람이 되는 첫 비결이 하나님을 만나는 것임을 배우자.

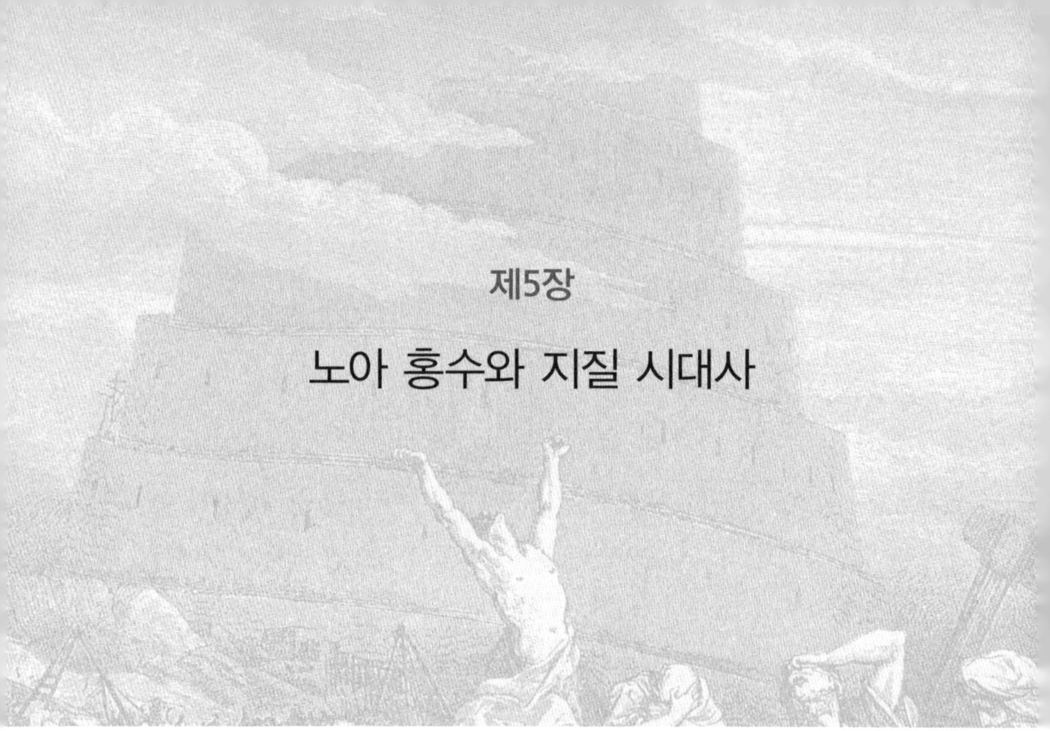

제5장

노아 홍수와 지질 시대사

서론

필자는 수십 년간 조선일보의 구독자이다. 조선일보가 가진 독특한 신념과 필자의 신념이 일치하기 때문이다. 그리고 조선일보가 매주 토요일마다 보도해 주는 신간 서적 소개와 평가서는 필자의 독서 의욕을 지속시켜 주는 참신한 내용이다.

그중에서 2019년 6월에 출판된 《대멸종 연대기》가 있다. 광고를 다 믿는 것은 아니지만 뉴욕 타임스 편집자가 선택한 최고의 책, 아마존닷컴 1위, 포브스 선정 베스트 북 10, 노틸러스 상 수상 등등 화려한 내용들이 소개되었다. 광고의 건전성은 차치하고 화려한 찬사들에 호기심이 끌려 책을 구입했다. 이 책은 446쪽의 책이다.[7]

---

7) 피터 브래넌, 김미선 역, 《대멸종 연대기》(흐름출판, 2019), 제2장(제7장(pp. 45-357).

책 내용은 필자가 2014년도 《창조신앙》이라는 저서에서 창세기 1장을 통해 초과학적인 창조신앙과 과학자들의 주장을 비교할 때 밝힌 내용이었다. 과학 전문 저널리스트로 소개되는 피터 브래넌(Peter Brannen)이 전 세계 각 곳의 지질학과 고생물, 진화생물학의 사례들을 찾아다니며 진화론자들이 주장하는 지구의 연대기인 '지질 시대사'라는 내용을 보완해 주는 내용의 책이었다.

오늘 또다시 이 문제를 다루려 하니 헛된 정력을 낭비하는 것 같은 부질없는 일로 느껴진다. 그러나 아직도 전 세계에는 많은 사람들이 거짓과 상상에 근거한 '지질 연대표'에 의한 지구 역사를 믿고 있음을 안다. 이에 책임감을 갖고 또다시 '지질 연대표'라는 거짓된 주장을 살펴보고, 노아 홍수의 역사적 사실성과 과학적 합리성이 세상의 허황된 주장보다 확실함을 증명하려고 한다.

1. 노아 홍수의 증명

노아 홍수에 관계된 내용이 창세기 6~9장에 아주 상세하고 정확하게 기록되어 있다. 노아 홍수에 관계된 내용을 제대로 이해한다면 진화론의 거짓된 학설에 당당하게 맞설 수 있는 용사가 될 수 있다. 그런데 세상 사람들은 비역사적이고 비도덕적이고 비과학적인 그리스의 신화나 로마 신화나 동양 각국의 신화들은 믿으려 한다. 그 원인이 무엇일까?

그것은 성경의 진리를 증명하려는 하나님의 일꾼들보다 이 세상 사탄이 조종하는 거짓된 학문들의 거짓된 주장들을 성경보다 더 믿으려는 소심한 사역자들의 영향이 더 크기 때문이라고 판단된다.

필자는 성경에 기록된 노아 홍수 기록이 얼마나 정확한 역사적, 과학적 사실인가를 창세기 6~9장을 통해 증명해 보겠다.

1) 노아 홍수의 원인(창 6:1~8)

하나님께서는 원인이 없는 결과를 만들어 내시는 독재자가 아니시다. 개인의 축복이나 패망을 비롯해서 국가와 민족, 그리고 전 세계 인류에게는 사전에 무수한 경고와 기회를 주셨는데도 끝내 돌아오지 않을 때 징벌을 내리신다. 아모스 선지자는 "사자가 움킨 것이 없는데 어찌 수풀에서 부르짖겠으며…덫을 땅에 놓지 않았는데 새가 어찌 거기 치이겠느냐"라고 했다(암 3:4~5). 이 세상에 원인이 없는 결과가 있을 수 없다는 논리이다.

그렇다면 지구에 대격변을 일으킴으로 창세기 1장에 창조된 지구가 오늘날처럼 달라지게 된 노아 홍수의 원인이 무엇인가? 그 내용이 창세기 6장 1~8절에 기록되어 있다.

아담의 후손들이 10대에 걸쳐서 많은 인류들이 번성하게 되었다. 아담은 B.C. 4004년 인물이다. 그 후 10대 후손인 노아가 600세 되는 해(창 7:6)에 홍수가 일어났다. 노아가 600세 되는 해는 아담 후 1,000여 년이 흐른 B.C. 3000년경 전후이다.

아담의 후손들이 10대를 계승하며 1,000여 년이 지난 다음의 세상은 어떠하였는가? 인간들이 무한대로 늘어나자 '하나님의 아들들'과 '사람의 딸들'이 아름답다는 외모만 보고 결혼을 하는 세상이 되었다.

여기서 말하는 '하나님의 아들들'이란 누구를 말하는가? '하나님의 아들들'이란 '베네 하엘로힘'(בני האלהים)이다. 이 말을 해석하는 견해는 세 가지가 있다.

① 지체 높은 집의 자녀들 즉 재판장이나 왕들이다 - 유대교 랍비

들의 주장이다.

② 하나님의 천사들이다 - 70인역, 요세푸스, 루터, 델리취 등이다. 그러나 주님은 천사들은 결혼할 수 없다고 하셨다(마 22:30). 그러므로 '하나님의 아들들'을 천사로 보는 견해는 잘못이다.

③ 경건한 셋(창 4:26)의 후손이다 - 어거스틴, 칼빈, 랑게 등이다. 이 견해가 타당하다.

경건한 셋의 후손은 결혼 상대자의 '믿음'을 보고 결혼해 왔었다. 그런데 1,000여 년의 세월이 흐르자 믿음을 보지 않고 '아름다움' 즉 외모만 보고 결혼을 하므로 믿음의 전통이 사라져 버렸다.

이때 하나님께서는 "나의 영이 영원히 사람과 함께하지 아니하리니"(창 6:3)라고 결심하신다. 이 말씀의 내용은 하나님께서 인간에게 주신 생기(창 2:7), 영혼, 성령, 생명을 도로 찾을 것을 예언하신 말씀이다. 그 이유가 그들이 육체의 정욕대로 범죄하며 살아가는 육신(창 6:3)으로 전락했기 때문이라는 것이다.

그래서 앞으로 120년의 남은 날을 주겠다고 하셨다. 3절의 120년이 인간의 수명을 의미하지 않는 것은 노아 홍수 후에도 120년 이상을 살아갔으므로 이것은 인간 수명이 아닌 홍수 이전의 유예 기간을 의미한다.

또 4절에는 '네피림'(נפלים)이 있었다. 하나님의 아들들과 사람의 딸들 간에 무절제한 혼인으로 힘이 세고 머리가 뛰어난 거인(giant)들이 나오는 것을 보고 사람들은 무절제한, 자유로운 가정생활의 장점을 신뢰하게 되었다(민 13:33 참조).

이렇게 인간들이 신앙 없이, 절제 없이 살아가는 것에 안도하고 있을 때에 하나님께서 보시는 인간들에 관한 관점은 완전히 달랐다. 여호와께서 보시는 세상은 "사람의 죄악이 세상에 가득"했고, 사람들의 "마음으로 생각하는 모든 계획이 항상 악할 뿐임"을 보셨다(창 6:5).

그래서 땅 위에 사람 지으셨음을 한탄하시고 근심하게 되셨다(창 6:6). '한탄하다'는 '와인나헴'(וינחם)이다. 이 말은 '뉘우치다, 후회하다, 슬퍼하다, 애도하다'는 뜻이다. 전지전능하셔서 미래를 다 아시는 하나님께서 후회하실 수 있는가? 이 말은 당시 상황을 인간이 이해하도록 인간적 측면으로 묘사한 것으로 봐야 한다.

그래서 하나님은 사람이 저지른 범죄로 인해 인간과 육축과 기는 것과 공중의 새까지 모두 다 지면에서 쓸어버리는 대홍수를 결단하신다. 동물들이 범죄에 동참한 것은 아니다. 그러나 창조의 원리는 모든 자연을 다스릴 권한이 인간에게 있는데 인간만 심판하고 다른 피조물들은 남겨둘 이유가 없었기 때문이다.

이렇게 노아 홍수의 원인은 인간의 영성이 완전히 고갈되어 버리고 동물적인 인간으로 변질된 데 그 원인이 있다.

2) 홍수를 대비한 준비(창 6:9~22)

노아 홍수를 일으키시는 분은 하나님이시다. 그러나 홍수를 일으키는 것이 목적이 아니고 홍수를 통해 죄 많은 인간들과 함께 모든 동식물과 공중의 조류와 바다의 해류들까지도 새롭게 갱생시키려는 것이 하나님의 목적이었다. 그래서 새로운 인류 역사에 제2의 아담과 같은 사명자로 노아의 가족을 선택하셨다.

하나님은 직접 노아에게 홍수를 극복할 수 있도록 홍수를 대비한 준비를 120년 동안 하게 하신다. 그래서 하나님은 노아에게 방주를 짓게 하시고, 홍수 후에 다시 번성할 동물들을 모으게 하신다.

하나님께서 노아에게 방주를 짓게 하시는 방법이 아주 정교하다. 잣나무가 아닌 '고페르'(גפר)라는 조직이 단단한 특수한 나무로 방주를 만들게 하셨다. 그리고 방주의 크기가 길이는 300규빗(136.8m), 너비가 50규빗(22.8m), 높이가 30규빗(13.6m) 되게 하셨다. 이와 같은 규모면 약 3만 2,800톤 정도의 배가 된다. 이와 같은 규격의 배는 물에서 가장 안전한 균형을 유지하며 뜰 수 있는 배의 형태가 된다. 이와 같은 규격에 상, 중, 하 3층으로 짓게 하셨다.

방주를 지으면서 노아의 가족들 8명이 배 안에서 먹을 수 있는 양식을 준비케 하셨고, 또 배 안에 각종 포유류, 동물, 조류, 파충류, 양서류 등 모든 생물들과 그것들의 먹이도 준비케 하셨다. 그렇게 준비한 공간에 모든 동물들이 자연스럽게 방주 안으로 들어오도록 진행되었다. 인도양에서 발생한 쓰나미 재앙 때 동물들이 먼저 재앙을 예감하고 높은 산의 안전지대로 피신했다는 사실을 볼 때 동물들은 본능적으로 방주에 들어갔을 것이다.

그리고 짐승들 중에서 정결한 짐승은 암수 일곱씩, 부정한 것은 암수 둘씩을 통해 그 씨를 온 지면에 유전케 하라고 하셨다(창 7:2~3). 여기서 말하는 '정결한 짐승'이란 대부분 초식동물들이었을 것이고, '부정한 짐승'은 육식동물이었을 것이다. 하나님은 노아 홍수 후에 있을 세상에서 먹이 사슬에 균형을 맞추시려는 의도가 있었을 것이다. 이렇게 홍수 시작 전에 완벽한 준비를 하게 하셨다.

노아는 밝은 대낮에 만인들이 모두 다 "먹고 마시고 장가들고 시집가면서"(마 24:38) 즐기는 사람들 속에서 120년을 한결같이 방주를 준비했다. 노아가 어떻게 이와 같은 삶을 살아갈 수 있었을까? 그것은 "노아는 여호와께 은혜를 입었더라"(창 6:8)는 말로 설명할 수 있다.

'은혜를 입었다', 이 말은 '마차 헨'(מצא חן)이다. '은혜'라는 '헨'은 '호의, 긍휼, 불쌍히 여김, 자비'란 뜻이고, '입었다'는 '마차'는 '발견하다, 깨닫다, 획득하다'는 뜻이다. 결국 '노아는 여호와께로부터 호의(好意)를 획득했다'는 뜻이 된다.

노아는 의인이요 당대에 완전한 자로 하나님과 동행함으로 인해 하나님으로부터 호의를 획득했기에 120년을 한결같이 충성할 수 있었다.

성경은 노아에 대해 세 가지 독특한 표현을 했다.

(1) 노아는 의인이었다.

'의인'이란 '이쉬 찻디크'(איש צדיק)다. '의'(義)란 하나님의 절대적인 의가 아니라 인간들 중에서 상대적으로 비교해서 사용하는 말이다. 즉 노아는 당시 사람들 중에서 비교적 매사에 사심이 없고 행하는 자세가 나름대로 공정하려고 노력하는 인물이었다는 것이다.

(2) 당대에 완전한 자라.

'완전한 자'는 '타밈 하야'(תמים חיה)다. 여기서 '타밈'은 '전체의 온전한'이란 뜻이다. 노아가 도덕적으로 완전하다는 뜻이 아니라 그의 생애의 전체를 온전하게 드리려고 노력하는 삶을 살아갔다는 뜻이다.

(3) 하나님과 동행하였다.

이때 쓰인 '동행'이란 앞서 에녹에게도 쓰인 '할레크'(הלך)다. 이 말은 친밀한 부부와 같은 교제 속에 살아갔다는 뜻이다.

노아의 인간성은 의인이었고, 그의 사회성은 비교적 온전하려고 노력하는 삶이었으며 그의 신앙은 하나님과 친밀한 교제 속에 살아갔다. 하나님은 이 같은 노아를 통해 새로운 인류를 기대하셨다.

3) 홍수의 진행(창 7장)

(1) 역사적 사건으로서의 노아 홍수

성경에서 노아 홍수의 사건을 “노아가 육백 세 되던 해 둘째 달 곧 그 달 열이렛날이라”(창 7:11)라고 기록했고, 폭우가 40일 계속되어 3월 26일에는 천하의 모든 산이 잠기게 되었고(창 7:19), 천하가 물속에 잠긴 상태로 다시 150일(창 7:24, 8:3)이 계속되면서 전에 있었던 산천과 지구가 완전 뒤죽박죽 상태로 격변이 이루어졌다.

우리가 분명하게 알아야 할 노아 홍수는 이렇게 정확한 일정에 의해 이루어진 명확한 역사적 사건이었다는 사실이다.

여기서 말하는 ‘둘째 달’(창 7:11)이나 ‘일곱째 달’(창 8:4)이 어느 월력을 근거로 말하는 것인지는 알 수 없다. 왜냐하면 노아 홍수는 인간이 만든 달력이 나오기 이전의 사건이기 때문이다. 인간이 달력을 만들어 사용하기 시작한 것은 노아 홍수 이후의 일이다. 아빕월(출 13:4, 23:15, 34:18; 신 16:1), 니산월(느 2:1), 포로 이전에 에다님월(왕상 8:2)이라 했던 가나안 식 달의 명칭이 포로 후에는 티쉬리월이라고 불린다.

그러므로 노아 홍수가 노아 생애 때 명확한 역사적 사건이기는 하지만 그것은 인간의 달력으로 표시할 수 없는 때의 사건이었다. B.C. 3000년경 이집트나 중국이나 인도에는 신화적인 내용들만이 존재해 오고 있으나 성경은 역사적 사실을 알려주고 있다.

4) 천하의 높은 산이 다 잠긴 홍수

창세기 7장 19절 노아 홍수 때는 노아의 방주가 물 위에 떠다니는 것뿐만 아니라 천하의 높은 산이 다 물속에 잠겼다고 했다. 어떻게 이것이 가능할까? 현대에도 많은 비가 계속 쏟아지면 산들이 잠길 수 있을까? 전혀 불가능한 일이다.

천하의 높은 산이 다 물에 잠기게 하기 위해 노아 홍수 때에만 있었던 유일한 사건들이 벌어졌다. 하나는 하늘에서 쏟아진 40일간의 비와 다른 하나는 땅 아래 지하에서 솟아오르는 큰 깊음의 샘들이 터진 사건이다.

(1) 하늘에서 쏟아진 40주야의 비

이때 쏟아진 40주야의 비를 노아 홍수 이후에 있는 전 세계의 강수량으로 비교해서는 전혀 이해가 안 된다.

창세기 7장 12절에 쓰인 '비'는 히브리어 '학게쉠'(הגשם)이라는 단어이다. 여기서 '게쉠'은 '폭우'(겔 13:11, 38:22)로 번역되는 소낙비를 뜻한다. 그런데 '게쉠'에 정관사 '하'(ה)가 붙은 '학게쉠'은 오직 노아 홍수 때 딱 한 번 있었던, 지상을 심판하는 '그 폭우'를 뜻한다. 이와 같은 폭우는 노아 홍수 때만 있었던 폭우이다. 그 후 일반적인 비는 '마타르'(מטר)라고 한다(출 9:33; 신 11:11).

그리고 더 중요한 사실이 있다. 그 말이 "하늘의 창문들이 열려"(창 7:11)라는 말이다.

'하늘의 창문들'이란 '와이룹보트 핫솨마임'(וארבת השמים)다.) 여기 하늘의 창문들이란 창세기 1장 7~8절에 기록된 것처럼, 하나님께서 둘째 날에 하늘 위에다 궁창을 만드시고, 궁창 위의 물과 궁창 아래의 바닷물로 구별해 놓으신 하늘 위 궁창의 물을 뜻한다.

이와 같은 '하늘의 창'이라는 개념은 노아 홍수 이후에도 사용되고 있다(왕하 7:19-하늘에 창; 사 24:18-위에 있는 문; 말 3:10-하늘 문 등).

그러니까 노아 홍수 때의 폭우는 보통 말하는 폭우가 아니다. 하나님께서 창조의 둘째 날에 하늘 위에다 바닷물 정도의 물을 저장해 두셨던 궁창 위의 물을 하늘의 창문을 열고 40일 만에 폭우의 형태로 쏟아내리게 하신, 단 한 번만 있었던 폭우였다. 그렇기에 노아 때에는 인간들이 측량할 수 없는 단 한 번만의 유일한 폭우가 40일 동안 쏟아졌다.

그와 같은 특수한 단 한 번의 폭우가 '천하의 높은 산이 다 잠기'게 했다.

(2) 큰 깊음의 샘들이 터지며

여기서 말하는 '큰 깊음의 샘들'은 '콜 마예노트 테홈'(כל מעינת תהום) 이다. 이 말은 '모든 큰 깊음의 샘들'(all the fountains of the great deep) 이란 뜻이다. 여기서 말하는 '깊음의 샘들'이란 인간의 상상이 미치지 못하는 지하 심연(深淵)의 물들을 의미한다.

우리는 지질학자들에 의해 지구에 대한 상식을 알고 있다. 지구는 지구 표면을 이루고 있는 지각(地殼: the earth's crust) 부분이 약 35km 두께의 암석층을 이루고 있는 것으로 알고 있다. 그다음에는 지각과 외핵(外核)의 중간에 맨틀(Mantle)이 있고, 그 안에는 외핵과 내핵이 중심부를 이룬다. 땅속의 부분들이 지각, 맨틀, 외핵, 내핵으로 구성되어 있는데 땅속은 깊은 곳으로 들어갈수록 높은 온도와 압력을 받고 있다고 한다. 그래서 지구 표면인 지각은 100m 아래로 내려갈 때마다 약 3℃ 뜨거워져서 지구 중심부인 내핵에 도달하면 무려 6,000℃ 정도이고, 압력은 약 360만 기압이라고 한다.

이렇게 엄청난 기압과 열에 의해 지각을 구성하는 암석들이 높은 온도에 의해서 끈적하고 뜨거운 액체인 마그마(Magma)를 이루고 있다. 보통 지하 50~100km 정도에서 마그마 방(magma chamber)이 평소는 조용하게 있다가 내부의 가스로 더 이상 버텨낼 수 없으면 지각의 약한 부분으로 터져 나온다. 이것을 용암이라 하고, 마그마가 올라오는 현상을 화산 분출이라고 한다.

그런데 지구 내부에는 이처럼 뜨거운 것들만 있는 것이 아니다. 지구의 맨틀 하부인 지하 땅속 1,000km에는 거대한 바닷물인 5대양만큼의 물이 존재한다는 주장이 재기되었다. 이 내용은 미국 노스웨스턴 대학의 스티브 제이킵슨 교수가 2019년 11월 국제 학술지 〈암석〉(Lithos)에 밝혔다.

그가 발표한 근거는 2014년 브라질에서 발견한 다이아몬드를 연구한 결과 지하 700km 하부 맨틀에 5대양만큼의 물이 존재한다는 것이다. 이와 같은 주장은 전혀 새로운 주장이다. 앞으로 더 확인해야 할 부분 같다.

그러나 창세기 7장 11절의 '큰 깊음의 샘들'이 터져서 하늘에서 쏟아져 내리는 폭우와 함께 지하의 물들도 터져 나왔음을 알 수 있다.

이때 말하는 지하수란 현존하는 강, 호수, 바닷물을 의미하는 것이 아닌, 전혀 다른 물들이 쏟아져 나왔음을 추정할 수 있다. 할레이(Edmund Haley)라는 천문학자는 최초의 지구가 수직을 유지해 오고 있었으나 노아의 홍수 때 땅속 지하수의 폭발들로 지축이 지금처럼 23.5°로 기울어졌다고 했다.[8)]

이와 같은 노아의 홍수로 방주는 현재 카스피해와 흑해의 중간인 반도 북동쪽 100km 지점에 있는 해발 5,185m의 아라랏산(창 8:4)에 머무르게 되었다.

---

8) 정수영, 《창세기의 인물들》(쿰란출판사, 2014), pp. 130~137.

이렇게 지구 전체가 물속에 잠길 때까지 150일이 걸렸다(창 8:3). 그리고 150일이 지난 후에는 물이 줄어들기 시작한다(창 8:4). 그것 역시 하나님에 의한 홍수 물의 처리로 나타난다.

5) 홍수 물의 처리

전 지구가 150일 동안 물에 잠김으로 지상에 있던 생명체들은 모두 다 물속에 사장되어 버렸다. 그때 하나님께서 바람을 땅 위에 불게 하셔서 물이 줄어들게 하셨다고 했다.

창세기 8장 1절을 보면 하나님께서는 바람을 땅 위에 불게 하셔서 물이 줄어들게 하셨다고 했다. 이때의 '바람'은 '루아흐'(רוח)다.

'루아흐'라는 단어는 성경에 377회 사용되는 매우 다양한 용어이다. '루아흐'가 하나님과 관련되어 쓰일 때는 '하나님의 영'(창 1:2), '주의 성령'(사 63:10)으로 쓰이고, 인간과 관련될 때는 '호흡'(사 30:28), '마음'(잠 11:13), '정신'(사 19:3), '생명'(민 16:22), '영혼'(사 26:9) 등으로도 쓰인다.

창세기 8장 1절의 '바람'은 앞서 창세기 1장 2절에서 수면을 운행하셨던 바로 그 하나님의 영을 '바람'으로 표현한다. 주님은 성령과 바람을 비슷한 것으로 설명하셨다(요 3:8). 또 오순절 성령 강림 때는 급하고 강한 바람 같은 소리(행 2:2)가 온 집 안에 가득했고, 불의 혀가 갈라지는 모습도 보았다.

하나님께서는 천하가 다 물속에 잠기게 만든 홍수 물을 '바람'으로 줄어들게 하셨다. 이때의 바람으로 물이 줄어들기 시작할 때 그 물살은 지구의 압력으로 인해 시속 1,600km 속도로 지구의 모든 산들과 수목들과 죽은 동물, 어류 등등을 무서운 속도로 이동시키며 더러는 산 중턱에 걸린 채 매몰되고, 그 위에 또 많은 퇴적물이 쌓이

자 훗날 화석이 되었을 것이다. 이에 대한 여러 가지 증명들을 뒤에서 다시 설명하겠다.

6) 홍수 후의 대변화

노아와 그 가족들이 방주에 들어간 때가 노아가 600세 되던 해 둘째 달 열이렛날이다(창 7:11~13). 그리고 노아와 그 가족들이 방주에서 하선한 때가 노아 601년 둘째 달 스무이렛날이다(창 8:14). 이들은 1년 17일, 거의 370일을 방주 생활을 하고 나왔다.

이렇게 해서 1년의 대홍수 기간이 끝난 후에 곧바로 변화된 새로운 세상을 경험하게 된다.

(1) 계절의 변화, 기후의 변화(창 8:22)

창세기 1장 14절에서 광명체들로 낮과 밤으로 나뉘게 하고 그것들로 징조와 계절과 날과 해를 이루도록 했다. 이때의 계절은 '모아딤'(מועדים)으로, 똑같은 단어가 창세기 17장 21절에는 '시기'로, 사무엘상 20장 35절에는 '시간'으로, 예레미야애가 2장 7절에는 '절기'로 쓰였다.

창조 때에 만들어진 계절은 아담 부부가 벌거벗고 살아도(창 2:25) 추위를 못 느끼는 절기였다. 이때의 기후는 하늘 위의 궁창에 설치된 '위의 물'(창 1:7)이 보온 역할을 해주므로 전 지구가 따뜻한 아열대 지역이었다. 그런데 노아 홍수로 궁창 위의 물이 다 쏟아져 없어졌다. 궁창 위의 물이 없어짐으로 태양열을 조절해 주는 기능이 사라졌다. 그래서 태양이 가까운 여름철에는 덥고, 태양이 먼 겨울철에는 추웠다. 이로 인해 창세기 8장 22절에 "추위와 더위와 여름과 겨울"이라는 계절이 생기고 기후의 변화가 뒤따르게 되었다.

(2) 식생활의 변화(창 9:3~4)

노아 홍수 이전의 음식은 지면의 모든 씨 맺는 채소와 씨 가진 열매 맺는 모든 나무의 열매가 먹을거리였다(창 1:29~30). 홍수 이전의 먹을거리는 푸른 풀과 열매였다. 그런데 홍수 후에 산 동물이 먹을 것으로 추가되면서 피째 먹지 말라는 단서가 붙는다(창 9:3~4). 이때부터 인간과 동물 간에는 살육과 공포가 시작된다.

(3) 인간 수명의 변화

창세기 5장에 기록된 인류 조상들의 평균 수명이 900세에 육박했다. 노아 홍수 후에 셈의 후손들 수명은 급격하게 줄어져 500~200세로 줄어들고, 아브라함 때는 175세로 죽는다(창 25:7). 그리고 모세 때는 120년으로 줄어든다(신 34:7).

(4) 지구의 변화

노아 홍수 이전의 지구는 땅과 바다로 구성된 이원화된 지구였다(창 1:10). 그런데 노아 홍수 1년간의 대격변으로 지구가 현재처럼 5대양 6대주로 재구성되었다. 그리고 전 세계 각 곳에는 노아 홍수 이전에 살아갔던 인간이나 동식물이나 어패류 등이 각 곳에 파묻힌 채 화석을 이루게 된다.

(5) 무지개의 신생(창 9:13~17)

'무지개'는 '카쉬티'(קשתי)다. 카쉬티가 사무엘상 2장 4절에는 '활'(弓)로, 느헤미야 4장 13절에도 '활'로 쓰였다.

사실 창세기 9장 13~17절에 기록된 무지개에 대한 설명이 있기 이전에는 무지개가 존재하지 않았고, 궁창 위의 물로 인해 무지개 현상이 일어나지 못했다. 무지개는 비가 그친 뒤에 태양의 반대 방향에 반원형으로 길게 뻗쳐 나타나는, 대기 중의 물방울에 햇빛이 굴절 반사되어 일곱 가지 빛을 나타내는 현상이다. 이 같은 무지개는 궁창 위의 물이 사라지고 난 이후에 발생하였다. 하나님은 '무지개 언약' 이후 다시는 물로 생명체를 멸하는 홍수는 없을 것이라고 약속해 주셨다(창 9:15). 우리는 무지개를 볼 때마다 하나님의 은혜의 언약을 기억해야 하겠다.

(6) 북극과 남극의 빙하

노아 홍수 이전의 지구는 전 지구가 고르게 따뜻한 온난지대였다. 그렇기에 수목이 잘 자라고 채소도 잘 자라서 그것들이 주된 먹을거리였다.

그러나 홍수 후에 전 지구에 뒤덮여 있던 물을 처리해야만 했다. 이때 하나님은 바람으로 물들을 증발시키셨다. 증발된 수분을 그대로 현재처럼 하늘에 올리면 금방 또다시 비가 내리므로 증발된 수분들을 바람으로 남북극으로 몰아냈을 것이다. 그래서 노아 홍수 후 100여 년 동안 남북극의 빙하지역을 만드셨을 것이다. 이와 같은 상상은 추측성 논리이다.

진화론자들은 신생대 때 네 번의 빙하기를 말한다. 만일 그 주장이 맞다면 전 지구가 네 번이나 얼었다가 풀리는 일이 반복되었어야 하는데 그럴 가능성은 거의 없다. 오히려 홍수의 물을 바람으로 증발시킨 후 바람으로 남북극의 빙하지대를 100여 년 동안에 만들어서 오늘에 이르고 있다는 말이 훨씬 설득력이 있다.

7) 노아 홍수의 역사적 사실 증명[9]

노아 홍수는 B.C. 3000년경에 있었던 역사적 사실이다. 노아 홍수는 150일 동안 전 지구가 물속에 잠겼다가 70일 동안에 물이 줄어들면서 시속 1,600km 속도로 전 지구 안에 있었던 산과 강과 땅들을 완전 새롭게 만든 대격변의 사건이었다. 이 같은 대격변은 전무후무한 사건이었다.

이렇게 전 지구가 대격변을 일으킨 후 현재까지 5,000년 동안 변화된 지구 위에는 과거 노아 홍수 때 대격변을 이루었던 각종 흔적들이 여기저기 많이 발견되고 있다. 성경의 기록이 아니라 사람들이 그것들을 발견해 냄으로써 노아 홍수 사건이 역사적 사실이었음을 증명해 주고 있다. 그 역사적 사실들 몇 가지를 소개하겠다.

(1) 고산지대에 남아 있는 어패류 화석들

어패류(魚貝類)란 생선과 조개 종류를 말한다. 바다나 강이나 호수에서 채취한 생선이나 조개는 원시인들의 식품으로 사용되었다. 그런데 사람들이 먹고 버린 어패류의 가시가 아니라 생선이나 조개 원래의 상태 그대로 부패해서 썩지 않고 흙덩어리와 한데 엉겨서 굳은 채 남아 있는 화석들이 있다.

히말라야 산맥의 인간이 살지 않는 높은 중턱에나 남미 고산지대인 안데스 산맥에 각종 어패류 화석들이나 해양 동물 잔해들이 화석이 된 채 수없이 발견되고 있다. 이것은 노아 홍수 때 홍수로 인해 떠다니다가 흙더미 속에 파묻혀서 밀려다니다가 높은 산중턱에 걸려서

9) 정수영, 《창세기의 인물들》(쿰란출판사, 2014), pp. 146~155.

화석이 된 것으로밖에 생각할 수가 없다.

또 아주 특이한 증거가 있다. 미국 서부에는 콜로라도 고원과 강이 여러 개의 주(主)들과 연결된 후에 현재의 캘리포니아주 모하비 사막과 콜로라도 사막을 지나서 멕시코 북서부인 캘리포니아 반도로 빠져나간다. 이 강물이 캘리포니아 반도에서 바다로 흐를 때는 수심이 얕은 삼각주 형태를 이루고 있다. 이곳 바다 밑에는 거대한 물고기들이 화석이 되어 잠겨 있다. 이 물고기들의 잔해는 무려 10km에 걸쳐 있다. 이 물고기들의 잔해 층에는 15~20cm 되는 큰 물고기들이 약 10억 마리 이상 흙덩이에 파묻힌 채 화석이 되어 바다 속에 잠겨 있다.

상식적으로 생각해 보라. 물고기는 죽으면 물 위에 떠서 부패해 분해가 되거나, 다른 물고기들의 먹이로 사라지는 것이 일반적이다. 그런데 어떻게 캘리포니아 반도 바다 속에는 물고기 10억 마리 이상이 분해되지 않고 본래의 상태를 유지하고 있는가? 그 물고기들은 다른 물고기들에게 공격받은 흔적도 없고, 어떤 물고기들은 뼈와 살과 지느러미까지 생생하게 화석이 되어 있다. 이 물고기들의 화석은 과학적으로 어떻게 설명이 가능한가? 과학자들의 진화론으로는 설명할 수가 없다.

이것을 창조과학자들은 그럴듯한 가설을 제시한다. 그들의 가설에 의하면, 미국 서부에 있는 콜로라도 고원과 콜로라도강 중류에 있는 그랜드 캐니언을 노아 홍수와 연결시킨다.

콜로라도 고원은 미국 서부 로키 산맥과 워새치 산맥 사이로 펼쳐지는 약 39만㎢(한국은 남북한이 22만㎢이다)로, 남북한보다도 더 커서 만주 땅을 합친 만큼의 거대한 고원이다. 이 콜로라도 고원은 콜로라도주, 뉴멕시코주, 유타주, 애리조나주까지 이어진다.

이 고원 사이에 흐르는 길이 2,330km(한반도에서 제일 큰 압록강이 790km로, 압록강의 3배 이상 길이)의 강이 있다. 바로 이 콜로라도 고원의 중간에 그랜드 캐니언(Grand Canyon)과 몇 개의 캐니언들이 더 있다. 그리고 북쪽을 카이밥 고원, 남쪽을 코로니코 고원이라고 한다.

그랜드 캐니언은 화산에 의한 용암들이 흘러내린 흔적들이 있다. 그래서 지질학자들은 고생대 이전 7억 년 전의 선캄브리아 시대 때부터 고생대 말기의 페름기인 2억 5천만 년 전까지 지층이 쌓여온 적색, 주황색, 황토색의 지층을 이루었다고 주장한다.

그러나 노아 홍수는 불과 5천 년 전 일이다. 과학자들의 7억 년과 5천 년은 비교가 안 되는 수치다.

이에 대해 창조과학자들은 그랜드 캐니언 주변의 다른 캐니언들은 과거 노아 홍수 이전에 한반도만한 거대한 호수였을 것으로 추측한다. 그때 호수에서 살던 물고기 떼들이 노아 홍수로 인한 거대한 수량을 견디지 못하고 죽었고, 오늘날의 콜로라도강도 만들어졌을 것이다. 그래서 멕시코의 캘리포니아만에 있는 물고기 떼 화석들은 노아 홍수 때 그랜드 캐니언 호수에서 떠밀려온 죽은 물고기가 흙더미에 휩싸인 채 화석이 되어 바다 속에 잠겨 있는 흔적일 것이라고 한다. 이 같은 추정이 매우 합리적으로 이해되는 이론이다.

(2) 전 세계에 산재한 동물들의 잔해 화석

남아프리카 공화국 남부 케이프주(州)에는 높이 600~2,100m에 이르는 그레이트 카루 분지(Great Karroo Basin)가 있다. '카루'라는 이름은 '건조한 땅'이라는 뜻이다. 이곳 고원에는 약 8천억 개의 척추동물 잔해가 화석화되어 있다.

미국 캘리포니아주에는 4,418m의 높은 휘트니산이 있는가 하면

해면보다 85m 낮은 '죽음의 계곡'(Death Valley)도 있다. 캘리포니아에서 잘 알려지지 않은 라브리아 타르 광산(Labrea tar Pit's)에서도 수천 개의 동물 화석이 발견되었다.

우리가 아는 바와 같이 척추동물들이 죽으면 지방질은 부패하여 사라지고 뼈만 남는다. 그 뼈도 상태에 따라 차이는 있으나 수백 년이면 흙으로 사라진다. 그런데 아프리카의 동물 뼈들은 흙과 함께 섞인 채 그 흙덩이가 돌로 굳어져 화석이 되어 수천 년이 지난 지금까지 잔해로 남아 있다. 누가 이렇게 무슨 힘으로 거대한 동물들의 뼈 잔해를 남길 수 있는가?

이것은 노아 홍수 때 수천, 수만 마리의 동물들이 일시에 물속에 잠겨 죽고 흙덩이와 함께 엉킨 상태로 산 중턱에 화석화된 것이라는 설명이 가능하다. 이 같은 동물 뼈들의 잔해 화석이 곧 노아 홍수의 대격변을 설명하는 가장 합리적 증거라고 할 수 있다.

(3) 연질부 조직을 가진 고대 생물체들의 냉동체들

지금 북극의 빙하 얼음 속에는 고대 동물 중 지금은 멸종된 코끼리의 일종인 매머드(Mammoth)의 시체들이 냉동체로 남아 있다.

1993년에 개봉된 영화 "쥬라기 공원"은 7천만 년 전 쥬라기 때 살았다는 공룡을 복원한 내용이다. 이 같은 영화의 상상력으로 480만 년 전의 신생대 때 출현했다가 3,300년 전에 멸종된 매머드를 복원해 보자고 한다. 저들의 이론은 북극 빙하 속에 냉동된 매머드 사체에서 DNA를 채취해 매머드와 가장 비슷한 아시아 코끼리 DNA 유전자 조작으로 난자 이식을 시켜서 매머드를 재현시켜 보자는 것이다.

이와 같은 매머드의 유적물에 근거해 맘모스(Mammoth), 즉 거대한 것을 뜻하는 용어가 만들어져 맘모스 빌딩, 맘모스 탱커란 말이 생겼다.

그렇다면 시베리아 북부 툰드라(tundra) 지대의 매머드는 어떻게 해서 존재할까? 그 매머드들은 죽기 직전에 식물을 입에 물고 있던 모습을 하고 있기도 하고, 위 속에 먹었던 음식이 소화되지 않은 채 그대로 남아 있기도 하다.

왜 더운 지역에 사는 코끼리 류의 매머드가 추운 북극에 가서 얼어 죽은 냉동체로 남아 있을까? 그렇게 죽었다면 살과 뼈가 썩어 없어져야 하는데, 왜 지금도 옛날 형태로 그대로 남아 있는가? 이에 대하여 진화론자들은 설명을 하지 못한다.

그러나 창조 신앙으로 보면, 노아 홍수 이전 전 지구가 남극, 북극의 구별 없이 아열대 기후였기에 매머드들이 북극 근처에서 편히 살다가 노아 홍수로 북극 빙하 속에 냉동체가 되었을 것이라고 짐작할 수 있다. 그렇게 설명하는 것이 합리적인 해석이 된다.

(4) 대규모의 화석 연료들

현재 전 세계가 원전을 사용하기 이전에는 열량을 높이는 재료들이 대부분 화석 연료들이었다. 석탄, 석유, 가스 등이 전부 다 화석연료(fossil fuel)이다. 그런데 이들 화석 연료들 모두는 땅속에 파묻혀 있는 것을 발굴해내서 연료로 사용하고 있다.

① 석탄(石炭: Coal)

현대인들은 지하 땅속에서 석탄을 캐낸다. 석탄은 식물의 유체(遺體)가 다양한 보존 상태로 집적되어 있는 가연성 암석이다. 식물이 초기에는 박테리아로 썩고 그 후에는 압력에 의해 가연성 암석으로 굳어진 것이 석탄이다.

석탄은 중량의 50%의 탄소분이 함유되어 있어야 석탄의 가치로 인정한다. 석탄에는 무연탄, 역청탄, 갈탄, 토탄이 있는데 역청탄이 가장 높은 발열량을 가진 것으로 알려졌다. 우리나라 남한에 삼척, 영월, 문경, 단양, 화순 등에서 무연탄이 나오고, 북한에 영일, 봉산, 영흥, 회령, 길주, 명천에서 유연탄이 나온다. 무연탄은 탈 때 연기가 나지 않고, 유연탄은 탈 때 연기가 나는 차이가 있다.

그렇다면 왜 지하 땅속에 나무나 식물이 썩어서 석탄이 되었는가? 진화론자들은 약 2억 5,200만 년 전 고생대 말기의 석탄기 때에 나무들이 자라다가 수명이 다해 죽은 것 위에 흙더미가 덮여서 석탄이 되었다고 한다. 과연 나무가 수명이 다해 죽은 것 위에 흙더미가 덮여서 석탄이 되었을까? 그렇다면 지하 수백, 수천 미터의 석탄갱도 속을 파고 들어가야 하는 석탄도 나무가 죽어서 흙이 덮인 것일까?

진화론의 가설은 전혀 신뢰할 수 없다. 노아 홍수로 산속의 나무들이 물속을 떠다니면서 뿌리는 사라지고 나무 원목들이 특정 지역에 모여서 흙더미가 덮인 채 수천 년에 걸쳐 석탄이 된 것이다. 석탄에 대한 사실만으로도 노아 홍수가 역사적 사실임을 확신할 수가 있다.

② 석유(Petroleum)

석유를 'petroleum'이라고 하는 것은 그리스어에 '바위'라는 'petros'와 기름이라는 뜻의 'oleum'의 합성어다. 라틴어로는 암석이라는 뜻으로 'terta'라 하고, 영어에서는 'petroleum' 또는 'oil'이라고도 한다.

석유가 처음에는 등화용, 방수용, 윤활용, 약용으로 쓰이다가 디젤기관차용, 기선, 군함, 액화 석유 가스(LPG), 각종 섬유류, 화공약품 등 그 용도가 매우 방대해졌다.

그렇다면 석유의 기원이 무엇인가? 과학자들은 태곳적에 해저나 호저(湖底)에 축적된 플랑크톤이나 해류나 풍조에 의해 떠내려온 조류(潮流)물, 하천에 의해 운반된 육상 생물의 사체들이 토사와 함께 퇴적된 것이 시간이 경과함에 따라 지하 깊이 매몰된 것이라고 한다.

참으로 이해가 안 되는 진화론자들의 이론이다. 석유의 원 기원이 해저, 호저의 플랑크톤이나 육상 생물들의 사체가 기원이 되었을 것이라는 의견에는 동의한다. 그런데 그것들이 왜 지하 수십, 수백 미터의 땅속에 파묻혀 있는가 하는 것을 과학자들은 설명하지 못한다.

석유의 기원을 명쾌하게 설명해 주는 것은 노아의 홍수 격변뿐이다. 노아 홍수 때 바닷물이 완전히 뒤집어졌다. 그래서 바닷물고기들과 함께 바다 속 해초들 전부가 홍수로 떠돌아다니다가 어느 지점에 매몰되면서 흙과 지형이 덮인 것으로 석유의 기원을 이해할 수 있다.

③ 가스(Gas)

가스에는 화석 연료에 고열을 가해서 만드는 인공 가스가 있다. 석탄에 고열을 가하면 콜타르(coal-tar)나 코크스(cokes)라는 부산물의 석탄가스가 된다. 또 석유의 원액을 증유나 경유로 분해하면서 만들어지는 액화가스(LPG) 프로판 가스가 있다.

그 외에도 지하에 있는 유기물이 높은 압력과 지열에 의해 만들어지는 천연가스가 있다. 천연가스의 원인이 되는 지하의 유기물들은 왜 땅속에 파묻혔는가? 저절로 땅속에 파묻혔다는 말은 완전 거짓말이다. 가스의 원료인 유기물들이 땅속에 파묻힌 것은 노아 홍수로만 설명이 가능하다.

이렇게 노아 홍수에 대한 역사적 사실 증명들은 너무도 명확하고 정확한 사실이다. 이 같은 노아 홍수의 역사적 사실을 모르거나 알아도 홍수 신화라도 믿지 않음으로 인해 진화론 주장자들이 더 날뛰고 있다.

이제는 소위 진화론자들이 고생대, 중생대, 신생대라는 말과 함께 별의별 이름을 붙인 진화론자들의 거짓된 주장들을 살펴보자. 진화론자들이 '지질 연대표'라는 완벽한 도표를 만들어 전 세계 인류를 거짓된 길로 오도해 오고 있다.

지질시대(Geological age) 또는 지질 연대표라는 것의 추억이 떠오른다. 필자가 초등학교 다닐 때에는 지리(地理)라는 과목이 있었다. 그 과목 시간에는 선생님이 커다란 두루마리 괘도(掛圖)를 가지고서 지구의 변천사를 설명해 주었던 기억이 떠오른다. 지금은 괘도가 아닌 통계표가 일반화된 것 같다. 그 같은 과목 내용이 진화론의 거짓된 상상적 이론이라는 내용적 사실성과 아무 검증도 없이 모든 공교육에서 이루어지고 있다. 참으로 불행하고 참혹한 현실의 해독적인 교육의 사실을 어떻게 해결할 수 있을지 참으로 암담하게 느껴진다. 이제 그 내용을 살펴보자.

2. 지질 연대표의 허상

이 부분에 관해서는 필자의 《창조신앙》(2014)에서 이미 밝힌 내용과 최근에 출판된 피터 브래넌의 《대멸종 연대기》(2019) 두 책을 중심으로 좀 더 보완된 내용을 설명하겠다.

지금 세상은 진화론자들이 과학자라는 신념이 굳어져 있다. 그리고 창조론은 종교적인 이론으로 비과학적이기에 믿을 바가 못 된다고 한다.

소위 진화론을 믿는 과학자들은 방사성 물질로 지구의 나이를 말한다. 방사성 물질이란 일정한 시간이 지나면 가지고 있던 성질이 붕괴되고 그때마다 에너지를 내놓는다. 이렇게 방사성 물질이 절반으로 줄어드는 데 걸리는 시간을 '반감기'라고 한다. 우라늄 -238은 44억 년마다 절반씩 양이 줄어들고 안정적인 납을 생산해 낸다.

이 같은 방사성 물질의 원리를 이용해 1950년대 중반 미국 시카고 대학의 클레어 패터슨(Clare Paterson) 교수가 미국 애리조나주에 떨어진 운석 '캐니언 디아블로'에 남아 있는 우라늄과 납의 양을 측정했다. 거기서 지구의 나이가 45.5억 년쯤 되었다는 것을 알아냈다. 그 후로 오늘날까지 지구의 나이가 45~46억 년이라는 주장이 일반화되었다.

이렇게 시작된 지구의 나이는 그 뒤로 1950년대 후반기부터는 18세기 말 영국 지질학자들 주장을 지구 나이에 적용하기 시작한다. 그래서 18세기 말 영국의 W. 스미스가 고생대 데본기, 그보다 더 오래된 지층은 영국의 A. 세지윅이 캄브리아기, 또는 R.I. 머치슨에 의해 실루리아기라는 용어가 생겨났다.

이처럼 18세기부터 여러 나라들에서 만들어진 지층에 대한 주장들이 드디어 '지질 시대표'를 만들게 된다. 그래서 지구는 46억 년 동안 크게 ① 고생대, ② 중생대, ③ 신생대로 진화되어 발전되어 왔다는 도표가 만들어진다. 이것을 좀 더 자세히 분류한다면 다음과 같다.

(1) 선캄브리아대(45억~40억 년 사이)

① 시생대, ② 원생대가 있다.

(2) 고생대(40억~2억 5천만 년 사이)

① 캄브리아기, ② 오르도비스기, ③ 실루리아기, ④ 데본기, ⑤ 석탄기, ⑥ 페름기로 구분된다.

(3) 중생대(2억 5천만 년~6,600만 년 사이)

① 트라이아스기, ② 쥐라기, ③ 백악기로 구분된다.

(4) 신생대(6,600만 년~100만 년 사이)

① 팔레오세, ② 에오세, ③ 올리고세, ④ 마이오세, ⑤ 플라이오세, ⑥ 제4기(플라이스토세, 홀로세, 인류세)로 구분된다.

그렇다면 캄브리아기, 오스도비스기, 실루리아기, 데본기, 석탄기, 페름기라는 용어는 누가 만들어 냈는가? 그리고 그들이 용어를 만들어 낸 것이 과연 고생대, 중생대, 신생대로 구별할 만큼 확실한 객관적 근거가 있는가? 왜 인류는 이 같은 상상적 가설을 과학적 사실인 양 맹신하고 있는가? 참으로 어처구니없게 이 세상 사람들의 죽은 상식 속에 살아가는 것이다.

1) 고생대 이론 수립가

(1) 캄브리아기(Cambrian Period)

캄브리아기는 고생대 최초의 선캄브리아대로 추정하는 약 5억 7,500만 년 전부터 다음 제2기인 오르도비스기 사이로 추정되는 약 6,600만 년의 기간을 말한다.

그렇다면 누가 지구의 이 나이를 주장했는가? 그것은 영국의 A. 세지윅(Adam Sedgwick: 1785~1873)이 케임브리지 대학의 지질학 교수로 지내며 1836년에 캄브리아기라는 말을 만들었다. 세지윅은 무엇을 근거로 캄브리아기라는 말을 만들어 냈는가?

세지윅은 같은 대학 동료 교수 R.I. 머치슨(Sir Roderick I. Murchison: 1792~1871)과 함께 영국 웨일스 지방의 캄브리아산맥(Cambrian Mts.)에서 독특한 지층들을 발견하였다. 캄브리아산맥은 평균 고도

700~800m이고, 최고봉으로 스노든산은 1,085m 정도 된다. 여기서 산 바위들이 사암, 규암, 역암, 셰일, 석회암, 점판암, 결정판암 등으로 지층이 구별되어 있는 것을 발견한 것이다.

이와 같이 산이 여러 지층으로 쌓여 있는 흔적은 전 세계에 수없이 많이 존재한다. 그중에 세계적으로 많이 알려진 것이 미국 애리조나주의 그랜드 캐니언이다. 우리나라의 평안남북도, 황해도, 강원도, 경북 등에도 있고, 전북 부안군 격포에도 있다.

세지윅은 캄브리아산맥에 있는 지층들을 근거로 캄브리아기(紀)라는 용어를 만들어 냈다. 그리고 같은 동료 교수인 머치슨은 웨일스 남부의 고생대를 실루리아계(系)라고 이름 붙였다.

두 사람은 연명으로 데본계를 설정했다. 그러나 후에 1842년 머치슨이 세지윅이 제창한 캄브리아기는 자기가 주장한 실루리아계 하부계라고 주장하며 세지윅의 캄브리아기 주장은 무효라고 주장했다. 이로 인해 사망 시까지 뜨겁게 논쟁이 계속되었고, 두 동료 교수는 친구였으나 결별한 채 사망 시까지 화해를 하지 않고 다투었다. 두 사람이 다 죽고 난 다음에 1879년에 래프워드가 캄브리아기와 실루리아기 중간에 오르도비스기 계를 인정함으로 학계의 논쟁이 끝이 났다.

이렇게 캄브리아기(Cambrian Period)라는 용어는 영국 웨일스 중앙에 있는 고대의 산맥이 여러 지층으로 구성된 흔적을 근거로 세지윅이 추정에 의해 만든 용어이다. 그리고 실루리아기(Silurian-Period)라는 용어는 세지윅과 같은 동료 교수였던 머치슨이 웨일스 지방에 살았던 고대 켈트족의 '실루레스'(Silures)를 근거로 실루리아기라는 시대를 설정한 것이다. 그래서 캄브리아기는 약 5억 7,500만에서 5억 900만 사이로 약 6,600만 년 기간이 설정되었고, 실루리아기는 약 4억 5,000만에서 3억 9,500만 년 전 시대를 의미하는 것으로 지질학자들은 인정하고 있다.

이들 두 사람이 추정한 연대는 단지 추정에 따른 상상적 이론일 뿐 검증되지 않은 허구에 불과한 것이다.

(2) **오르도비스기**(Ordovician Period)

고생대 중 캄브리아기와 실루리아기 중간 사이의 약 5억 900만 년부터 약 4억 4,600만 년 전까지의 약 6,300만 년의 기간을 말한다.

오르도비스란 영국의 지질학자 랩워스(Charles Lapworth)가 1881~1913년까지 버밍엄의 교수로 있으면서 웨일스 지방에 살던 고대 민족 이름 '오르도비스'(Ordovices)를 본떠서 1878년에 명명한 이름이다.

이 시기에는 육지가 낮았고 높은 산맥이 없었을 것으로 추정을 한다. 그래서 생물 중에는 척추동물에 속하는 어류(魚類)가 출현하였고, 무척추동물들이 살았을 것으로 추정한다. 이와 같은 무척추동물들을 절지동물(節肢動物)이라고도 한다. 이 같은 절지동물들은 몸이 작고 대개 머리, 가슴, 배의 3부로 구성되어 있으며 갑각류, 곤충류 등이 이에 속한다.

이와 같은 절지동물의 증거물로 삼엽충(三葉蟲: Trilobite)이 제시된다. 삼엽충은 고생대의 중요한 표준 화석으로 미국 워싱턴 스미스소니언(Smith-Sonian) 박물관에 소장되어 있다. 그뿐만 아니라 버팔로에서 전갈 화석, 일본 야마구치현에서 출토된 산호류 화석들, 우리나라 강원도 삼척에서도 삼엽충류의 화석이 발견되었다.

세상 사람들은 노아 홍수 때 바다의 어류나 육지의 동물, 식물들이 모두 다 땅속에 파묻혀 화석이 된 사실을 믿지 않는다. 오히려 그 같은 화석들이 대단한 고대적 가치가 있는 산 물증인 양 온갖 상상적 이론을 만들어 세상인들을 어리석은 진화론 추종자로 만들어 가고 있는 것이다.

이렇게 노아 홍수의 역사적 사실을 믿지 못하는 무신론적 과학자들은 선캄브리아 시대에는 빙하기, 조산운동, 판의 이동 등으로 오늘날처럼 지구가 점차 진화되었을 것이라는 진화론자들의 이론을 결합시켰다.

(3) 데본기(Devonian Period)

앞서 캄브리아기를 명명한 세즈윅과 실루리아기를 명명한 머치슨이 1839년에 영국 남서부에 있는 데번(Dwvon)주의 높이 621m 하이윌리즈산에서 산호 화석들을 발견하고 데본기라는 명칭을 만들었다. 저들 주장에 의하면, 데본기는 3억 9,500만 년 전부터 3억 4,500만 년 전의 약 5,000만 년의 기간을 의미한다.

(4) 석탄기(Carboniferous Period)

이 명칭은 1822년 W.D. 코니버와 필립스(John Phillips: 1800~1874)가 제창한 주장이다.

필립스는 1856년 옥스퍼드 대학의 지질학 교수가 되었다. 그는 영국의 '데본기'로 소문난 데본의 지층 위에서 많은 석탄을 포함한 석회암층의 지질을 발견하였다. 그는 바다의 산호, 갯나리, 부족류(斧足類), 유공충(有孔蟲), 석회조(石灰藻)들이 두꺼운 석회층을 형성하고 있는 사실을 발견했다. 그리고 지층의 두께가 1,500~3,000m로 형성된 것도 발견했다. 그는 이 같은 현상들을 근거로 석탄기라는 용어를 제기했다.

아울러 그는 고생대, 중생대, 신생대로 지구의 연대를 구별할 것을 제창했다. 이들에 의하면, 고생대 때 강한 지각 변동에 의해 퇴적되었던 지층이 지각에 강한 압축력으로 지층에 주름이 잡히는 습곡(褶曲)현상으로 석탄들이 만들어졌다고 한다.

이들은 지구에 왜 습곡현상이 생겼는가에 대한 설명은 하지 못하고 상상적 이론을 만들었다. 그보다는 노아의 홍수로 인해 지상의 모든 식물들이 땅속에 파묻혀서 썩어 흙과 함께 화석화된 것이 석탄이라는 것이 보다 정확한 이론인 것이다. 그러나 저들은 노아 홍수의 역사적 사실을 믿지 못했기에 억지 추정 이론을 만들어 낸 것이다.

(5) **페름기**(Permian Period)

페름기라는 기간은 고생대의 마지막 기로 약 2억 8,900만 년 전부터 약 2억 4,700만 년 전까지의 약 4,200만 년 기간을 뜻한다.

이 용어는 1841년 영국 지질학자 I. 머치슨이 명명하였다. 그는 러시아 공화국 중부에 있는 우랄산맥의 페름주(州) 주도인 산기슭의 이름을 따라 페름기라고 명명하였다.

페름기란 앞서 말한 석탄기의 협탄층(夾炭層) 위에 화석을 많이 산출하며 바다 밑에 퇴적하여 이루어진 지층인 해성층(海成層)이 도식적으로 정리된 층을 의미한다.

이렇게 고생대에 ① 캄브리아기, ② 오르도비스기, ③ 실루리아기, ④ 데본기, ⑤ 석탄기, ⑥ 페름기라는 지구의 고대시대가 있었다는 학설이 만들어졌다.

이 같은 학설을 만든 것은 대부분 영국의 지질학 교수들이다. 지금 세계는 이들 영국 지질학자 몇 사람들의 추정적 이론을 마치 확고한 과학적 사실인 양 신봉하고 있다.

2) 중생대 이론 수립가

(1) 트라이아스기(Triassic Period)

트라이아스기는 약 2억 4,700만 년 전부터 약 2억 1,200만 년 전까지의 약 3,500만 년 동안의 기간을 뜻한다.

이것을 독일에서는 퇴적 조건이 서로 다른 세 개의 다른 지층군이 여러 차례 거듭 더해져서 이뤄졌다는 의미로 삼첩기(三疊紀)라고도 한다.

그런데 독일의 광산 지질학자 알베르티(F.A. von Alberti: 1795~1878)가 1834년에 〈분터 사암(砂巖)과 지층군에 관하여〉라는 논문에 의해 이 때의 지층을 트라이아스계라고 명명한다. 여기서 고생대 말에는 지구상 모든 대륙이 하나로 결합된 초대륙(超大陸)의 '판게아'(Pangaea)라는 가설과 이에 대립하는 초대양(超大洋)인 '판타라사'(panthalassa) 가설이 만들어졌다. 트라이아스기 말기에 다시 광범위한 해퇴와 해서 동물계의 변혁이 일어났다고 가정한다.

(2) 쥐라기(Jurassic Period)

쥐라기는 지금부터 약 1억 9천만 년 전부터 1억 4천만 전까지의 약 5천만 년의 기간을 말한다.

이 용어는 독일의 지리학자 훔볼트(A. von Humboldt: 1769~1859)가 저술한 《코스모스》(Kosmos) 5권(1845~62) 속에서와 프랑스의 고(古)식물학자 브롱니아르(A.T. Brongnian: 1801~1876)의 《식물 화석학의 역사》(1828~38)라는 저서에 나온다.

이들은 프랑스 동쪽과 스위스 국경에 걸쳐 있는 쥐라산맥(Jura Mts.) 중에 동프랑스 쥐라산맥에 발달된 지층을 '쥐라계'(Jurassic System)라고 명명하였다. 여기서부터 '쥐라기'라는 용어가 시작되었다.

그 후 영국의 지질학자 W. 스미스(W. Smith: 1769~1839)는 측량 기술을 독학으로 배워 각기 다른 지층에 각각 특징적인 화석들이 있음을 증명해 냈다. 스미스는 쥐라계 초기 기후는 약간 한랭하였으나 중엽 이후에는 매우 온난 습윤하였음을 발견하고, 이 기간 동안에 몇 번의 지각 변동이 있었을 것이라고 설명했다. 그 결과 서부 유럽이 바다는 물러가고 육지로 변했을 것이라고 추정했다.

이 시기에 알프스산맥 부근의 테티스해(Tethys Sea)는 지중해 주변 지역인 중앙아시아, 히말라야, 동남아시아까지에 영향을 미쳤을 것으로 추정한다. 그래서 이때의 지각 변동으로 중국, 한국, 일본 등에 퇴적분지가 습곡을 이루었고, 미국의 서해안에 시에라네바다 산맥을 이루었을 것으로 추정한다.

이 시기에는 공룡과 어룡 등이 계속 번성하였고, 익수룡의 등장으로 파충류가 번성했을 것으로 추정한다.

이 시기의 대표적인 표준 화석이 벨렘나이트(belemnite)이다. 연체동물인 오징어와 비슷한 것으로 시석(矢石), 전석(箭石)이라고도 한다. 곤충류인 잠자리, 흰개미, 진드기, 개미 등이 이 시기에 출현한 것으로 추정한다. 한국의 대천, 단양 부근에서 식물 화석도 출토되었다.

이 같은 추측성 이론이 공룡시대에는 공룡이 인간보다 더 위대했다는 상상적 영화 "쥬라기 공원"이 영화화되어 더 많은 사람들이 쥐라기 시대를 믿게 되었다.

(3) 백악기(白堊紀: Cretaceous Period)

신생대 이전의 약 1억 3,500만 년 전부터 약 6,500만 년 전까지 약 7천만 년의 시대를 말한다. '백악'이란 명칭은 영국의 도버 해협에 의해 영국과 프랑스로 구별된 양국의 해안에 석회질로 흰 암석 지층을 이룬 것에 근거한 명칭이다.

이 명칭은 1822년 영국의 D. 할로이가 해식절벽(海蝕絕壁)의 특징 있는 지층을 백악계라고 명명한 데서 비롯되었다.

백악 즉 흰 백토 석회질의 암석은 세계 곳곳에 나타난다. 미국의 로키산맥, 남미의 안데스산맥, 유럽의 남부와 테티스해 주변들 등 흰 색의 암석들은 전 세계에 분포되어 있다.

이와 같은 백악기 때에는 파충류의 머리, 목, 몸뚱이, 꼬리 같은 동물들이 진화하여 바다와 공중으로 진입하는 동물이 되거나 거북, 뱀, 악어 따위로 유지해 오고 있는 것으로 추정을 한다. 이와 같은 시기에 파충류가 공중으로 날아다니는 새로 진화했다는 증거물로 독일 바이에른 지방의 조른포펜 채석장에서 1861년에 발견된 가장 오래된 새의 조상이라는 시조새(始祖: Archaeopteryx) 화석이 있다. 현재 대영 박물관에 보관되어 있다.

시조새는 몸길이가 40cm 정도로 머리는 도마뱀과 비슷하고 눈이 크다. 부리에는 예리한 이빨이 있고, 앞다리가 날개로 변해 있다. 날개 뼈의 끝에는 발톱이 있는 세 개의 가는 발가락이 있고, 특히 깃털을 가지고 있다. 이 같은 독특한 모습이 파충류가 진화해서 날아다니는 새가 되었다는 주장이 제기되고 있다. 이 같은 시조새 조형물이 성균관대학의 수원 의과대학 정문에 세워져 있는 것을 보았다.

3) 신생대 이론

신생대(Cenozoic Era)는 약 6천만 년 전부터 현재까지의 기간을 말한다.

이 명칭은 1841년 영국의 고생물학자 J. Phillips(1800~1874)가 명명하였다.

신생대를 ① 팔레오세, ② 에오세, ③ 올리고세, ④ 마이오세, ⑤ 플라이오세, ⑥ 플라이스토세, ⑦ 홀로세, ⑧ 인류세로 분류한다. 이에 대한 설명은 생략하겠다.

바로 이와 같은 '지질 시대표'에 의거해 피터 브래넌(Peter Brannen)은 《대멸종 연대기》(The Ends of the World)를 발표했다.

결론

과연 '지질 시대표'라는 고생대, 중생대, 신생대 이론은 모든 이가 믿을 만한 명확한 과학적 근거의 이론인가, 아니면 지질학 교수들이 특정한 곳들의 특이한 지층들을 근거로 만든 상상적 추측 이론인가?

지질 시대표 이론은 처음부터 끝까지 상상적 추측 이론이다. 그 시대를 경험해 보지 못한 후대인들의 그럴듯한 해석이다. 이와 같은 추정 이론은 계속 수정되고 보완되어 가는 부 정확한 이론이다.

그에 반해서 '노아의 홍수'에 의한 창조론은 얼마나 정확하고 사실에 근거한 이론인가? 지금 세상은 진화론자들의 주장이 절대다수를 이루는 대중적 이론으로 받아들여지고 있다. 그러나 많은 이가 동의한다고 해서 사실이 되는 것은 아니다.

우리는 명확하고 확고한 창조론 신앙을 소수의 힘없는 세력으로 과소평가하고 의기소침해할 필요가 없다. 진리와 진실은 항상 외롭지만 인류의 등불로 의인들을 붙잡아 주고 있다. 우리는 그 같은 의인의 진리 편에서 진실을 밝혀 나가야 하겠다.

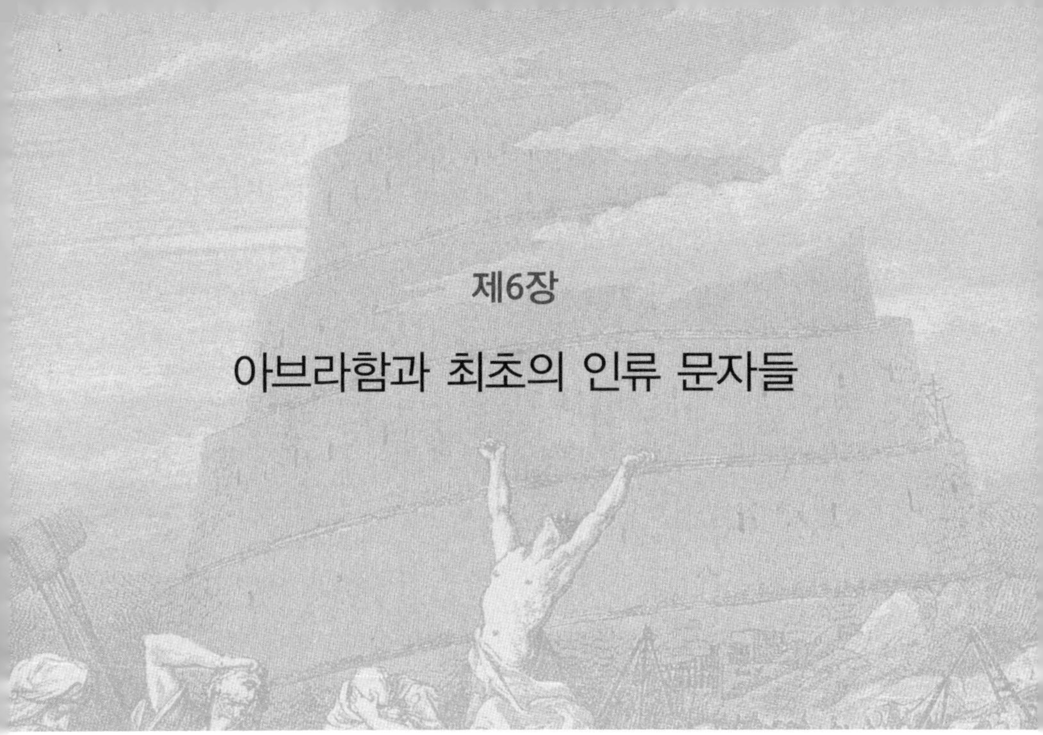

제6장

아브라함과 최초의 인류 문자들

서론

아브라함은 히브리 민족의 조상이다. 독일의 조상은 게르만 민족이다. 영국의 조상은 앵글로색슨족이다. 중국의 조상은 한(漢)족이다. 미국의 조상은 청교도이다. 이런 말을 상용어로 사용하고 있다.

과연 '민족'이란 무엇인가? 또 '민족'과 '민족주의'란 같은 뜻인가? 한반도에서 '민족주의'란 어떤 의미인가? 매우 다양한 이론과 주장들이 뒤따를 수 있는 주제들이다.

필자는 히브리 민족의 조상이며 또 동시에 믿음의 조상이라는 '아브라함'을 살피려고 한다. '믿음의 조상'을 살피려 함은 민족의 조상은 세월이 흐를수록 수많은 문제점들을 뒤따르게 하지만 믿음의 조상은 갈수록 민족과 국가를 뛰어넘어 위대한 역사들을 계속 창조해 감을 깨닫기 원해서이다.

우선, 민족(民族)이 무엇인가? 국제적 공용어로 쓰이는 영어에서의 민족이란 'ethnic group(unit)'이다. 이 말은 인종, 지역, 언어, 역사, 문화 등의 기원이 동일한 사회 집단이라는 뜻이다. 이 경우 타(他)와 구별되는 언어, 종교, 세계관, 사회조직, 경제생활, 생활양식이 모두가 뚜렷하게 구별되는 개념으로 이해를 한다.

그러나 민족이라는 현대적 의미는 정치적 틀에 의해 다시 분할되고 있다. 남한과 북한은 한민족이지만 각각 다른 정치적 틀에 의해 국민 문화나 국민성이 다르게 분할되고 있다. 그렇기에 민족 개념 이해가 복잡하다.

과거 역사 속에서 4~6세기의 게르만 민족의 대이동으로 유럽의 여러 왕국들을 건설하였다.

그 결과가 오늘날 서유럽의 각 나라들의 기초가 된다. 그러다가 자본주의 발전과 함께 근대국가가 성립된다.

서유럽에서 영국, 네덜란드, 프랑스, 이탈리아에서는 단일 민족 국가가 세워졌으나 러시아, 오스트리아, 헝가리 등 동유럽에서는 다민족 국가가 형성된다. 다민족 국가들 중에 러시아, 독일 같은 나라는 여러 민족을 지배하면서 강대국으로 발전했다.

17세기 제국주의 시대에는 자본주의가 세계적으로 확산되었다. 제국주의자들은 약소민족들에게 경제적, 정치적, 군사적으로 가혹하게 하여 토착산업을 억제했다. 세계 제1차 대전과 제2차 대전으로 세계 자본주의가 흔들리며 수탈이 더욱 심화되자 민족 문제가 더욱 확대되었다. 이 무렵에 민족주의(nationalism)가 등장한다.

영어의 내셔널리즘은 국민주의, 국가주의, 민족주의 등 경우에 따라서 여러 갈래로 구분되어 사용된다.

① 국민주의라 할 경우 국민의 기본권이나 자유를 존중하는 국가, 국민을 형성, 유지 발전시키려는 사상을 뜻한다.

② 국가주의라 할 경우 부국강병을 최우선시하여 국가의 독립성, 통일성에 중점을 두고 국가 이익을 우선시하고 개인을 차선시하는 사상이나 정책을 뜻한다.

③ 민족주의라 할 경우에는 ⓐ 제국적 민족주의가 자국의 팽창, 강대화를 도모하기 위해 타민족을 억압하는 식민지주의나 침략주의 사상이 있고, ⓑ 민족주의 또는 민족자결주의는 지배국이나 지배 민족에 대하여 그 억압에서 해방과 독립을 주장하는 사상과 운동을 뜻한다.

따라서 국민주의나 민족자결주의는 건강한 민족주의이고, 국가주의, 제국주의는 악덕한 민족주의라 할 수 있다.

이승만 학당의 교장으로 활동하는 이영훈 교수 외 5인이 《반일(反日) 종족주의》라는 책을 2019년에 발표했다. 그리고 2020년에는 《반일 종족주의와의 투쟁》도 발표했다.[10)]

이 교수는 북한의 김일성 부자가 '민족의 태양'이며 '조국통일'의 구성(構成)이라고 조작한 민족 개념의 타락과 변질을 파헤쳐 냈다. 그리고 그와 같은 변형된 민족 개념이 '주체사상'이라는 이론으로 남한에서 진보주의자들에 의해 정치세력화되었음도 지적했다.

필자는 이영훈 교수가 일깨워준 한국인의 '민족'의식에 대한 그의 통찰에서 많은 것을 깨달았다. 그렇지만 민족(民族)이란 개념은 전 세계에 고르게 분포되어 있는 의견이 다양한 개념인 것도 알아야 하겠다.

필자는 인류 역사에서 가장 크고 가장 광대하게 영향을 미치고 있는 히브리 민족의 조상이며 믿음의 조상인 아브라함을 살펴보려

---

10) 이영훈 외 5인, 《반일 종족주의》(미래사, 2019).
이영훈 외 5인, 《반일 종족주의와의 투쟁》(미래사, 2020).

고 한다. 인류 역사에서 히브리 민족만큼 세상에 막대한 영향을 끼치는 민족이 있는가?

과거 역사에 타 민족을 멸시한 민족들이 있다. 고대 그리스인들은 아프리카 조상들을 언어가 통하지 않는 이민족(異民族)이라는 멸시 관념으로 '바르바로이'(barbaroi)라고 했다. 중국도 남만(南蠻), 북적(北狄), 서융(西戎), 동이(東夷) 등으로 오랑캐라고 멸시했다.

오늘날 전 세계 75억 인구 중에서 25억 인구가 아브라함의 믿음을 따라 신앙생활을 하고 있다. 인류 역사에 이만한 영향력을 끼친 인물이 또 있는가?

아브라함의 후손들 중에 모세, 다윗, 예수, 바울 등등 위대한 인물들이 다수 배출되었다. 우리 한민족 중에 세계인들에게 영향을 끼친 인물이 누가 있는가?

이제 우리도 훌륭한 조상이 되기 위해 아브라함을 통한 교훈을 살펴보자. 그리고 동시대에 시작된 알파벳에 대하여도 알아보자.

1. 아브라함(B.C. 2166~1991)

아브라함은 지금부터 4000년 전 인물이다. 우리나라의 거짓된 단군신화 때의 인물이다. 우리는 그 아득한 옛날을 상상하며 아브라함을 통해 장단점을 배우도록 하자.

1) 아브라함의 조상들을 통한 교훈

일반적으로 성경을 처음 접하는 사람들이나 거듭나지 않은 신자들이 성경을 읽어나가다가 흥미를 잃고 쉽게 건너뛰는 부분들이 있다. 그것은 구약, 신약에 기록된 생소한 이름들이 나열된 족보에 관계된 내용들이다. 창세기 5장, 10장, 11장 10~26절, 역대상 1~27장 사이의 각종 명단, 에스라 2장, 느헤미야 7장 등은 별 의미를 느끼지 못한다. 신약성경의 마태복음 1장과 누가복음 3장 내용도 그렇다.

그러나 족보들 내용을 자세히 보면 그 속에는 엄청난 진리가 담겨 있다. 그것은 육적으로 낳은 후손들 중에서 반드시 하나님께서 선택하심으로 신앙의 계보를 이어간다는 사실이다.

우리 가문이나 주변의 친척들을 보아도 장손이라고 해서 다 똑같은 영적 축복을 받는 것도 아니고, 훌륭한 신앙의 부모를 통해 출생했다고 해서 다 똑같이 축복받는 것은 아니다.

하나님의 축복은 철저하게 하나님의 선택에 의해 결정된다는 것이 확실한 사실이다. 영적 축복이 이 같은 하나님의 선택의 결과라는 사실을 제대로 깨닫게 될 때 그 감격이 남다를 수 있다.

그 증거가 수많은 족보들 기록에 나타난다. 창세기 5장 1~32절의 아담의 족보 속에는 창세기 4장 16~24절에 기록된 가인의 후손들이 빠져 있다. 창세기 10장 1~32절에는 노아의 세 아들의 후손들 족보가 기록되었고, 역대상 1장 1~27절에 이 내용이 반복되었다.

창세기 10장에는 노아의 세 아들들 족보가 다 기록이 되었다. 야벳의 후손들(창 10:2~5), 함의 후손들(창 10:6~20), 셈의 후손들(창 10:21~31). 그런데 창세기 11장 1~9절까지의 바벨탑 사건 기록 이후에는 야벳과 함의 후손들 기록은 사라져버리고 앞서 기록된 셈의 후손들 족보(창 10:21~31) 내용과 다른 후손들 이름이 기록되었다.

창세기 10장 21~31절에 기록된 셈의 후손들 족보는 매우 특이하다.

22절에 셈의 아들은 ① 엘람, ② 앗수르, ③ 아르박삿, ④ 룻, ⑤ 아람이라는 5명이 있는데 이들 5명 중 막내로 추정되는 아람이 대를 잇는다. 23절에 아람이 ① 우스, ② 훌, ③ 게델, ④ 마스를 낳았으나 24절에는 셈의 셋째 아들 아르박삿이 ① 셀라, ② 에벨을 낳았고 둘 중에 25절에 둘째 아들 에벨이 가문을 계승한다. 25절의 에벨은 ① 벨렉과 ② 욕단이라는 두 아들을 낳는다. 그런데 큰아들 벨렉 때 세상이 나뉘었다고 했다.

여기 '벨렉'이라는 원문은 '펠레그'(פלג)다. '펠레그'란 '나누다, 분할(分割)하다'는 뜻이다. 이 말은 다음 창세기 11장에 기록된 바벨탑 사건으로 인류가 나누어진 사건을 의미하는 말이다. 이렇게 뜻 깊은 벨렉이 부친 에벨의 대를 계승하지 않고 26절을 보면 아우인 욕단이 계승한다. 26절부터 31절에는 욕단의 아들들 1세 명의 이름들이 소개된다.

그런데 창세기 11장 16~26절에는 에벨의 장남인 벨렉이 르우를 낳고, 르우는 스룩을 낳고, 스룩은 나홀을 낳고, 나홀은 데라를 낳고, 데라는 세 아들들 중에 하나인 '아브람'을 낳은 족보를 소개한다.

여기서 분명하게 깨닫는 교훈이 있다. 하나님께서는 이 세상의 모든 인간들에게 육적으로 번성하는 보편적 축복을 주셨다. 그러나 하나님의 영적 자손들의 계보는 육적인 장남, 장손으로 계승되는 것이 아니라, 전혀 다른 하나님의 전적인 선택에 의해서 계승된다는 사실이다.

아브라함은 데라의 몇째 아들일까? 창세기 11장 26~27절에 근거하면 맏아들처럼 느껴진다. 그렇게 느껴지는 것은 두 구절에 아브람, 나홀, 하란이라는 순서로 기록되었기 때문이다. 그러나 셋째로 느껴지는 하란이 롯이라는 아들을 낳고 부친 데라보다 먼저 죽었다. 그리고 둘째로 느껴지는 나홀은 아브라함의 동생이다(창 24:15). 이것을 보면 이들 셋 중에서 장남은 하란이고, 아브람은 차남이고, 나홀이 삼남이라는 사실을 알 수 있다. 그리고 하란은 나홀의 아내인 밀가의 아버지라(29절) 한 것도 하란이 이들 3형제 중 가장 나이 많았던 장남으로 추측할 수 있는 근거가 된다.

그러나 성경은 육적 순서가 아닌 하나님의 선택에 의한 신앙적 계승자들을 계보의 우선순위로 기록하고 있음을 깨닫는다. 아울러 오늘날도 혈통적 서열이 중요한 것이 아니고 신앙적 선택이 중요한 핵심적 가치인 것을 깨닫게 해준다.

2) 소명에 관한 교훈

아브라함은 데라의 차남일 가능성이 많다. 그런데 그의 아버지 데라는 강 저쪽에서 다른 신들을 섬겼다고 했다(수 24:2).

아브라함의 고향은 갈대아인 우르였다(창 11:28, 31). 이곳은 옛날 바벨론 이전의 왕국이었던 갈대아의 수메르 문명이 발달한 곳이었다. 아브라함 이전에는 갈대아의 수메르 문명과 이집트의 애굽 문명이 이미 존재하고 있었다. 이것이 노아 홍수(B.C. 3000) 이후에 시작된 이집트의 나일강 문명이고, 메소포타미아(유프라테스강과 티그리스강을 중심한)의 수메르(후에 바벨론) 문명이었다.

이렇게 수메르 문명 속에 영위되는 갈대아 우르란 갈대아인들이 살아갔던 우르(אור)라는 땅이다. 우르는 현재로 설명하면 페르시아만 서북쪽 240km 지점으로, 이란과 이라크의 국경지인 엘 무카야르(El-Mukayyar)로 추정된다. 이곳은 구(舊) 바벨론의 남동쪽 212km 지역이다.

이곳의 수메르인들은 설형(楔形)문자(Cuneiform Script)를 발명한 조상들이었으나 훗날 바벨론에 흡수되면서 수메르 문명은 사라지고 바벨론 문명으로 세상에 알려진다.

이곳 우르에서 살아간 데라는 우르인들의 주신이었던 달 신(月神)을 섬기는 우상 숭배자였다(수 24:2). 이렇게 우상 숭배자의 아들인 아브라함이 어떻게 해서 하나님의 소명을 받게 되었는가? 대부분의 경우 신앙의 가문에서 목회자들이 출생하는 일반성에 비하면 우상 숭배자의 자녀인 아브라함의 소명이 선뜻 이해되지 않는다.

이 궁금증을 사도행전 7장 2~4절의 스데반 집사가 암시를 준다. 여기 보면 "영광의 하나님이 그에게 보였다"고 했고, "네 고향과 친척을 떠나 내가 네게 보일 땅으로 가라"는 지시까지 주셨다고 했다.

여기 '그에게'란 '옵데'(ὤφθη)이다. 이 말은 '보다'(see)는 뜻의 원형 '호라오'(ὁράω)의 수동태이다. 따라서 이 말은 하나님이 아브람에게 보여지게 되었다는 뜻이다. 아브람이 하나님을 보려고 노력한 바도 아니었는데도 보게 되는 경험을 하게 된다.

사실 순수한 영이신 하나님(요 4:24; 딤전 6:16)을 사람이 볼 수 없다. 하나님께서 아브람 시절에 도저히 납득될 수 없는 특이한 현상으로 그에게 나타나셔서 계시를 주신 것을 '보여'라고 표현한 것으로 본다.

아브라함으로서는 이해할 수 없는 특별함을 체험했다.

그것은 헛된 것을 경배하는 아버지 데라의 우상 숭배가 완전히 잘못된 것임을 깨닫고 하나님께서 특별하게 지시하시는 말씀에 순종할 수밖에 없는 강렬한 체험이었다. 그래서 늙은 아버지, 큰아들 하란을 잃고 외롭고 적적해하는 아버지 데라를 설득하여 고향을 떠난다.

더욱 놀라운 사실이 있다. 아브람에게는 그가 떠나야 할 '갈대아인의 우르'와 그가 가야 할 목표의 땅인 '가나안 땅'(창 11:31)이 확실하게 주어진다. 하나님의 소명은 애매모호하지 않다. from과 to가 명백한 계시로 주어졌다.

아브람은 부친과 자기 조카 롯과 아내 사라와 함께 우르에서 가나안으로 향해 가다가 우르에서 970km 떨어진 하란에 도착한다. 하란은 유프라테스강의 지류인 발리크(Balikh)강 유역의 비옥한 지역이다. 그런데 이들 일행이 더 이상 가나안까지 진전하지 못하고 하란에 머물러 있다.

데라가 70세 때 이미 세 아들을 낳았다(창 11:26). 그때 아브람이 소명을 받았을 것으로 추정된다. 그래서 가나안을 목표로 가는 도중에 하란에 머물러 거기서 거류하고 있었다(창 11:31). 여기 '거류하였다'는 '와예쉐부'(וישבו)로 미완료형이다.

아마도 아버지 데라가 더 이상 가나안까지 가지 말고 하란에서 그대로 살자고 종용했는지 모르겠다. 그래서 더 이상 가나안까지 옮겨가지 못하고 하란에 머물러 있게 된다.

이렇게 아브람의 가나안까지의 이동을 방해하는 세력이 부친인 데라였던 것 같다. 하나님은 이 사실을 아시고 아브람의 장애 요소인 데라를 다른 조상들보다 일찍 205세에 죽게 하신다(창 11:32). 그렇게 아버지 데라가 죽은 후에야 자유를 얻은 아브람은 75세 때 하란을 떠난다(창 12:4).

이렇게 보면 아브람은 갈대아 우르를 떠나 하란에서 5년 동안은 아버지의 만류로 지체했다가 장애물 되는 데라의 죽음으로 자유하게 된다.

여기서 우리가 깨달을 교훈이 있다. 하나님께서는 부모형제가 미처 모르는 방법으로 당신의 사람을 부르신다. 하나님의 부르심을 받은 사람 앞에 장애가 되는 요소들을 하나님께서 정리하신다. 그렇기에 하나님의 소명 받은 자들이 하나님의 뜻과 다른 길을 가려고 한다면 반드시 징계가 따른다는 사실을 배울 수 있다.

또 다른 진리가 있다. 소명의 내용과 순종자에게 따르는 축복의 교훈이 있다. 창세기 12장 1~3절을 보면 소명의 내용과 순종자에게 따르는 축복을 약속하고 있다. 이것은 비단 아브람뿐만이 아니라 모든 소명자들에게 주는 공통적 교훈이다.

(1) **소명의 내용**(3:7의 약속)[11]

하나님께서 아브라함을 하나님께서 쓰시는 하나님의 사람으로 부르실 때에 주어지는 하나님의 지시내용은 세 가지다. 그리고 그 지시내용에 순종할 때 뒤따르는 축복의 약속은 일곱 가지이다.

① 하나님의 부르심

하나님께서 하나님의 사람으로 부르실 때의 첫 단계는 과거로부터 모든 것을 포기하는, 현재에서 과거를 버리는 것들을 의미한다.

ⓐ 너의 고향을 떠나라.

'고향'이라는 말이 '메아르체카'(מארצך)다. 이 말은 '너의 땅에서부터'라는 뜻이다. 이 말은 옛 삶과 뚜렷하게 구별되어야 함을 요구하신 것이다.

ⓑ 친척을 떠나라.

'친척'은 '밈몰라드테카'(ממולדתך)다. 이 말의 뜻은 '한 조상으로부터 태어난 자'란 뜻이다. 고대사회는 치안 유지가 잘 되지 않았기에 친족의 중요성이 훨씬 강했다. 하나님은 그 같은 인간적인 힘에 대한

---

11) 정수영, 《창세기의 인물들》, pp. 226~230.

의지를 단절하고 오직 하나님만 의지하는 삶의 변화를 요구하셨다.

ⓒ 아버지의 집을 떠나라.

'아버지의 집'은 '밉베트'(מבית)다. 이 말은 친척보다 더 가까운 가족 관계를 의미한다. 하나님의 소명은 고향, 친척, 가족 등 본능적으로 가까움을 느끼는 과거의 모든 요소들에서 분리되어야만 새 삶이 시작됨을 가르치고 그러한 삶을 요구하셨다. 이 내용은 현대의 소명에도 똑같이 적용되는 원리이다.

② 하나님의 약속

하나님은 부르신 자가 순종할 때 주어지는 축복을 일곱 가지로 약속하신다.

ⓐ 내가 너로 큰 민족을 이루겠다.

'큰'이란 말은 '까돌'(גדול)이다. 이 말은 '크기, 수효, 중요성, 탁월함, 존귀함'을 뜻한다.

'민족'이란 '꼬이'(גוי)로 '백성'이란 뜻(창 35:11; 출 19:6; 민 14:15)으로 쓰였다. 큰 민족이란 장차 그 백성들의 수효가 많아지며 그 중요성이 매우 존귀할 것임을 약속해 주는 내용이다. 여기서 우리는 민족의 개념에 대하여 암시를 받아야겠다.

ⓑ 네게 복을 주어

이때 말하는 '복'은 '바레크'(בָּרֵךְ)다. 이 단어가 '주어'라는 '와이'(וא)미완료형으로 연결되었다. 그렇기에 그 복은 단회적 복이 아닌 계속적으로 반복되는, 끝이 없는 복을 뜻한다.

ⓒ 네 이름을 창대하게 하리니

‘창대하게 하다’는 ‘와아갓델라’(ואגדלה)다. 이 말은 명예에 대한 보장 약속이다. 하나님께서 아브라함에게 하신 약속은 그대로 이루어졌다. 창세기 17장 5절 “여러 민족의 아버지”, 창세기 20장 7절 “그는 선지자”, 창세기 23장 6절 “하나님이 세우신 지도자”, 시편 105편 5절 “하나님의 종” 등. 그에 대한 명예로운 이름은 약속하신 대로 이뤄졌다.

ⓓ 너는 복이 될지라.

아브라함은 하나님께서 선택하심으로 세상과 구별된 삶을 살아갔다. 그렇기에 그의 삶 자체가 선택에 의한 구별된 삶의 연속이었다. 복이란 이처럼 하나님의 선택의 결과로 일생 구별된 삶을 살아가는 것이다. 그와 같은 내용적 의미가 ‘복’이라는 말 ‘빼라카’(ברכה)의 뜻이다.

ⓔ 너를 축복하는 자에게는 내가 복을 내리고

여기 말하는 ‘복’이라는 말 ‘빠라크’(ברך)는 양면이 있다. 이 말이 하나님과 관계될 때는 하나님의 절대적 권능에 의해 실제적 은혜를 받은 결과적 복이라는 의미가 있고, 인간과 관계될 때는 잘되기를 바라는 기원의 의미가 있다. 그러므로 실제적 복을 주시는 분은 하나님이시고, 인간은 단지 복을 빌어주는 정도밖에 할 수 없는 것이다.

그래서 아브라함에게 복을 빌어주는 사람들에게는 하나님께서 그들에게 복을 주시겠다는 약속을 해주셨다. 실로 독보적인 축복이라 할 수 있다.

ⓕ 너를 저주하는 자에게는 내가 저주하리니

여기 '저주'라는 말이 각각 다르다. 사람이 사람을 저주한다는 말은 '칼랄'(קלל)이다. 이 말은 상대방에게 경멸하며 분별없이 발설하는 욕설을 뜻한다. 반면 하나님께서 "내가 저주하리니"라고 하실 때 사용된 저주는 '아라르'(ארר)다. 이때 쓰인 저주란 사법적 근거에 의해 반드시 시행되는 신적인 정죄의 저주를 뜻한다. 아브라함을 멸시하는 자의 경우 하나님께서 그를 개별적으로 직접 다루시겠다는 확고한 의지의 약속이다.

이 같은 하나님의 약속과 같이 창세기 12장 17절에 아브람의 아내 사래를 애굽으로 끌어들인 바로와 그 집에 큰 재앙이 내렸다. 또 창세기 20장 3절에 네게브 땅의 그랄 왕 아비멜렉에게도 똑같이 적용되었다.

아브라함의 배후에 공의의 하나님께서 함께해 주시겠다는 약속을 해주셨다. 이것은 아브라함뿐만 아니라 아브라함의 믿음의 후손들, 모든 성도들에게 동일한 약속인 것이다.

ⓖ 땅의 모든 족속이 너로 말미암아 복을 얻을 것이라.

아브라함에게 주는 최대 축복은 그로 말미암아 인류 전체가 복을 받게 되는 기초가 되는 것이다. 여기서 꼭 기억할 내용이 있다.

'너로 말미암아'라는 말이 '베카'(בך)다. 이 말은 '너로 인하여'(by you)라고 번역될 수 있지만 또한 '네 안에'(in you)라는 뜻으로도 번역될 수 있는 말이다.

아브라함의 개인적 장점들이 많이 있고 그에게는 당대 사람들이 결단하기 쉽지 않은 위대한 요소들이 있다. 그러나 그에게는 인간적으로 용납할 수 없고 신앙적으로 이해되지 않는 단점들도 많이 있다.

그렇지만 그의 속에 있는 '믿음'만은 대단히 훌륭했다. 그렇기에 '네 안에'란 그로 인해 먼 훗날 태어날 그리스도를 의미하며, 아브라함이 아닌 그리스도로 말미암아 모든 인류가 복을 얻을 것이라는 약속으로 이해하는 것이 분명한 내용이다.

이처럼 하나님의 부르심에는 희생하고 결단해야 하는 요소가 세 가지라면, 그 부르심에 순종하는 자에게 뒤따르는 축복은 일곱 가지로 많다. 이것은 모든 성도들에게 동일한 원리라고 본다.

(2) 아브라함의 순종

아브라함은 70세에 갈대아 우르를 떠났다(창 11:26, 31). 그런데 970km 떨어진 하란에서 머뭇거린다. 그리고 그의 부친이 세상을 떠난 후 하란을 떠난 때가 75세였다(창 12:4).

하란이 유프라테스강 상류였다. 하란을 떠난 아브라함은 유프라테스강을 건너고 수리아 다메섹을 지나서 헬몬산 남쪽을 돌아 장장 700km가 훨씬 넘는 먼 거리를 통과해 가나안에 도착한다(창 12:5).

아브라함이 가나안 땅 세겜의 상수리나무에 이르렀을 때 여호와께서 다시 나타나 "내가 이 땅을 네 자손에게 주리라"고 말씀해 주셨다.

아브라함이 살던 고향은 갈대아 우르였다(창 11:31). 우르에서 하란까지 970km, 또 하란에서 가나안까지가 다시 700km이니, 무려 1,700km에 이르는 매우 먼 거리이다. 우리나라의 서울에서 부산까지가 400km 정도다.

아브라함은 지금으로부터 4,000년 전 단군신화 시대의 인물이다. 그가 이토록 먼 거리를 지나 짐승의 위험, 강도의 위험, 기후의 각종 불편함 등을 겪으면서 가나안까지 옮겨 갔다는 것은 대단한 모험적 신앙을 뜻한다.

아브라함이 가나안 땅에 도착하니 그곳에 이미 가나안 원주민들이 살고 있었다. 그곳에 새로운 개척지가 아닌 기존 원주민들이 살고 있는 곳 중 한 곳인 세겜에서 "내가 이 땅을 네 자손에게 주리라"라고 하셨다.

아브라함으로서는 너무 황당하고 난처했을 수도 있었을 것이다. 아무도 없는 새 땅이 아닌 기존 가나안 원주민들이 살고 있는 땅을 주시겠다는 하나님의 말씀이 너무 황당했을 것이다. 그런데 아브라함은 하나님 말씀을 믿고 세겜 땅에서 제단을 쌓고 여호와의 이름을 불렀다. 이것이 믿음의 조상 아브라함이 보여주는 모범이다.

여기 세겜은 예루살렘 북쪽 약 40km 지점으로, 그리심산과 에발산 사이에 위치한 땅이 비옥한 곳이었다.

이곳 세겜은 히위 족속 하몰의 아들 추장 '세겜'이 살던 곳이다(창 34:2). 그 후 여호수아 때 예배처가 있던 곳이고(수 20:7), 분열 왕국의 최초의 왕인 여로보암은 세겜을 이스라엘의 수도로 삼았다(왕상 12:25). 주님은 이곳 사마리아 수가성의 야곱의 우물(요 4:5~6)에서 여인에게 참된 예배를 가르쳐 주셨다(요 4:23~24).

이곳 세겜을 최초의 예배처로 사용한 것이 아브라함이다. 아브라함은 세겜 땅 모레 상수리나무 아래에 제단을 쌓았다. '모레'(מורה)라는 뜻이 정확하게 무엇인지 알 수 없다. 상수리나무는 큰 참나무(Oak)과에 속하는 나무이다.

아브라함은 세겜 땅에 도착하여 비로소 여호와의 이름을 부르는(창 12:8) 신앙생활을 하게 된다.

(3) 아브라함의 약점들

신앙의 사람 아브라함에게도 인간적인 약점들이 있었다. 그의 약점들 몇 가지를 정리해 보자.

① 아내를 자기 위험의 방패로 이용한 점(창 12장, 20장)

우리는 지금으로부터 4,000년 전, 매우 위험천만한 세상 속에서 살던 아브라함이 단지 하나님께서 약속해 주시는 언약 하나만 믿고 모든 위험들을 극복하고 순종한 위대한 믿음의 사람으로서의 아브라함을 보았다.

그런데 그렇게 훌륭한 믿음의 사람이 그 땅에 기근이 심하다는 이유로 하나님께 묻지 않고 애굽으로 내려갔다. 애굽에서 기근은 모면할 수 있었는지 몰라도 또 다른 위험이 찾아왔다. 그것은 아브라함의 아내 사래가 아리따운 여인이었기에 애굽인들의 위험을 느끼고 아내를 누이라고 거짓말을 한 것이다(창 12:12~13). 그로 인해 자기 아내를 빼앗길 뻔한 위기를 당한다. 이때 하나님의 특별한 보호로 위기를 모면한다.

그런데 아브라함이 자기 아내를 누이라고 거짓말하여 자기를 보호하려고 한 유치한 수단은 그에게 상습적인 것이었다. 애굽에서 크게 모욕을 당하고 난 후 약 24년 뒤에 블레셋 그랄 왕에게 똑같이 비겁한 추행을 반복한다(창 20:1~2). 아브라함의 상습적 비겁함은 그 아들 이삭도 그대로 닮는다(창 26:7). 참으로 부끄러운, 믿음의 조상들의 비겁함이었다.

② 조카를 위해 전쟁을 치름(창 14장)

아브라함은 그가 하나님의 소명을 받고 고향 갈대아 우르를 떠날 때 형 하란의 아들인 조카 롯과 함께 떠나왔다. 아브라함의 소유와 롯의 소유가 너무 많아서 동거하기가 불편했다(창 14:6). 그래서 조카 롯에게 선택권을 주어 롯이 소돔 땅으로 이주한다.

그런데 당시 롯이 살고 있던 소돔 땅에서 국제적인 전쟁이 벌어졌다. 소돔 왕 베라와 고모라 왕 비르사는 12년 동안 엘람 왕 그돌라오멜을 섬기다가 13년에 배반을 했다(창 14:2, 4). 엘람은 메소포타미아 바벨론의 동쪽, 페르시아만 북쪽에 있는 산간지대였다. 이곳의 거주민들은 호전적이었다. 소돔과 고모라는 농산물뿐 아니라 소금을 생산했으므로 소금으로 인한 분쟁이 전쟁의 원인이었을 것으로 추정된다.

엘람 왕은 페르시아만에서 출전하여 창세기 14장 5~7절에 소개되는 수많은 지역의 2,000km 넘는 원정을 계속했다. 그리고 드디어 8절에 싯딤 골짜기, 지금의 염해에 모였다(3절).

이때 소돔 왕 베라, 고모라 왕 비르사 등 여러 나라 연합군은 방어를 해야 했고, 시날 왕 아므라벨, 엘라사 왕 아리옥, 엘람 왕 그돌라오멜 등의 연합군은 공격을 해왔다. 이 전쟁에서 소돔과 고모라 왕은 패하여 산으로 도망했다(10절). 그러자 네 왕이 소돔과 고모라성의 재물과 양식을 약탈하고 아브라함의 조카 롯은 사로잡혀 갔다(14절).

아브라함은 이 소식을 듣고 집에서 훈련시킨 318명을 거느리고 70km 이상 떨어진 단까지 쫓아갔다. 소돔과 고모라 성을 약탈한 적군은 수만 명인데, 집에서 훈련시킨 318명이 적군을 물리치고 빼앗긴 재물들과 포로로 잡힌 조카 롯을 되찾아 왔다.

상식적으로 볼 때, 소돔과 고모라성의 왕들조차 전투에서 패한 연합군들의 세력을 318명이 쳐서 이기고 되찾아 왔다는 내용은 이해가 어렵다. 이것도 하나님께서 아브라함 편에서 함께하여 주신 결과라고 이해할 뿐이다.

③ 하갈과 이스마엘 사건(창 16장)

모든 인간은 불완전하다. 하나님의 언약만 믿고 커다란 모험 속에 고향을 떠나 타지인 가나안에 정착하는 믿음의 사람에게도 실수가 따른다.

아브라함은 하나님의 언약만 믿고 75세에 고향을 떠나 가나안에서 유목생활 10여 년을 계속했다. 그런데 하나님의 언약인 후손이 생기지 않았다. 모든 부모들은 자신의 대를 이어줄 자식을 소망한다. 그런데 아내 사라는 자신이 출산을 못하는 현실에서 당대의 세상 풍속을 따라 첩을 얻는 방식을 추진한다.

참으로 난해한 사실이다. 하나님께서 주신 큰 민족의 조상이 되게 해주시겠다는 언약을 믿고 남이 결행할 수 없는 큰 모험을 결단한 자들이 어찌하여 자손 문제에는 인간적 방법을 선택했을까? 이것은 하나님에 대한 전적인 신뢰가 아니라 절반의 신뢰라고 할 수 있다.

아브라함 부부는 언약을 받은 지 10년(창 16:3) 후 조급한 인간적 생각으로 하갈을 첩으로 세워서 아들 이스마엘을 임신한다. 이스마엘을 임신한 후 아브라함 부부의 가정에 불화가 계속되었다.

이 같은 가정불화로 사래는 하갈을 내쫓는다. 그러나 하나님께서는 서자인 이스마엘에게 구속사의 반열에 포함되는 특별 은총을 제외하고 모든 인류에게 주시는 일반 은총을 허락하신다. 아브라함 부부에게는 이스마엘을 낳은 후 14년이 더 지난 후에야 언약의 후손으로 이삭을 허락하신다.

아브라함 부부는 하갈과 이스마엘로 14년간 영적 침체기를 보낸다. 이때의 아브라함 가정의 불화는 근 14년간 계속된 것으로 끝나지 않는다. 이스마엘의 후손인 아랍 족속과 아브라함의 적자 이삭의 후손인 이스라엘 족속 간에는 영원한 반목과 투쟁의 불씨가 만들어진다.

아브라함 부부의 실수는 하나님의 은혜를 받은 신자들이 누구나 저지를 수 있는 보편적인 실수이다. 그러나 그 실수는 당대에 끝나지 않고 수천 년 동안 후환이 커져가는 결정적인 실수였다. 우리도 자신을 항상 돌아보고 실수하지 않도록 경계해야 할 일이다.

④ 후손에 대한 욕심들

ⓐ 하갈과 이스마엘을 내쫓음(창 21:8~21)

아브라함 부부는 첩에게서 난 아들 이스마엘이 14~15세로 장성한 후에 사라의 생리가 끊어진(창 18:11~12) 상태에서 아들을 낳았다(창 21:2~4). 이때 아브라함은 100세였다(창 21:5).

이렇게 하나님의 언약대로 적자를 얻는 기적을 체험하자 하갈과 이스마엘을 내쫓는다(창 21:11~21).

아브라함이 하갈과 이스마엘을 내쫓은 것은 하나님의 지시를 따른 것이다(창 21:12). 하나님은 이삭의 후손으로 약속의 계보를 이어갈 것이나 이스마엘의 후손으로는 육체적인 이방인들의 계보를 이어갈 것임을 표명하셨다. 이스마엘의 후손의 약속은 열두 지도자들의 출생으로 실현되었다(창 25:12~18).

여기서 우리가 깨달을 교훈이 있다. 하나님께서는 약속하신 대로 언약의 후손들을 계승하시지만 또한 육적인 이방인들도 하나님의 일반 은총 속에 계승해 가신다는 사실이다. 그러므로 이방인들을 적대시할 것이 아니라 불쌍한 마음으로 관용의 태도를 유지해야 할 것이다.

아브라함은 언약의 후손이든 육신의 후손이든 후손에 대한 욕심이 가득 찬 것을 하나님께서 정리해 주셨다. 그러나 아브라함은 후손에 대한 계속된 집착으로 후처를 통해 또 다른 육적 후손들을 양산한다(창 25:1~6). 이것은 아브라함이 믿음의 조상이지만 육적 후손에 대한 집착은 결코 포기할 줄 모르는 본능적 욕망이었다고 이해된다.

ⓑ 혈통에 대한 집념(창 24장)

아브라함은 100세 때 이삭을 낳았다(창 21:5). 그런데 아브라함이 137세 때 아내 사라가 127세로 죽는다(창 23:1). 아브라함의 나이 140세 전후에 아들 이삭이 40세 되었을 때 리브가라는 며느리를 구한다(창 25:20). 그런데 아브라함은 며느리를 구할 때 가나안 족속의 딸들이 아닌(창 24:3) 같은 족속 고향의 여인을 찾는다.

아브라함 밑에서 50여 년간 충성한 늙은 종 엘리에셀에게 고향 메소포타미아 나홀의 성으로 찾아가 며느릿감을 찾게 한다. 엘리에셀은 아브라함의 동생 나홀과 아내 밀가의 아들 브두엘의 딸(창 24:15) 리브가를 찾아 이삭의 아내가 되게 한다(창 24:67).

여기 보면 아브라함은 언약의 후손들을 계승하는 데 있어서 혈통적 순수성을 고수하려는 집념이 있음을 알 수 있다. 지금 세상은 다민족 혼혈족을 아무런 문제의식을 갖지 않는 세대이다. 그러나 아브라함이 신앙을 계승하기 위해 혈통적 관계성에 크게 관심 삼고 있었음은 후손에 대한 깊은 배려를 나타낸다. 그렇기에 세상이 온통 다민족 혼혈 시대라 할지라도 아브라함의 정신을 크게 배워야 할 것이다.

ⓒ 막벨라 굴로 가족 묘지를 삼다(창 23장).

아브라함은 사라가 127세로 죽었을 때 막벨라 굴을 사서 가족 묘지로 삼는 일을 결단한다. 요즘 세상은 화장(火葬)문화가 대세여서 묘지(墓地) 매장을 비웃거나 또는 반시대적 사고인 양 매도하는 경향이 있다. 그러나 과연 화장 장례법이 성경적으로, 세계적으로 추앙해야 하는 법인가? 이에 대해서 필자는 견해가 다르다.

구약성경에는 아브라함의 막벨라 묘지를 비롯해 라헬의 묘(창 35:20), 모세의 장사지(신 34:6), 열왕의 묘실(대하 21:20, 24:25, 28:27), 열조의 묘실(왕상 13:22; 느 2:3), 다윗의 자손의 묘실(대하 32:33) 등등 많은 묘실 기록이 있다.

신약에는 주님의 빈 무덤 외에는 묘실 기록이 없다. 세계 역사에 보면 무덤을 숭앙한 애굽의 피라미드를 비롯해 중국 왕의 능들과 러시아, 독일, 영국, 프랑스, 이탈리아 전역에 왕들의 무덤이 있다. 특히 바티칸 성당의 지하에는 수많은 역대 교황들의 무덤들이 있다.

한국에서 왕의 묘를 거대한 능(陵)으로 만들어 놓았거나 부자들이 풍수지리설에 근거한 명당을 만드는 일 등은 충분히 문제가 된다. 그러나 화장 문화가 보급되기 이전에 조상들이 연고지에 따라 매장지를 만들어 보관해 왔던 조상들의 흔적을 가급적 존중하려고 노력하는 것이 후손된 이들이 지킬 예의라고 본다.

아브라함은 예루살렘 남쪽 약 35km, 베들레헴 서쪽 19km 지점에 있는 헤브론 땅 기랏아르바에 있는 막벨라 굴을 은 400세겔(창 23:15)이라는 거금을 주고 산다. 1세겔은 대략 11.5g 정도로 은 400세겔은 약 4,600g의 거금이다. 이 동굴은 사라 그 후에 아브라함, 이삭과 리브가, 레아, 야곱의 매장지가 된다. 이 같은 족장들의 묘지가 지금은 굴 위에 아브라함 대사원 건물이 지어졌고, 내부에는 족장들의 무덤이라고 만들어진 거대한 무덤들이 관광지로 사용되고 있다.

아브라함의 막벨라 굴의 매장지도 후손에 대한 집착의 하나라고 볼 수 있다.

(4) 아브라함의 위대한 점(창 22장)

아브라함 생애 중에서 가장 하이라이트 사건은 창세기 22장의 모리아산 사건일 것이다. 아브라함의 모리아산 사건을 구약의 갈보리(the Cavary)라고 한다. 하나님께서는 아브라함의 모리아산 사건으로 그의 믿음을 시험하셨다. 여기서 아브라함은 그 시험을 무난히 통과함으로 이스라엘 민족의 최초의 조상은 물론 믿음의 조상이라는 지위까지 영구히 얻게 되었다.

모리아산의 시험은 죄인 된 인간과 하나님 사이에는 근본적으로 대속해 주는 희생의 피가 반드시 필요함을 각성시켜 주는 사건이다. 이것은 신약의 예수 그리스도의 구속을 위한 희생의 표를 예표적으로 보여준 사건이다. 하나님은 아브라함의 개인뿐 아니라 영적인 믿음의 후손들에게 하나님을 향한 순수한 신앙과 절대 순종만이 합당한 기본인 것을 보여주게 하셨다.

본 내용에는 사랑하는 아들을 제물로 바쳐야 하는 아비로서의 육적인 사랑과 자식보다 하나님을 더 사랑해야만 하는 영적인 사랑의 갈등과 고뇌 속에서 신앙적인 것이 더 우선되어야 함을 가르쳐 준다.

하나님께서는 그렇게 신앙을 우선시하는 자에게 베풀어 주시는 위대하고 영원한 축복이 무엇인가를 깨우쳐 주셨다. 모든 그리스도인들에게는 이처럼 자기가 죽고 그리스도가 우선되어야 함을 아브라함의 모범을 통해 보여주었다고 할 수 있다.

2. 최초의 인류 문자들

서론

아브라함은 B.C. 2166년부터 B.C. 1991년까지 175세를 살아간 역사적 실존 인물이다. 아브라함은 나이 75세 때인 B.C. 2091년에 하나님으로부터 소명을 받았다(창 12:4). 그러나 하나님의 언약보다 인간적 욕심으로 86세 때인 B.C. 2080년에 서자인 이스마엘을 낳았다(창 16:6). 그리고 아브라함이 99세 때인 B.C. 2067년에 할례를 시행하고 사라가 출산할 것을 예고 받고(창 17:15~22), 서자 이스마엘도 13세 때 할례를 받는다(창 17:25). 아브라함이 100세 때인 B.C. 2066년에 적자인 이삭을 낳는다(창 21:5). 아브라함이 나이 175세 때인 B.C. 1991년에 죽는다(창 25:7). 아브라함의 무덤은 현재 헤브론에 막벨라 대사원으로 남아 있다.

B.C. 2166~1991년까지 아브라함의 175세 생애 전체가 확실한 역사적 사실들로, 모든 사적들이 기록되었다. 동시대에 해당되는 전 세계의 기록들이나 문헌 중에 아브라함만큼 자세한 연대와 사건들이 기록된 유산들이 있는가? 결코 없다. 아브라함 당대에 그 주변국들이 활용했다는 고대의 문자(文字)들만이 유산으로 전해지고 있을 뿐이다.

여기서는 아브라함 때의 세상 유산들인 고대 문자들의 흔적들 내용을 살펴보도록 하겠다.

1) 메소포타미아의 설형문자(楔形文字, Cuneiform Script)

메소포타미아(Mesopotamia)란 그리스어로 '두 강(江) 사이'라는 뜻이다. 여기서 말하는 두 강이란 유프라테스강과 티그리스강을 뜻한다. 이곳 두 강 사이에 고대에 여러 국가들이 발생했다가 사라졌다. 그중에서 고대 메소포타미아 남부에 위치한 수메르(Sumer)가 있었고,

북부에는 고대 바벨론 도시 중 하나인 '아카드'(Accad: 창 10:10의 악갓)가 있었다. 이 둘을 후에 합병한 것이 고대 바벨론이다.

고대 바벨론 초기는 함무라비 왕조 때 세력을 펼쳤으나 그 후는 계속해서 앗시리아로 불리는 앗수르의 지배를 받다가 최후에 신 바벨론에 의해 앗수르 세력은 완전히 제거된다.

메소포타미아의 두 강 사이에는 분명히 수메르인, 앗수르인, 바벨론인들이 살아갔다. 그런데 그들이 살아가면서 어떤 특징 있는 인물에 대한 역사적 자료는 없고, 그 시대의 유산 몇 가지만 남아 있다. 그 몇 가지는 다음과 같다.

① 이곳 주거민들이 공통으로 사용한 설형문자

② 설형문자로 기록된 길가메시 서사시

③ 고대 바벨론의 함무라비 법전

이것들에 대한 설명은 뒤에 개별적으로 살펴보겠다.

여기서는 메소포타미아에서 살아갔던 고대인들의 유산인 설형문자에 대하여 살펴보겠다.

'설형'이란 '문설주 설'(楔)자에 '형상 형'(形)자로 '쐐기문자'라고도 한다. '쐐기'는 물건과 물건의 틈에 물건들이 어긋나거나 물러나지 않도록 끼워넣는 V자 형의 물건을 말한다.

왜 이와 같은 용어가 생겼는가? 메소포타미아에 살아갔던 고대 아브라함 시기의 수메르인들은 글자를 새길 때에 점토판(粘土板: 진흙 판)을 사용했다. 종이가 없던 시대에 진흙을 넓게 펴서 판을 만들고 그 위에다 골필이나 철필로 새기듯이 글자를 썼다. 그 후에 진흙 판이 마르면 점토판이 책 내용이 되었다. 이렇게 쓰인 글자들은 획의 한쪽 끝이 삼각형을 이루는 쐐기 모양으로 보였으므로 이것을 설형문자 또는 쐐기문자라고 하였다.

이 같은 설형문자는 메소포타미아 중 저지대에 살았던 수메르인이나 엘람인이 사용하기 시작해 바빌로니아와 시리아인들이 발전시킨 것으로 추정된다. 이와 같은 설형문자의 유적이 "길가메시 서사시"나 "함무라비 법전"이다. 이들 유적에 대한 설명은 다음 항목에서 따로 살펴보겠다.

여기서 우리는 깊은 관심을 가질 사항이 있다. 왜 아브라함과 동시대의 세상인 수메르나 엘람에는 유적만 있고 아브라함과 같은 역사적 실존 인물에 대한 기록은 없는가? 왜 아브라함은 출생연도와 그의 삶과 생애 중의 각종 내용들이 다 소개되고 있는데 동시대 주변국들에는 유적만 있고 살아간 인물들의 역사는 없는가?

사실을 위주로 과거사를 믿으려고 할 때에 유적뿐인 세상을 무엇이라고 변명할 수 있겠는가? 이것은 성경만이 진실이고, 성경만이 역사적 사실이며, 세상의 유적들은 단지 참고자료에 불과함을 의미한다. 그렇기에 이런 자료들은 성경의 진정성을 더욱 높여주는 증거물이라고 할 수 있다.

2) 이집트의 상형문자(象形文字, Pictograph or hieroglyphic)

여기서 '상형'이란 '코끼리 상'(象)에다 '형상 형'(形)자를 쓴다. 상형문자란 사물의 모양을 그대로 본떠서 그리거나 또는 사물과 관련이 있는 관념을 그림으로 나타낸 문자를 뜻한다.

상형문자 체계는 메소포타미아 영향을 받아 발전시킨 것으로 추측하기도 한다. B.C. 1750년경부터 B.C. 1190년경까지 활동한 구약의 헷 족속[히타이트(Hittites)]의 문자도 상형문자에 들어간다. 그뿐만 아니라 지중해의 크레타(Cretan)섬과 그 주변에서 B.C. 2000년경부터

B.C. 1500년경까지 쓰인 에게 문명의 문자도 상형문자였고, 중국의 한자(漢字)의 원형과 마야 문자도 상형문자 범주에 들어간다.

이들 상형문자들 중 가장 고대적이며 가장 오래 사용된 것이 이집트의 상형문자로, 3,000년 이상 사용되어 오다가 4세기 말부터는 쓰이지 않고 있다. 상형문자들 중 변형된 한자는 지금도 중국, 한국, 일본에서 쓰이고 있다.

이집트에서 사용된 상형문자의 유적으로 1799년에 알렉산드리아 동쪽 약 60km 지점인 나일강 하구의 로제타 마을에서 발견된 '로제타석'(Rosetta Stone)이 있다.

세로 114cm, 가로 72cm, 두께 30cm의 돌에는 3단이 각각 다른 글씨가 새겨져 있다. 상단에 14행의 성각문자(聖刻文字), 중단에 32행의 디모틱(日常用 略字), 하단에 54행의 그리스 문자가 새겨져 있다.

내용은 국왕 프톨레마이오스 5세의 독실한 신앙과 덕행을 신관(神官)이 칭송한 송덕문이다. 이 로제타 석은 현재 대영박물관에 보존되어 있으며, 고대 이집트의 상형문자 근거로 활용되고 있다.

3) 갑골문자(胛骨文字)

'갑골'은 '갑옷 갑'(甲)자에 '뼈 골'(骨)자를 쓴다. 중국의 은(殷)나라 때 거북이 등 껍데기인 귀갑(龜甲) 또는 짐승의 뼈인 수골(獸骨)에 글자를 새긴 것을 갑골문자라고 한다.

귀갑, 수골 글자는 은나라 때(B.C. 1766년경) 점(占)치는 데 사용된 것으로 알려졌다. 고대 중국에서는 거북 등 껍데기에나 짐승의 뼈에다 독특한 문자의 기호를 써 놓고 제사 때나 풍우를 기원할 때, 길흉을

점칠 때, 왕래를 결정할 때, 타국을 방문할 때, 전쟁 여부를 판단할 때, 질병 치료를 구할 때 등에 사용하였다.

이와 같은 드러난 갑골문자 약 3천 자 중에 해독된 것은 800자 정도인데 이것은 은나라 때의 종교, 정치, 사회 구성, 지리, 역법을 연구하는 귀중한 자료가 되고 있다.

이렇게 B.C. 1800년경에 사용된 갑골문자가 B.C. 11세기경에 한(漢)나라가 시작한 한문이 중국의 문자로 바뀐다.

한문(漢文)은 철저한 상형문자이다. 한문의 글자들 모두는 사물의 모양을 본떠서 만든 문자이다. 한문은 중국뿐 아니라 한국, 일본, 베트남 등 동남아 많은 나라들이 도입해서 사용해 왔고, 그 역사가 3,000여 년 이상 계속되었다.

한국은 고유문자가 없던 삼국 시대 이전부터 중국의 한자를 빌려서 써왔다. 그리고 한국인의 언어와 구조와 어법을 맞춘 향찰(鄕札), 이두(吏讀), 구결(口訣)이라는 한자 차용 표기법을 사용해 왔다.

그러다가 1443년 세종대왕께서 집현전의 유림들의 집요한 사대주의적 반대를 무릅쓰고 '훈민정음'(訓民正音)을 창제하셨다. 그러나 절대 다수의 유림을 따르는 국민들은 한글을 언문(諺文), 언서(諺書), 반절(反切), 가갸글, 아랫글, 국문(國文)이라고 경시하고 한문을 고집하며 중국을 대국(大國)으로 숭앙했다.

오늘날의 한글이 널리 사용된 것은 일제강점기 때 주시경(周時經: 1876~1914) 선생이 서재필, 이상재, 이동녕 등과 함께 1896년 독립협회를 조직하면서 한글 보급에 주력하면서부터다. 그의 문하생들이 1922년 최현배, 장지영, 이병기 등이 주축이 되어 '한글 맞춤법 통일안'을 제정했다. 그리고 1928년에 일제 탄압 속에서 '한글날'을 제정했다. 그것이 오늘날 '한글'이 한민족의 언어로 자리를 굳힌 기반이 되었다.

4) 알파벳(Alphabet) 체계

현재 전 세계에서 가장 많이 사용되는 문자는 무엇일까? 혹자는 13억의 중국이나 11억의 인도어로 생각한다. 그러나 중국 내에는 한문을 쓰면서도 소통이 안 되는 국민이 대다수다. 영어는 영국, 미국, 오스트레일리아, 뉴질랜드, 캐나다, 남아공, 필리핀 등이 공용어로 쓰는 5억 인구 외에 전 세계에서 가장 많이 쓰이고 있다.

그렇다면 영어의 기초가 되는 알파벳은 어느 때 만들어졌는가?

그것은 최초에 B.C. 2000~B.C. 1500년경 동지중해 해안지방에 속하는 페니키아인(Phenicia)들이 만든 것으로 추정하고 있다.

페니키아를 성경에는 베니게라고 했다(행 11:19, 15:3, 21:2). 페니키아는 현재 레바논에서 남쪽 이스라엘의 갈멜산 북쪽까지 약 192km에 이르는 해안지역이다. 이곳에 고대에 지중해에서 유입된 해양 민족이 우가리트, 비블로스, 베리투스(현 베이루트), 시돈, 티루스 등 여러 도시 연맹국을 이루고 있었다.

아브라함이 애굽에서 아내로 인해 바로로부터 책망을 듣고(창 12:19) 애굽에서 옮긴 곳이 가데스와 술 사이의 그랄이었다(창 20:1). 이때의 그랄이 블레셋 도시들 중 한 곳이었다.

블레셋이 아스돗, 가사, 아스글론, 가드, 에그론(수 13:3; 삼상 6:17) 도시국가로 건재할 때 여호수아는 아셀 지파에게 할당해 주었으나 아셀 지파는 정복하지 못하고 다윗, 솔로몬 때까지 계속 이어졌다. 블레셋은 앗수르 때에야(B.C. 722~705) 멸망당한다. 오늘의 팔레스타인이란 호칭은 블레셋에서 비롯되었다고 한다.

성경에 블레셋 그 이전에는 페니키아로 불리던 동지중해의 해상 민족이 지중해를 중심으로 이익 추구를 위한 수단으로 페니키아 문자를 발명해서 사용했다는 것이다.

페니키아의 처음 문자는 자음 22개만 사용했다. 자음(子音)만 사용되던 페니키아의 문자는 아라비아어, 헤브라이어, 인도어, 베트남어, 아프리카어로 번져갔다. 그리고 페니키아의 자음과 모음(母音)이 함께 발전되어 간 것이 그리스어와 슬라브계 계통의 문자들이다.

그리스어 문자를 차용한 이탈리아의 라틴어는 서유럽의 여러 언어들인 독일어, 영어, 프랑스어, 스페인어로 발전하고, 슬라브계 문자는 러시아어, 불가리아어, 세르보 크로아트어로 발전한다.

이들 문자들의 발전에 따라 최초의 페니키아 문자는 22개였으나

그리스 문자는 24개로, 영어는 26개로, 러시아는 33개로 문자의 수가 발전된다.

결론

아브라함은 B.C. 2000년경 역사 속에 뚜렷하게 살아간 실존 인물이다. B.C. 2000년경 메소포타미아, 이집트, 인더스, 중국과 지중해에 다양한 인간들이 살아갔다. 그러나 아브라함과 동시대에 살아간 사람들 중에 역사적 실존 인물로 알려진 사람은 아무도 없다. 단지 그 시대 사람들이 사용했다는 다양한 문자들만 남아 있을 뿐이다.

아브라함의 믿음의 유산은 옛날이나 지금이나 동일하다. 그러나 아브라함 시대의 세상 사람들의 문자들은 각각 다르게 발전해 오면서 그 주장과 뜻이 각양각색으로 분산되어 전승되고 있다.

과연 진리는 어디에 있는가? 진리는 세월이 흘러도 변하지 않고 한결같은 성경 속에 담겨 있는 것이다.

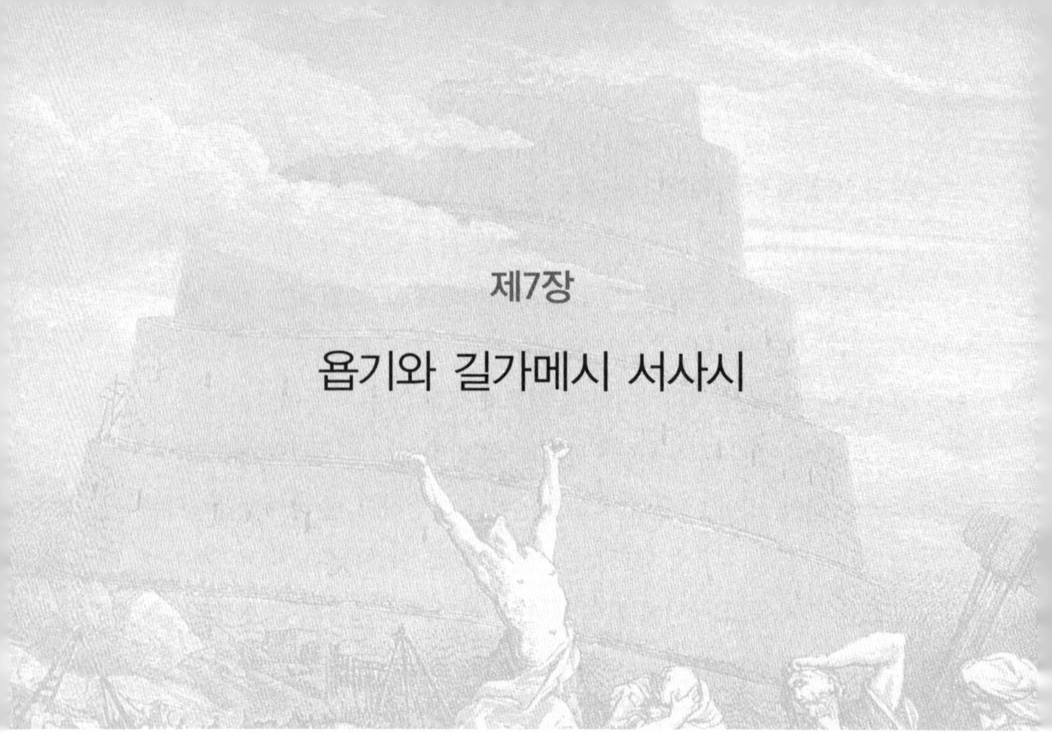

제7장

욥기와 길가메시 서사시

서론

앞서 전장에서는 B.C. 2000년경 역사적 사실에 근거한 아브라함의 생애와 그에 반하여 동시대의 세상 인물에 대해서는 내용은 없고 역사 유물로 추정되는 다양한 문자들만 남아 있으므로 그 문자들의 역사를 살펴보았다.

여기서도 아브라함과 거의 동시대인으로 추정되는 '욥'에 대해 살펴보고, 욥과 동시대의 유물로 알려진 메소포타미아의 "길가메시 서사시"의 내용과 비교해 보겠다.

이렇게 동시대의 인물과 유적을 비교해 봄으로써 세상 사람들이 추앙해 마지않는 인간들의 유적들이란 결코 인간의 지식과 경험을 뛰어넘는 성경을 능가할 수 없음을 깨닫게 될 것이다.

1. 욥기의 특징(욥기에 대한 다양한 견해들)

욥기는 어느 때, 누가, 무슨 동기로 기록했는가? 이에 대해서는 다양한 의견들이 있다. 어떤 이는 욥기의 내용을 근거로 B.C. 2000~1800년대 족장시대에 무명의 저자라고 추정하고, 어떤 이는 욥기의 성격이 B.C. 900년경 지혜문학이 왕성했던 솔로몬 시대의 작품이라 하고, 어떤 이는 욥기 전체의 흐름이 고난을 주제로 삼은 것을 근거로 B.C. 605~535년 70년의 바벨론 포로기 때의 무명의 신앙인을 말하기도 한다.

다양한 의견들이 있을 수 있다. 아직까지 어느 의견도 옳다고 인정되지 않는, 알 수 없는 책이다. 그러나 욥기에 기록된 내용을 근거로 아브라함과 동시대인 욥의 기록일 것이라는 의견이 압도적인 다수 의견이다. 다수의 의견을 따라 욥기를 살펴보자.

1) 욥기의 내용적 특징

(1) 욥기에 쓰인 하나님에 대한 호칭

자유주의 신학자는 모세 5경은 모세 한 사람의 단일 저작이 아니라 최소한 4가지 문서인 J. E. D. P의 4문서들이 후대에 편집되었다는 소위 '문서 편집설'(Documentary hypothesis)을 주장한다. 필자는 그 같은 가설을 믿지 않는다.

족장시대에 족장들이 하나님을 '전능자'라고 불렀던 호칭이 모세오경에 많이 나타난다(창 17:1, 28:3, 35:11, 43:14, 48:3, 49:25; 출 6:3 등). 이와 같은 '전능자'란 '샷다이'(שדי)이다. 그런데 동일한 호칭이 욥기에도 약 30회가량 쓰였다(욥 5:17, 8:5, 11:7, 15:25, 22:17, 25, 23:16, 27:2, 11, 13, 32:8,

34:10, 12, 35:13, 37:23 등).

이렇게 족장시대의 족장들이 하나님을 '전능자'라고 불렀던 그 호칭이 욥기에서도 반복되고 있다.

족장시대에도 하나님을 '여호와'라고 불렀다. 창세기에 '하나님' 호칭이 많이 있으나 출애굽기 이후 율법 수여 후에는 '여호와'라는 호칭이 압도적인 다수로 쓰이고 있다. 그래서 율법이 주어진 이후에 압도적으로 쓰인 '여호와'에 비해 비교적 족장시대에 많이 쓰인 '샷다이' 호칭이 욥기에 많이 쓰인 점을 볼 때 욥기를 족장시대 작품으로 추측해 볼 수 있다.

(2) 욥기에 이스라엘 민족과 율법에 관한 내용과 언급이 없는 점

율법은 B.C. 1500년 이후 모세에 의해 기록되었다. 그리고 모세 5경 속에는 이스라엘 민족과 율법에 관한 내용으로 가득 차 있다. 그러나 욥기에는 이스라엘 민족이나 율법에 관한 언급이 거의 없다. 이것은 욥기 저자가 이스라엘 민족이 형성되기 이전 족장시대 인물이거나 또는 율법이 주어지기 이전의 인물임을 의미한다.

또 율법에는 가나안 땅에 대한 기대와 희망이 가득 차 있다. 그러나 욥기에는 가나안 땅에 대한 기대가 없다. 이 같은 내용적 차이가 욥기를 초기의 족장시대 작품으로 추정하게 한다.

(3) 족장시대의 관습이 욥기에 반영된 점

창세기 15장 9~17절에는 초기의 족장인 아브라함이 번제를 드린다. 이처럼 욥도 가장이면서 번제를 드린다(욥 1:5). 그러나 모세시대 이후에는 제사장만이 번제를 드리는 고유 권한이 부여된다(출 29장 이후).

또 초기 족장시대의 재산에는 가축이 포함되었다(창 13:5~7, 21:27~30, 26:12~22). 욥기에도 가축 수효가 재산으로 설명되고 있다(욥 1:3).

이런 관습의 유사성이 욥기가 초기 족장시대 저작이라는 추정을 가능케 해준다.

(4) 아브라함과 욥의 비슷한 수명

아브라함은 175년을 살았다(창 25:7). 욥은 아들 일곱과 딸 셋을 낳은(욥 1:2) 상당한 나이 때에 재앙을 당했다. 그런데 욥은 재앙 후에 140년을 더 살았다(욥 42:16). 이것을 감안한다면 욥도 아브라함 이상으로 장수한 자로 추정된다.

이와 같은 내용들을 근거로 욥은 아브라함과 동시대인 B.C. 2000년경 인물이며, 그 시대의 기록이라고 말할 수 있을 것 같다.

2) 욥기는 누가 기록했을까?

욥기 저자에 대한 견해도 다양하다. 욥기의 내용들을 보면 B.C. 2000년경 아브라함 시대 때의 내용들이 주종을 이룬다는 사실을 인정한다. 그렇다고 할지라도 욥기를 기록한 사람은 아브라함 시대가 아닌 훨씬 후대인이 과거를 소재로 기록할 수 있다는 보편적 문학 형식을 참고한다면 후대인의 기록일 것이라는 추정에 무리가 없다.

후대인 중에서 가장 많이 제기되는 인물이 솔로몬이다. B.C. 900년경 생존했던 솔로몬은 B.C. 1000년경 고대 근동에 유행했던 문학 형식의 저서들을 남겼다.

솔로몬의 저작으로 알려진 잠언, 전도서, 아가서들은 지혜문학서들이다.

욥기에는 주요 인물 6명이 등장한다. ① 핍박받는 욥, ② 그를 비웃는 아내, ③ 데만 사람 엘리바스(세 친구 중 가장 나이 많은 연장자), ④ 수아 사람 빌닷, ⑤ 나아만 사람 소발, ⑥ 부스 사람 엘리후가 등장한다.

이들이 서로 자기 의견을 제시하고 반론하는 논쟁 형식으로 욥기서 전체가 구성되어 있다. 이렇게 대화체의 형식을 갖춘 저작은 B.C. 1천 년경 고대 근동에서 유행한 문학 형식이었다는 것이다. 이와 같은 문학 형식의 작품들이 잠언과 전도서이다. 따라서 욥기도 솔로몬이 과거 B.C. 2천 년경의 욥을 소재로 저술했을 것이라고 추정하는 견해가 있다.

그러나 이 같은 주장은 욥기의 내용과 솔로몬의 정신이 너무도 부합되지 않는 분명한 한계점이 있다.

솔로몬은 초기에 열렬한 율법주의자였고, 이스라엘의 민족주의자였다. 그런 인물이 국가 체제를 유지하기 위해 전략적으로 많은 이방 여인들과 결혼을 한다. 그리고 이방 여인들은 자기들 모국의 신상들을 가지고 들어온다. 각종 이방 신들을 섬기는 첩들의 요구를 들어줘야만 하는 솔로몬의 후반기는 하나님으로부터 심한 책망과 경고를 거듭 받는다(왕상 11:1~13). 솔로몬의 후기 인생은 하나님과 무관한 타락자였다.

그 같은 솔로몬이 잠언, 전도서, 아가서 저자라는 것도 못마땅한 사실인데, 그 솔로몬이 욥기까지 기록했다는 추측은 지나친 억측으로 도외시되고 있다.

그렇다면 욥기의 저자는 누구일까? 그것은 욥기에 기록된 지역 이름들을 근거로 고대의 지명들을 통해서 저자가 어느 지역 출신인가를 추측해 볼 수 있다.

욥기 전체에는 약 다섯 곳의 특별한 지명들이 소개되고 있다.

① 욥기 1장 1절에 "우스 땅에 욥이라 불리는 사람"이 소개된다.

여기서 말하는 '우스'(עוץ)는 창세기 22장 20절에 아브라함의 동생 나홀의 맏아들로 소개되고, 창세기 10장 23절에는 아람의 아들로 소개되는 인명이다.

그런데 욥기 1장 1절과 예레미야 25장 20절과 예레미야애가 4장 21절에는 지명으로 소개된다. 그러나 그곳이 어느 지명인지는 알 수가 없다.

학자들은 몇 가지로 추측을 한다. 어떤 이는 가나안 북동부의 '바산' 지역으로, 어떤 이는 사해 남쪽에 위치한 '에돔' 지역으로, 어떤 이는 아라비아 북부 지역으로 추측을 한다. 이들 추측 중에서 가장 우세한 것이 아라비아 사막 북부 지역일 것이라는 견해다.

이와 같은 추측을 뒷받침해 주는 근거는 이곳에 살고 있는 욥이 재앙을 당했을 때 욥을 찾아온 친구들이 모두 동방인들로 여겨지기 때문이다.

② 욥기 4장 1절에 "데만 사람 엘리바스"가 소개된다.

구약성경에 '데만'에 대한 기록이 몇 곳 나온다. 창세기 36장 11절에 에돔의 손자 중에 '데만'이 인명으로 나온다(창 36:15, 42). 또 성경 몇 곳에는 '데만'이 에돔의 북부지역으로 소개된다(렘 49:7; 겔 25:13; 암 1:12; 합 3:3).

이 같은 기록에 의하면 '데만'은 아브라함의 조카인 롯의 후손들인 에돔인들이 살던 지역으로 추측된다.

③ 욥기 8장 1절에는 "수아 사람 빌닷"이 소개된다.

'수아'(שוח)는 인명으로 또는 지명으로 소개된다. 인명으로 창세기

25장 2절과 역대상 1장 32절에 아브라함의 후처인 그두라의 아들 수아, 창세기 38장 2절에 유다의 아내인 가나안 여인 수아, 역대상 7장 32절에 아셀 지파 헤벨의 딸 수아 등 인명으로 쓰인 '수아'가 있다. 그런데 욥기에는 '수아'가 지명으로 소개된다(욥 2:11, 8:1, 18:1, 25:1, 42:9 등).

여기서 말하는 '수아'가 어느 곳인지 알 수가 없다. 다만 수아 사람 빌닷이 욥과 가까운 친구였으므로 욥과 가까운 지역일 것으로 추측할 따름이다.

④ 욥기 11장 1절에는 "나아마 사람 소발"이 소개된다.

'나아마'(נעמה)에 대해서도 인명과 지명이 소개된다. 창세기 4장 22절에 두발가인의 누이인 나아마, 열왕기상 14장 21절에 르호보암 왕의 어머니 나아마는 암몬 여인이었다(대하 12:13). 그런데 욥기에는 '나아마'가 지명으로 소개되고 있다(욥 2:11, 11:1, 20:1, 42:9).

⑤ 욥기 32장 2절에는 "람 종족 부스 사람 엘리후"가 소개된다.

'람'(רם)은 룻기 4장 19절, 역대상 2장 9절, 마태복음 1장 3절 등에 다윗의 조상 중 한 사람으로 소개된다.

'부스'에 관해서는 창세기 22장 21절에 아브라함의 동생 나홀의 둘째 아들 이름으로 기록되었고, 예레미야 25장 23절에는 부스가 주민으로 소개되고 있다.

그렇기에 '부스 사람'이란 나홀의 둘째 아들 부스의 후손들이 북아라비아 지방에서 부족을 형성한 것으로 추정할 수 있다.

욥기에는 여러 지명들이 소개된다. 욥의 출신지인 우스 땅(1:1),

욥의 친구인 데만 사람 엘리바스(4:1), 수아 사람 빌닷(8:1), 나아만 사람 소발(11:1), 부스 사람 엘리후(32:2) 등이다. 이들 지역들을 지금으로서는 알 수가 없다.

그러나 이들 지역은 욥기 저자가 익히 잘 알고 있는 동방 세계의 지역명들이었다. 그렇기에 후세인들은 그 지역명을 알 수 없으나 욥기의 저자는 아브라함 시대의 풍습과 지리에 익숙한 신앙인임에 틀림이 없다. 그렇기에 욥기 저자는 아브라함과 동시대인 B.C. 2000년경의 인물로 추정할 수 있다.

3) 욥기에 대한 잘못된 이해

욥기에 대한 잘못된 이해 두 가지만 살펴보겠다.

(1) 욥기를 고난과 시련을 극복하는 자에 대한 축복의 보상서로 오해

이 같은 이해는 욥기의 서론인 1장과 끝장인 42장의 내용을 근거로 고난 후의 축복을 설명한다. 그러나 이 같은 이해는 기복신앙에 의한 편향적, 주관적, 본문 내용을 무시한 잘못된 이해이다. 욥기의 의도나 내용과 신학과 전혀 무관한 왜곡된 이해이다.

(2) 욥기 8장 1~7절에 대한 왜곡된 이해

욥기 8장은 욥의 친구들 중에서 가장 공격적이고 논쟁적인 빌닷이 욥에게 정죄를 전제로 한 회개와 축복을 주장하는 부분이다. 빌닷은 8장 1~7절에서 하나님의 공의에는 오류가 없으니 욥의 고난은 고난을 받을 만한 원인에 따른 결과라는 인과응보론적 논리를 전개한다. 그리고 8장 8~22절에도 전통과 자연의 법칙은 잘못된 원인이 잘못된 결과를 가져올 뿐이라는 역시 인과응보의 패망을 주장한다.

여기 욥기 8장 전체는 '인과응보'라는 세상 일반인의 통념을 말한다. 인과응보가 과학적이고, 일반적이고, 상식적인 논리인 것은 맞다. 하나님의 공의의 속성에 의해 종말에는 인과응보의 결과가 따른다는 사실에도 원론적으로 이 말이 맞다. 그러나 하나님께서는 원인이 전혀 없는데도 결과를 만드신다. 그 대표적 사례가 독생자 예수 그리스도의 죽음이다. 세상에서 신앙인으로 살아가려면 원인 없는 결과에도 감사할 수 있어야 한다.

그런데 욥기 8장 전체의 사상을 이해하지 않고, 욥기 8장 7절 "네 시작은 미약하였으나 네 나중은 심히 창대하리라" 한 구절만 가지고 기복신앙에 의해, 이 구절이 영적 회복이라는 교훈이 아닌 물질적 회복으로 본문의 내용을 왜곡하는 경우가 있다. 기복신앙자들은 본문에서 '욥이 당한 물질적 손실에 대한 회복의 약속'이라는 전혀 다른 주장을 한다. 그러나 빌닷이 주장한 핵심적 강조는 영적 회개가 없는 작은 시작은 결과가 엄청난 창대로 비약될 것을 말한다.

여기서 '미약하였으나'는 '웨하야 레쉬테카 미츠아르'(והיה אשיתך מצער)이다. 이것은 욥의 현 상태를 의미한다. 그는 물질적으로뿐 아니라 영적으로도 미약해졌다.

반면에 '창대하리라'는 '이스께'(ישגה)다. '이스께'의 원형 '사가'(שגה)는 국가가 크게 성장하는 것과 인간들이 하나님의 사역을 찬양함으로써 크게 영광을 확대한다는 영적인 의미이다. 이것을 물질적 회복으로 해석한 것은 본문에 대한 완전한 왜곡이다. 이 같은 왜곡이 기복신앙자들에게 통용되고 있는 것은 매우 개탄스러운 일이다.

4) 욥기의 교훈

욥기에 강조되는 교훈은 무엇일까? 욥기가 고난과 시련을 극복하면 훗날 축복이 온다는 결과론적 교훈을 주는 것이 아니라면 욥기 저자는 무엇을 주장하고 있는가? 여기서 욥기 전체를 관통하고 있는 주된 교훈을 살펴보자.

⑴ 욥기는 세상의 상식인 인과율을 뛰어넘는 진리의 책이다.

흔히 전도서가 인생의 궁극적 문제인 '인생의 허무'를 다루는 허무주의에 대한 해답서이고, 욥기는 인생의 고난의 문제를 다루는 고난에 대한 해답서라는 이해를 하는 경향이 있다. 물론 전도서나 욥기에 그 같은 문제가 커다란 주제를 이루고 있는 것은 사실로 느껴진다.

욥기의 경우 당대 최고의 현자(賢者)들이라는 욥의 네 친구들은 하나님을 이해하고 있다. 그들은 절대자(絕對者) 하나님을 이해하고 강조하고 있으나 현세적이고 기계적인 상대자(相對者)로 하나님을 이해하고 있을 뿐이다. 그 대표적 주장은 인과율(因果律: Law of Causality)이라는 사상 속에 갇혀 있다.

욥기 전체에는 인과응보(因果應報) 사상이 가득 차 있다. 그 사례 몇 곳을 살펴보자.

4:7~8 "죄 없이 망한 자가 누구인가…악을 밭 갈고 독을 뿌리는 자는 그대로 거두나니"

4:18 "하나님은 그의 종이라도 그대로 믿지 아니하시며 그의 천사라도 미련하다 하시나니"

5:6 "재난은 티끌에서 일어나는 것이 아니며 고생은 흙에서 나는 것이

아니니라"

8:4 "네 자녀들이 주께 죄를 지었으므로 주께서 그들을 그 죄에 버려 두셨나니"

11:14 "네 손에 죄악이 있거든 멀리 버리라 불의가 네 장막에 있지 못하게 하라"

15:16 "악을 저지르기를 물 마심같이 하는 가증하고 부패한 사람을 용납하시겠느냐"

18:21 "참으로 불의한 자의 집이 이러하고 하나님을 알지 못하는 자의 처소도 이러하니라"

22:7, 10 "목마른 자에게 물을 마시게 하지 아니하며 주린 자에게 음식을 주지 아니하였구나…그러므로 올무들이 너를 둘러 있고 두려움이 갑자기 너를 엄습하며"

24:19 "가뭄과 더위가 눈 녹은 물을 곧 빼앗나니 스올이 범죄자에게도 그와 같이 하느니라"

34:11 "사람의 행위를 따라 갚으나 각각 그의 행위대로 받게 하시나니"

37:17 "땅이 고요할 때에 남풍으로 말미암아 그대의 의복이 따뜻한 까닭을 그대가 아느냐"

이렇게 욥기 전체에는 원인이 있어야 결과가 있다는 인과율(因果律) 사상이 흐르고 있다. 그런데 욥은 그와 같은 현자 친구들의 설명에 설복당하지 않는다. 욥은 오히려 23장 10절에 "내가 가는 길을 그가 아시나니 그가 나를 단련하신 후에는 내가 순금같이 되어 나오리라"고 하나님의 섭리적 결과를 믿는다.

여기서 우리가 깨달을 진리가 있다. 우리가 알고 있는 바 이 세상의 종교나 과학이라는 학문은 모두 다 인과율이라는 기초 위에 성립되어 있다. 불교는 사람이 가진 생각, 말, 행위가 원인이 되어 그 결과들로 각종 업(業)들을 만들어 낸다고 믿는다. 현재의 내 운명과 결과는 조상, 국가, 사회, 시대, 나의 노력 정도 등등 수많은 원인들이 연기(緣起) 상태를 이루어 오늘의 결과를 가져왔다는 것이다. 불교의 핵심 교리는 철저한 인과율이다. 그에 뒤따라 '인과응보' 사상도 계속된다.

또 과학이라는 학문도 그렇다. '과학'(科學), 즉 science는 라틴어 Scire에서 유래된 말로, '아는 지식'이란 뜻이다. 이것이 누구나 체험할 수 있고 증명되는 것을 '자연과학'이라 하고, 철학, 종교, 사회, 예술 등 이론적, 추상적 사고에 의한 것을 '사회과학'이라 한다. '자연과학'에서는 철저하게 원인과 결과가 합리적으로 맞아야만 한다. 이 같은 자연과학자들은 증명이 안 되는 철학, 종교, 인문학을 경시하는 경향이 있다. 이렇게 불교나 자연과학들은 '인과율'을 세상 만물의 척도로 생각한다.

욥기의 많은 내용에도 인과율적 사고로 욥을 설득하려고 한다. 그런데 욥은 설복당하지 않는다. 왜 그럴까? 욥이 믿는 하나님은 인과율에 예속되는 인간적 범주를 뛰어넘는 분이시기 때문이다.

우리는 성경에서 인과율을 뛰어넘는 하나님만의 독특한 면을 수없이 발견한다. 성경에서 인과율을 뛰어넘는 진리들을 보자.

① 창조신앙

창세기 1~2장에 기록된 창조신앙은 원인이 없는데도 결과를 만드신 하나님의 특성을 설명하고 있다. 과학자들은 창조신앙을 믿지 못하기에 폭발론, 진화론 가설로 설명을 하지만 그 같은 가설 자체가 누구나 체험할 수 있는 것이 아니고, 누구도 증명해 볼 수 없는 거짓 이론이다. 그러나 성경은 원인 없는 결과인 창조신앙을 제시한다.

② 아브라함이 모리아산 위에서 이삭을 번제로 드린 사건(창 22장)

이삭은 번제로 희생될 만한 원인이 없었다. 그러나 아브라함은 원인 없는 결과를 실천하려고 했다. 이 사건은 인과율로는 설명될 수 없고 신앙적 진리로만 이해된다.

③ 모세 율법에 의한 희생 제물들

모세는 사람이 지은 죄를 용서받는 방법으로 5대 제사제도를 만들었다. 제사에서의 제물들 중 짐승들은 인간의 죄를 대신하여 희생을 당하였다. 이때의 희생 제물들은 원인 없는 결과들을 당해야 했다.

④ 예수 그리스도의 십자가의 대속의 죽음

예수 그리스도는 십자가에서 죽으셔야 하는 원인이 없었다. 그런데도 만 인류의 죄를 대속하시려고 스스로 죽음의 결과를 택하셨다. 인과율의 인간 기준을 완전히 부정한 사건이었다.

⑤ 성령님의 강림하심

사도행전 2장의 오순절 성령 강림 사건은 성삼위 하나님의 영이 죄인인 인간들 속에 내주하시는 첫 출발이었다. 하나님의 영이 죄인들 속에 임해 오시는 성령님의 내재 사건은 죄 많은 인간에게 최대, 최상, 최고의 은총이다. 그와 같은 최대의 은총은 원인이 없는 결과이다.

욥기는 당시 최고의 지성으로 알려진 당대 최고의 현자들이 지닌 '인과율'의 상식이 하나님의 세계에서는 통하지 않는다는 진리를 최초로 깨우쳐 주고 있다. 성경은 인과율로 종교를 만든 불교나 자연과학자들의 오만한 주장에 대해 이미 B.C. 2000년경 욥기를 통해서 이 진리를 선포하고 있다.

(2) 하나님의 절대 주권과 섭리 신앙

욥기 전체에서는 하나님의 절대 주권에 의한 결과들에 대하여 인간은 단지 하나님의 섭리에 순복해야 함을 강조하고 있다.

욥기 5장 17~27절에는 "하나님께 징계 받는 자에게 복이 있나니… 하나님은 아프게 하시다가 싸매시며…너는 멸망과 기근을 비웃으며…두려워하지 말라…너는 들어보라 그러면 네가 알리라"라고 말한다.

욥기 11장 7~11절에도 "네가 하나님의 오묘함을 어찌 능히 측량하며 전능자를 어찌 능히 완전히 알겠느냐 하늘보다 높으시니…네가 어찌 알겠느냐…하나님은…악한 일은 상관하지 않으시는 듯하나 다 보시느니라"라고 말한다.

욥기 13장 8~13절에도 "너희가 하나님의 낯을 따르려느냐 그를 위하여 변론하려느냐…너희는 잠잠하고 나를 버려두어 말하게 하라 무슨 일이 닥치든지 내가 당하리라"고 말한다.

욥기 14장 7~10절에도 "나무는 희망이 있나니 찍힐지라도 다시 움이 나서 연한 가지가 끊이지 아니하며…장정이라도 죽으면 소멸되나니 인생이 숨을 거두면 그가 어디 있느냐"라고 말한다.

욥기 24장 1~12절 내용이나 36장 5~16절 내용 등, 욥기 전체에는 하나님의 절대 주권에 대한 강한 신념과 하나님의 뜻을 인간들이 헤아릴 수 없는 신비함을 강력하게 주장한다.

욥은 아들 딸 10남매를 하루에 다 잃어버렸다. 그는 또 양이 7천,

낙타가 3천, 소가 500겨리, 암나귀가 500마리나 되던 막대한 재산을 하루에 다 잃어버렸다. 그러나 욥은 "주신 이도 여호와시요 거두신 이도 여호와시오니 여호와 이름이 찬송을 받으실지니이다"라고 하나님을 원망하지 않았다(욥 1:21).

10남매를 낳아 함께 키운, 수십 년을 같이 산 아내마저도 하나님께 등을 돌렸다(욥 2:9). 거기에다 친구들이 위문을 하러 왔다면서 위문은커녕 공박을 계속했다. 이 모든 고난과 역경을 이길 힘이 무엇인가?

욥은 인간들의 형이하학(形而下學)적인 논란들에 대꾸하다가 지친 끝에 욥기 38~41장에 하나님께서 주시는 형이상학(形而上學)에 관련된 하나님의 말씀에서 해답을 얻는다.

욥기에 크게 감동받은 선지자가 있다. 그는 '구약의 도마'라는 별명이 붙은 하박국이다. 남왕국 유다의 선한 왕 요시아 왕이 므깃도 전투에서 전사당한 후(B.C. 609) 그의 아들 사악한 왕 여호야김 통치 때(B.C. 609~597) 유다가 사악한 바벨론에 의해 2차에 걸쳐 포로로 잡혀갔다.

하박국은 거룩하신 하나님이 어떻게 사악한 바벨론에 의해 거룩한 선민들이 약탈을 당하게 하시는가 이해할 수 없었다. 그래서 '어찌하여'와 '어느 때까지'인가를 계속 질문한다.

그렇게 눈에 보이는 현실로는 암울한 의심으로 가득 차 있던 하박국이 눈에 보이지 않는 형이상학적 믿음으로 문제를 해결 받는다. 하박국이 해답을 얻은 내용이 욥기 38~41장일 것으로 추측된다.

오늘 우리도 눈에 보이는 형이하학적 문제들을 인간적 개념으로 이해하려면 해답을 얻지 못한다. '보이지 않는 것들의 증거인 믿음'(히 11:1)의 눈으로 세상의 문제들을 볼 수 있을 때 해답을 찾을 수 있음을 깨우쳐 준다.

(3) 천지 창조 때의 신비한 내용 소개

욥기 38~41장 내용은 창세기 1~2장에 기록된 창조신앙의 내용을 보다 더 확실하게 밝혀주고 있다. 이 부분의 내용을 제대로만 확실하게 인식한다면 창조신앙이 더욱더 확고해질 것이다.

이 중에서 특히 기억할 내용들이 있다.

욥기 38장 4절에 "내가 땅의 기초를 놓을 때에"라는 표현이 있다. 이 말은 '뻬야쎄디 아레츠'(ביסדי ארץ)다. '뻬야쎄디'의 원형 '야싸드'(יסד)는 '기초를 놓다, 건립하다, 계획을 짜다'는 뜻이다. 이 말씀은 '하나님께서 천지 창조 때 땅의 기초를 계획할 때'라는 뜻이다.

하나님께서는 땅의 기초를 수립할 때 욥은 존재하지도 않았다. 욥뿐만 아니라 오늘날 하나님을 부정하고 신의 죽음을 외치는 어리석은 모든 존재들은 하나님께서 땅을 만드실 때 존재하지도 않았다. 그러면서도 고난의 이유나 인생의 문제들에 대해서 제멋대로 왈가왈부한다. 말이 성립되지 않는 사실이다.

욥기 38장 5절에 "누가 그것의 도량법을 정하였는지, 누가 그 줄을 그것의 위에 띄웠는지 네가 아느냐"라는 표현이 있다.

앞서 4절은 천지 창조의 시점과 관련된 질문이었다. 여기 5절은 창조 당시의 활동에 대한 상황들을 구체적으로 질문한다. '도량법'의 '메맛데하'(ממדיה)는 '치수, 측량, 척도'라는 뜻이다. 또 '그 줄'은 '카우'(קו)로 평면을 헤아리기 위하여 치는 먹줄을 뜻한다.

천지 창조의 활동은 하나님만의 스스로의 활동에 의한 것이며, 그 때의 활동은 한 치의 오차도 없이 정확하게 진행되었음을 의미한다.

욥기 38장 6절에 '주추'와 '모퉁잇돌'을 말한다. 주추(柱㞑)는 기둥 밑에 괴는 돌멩이 따위를 말하고, 모퉁잇돌은 주춧돌이라는 의미와 건축의 종료를 나타내는 두 가지 의미가 있다.

욥기 38장 7절에 "그때에 새벽 별들이 기뻐 노래하며"라는 표현이 있다. 하나님께서 천지 창조의 기초를 닦으실 그때에 새벽 별들이 노래했다. '새벽 별'은 '코케베 보케르'(כוכבי בקר)다. 이때의 새벽별은 새벽에 빛을 발하는 금성(金星)이거나 겨울에 밝게 빛나는 오리온 자리로 볼 수 있다.

또 '하나님의 아들들'인 '뻬네 엘로힘'(בני אלהים)을 말한다.

여기서 말하는 '하나님의 아들들'이 누구인가? 그것은 천사(angel)라고 할 수 있다. 천사는 하나님의 창조품이다(시 148:2~5; 골 1:16). 그런데 그 천사는 인간보다 먼저 창조되었음이 본 욥기 38장 7절에 암시되고 있다.

또 욥기 38장 31~33절 내용은 매우 귀중한 내용이다.

"네가 묘성을 매어 묶을 수 있으며"에서 '묘성'은 '키마'(כימה)로, 여러 개의 별이 모여 만들어진 별자리로 북두칠성이거나 큰 개 자리의 으뜸가는 시리우스(Sirius) 성(星) 자리로 보기도 한다.

이들 별자리는 계절에 따라 자리를 이동한다. 그런데 '네가 묘성의 별자리들을 움직이지 못하도록 묶어둘 수 있느냐?' 못한다는 반어적 강조법 표현이다.

또 "삼성의 띠를 풀 수 있겠느냐"라고 했는데 '삼성'은 '케씰'(כסיל)로 오리온자리에 있는 별들을 가리킨다. 오리온(Orion) 별자리는 하늘의 양측에 걸쳐 있는 별자리로, 겨울에 가장 똑똑하게 보인다.

오리온 별자리는 흩어진 빛들이 둥글게 퍼져 있는데 망원경으로 보면 큰 물고기가 입을 벌리고 있는 형상을 이루고 있다. 하나님은 욥에게 전형적인 모양을 갖추고 있는 오리온 자리의 별들의 끌고 당기는 힘을 깨뜨려 그 모양을 변하게 할 수 있느냐고 물으신다.

하나님은 하늘 위에 저절로 떠 있는 것 같은 별자리들의 자리 이

동 하나도 제대로 못하는 연약한 인간 존재라는 뜻으로 이 같은 표현을 하고 있다. 실로 인간이 만물의 영장으로 무한한 능력을 소유한 양 착각하지만 하늘의 별자리 하나도 변형시킬 수 없는 연약한 존재이다.

여기 욥기 38장 곳곳에는 창조의 위대한 신비들이 소개되어 있다.

2. 길가메시 서사시

"길가메시 서사시"(Gilgamesh Epoth)는 세상에 알려진 지 170여 년밖에 되지 않는다. 그래서 일반적으로 많이 알려져 있지 않다. 그런데 이것이 B.C. 2000년경 아브라함과 동시대의 수메르나 바빌로니아 여러 민족들에게는 널리 알려진 영웅으로 소개되고 있다. 이 내용을 좀 더 자세히 알아보자.

1) 고대 앗수르의 유적에 관한 관심

앗수르는 구약성경에 매우 오랫동안 기록되어 있다. 창세기 2장 14절의 에덴동산의 셋째 강인 힛데겔이 앗수르 동쪽으로 흘렀다고 했다. 창세기 10장 8~12절에는 함의 아들 구스가 니므롯(Nimrod)을 낳았다. 니므롯은 용감한 사냥꾼이며 용사였다. 그가 훗날 메소포타미아라고 불리는 시날 땅으로 진출했다. 니므롯은 시날 땅에다 바벨, 에렉, 악갓, 갈레라는 성읍들을 만들고, 거기서 또 북진하여 앗수르에 니느웨, 로호보딜, 갈라, 레센이라는 큰 성읍들도 만들었다고 했다.

이렇게 보면 니므롯이 남쪽에는 바벨론의 전신인 바벨 성읍을 만들고, 또 북쪽에는 앗수르의 수도 니느웨를 건설한 메소포타미아 전역의 지배자였다. 결국 메소포타미아 지역에는 북쪽에 티그리스강을 중심한 앗수르가 시작되고, 남쪽에는 유프라테스강을 중심한 수메르가 바벨론으로 발전한다. 이 두 나라는 한 조상의 두 나라로 발전한다.

두 나라 중 B.C. 18세기경 고대 바벨론의 함무라비 왕조 때 메소포타미아의 지배자가 된다. 후대에 B.C. 10세기부터 8세기에 이르기까지는 앗수르가 바벨론을 지배하고, 또 북왕국 이스라엘을 멸망시키고(B.C. 722), 남왕국 유다도 공격한다(왕하 18장).

그런데 B.C. 7세기 때 신 바벨론 제국이 등장한다. 신 바벨론 제국의 나보폴라살(Nabopolassar: B.C. 626~605)이 바벨론을 지배하는 앗수르 제국을 B.C. 612년에 멸망시킨다(습 2:13~15). 이때 나보폴라살은 과거에 존속해 오던 앗수르의 흔적들을 하나도 남기지 않고 완벽하게 제거시켜 버린다.

그의 아들 느부갓네살 2세(B.C. 605~562)는 애굽을 정벌하고 남왕국 유다를 3차에 걸쳐 포로로 잡아간 후 유다를 완전 멸망시킨다(B.C. 586). 이토록 막강한 느부갓네살의 신 바벨론 제국은 B.C. 539년에 페르시아의 고레스 왕에게 망한다.

바벨론을 정복한 고레스는 포로로 바벨론에 끌려왔던 온 유다 백성들에게 귀환을 허락한다(B.C. 535).

이렇게 창세기에서부터 기록된 앗수르와 바벨론에 대한 성경 기록 중에 바벨론의 역사와 유적들이 많이 남아 있다. 바벨탑의 흔적, 바벨론의 공중정원, 바벨론의 왕궁이나 이교 신전들, 그리고 구약성경에 수없이 기록된 바벨론에 관한 내용들 등이다.

그런데 앗수르는 성경에는 기록되었으나 유적들이 없다. 이처럼 성경에 기록된 것 외에 앗수르에 관한 유적 부재로 앗수르는 역사 속에 수천 년 동안 잊혀졌다. 그렇게 잊혔던 앗수르를 다시금 재생시킨 것이 영국인 레이어드(A.H. Layard)라는 외교관이자 고고학자이다.

2) 레이어드의 공헌

레이어드(Austen Henry Layard: 1817~1894)는 영국인으로 파리에서 출생하였다. 처음에 콘스탄티노플의 외교관이 되어 외교 활동을 하는 중에 메소포타미아의 유적들에 흥미를 갖고 이라크 북부 제3의 도시인 모술(Mosul) 한 둔덕을 파내려갔다. 그리하여 1845년에 니네베에서 앗수르의 많은 유적들을 발굴하였다.

그는 1848~49년에 《Nineveh and its remains》라는 두 권의 저서로 과거 앗수르의 수도 니느웨의 유적들을 발표했다.[12] 그 후 1872년에는 《Early adventures in Persia, susiana and Babylonia》를 두 권으로 발표했다.

레이어드는 1852년 하원의원이 되었고, 1869년에는 에스파냐 주재 공사를, 1877년에는 튀르키예 주재 공사를 역임하였다.

레이어드는 성경에 기록되어 있는 앗수르가 B.C. 612년에 메대와 연합한 바벨론의 갈대아인들에게 정복당한 후 역사에서 사라졌음에 주목한다. 그래서 앗수르의 유적이 반드시 존재할 것을 믿고 수많은 희생으로 발굴을 했다.

레이어드는 성경 기록을 역사적 사실로 믿는 집념에 의한 신념으로 개인적인 수많은 희생과 노력 끝에 고대 앗수르의 유물들을 발굴해 냈다.

---

12) 마틴 푸크너, 최파일 역, 《글이 만든 세계》(까치, 2019), pp. 51~75.

레이어드는 거대한 모래 산으로 변형된 과거 앗수르의 수도였던 니느웨가 2,500여 년 동안(B.C. 612~A.D. 1845) 묻혀 있던 땅을 발굴했다. 그 결과 땅속에 파묻힌 고대 앗수르 니느웨의 유적들을 대량으로 발굴해 내었다. 그 유물들은 흙을 지푸라기와 섞어서 빚은 다음에 햇빛에 말리거나 가마에 구워낸 점토(粘土) 유물들이었다.

그리고 과거 앗수르의 성벽이나 궁정으로 추정되는 곳에는 수많은 부조(浮彫) 조각상에 쐐기 모양의 문자들이 뒤덮여 있었다. 이와 같은 쐐기문자들을 해독하는 데는 많은 시간과 노력이 뒤따랐다. 그중에 레이어드가 1872년에 '니네베' 왕궁의 서고에서 발견한 12권의 점토 서판이 있다. 이 12권의 점토 서판 내용을 "길가메시 서사시"(Gilgamesh Epoth)라고 명명한다.

이렇게 레이어드로 인해 땅속에 파묻혀 잊혔던 앗수르가 2,500여 년 만에 다시 살아났다.

3) 길가메시 서사시(敍事詩)

길가메시 서사시는 고대 바빌로니아(B.C. 2000년경)의 장편 영웅 서사시로 알려졌다. 이 작품은 세계 최고(最古)의 문학작품으로 B.C. 8세기 그리스의 호메로스의 "오디세이아"와 비길 만한 작품으로 알려졌다.

길가메시(Gilgamesh)는 누구인가? 길가메시는 고대 수메르나 바빌로니아 등 고대 메소포타미아 여러 부족들 사이에 널리 알려진 영웅이다. 수메르 자료에 의하면, 우르크 제1왕조의 제5대 왕이 길가메시로 실존 인물이라고 되어 있으나, 후대에는 전설적인 인물이 된다. 이 인물은 한국의 홍길동이나 임꺽정처럼 전설적 영웅으로 형상화되어 그를 부조(浮彫)나 원통인장(圓筒印章) 같은 미술 작품의 소재로 삼기도 하였다.

길가메시는 B.C. 2000년경 인물로 추정된다. 그러나 메소포타미아 전 지역의 전설적 인물로 널리 유포되면서 그는 반신반인(半神半人)으로 발전된다. 그는 우르크(Uruk)의 지배자이자 폭군이었다. 그의 폭정에 시달린 국민들은 신에게 구원을 호소한다. 신은 백성들의 요청에 따라 진흙으로 만든 엔키두(Enkidu)를 보낸다. 길가메시와 엔키두는 크게 싸운 후에 친구가 된다. 엔키두는 그 후 여신 이슈타르(Ishter)와 연애를 하다가 여신이 성실하지 않다는 이유로 사랑을 물리친다. 이에 크게 노한 여신 이슈타르는 천우(天牛)를 보내 엔키두와 싸우게 한다. 엔키두는 길가메시의 협력을 얻어 천우를 물리쳤다. 그러나 엔키두는 신들의 미움을 받아 병으로 죽는다.

친구의 죽음을 애통해하던 길가메시는 죽지 않는 방법을 찾아 나선다. 길가메시는 성자(聖者)의 섬에 사는 우트나피시딤(Utnapishtim)을 만난다(우트나피시팀은 구약의 노아다). 우트나피시팀은 길가메시에게 옛날 신이 내린 노아의 대홍수 이야기를 해주고 자기도 죽지 않는 법은 알지 못한다고 한다. 우트나피시팀은 불사 방법은 모르나 바다 밑에 있는 불로초(不老草)를 캐는 방법을 알려준다. 길가메시는 불로초를 캐서 집으로 돌아가는 길에 뱀에게 불로초를 빼앗긴다. 길가메시는 마지막 슬픔 속에 집으로 돌아간다.

이와 같은 "길가메시 서사시"는 각국의 언어로 번역되어 전 세계로 퍼졌고, 어떤 나라에서는 이것을 소재로 연극과 음악을 만들어 흥행을 이끌어 가기도 한다.

"길가메시 서사시"에는 다음 내용이 있다.[13)]

> 길가메시, 땅의 원천과 토대를 보았고
> 모든 길들을 알았으며 모든 일에서 현명했던 자…
> 그는 비밀스러운 것을 보았고 감춰진 것을 드러냈으며
> 홍수 이전의 이야기들을 가져왔도다.
> 머나먼 여정에서 지친 몸으로 돌아와 평안을 얻은
> 그는 자신의 모든 역경을 기념비에 새겼네

이렇게 길가메시는 왕이었고 작가였다는 것이다. 그리고 인류 최초의 글로 쓰인 위대한 내러티브(Narrative)라고 한다. 또 아슈르 바니팔의 도서관이 바벨론 침략에 의해 나무로 만든 모든 것들이 불타 버렸으나 점토 서판들은 불 속에도 더욱 굳어져 남았다. 그로 인해 2,500년간 묻혔던 과거가 다시 재생되었다고 크게 예찬한다.

결론

우리는 지금부터 4,000년 전인 B.C. 2000년경의 두 작품을 본다. 하나는 성경의 욥기이고, 다른 하나는 "길가메시 서사시"이다.

욥기를 통해서는 세상 인간들이 상식을 뛰어넘는 하나님의 계시의 진리들을 깨닫게 된다.

"길가메시 서사시"로 인해 고대 앗수르가 재생된 점은 크게 기뻐할 일이나 그 내용은 고대 헬라, 로마 신화 수준의 황당한 내용이다.

---

13) 앞의 책, pp. 61~62.

"길가메시 서사시"가 인간의 문명사에 있어서 문학적인 고대 가치는 있을지언정 정신문명과 인간의 삶에 유익 되는 점은 아무것도 없다. 단지 고대 문학작품이라는 그 한 가지 사실로 고대의 성경과 비교를 한다는 것 자체가 오만한 발상이다.

우리는 "길가메시 서사시"를 통해 하나님 없이 살아간 고대 메소포타미아인들의 황당한 정신세계를 확인할 수 있을 뿐, 아무 유익이 없는 문화유산임을 깨달을 뿐이다. 그에 반해 동시대의 욥기는 각 장마다 다 각각 새로운 진리들을 깨우쳐 주는 진리의 보고임을 깨닫게 된다.

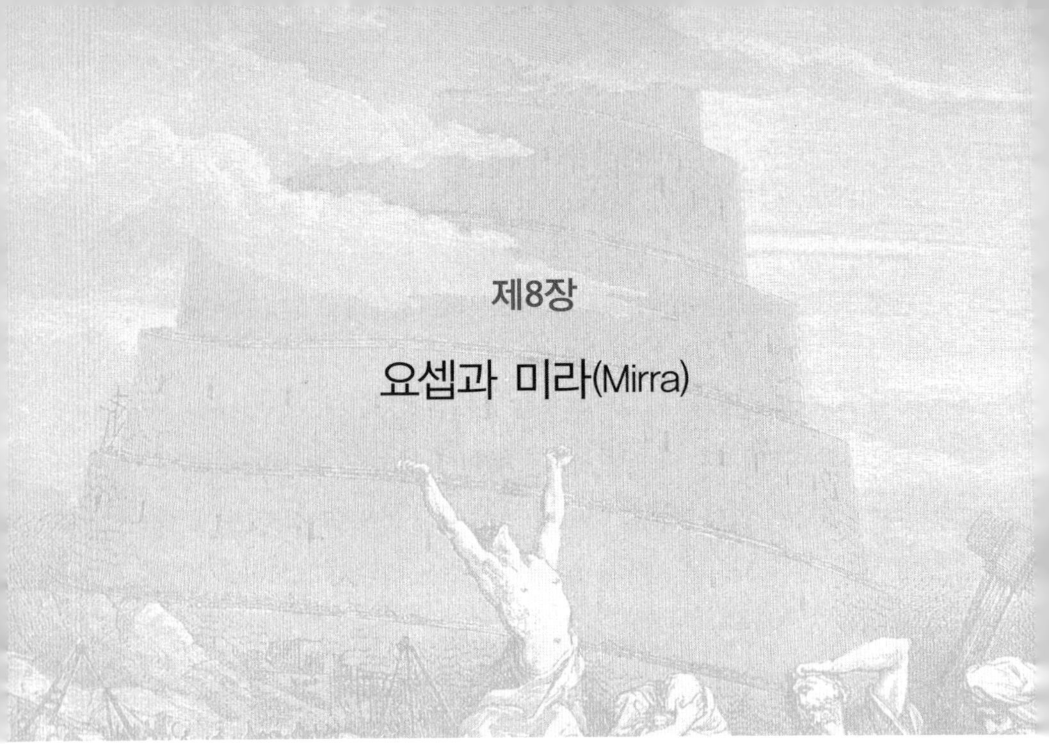

제8장

요셉과 미라(Mirra)

서론

요셉은 구약성경의 인물들 중에서 가장 예수님의 생애를 닮았다고 인정되는 인물이다. 창세기 전체 50장 중에서 요셉에 관한 기록이 무려 13장이나 된다.

요셉을 어떻게 이해하는가에 따라 각각 은혜 되는 부분이 다를 수 있다.

필자는 요셉의 생애에서 세 가지교훈을 살펴보려고 한다. ① 꿈의 사람, ② 시련의 사람, ③ 구원의 사람 등 세 가지 영역으로 요셉을 이해해 보겠다.

그리고 요셉이 살아간 동시대의 애굽인들은 사람이 죽으면 미라(Mirra)를 만들었다. 요셉은 그의 부친이 130년을 살고(창 47:9) 애굽에서 죽었을 때 부친의 시신을 애굽 장례법으로 처리했다(창 50:1~3). 요셉이 그의 부친 시신을 애굽인들처럼 미라로 만들지는 않았으나 장례법은 활용했다. 이를 통해 전 세계에서 시행된 미라 장례법도 살펴보겠다.

요셉을 통한 교훈과 전 세계에 시행된 미라 장례법의 비교를 통해 오늘날 시행되고 있는 한국의 장례법에 대해 새롭게 검토해 보는 계기가 되기를 바란다.

1. 요셉

1) 꿈의 사람

창세기 37장 5~11절을 보면 요셉이 17세 소년일 때(2절) 자기가 꾼 꿈을 형들에게 말함으로 형들의 미움을 사게 되는 내용이 소개된다.

요셉은 야곱이 노년에 얻은 아들이므로 채색옷을 입히는 특별대우를 하였고, 그에 대한 형들의 반발이 컸던 차에 꿈 내용 발표로 더 큰 미움을 사게 되었다.

창세기 40장에는 애굽 왕의 술 맡은 자와 떡 굽는 자의 관원장이 범죄하여 감옥에 갇혔을 때에 저들의 꿈을 해몽해 주는 내용이 기록되어 있다. 또 창세기 41장에는 애굽의 바로 왕의 꿈을 요셉이 해석해 냄으로 애굽의 총리가 되는 내용이 기록되어 있다.

성경에는 요셉의 꿈만이 아니라 꿈으로 하나님의 계시를 받은 내용들이 무수히 많이 기록되어 있다. 창세기 20장 6절에는 그랄 왕 아비멜렉이 사라를 데려갔을 때 하나님이 꿈에 그에게 나타나 책망하신 내용이 기록되어 있다. 또 다니엘 2장과 4장에는 바벨론 왕 느부갓네살의 꿈을 통해 중동의 패권국가가 어떻게 진행될 것인가를 알려주고 있다. 마태복음 27장 19절에는 빌라도 총독의 아내가 흉한 꿈을 꾸고 예수를 해롭게 하지 말라고 부탁하는 내용이 나온다. 이처럼 꿈은 하나님을 믿지 않는 이방인들에게 하나님의 뜻을 알려주는 계시의 수단으로 활용되고 있다. 성경에 '꿈'을 통해 하나님의 사역을 이루어간 내용이 매우 많다. 그 내용들은 뒤에 따로 살펴보겠다.

'꿈'은 과거 인류 역사에 수없이 많은 기여들을 해왔다. 성경뿐 아니라 고대인들은 꿈을 신(神)의 계시나 신의 뜻을 전달하는 귀한 수단으로 여겼다. 그래서 동서양의 모든 곳에서 해몽(解夢) 전문가가 관직을 맡아서 중요한 기능을 수행했다. 그러나 서양에서 계몽사상이 등장해 꿈의 해석은 미신이라고 배척당하면서 역사의 무대에서 꿈은 무시된다.

그러다가 20세기에 들어와서 꿈을 과학적인 연구의 대상으로 삼기 시작한다. 프로이트(Sigmund Freud: 1856~1939)는 꿈은 인간의 마음속에 숨어 있는 내면적 측면의 발현이라고 해석하였다. 이렇게 프로이트 이후로 다시 꿈에 관한 관심이 많아지기 시작했다. 프로이트의 《꿈의 해석》은 전 세계에 대단한 영향을 미치는 명제가 되었다.[14)]

이와 같은 프로이트의 사상은 무엇인가? 프로이트는 현재의 체코슬로바키아(당시는 오스트리아 령)의 작은 마을에서 부모가 모두 유대인으로, 배다른 형이 둘이 있고, 친동생이 다섯 있는 집에서 태어났다.

프로이트는 일생을 빈에서 살아갔다. 17세 때 빈 대학 의학부에 진학해 25세 때 의과대학을 우수한 실력으로 졸업하고, 26살부터 30살까지 종합병원 각과 의사로 지낸다. 30살에 정신신경과 병원을 개업한 후 80세까지 수많은 연구 논문들을 발표한다.

---

14) 지그문트 프로이트, 김양순 역, 《꿈의 해석》(동서문화사, 2016).

프로이트는 대학에 출강하면서 히스테리, 노이로제, 정신분석학 등 수많은 연구 논문을 발표하며 44세 때(1900) 《꿈의 해석》을 출판했다. 그러나 그 당시 프로이트의 꿈의 해석 이론은 학계로부터 완전 묵살된다. 대학에서 큰 기대로 《꿈의 해석》을 강의했으나 청강자는 겨우 세 명이었다.

프로이트가 주장한 '꿈'이 무엇인가? 그는 꿈을 2중 구조를 가진 것으로 보았다. 하나는 왜곡된 채 의식으로 잠재돼 있는 것이 꿈으로 떠오르는 것이 있고, 다른 하나는 왜곡되지는 않았으나 무의식 속에 잠재되어 있던 것이 꿈으로 떠오르는 것이 있다고 했다. 전자를 현재몽이라 하고, 후자를 꿈의 잔재 사고라고 했다.

해몽이 무엇이냐? 잠재몽 즉 기억하고 있는 의식이 꿈으로 나타나는 것을 소재로 하여 그 꿈의 배후에 숨어 있는 본래의 뜻이나 의도를 알아내는 것이라고 했다. 프로이트는 '꿈'의 의미 있음을 정신분석학적으로 설명함으로 꿈을 다시금 중요시하게 만드는 공헌을 하였다.

프로이트는 '꿈'에 대해 새롭게 관심을 갖도록 일깨워 준 공헌을 했다. 그런데 그는 49세(1905)에 〈성 이론에 관한 논문〉을 발표했다. 그는 53세 때 빈 대학의 의학부 신경 생리학 조교수가 되었다. 그리고 67세 때는 〈자아와 이드〉를 발표했다.

프로이트는 정신의학 한 가지에만 몰두하지 않고 성(性) 생리학 등에까지 관계된 학술 논문들을 발표했다. 학문의 영역을 넓혔다는 긍정적 측면이 있을 수 있으나 그의 성 이론은 드디어 프로이트 학문을 크게 불신케 만들었다.

그는 인간의 모든 행동의 원인을 성 충동인 '리비도'(libido)로 설명했다. 인간이 자아보존의 자아 충동이나 이성에 대한 성의 충동이 삶의 충동인 에로스라고 했다. 프로이트에 의하면, 인간은 살아가려는 욕구나 자기 이상을 펼치려는 노력이나 또는 꿈틀거리고 행동하는 모든 원동력이 성 충동에 의한 것이라는 것이다. 이 같은 그의 주장은 인간은 태어나서부터 동물과 별 다를 바 없는 성적 충동에 의한 존재라고 인간을 동물시하게 만들었다.

과연 인간은 성 충동으로 살아가는가? 프로이트가 꿈에 관한 관심을 일깨워 준 공헌과 달리 그가 본 인간의 정신세계는 '성적 충동에 의한 현상들'이라는 황막한 주장일 뿐이다.

프로이트와 함께 정신 신경계를 이끌어 간 칼 융(Carl G. Jung: 1875~1961)은 한때 정신 의학계의 공동 연구자로 함께했다. 그러다가 프로이트의 성 충동 이론과는 견해가 달라 결별한다.

꿈이란 무엇인가? 꿈의 개념에 대해 각각 다른 견해들을 가질 수 있다. 꿈은 프로이트처럼 평소 무의식이 잠재되어 있던 것이 꿈으로 나타날 수 있는 것으로 이해할 수 있다.

한국인들은 '꿈도 꾸지 말라'고 멸시하는 말로 쓰고, 꿈을 '개꿈'이라고 무시해 버리기도 한다. 그런데 성경이나 인류 역사에 위대한 공헌자들의 공통점들이 무엇인가? 모두 다 '꿈의 사람들'이었다는 사실이다.

(1) 성경 속의 꿈의 사람들

성경에는 꿈의 사람들이 많이 나온다. 창세기 28장 10~12절에 소개되는 벧엘 광야에서 돌베개를 베고 잠자던 야곱이 꿈에 사닥다리가 땅과 하늘로 연결되어 하나님의 사자들이 오르내리는 꿈을 꾼다. 이곳에 '벧엘' 서원이 생긴다.

모세와 여호수아는 '젖과 꿀이 흐르는 땅' 가나안에 대한 꿈 때문에 생애를 완전하게 헌신한 사람들이다(출 3:8, 33:3; 레 20:24; 민 13:27; 신 6:3; 수 5:6).

예레미야는 자기 조국이 하나님을 모르는 이방 야만의 바벨론에게 멸망당할 것을 알면서도 '젖과 꿀이 흐르는 땅'의 약속을 믿고(렘 11:5, 32:22) 바벨론에서 70년 후에 다시 돌아올 꿈을 전파한다(렘 25:11, 29:10).

다니엘은 자기 조국을 멸망시킨 적국 괴수 바벨론 왕 느부갓네살 왕의 꿈을 통해서 바벨론 제국 이후에 전개될 세계사를 설명한다(단 2장, 4장, 9장).

엘리사와 아모스와 동시대인으로 추정되는 요엘 선지자(B.C. 835)는 주님의 날에 대한 미래의 꿈을 선포한다. 요엘 2장 28~29절에 "내가 내 영을 만민에게 부어 주리니 너희 자녀들이 장래 일을 말할 것이며 너희 늙은이는 꿈을 꾸며 너희 젊은이는 이상을 볼 것이며 그 때에 내가 또 내 영을 남종과 여종에게 부어줄 것이며"라고 했다. 요엘의 이 예언은 사도행전 2장 16~21절에 오순절 성경 강림으로 이뤄졌다고 베드로는 해석했다.

신약에는 어떤가? 마태복음 2장 12절과 22절에는 예수의 부친 요셉이 꿈을 통해 애굽으로 피난을 갔다가 나사렛으로 귀환한 내용이 나온다. 사도행전 10장에는 베드로가 환상 중에 하늘에서 내려온 보자기 속의 짐승들을 보고 가이사랴의 이달리야 백부장 고넬료를 전도한다. 사도행전 16장을 보면 바울에게 아시아에 선교하려는 의지가 있었으나 드로아에서 환상 중에 마게도냐인을 보고 마게도냐 선교를 결행한다. 사도 요한은 밧모섬에서 성령에 감동되어(계 1:10) 계시록을 기록한다.

(2) 역사 속의 꿈의 사람들

세계 기독교 역사 속에는 현실의 어려움들보다는 미래에 대한 꿈의 희망을 믿고 일생 꿈을 위해 투쟁한 사람들의 승리의 기록이 많이 있다.

① 노예제도 폐지자들

오늘날 전 세계는 흑인 인종차별에 대한 거센 반항 운동의 물결이 몰아치고 있다. 이와 같은 흑인 인종차별에 맞서 제도적, 정치적, 사회적으로 공헌한 사람들은 모두 다 성경에 근거한 평등한 인간 세상의 꿈을 품은 신념자들이었다. 이들 중에 우리가 꼭 기억해야 할 세 사람이 있다.

ⓐ 윌버포스(William Wilberforce: 1759~1833)

윌버포스는 학교 동창생인 밀너(I. Milner: 1750~1820)와 함께 신약성경을 읽어가며 기도 생활을 하던 중 거듭나는 중생을 체험한다.

그는 정치가가 되려고 26세에 하원의원이 되었다. 현재 미국의 총기 사업자들이 미국 정치계를 이끌어 가는 것처럼 당시 영국은 노예무역이 대세였다. 이런 상황에서 윌버포스는 26세 때부터 74세로 죽을 때까지 50여 년 동안 노예제 폐지 운동을 쉬지 않고 계속했다.

그는 의회 내 한 사람 한 사람을 개별 접촉을 통해 설득해 나가며 지역구 내의 복음주의자들과 친교를 맺고 은행가, 변호사, 교수들을 설득해 가며 노예제도 폐지 운동을 계속해 나갔다. 교활한 노예 무역업자들 역시 온갖 정치 로비로 그의 운동을 막았다. 그러나 중단 없이 계속된 그의 집념과 노력으로 그가 죽은 해(1883)에 영국 의회는 노예 매매법을 철회했다.

이것은 하나의 시작에 불과했다. 영국 의회의 법안 통과에 큰 힘을 얻은 것이 미국의 링컨 대통령이다.

ⓑ 링컨(Abraham Lincoln: 1809~1865)

링컨은 정규학교 교육을 거의 받지 못했다. 그는 독학으로 뱃사람, 잡화상, 변두리 우체국장, 측량기사 등으로 전전하다가 1834년 25세에 일리노이주 하원의원이 되어 변호사 공부를 한 후 정치가로 변신한다.

그는 1854년 일리노이주 상원의원 선거 때 공화당 후보가 되어 민주당 더글라스의 경쟁자로서 노예무역 제도를 크게 부각시켰다. 그는 상원의원 선거에 패배했으나 2년 후 공화당 대통령 후보가 되고 노예제도 반대를 내세워 대통령으로 당선되었다(1860).

노예 해방을 주장하는 링컨을 반대하는 남부에서는 결국 남북전쟁(1861~65)의 비극을 초래한다. 링컨은 남북전쟁으로 미국인 62만 명의 희생을 치르면서 노예해방을 선언했다. 그러나 링컨의 선언은 정치적 선언일 뿐 현실은 개선되지 않았다.

ⓒ 마틴 루터 킹(Matin Lather King: 1929~1968)

미국 침례파 목사인 킹은 조지아주 에틀랜타에서 출생하였다. 그는 시내버스 좌석의 인종 분리제도에 항쟁하는 운동으로 시작하였다.

1963년 링컨의 노예 해방 선언 100주년 기념 대회로 열린 워싱턴 행진에서 "나에게는 꿈이 있다"(I have a dream)는 연설을 했다. 이로 인해 이듬해 노벨 평화상을 수상했다. 킹 목사는 베트남 전쟁 반대 운동을 펼치다가 암살자의 흉탄에 죽었다(1968). 미국은 매년 1월 셋째 주 월요일을 '마틴 루터 킹의 날'로 기념하고 있다.

② 나라를 일으켜 세운 사람들

ⓐ 덴마크의 그룬트비(N.F.S. Grundvig: 1783~1872)

덴마크는 483개의 섬과 반도로 이루어진 인구 500만 명 남짓 되는 작은 나라이다. 덴마크의 유명인으로 철학자 S. 키에르케고르가 있고, 동화작가 안데르센이 있다. 그리고 덴마크의 국부로 알려진 그룬트비가 있다.

그룬트비는 목사로 종교 논쟁에 연루되어 7년간 설교를 금지당한다. 그는 영국을 여행하며 토지제도에 눈을 뜬다. 1848년 국회의원이 되어 정치적으로 소농제도와 교육적으로 전국의 생활교육을 위해 국민 고등학교 제도를 설립하였다. 그 자신이 국민들의 정신교육을 위해 《북유럽 신화》와 《세계사》를 저술하여 국민들에게 조국애와 기독교 정신에 의한 농촌 부흥 운동에 동참하도록 하였다.

그룬트비는 작은 영토라는 현실에 굴하지 않고 성경에 근거한 '젖과 꿀이 흐르는 가나안'의 꿈을 덴마크에 이식해서 성공케 하였다.

ⓑ 이스라엘의 벤 구리온(David Ben-Gurion: 1886~1973)

벤 구리온은 폴란드에서 태어난 유대인이다. 그는 일찍부터 시오니즘(Zionism)으로 성장했다.

20세 때(1906) 팔레스타인에 이주하여 시오니즘 운동 활동가로 활동을 시작했다. 1930년에는 마파이 당을 결성해 65년까지 이끌어갔다. 1947년 유엔이 팔레스타인 분할안을 결의하자 민족평의회 의장으로 선출되어 1948년 5월 14일에 이스라엘 독립을 선언한다. 1949~53년까지 정식 수상 겸 국방장관, 후에 또 1955년부터 63년까지 수상 겸 국방장관으로 '6일 전쟁'을 이끌어 승리했다.

그는 1970년에 정계를 은퇴한 후 이스라엘 키부츠 촌락에서 평생을 독신으로 지낸 후 1973년 세상을 떠난다. 그는 《이스라엘 사사(私史)》와 《투쟁》 5권을 남겼다. 그는 이스라엘 독립의 상징적 존재로 알려졌다.

ⓒ 한국의 김구(1876~1949)

그의 본명은 창수(昌洙)이다. 9세 때부터 15세까지 과거(科擧) 시험을 위해 한학을 공부했다. 그러나 부패한 봉건사회에 대한 반감으로 18세 때 동학(東學)에 입교하여 19세 때(1894) 보은에서 최시형으로부터 팔봉 도소(八峰 都所)의 접주(接主)로 임명되었다. 그해 해주에서 700명의 동학군을 거느리고 동학혁명에 가담했다.

1896년 일인에게 시해당한 명성황후의 원수를 갚는다고 일본 육군 중위 쓰치다(土田讓亮)를 죽였다. 그는 곧 체포되어 1897년 사형이 확정되었으나 고종의 특사령으로 감형된다. 1898년 탈옥하여 마곡사에 입산하여 원종이라는 법명으로 승려가 된다. 그 후 평양 근교 영천암 주지였다가 환속한다.

1903년 약혼녀 여옥(如玉)의 죽음으로 그리스도교에 입교하고, 안창호의 누이와도 약혼했다가 파혼하고, 1904년 최준례와 결혼한다.

1908년 양산학교, 1909년 보강학교를 세웠다. 그해 비밀 단체인 신민회(新民會) 회원으로 활약하다가 안중근 의거에 연루돼 해주 감옥에 투옥되었다가 무혐의로 석방된다. 1911년 105인 사건으로 다시 체포되어 종신형 선고를 받았으나 두 번의 감형으로 1914년 출소한다.

1919년 3·1 운동 직후 상하이로 망명해 임시정부를 영도한다. 1928년 이동녕, 이시영, 조소앙, 안창호 등과 한국 독립당을 결성하고, 1932년 상해 홍커우 공원의 일본 천황 생일 축하장 폭탄 투척 사건과 이봉창, 윤봉길 의거 등을 지휘하였다. 1939년 임시정부 주석이 되어 한국광복군 총사령부를 조직하고 지청천, 이범석을 임명했다. 1944년 주석에 재선되어 한국 광복 운동 중 1945년 광복을 맞는다.

1948년 남한만의 단독 총선거를 실시한다는 UN 결의안에 반대하여 김규식과 함께 북한을 방문하여 김일성과 공산당 지도자들을 만났다. 거기서 김구는 한민족의 통일된 정부 출범을 설득했으나 실패하고 돌아온다.

이 같은 김구의 마지막 활동에 대한 평가는 명암이 엇갈린다. UN의 결의를 무시하고 독단적 통일 조국을 추진하려 한 그의 판단은 세상을 알지 못하는 무모한 행위였다. 반대로 김구는 마지막까지 한민족의 통일을 추구한 민족의 지도자였다. 명암이 엇갈리는 것처럼 그는 서울로 돌아와서도 계속 남한만의 단독 정부 출범을 반대했다. 그러나 이승만의 주도로 1948년 8월 15일 UN의 결의대로 남한만의 정부가 출범했다. 그러자 북한도 단독 정부를 출범시킨다.

이와 같은 분단의 비극을 보면서 비통해하던 김구는 1949년 경교장에서 육군 소위 안두희의 흉탄에 암살당한다. 그의 시신은 국민장으로 효창공원에 안장되었다.

성경에는 '꿈의 사람들'이 많이 있다.

인류 역사를 볼 때에도 전 세계 각국에서 '꿈의 사람들'이 그 나라 발전에 크게 기여했다. 앞으로도 꿈을 가진 자만이 지도자가 될 것이다. 그와 같은 모범을 요셉이 보여주었다.

2) 시련의 사람

세상 사람들의 일반적 경향은 과거에는 별 관심이 없고, 그렇다고 미래에 관심을 갖는 것도 아니며 대부분 현재에 집중한다. 그러나 역사를 소중히 여기는 사람들은 과거에 집중하여 미래를 예측한다. 그렇기 때문에 현재를 소홀히 할 가능성이 많다. 그러나 꿈의 사람은 현재보다는 미래에 집중한다. 그래서 꿈의 사람들은 현재에서 많은 시련을 겪을 가능성이 크다.

요셉은 17세 때 꿈으로 인해 그 꿈을 이해하지 못하는 형들의 미움을 받아 애굽으로 팔려갔다. 요셉은 비록 애굽에 팔려서 종의 신세가 되었으나 그의 꿈을 꺾을 수 없었다.

요셉이 가진 원대한 꿈 때문에 애굽 생활 속에서도 시련을 당한다. 그것이 보디발 아내의 유혹이었고, 억울하게 장기간 감옥생활을 해야 했다.

요셉의 꿈은 애굽에서 13년이라는 기나긴 세월 동안 갖가지 시련과 유혹들을 다 겪고 난 후에야 성취가 된다. 요셉이 나라를 돕고, 백성을 돕고, 드디어 형제들과 부모를 도울 능력을 갖추기 위해서는 13년의 시련기를 극복해야만 했다.

여기에서 요셉이 겪은 두 가지 시련을 생각해 보겠다.

(1) 육체의 정욕 유혹에 대한 시련

요셉은 10대 후반을 넘어 20대 초반의 정력이 왕성한 때가 되었다. 모든 남녀들이 이 연령대가 되면 본능적인 정욕이 걷잡을 수 없게 넘쳐난다. 요셉의 꿈은 위대했으나 그 꿈을 이루기 위해서 먼저 육체적 정욕을 조절할 수 있는가를 시험받게 된다.

그 시험은 주인 남자가 아닌 주인 여자로부터 왔다. 어떻게 여자가 먼저 남자를 유혹할 수 있을까? 너무 순진한 생각이다. 성경은 그럴 가능성을 암시해 주고 있다.

창세기 39장 1절에 "바로의 신하 친위대장 애굽 사람 보디발"이라고 했다. 여기 '신하'라는 말은 '쎄리쓰(סריס)다. 이 말은 '거세하다'라는 말에서 유래된 '내시'(內侍)(왕상 22:9), '환관'(왕하 20:18)이란 뜻이다. 또 '친위대'라는 '탑바흐'(טבח)는 '죽이다, 살육하다'라는 말에서 유래된 사형 집행인이란 뜻이다. 보디발의 직책은 친위대장이었고, 그 개인은 '내시'였다는 뜻이다.

내시란 생식 기능을 거세한 남자로, 왕의 측근이며 궐내의 음식물을 감독하고 왕명을 전달하고 궐문을 수직하며 궁녀들과 자주 접촉해야 하는 관리이다. 일반적으로 내시들은 아내가 없어야 한다. 그러나 평생을 궁궐에서 여러 왕들을 모신 내시 중 특출한 자는 정승들과 맞먹는 권세를 가졌기에 '고자대감'이라고도 했다. 이런 자들은 궐 밖에다 정식 부인들을 거느렸다.

보디발은 친위대장으로 내시여서 집 안에 아내가 있었다. 그러나 내시인 보디발은 아내의 욕구를 채워주지 못했던 것 같다. 그렇게 욕구를 채우지 못한 보디발의 아내가 20대 초반의 탄력이 넘치는 요셉을 유혹하고도 남을 환경이었다. 보디발의 아내는 주종관계의 신분이나 애굽인과 히브리인의 구별 의식도 없이 요셉에게 본능적 욕구를 줄기차게 강요했다.

육체의 정욕에 대한 유혹이 가장 왕성할 시기에 하나님은 요셉을 시험대에 놓고 관찰하셨다. 여기서 요셉이 실패했다면 그의 인생은 끝이 났을 것이다. 그러나 요셉은 "내가 어찌 이 큰 악을 행하여 하나님께 죄를 지으리이까?" 하면서 보디발 아내의 안방을 하나님께서 지켜보고 계신다는 '하나님 면전 의식'으로 유혹을 물리친다. 누구나 요셉처럼 모든 곳에서 하나님께서 지켜보신다는 면전 의식이 확실하면 유혹을 극복할 수 있다.

(2) 억울함 앞에 침묵으로 하나님의 역사하심을 갈망함

요셉의 주인 보디발은 아내의 거짓된 말만 듣고 요셉을 조사해 보지도 않은 채 왕의 죄수들을 가두는 곳에 요셉을 투옥시킨다. 요셉은 변명하고 싶었을 것이다. 또 자기의 억울함을 증명해 보이고 싶었을 것이다. 그러나 침묵으로 일관했다.

보디발은 요셉을 간음 죄인으로 정죄하고 외국인이라는 이유로 처형시켜도 아무 문제가 생기지 않을 수 있다. 그러나 보디발은 투옥시키기만 하고 몇 년을 방치한다. 어떻게 이럴 수 있을까?

요셉은 "너희가 친히 원수를 갚지 말고 하나님의 진노하심에 맡기라…원수 갚는 것이 내게 있으니 내가 갚으리라"(롬 12:19)라는 말씀을 이미 알고 있었던 것 같다.

요셉은 억울함 앞에 침묵으로 일관한다. 그때 하나님께서 역사하신다. 하나님께서는 억울한 요셉과 함께하심으로 간수장에게 은혜를 받게 하신다. 요셉에게는 인자를, 간수장에게는 은혜를 주심으로 감옥생활을 즐겁게 하게 하셨다.

감옥생활이 억울하고 답답하지만 요셉이 하나님의 섭리만 믿고 묵묵하게 침묵을 계속하며 주어진 현실에 최선을 다할 때, 간수장이 옥중의 죄수들을 모두 다 요셉에게 맡기는 파격적인 일이 뒤따랐다.

그뿐만이 아니다. 억울하게 애매한 고난을 당하면서 침묵 속에 최선을 다할 때 하나님은 그 역경을 요셉이 도약하게 만드는 발판으로 활용하신다. 그것이 요셉이 갇혀 있는 감옥에서 왕의 떡 굽는 관원장과 술 맡은 관원장을 만나게 하시는 하나님의 섭리였다.

왕의 측근인 친위대장 보디발과의 만남은 오해로 인해 끊어졌다. 그런데 하나님은 왕의 또 다른 측근인 두 관원장들과 감옥이라는 극한 상황 속에 만나게 하신다. 이때 요셉은 저들에게 꿈을 해몽해 줌으로 신뢰가 형성된다.

그런데 요셉의 은혜를 입은 술 맡은 관원장은 요셉을 잊어버린다. 그러자 하나님께서는 2년 후에 바로 왕이 괴이한 꿈으로 인해 번민하게 만드신다. 바로 왕은 괴이한 꿈의 해석을 애굽의 점술가와 현인들을 불러 알려고 했다. 그러나 그들이 바로의 꿈을 해석해 내지 못하므로 더욱더 궁금증이 커져갔다. 그럴 때 2년 전에 요셉의 도움을 받았던 술 맡은 관원장이 요셉을 소개한다.

요셉은 바로의 꿈 내용을 하나님의 계시로 이해하고, 그 내용을 자세하게 해석해 준다. 이 일로 크게 감동받은 바로 왕은 요셉을 애굽 총리로 삼아 미래에 닥쳐올 위기를 대비케 한다. 그래서 욥은 수많은 시련의 세월 13년을 처음부터 끝까지 꿈을 믿고 시련들을 극복한 결과 인생 최고의 성공의 정점에 오르게 된다.

여기서 우리가 일반적으로 많이 알려지지 않은 하나님의 섭리 역사를 알 필요가 있다. 그것은 애굽의 고대 정치사 중에 특이한 내용이다.

이집트의 고대사를 여러 단계로 설명한다.

초기 왕조 시대: B.C. 3400~2700년경

고 왕국 시대: B.C. 2700~2160년경

중 왕국 시대: B.C. 2160~1750년경

중간기(힉소스 왕조 시대): B.C. 1750~1580년경

신 왕국 시대: B.C. 1580~1000년경

여기 중간기는 애굽 본토인들의 치세 기간이 아닌, 외세 민족인 힉소스 왕조가 지배한 시대라는 매우 언짢은 과거사 표현이다. '힉소스'(Hiksos)라는 말은 '이방인 군후'(君侯)라는 뜻이다. 애굽을 이방인 왕들이 지배했다는 경멸적인 표현이다. 그렇다면 애굽에 왜 이런 시절이 가능했는가?

중 왕국 시대(B.C. 2160~1750)에 이집트로 이주한 셈족계의 팔레스타인 주민들이 많아졌다. 함의 후손인 이집트인과 셈의 후손인 팔레스타인인들은 처음에 애굽의 노예 정도로 출발한다. 노예들이 나라의 위기 때 전쟁터의 군인으로 활용된다. 전쟁에 참여한 팔레스타인 노예들은 전투에서 큰 공을 세운 후 지휘관으로 부상한다.

지휘관들은 앗수르가 활용하는 말과 전차를 전쟁에 도입함으로 애굽인들에게 큰 신뢰를 얻는다. 애굽인들의 원시적 전쟁 방법의 한계점이 팔레스타인 용장들의 전술법으로 크게 신뢰를 얻자 이들을 강병으로 양성하는 특별 지역이 만들어진다. 이들이 현 델타 지역의 옛 도시 아바라스(현 타니스)이다.

이러한 군사 도시가 점차 확대되면서 팔레스타인의 바알신이 이집트의 신 라(Ra)와 동일시된다. 이들 군사 도시의 팽창과 세력은 드디어 애굽 본토의 왕권을 장악한다. 이렇게 세운 '이국의 군후'를 '힉소스' 왕조라고 한다.

요셉을 총리로 세운 바로 왕은 이집트 왕조 중에서 이민족이 왕권을 누리는 약 400여 년 간의 힉소스 왕조 때의 셈족계의 왕이었다. 그래서 요셉 개인의 특출한 면도 있지만 애굽의 전 역사 속에 유일하게 이방 민족이 지배자였기에 요셉이 총리로 등극하는 데 간접 영향을 미쳤다고 본다.

3) 구원의 사람

요셉은 30세에 애굽의 총리가 되었다. '꿈의 사람'이 '시련의 사람'의 과정을 거친 후에 애굽의 제2인자가 되었다. 요셉이 애굽의 제2인자로 출세한 것은 한 개인이 부귀영화를 누리도록 하기 위한 것이 아니다. 고난과 시련은 지도자의 자질을 연마하는 수단이고, 지도자가 된 후에는 연마된 체험들을 기초로 많은 이들에게 혜택을 베푸는 구원의 사람으로 쓰임받아야만 하는 것이다.

요셉이 애굽 총리가 되었다. 요셉은 총리가 된 후 여러 면에서 사람들에게 유익을 준다. 그 몇 가지를 정리해 보자.

① 애굽 땅의 7년 풍년과 7년 흉년으로부터 애굽인들을 구했다(창 41:46~57).

② 고국의 부모 형제와 친족들 70명을 구했다(창 46:27).

③ 참된 예정 신앙의 최초의 교훈을 주었다(창 45:3~15).

④ 요셉은 다른 형들과 달리 에브라임, 므낫세 두 지파의 축복을 받았다(창 48장).

요셉은 인생에 성공했을 때 수많은 이들에게 도움을 주는 자로 자신의 성공을 활용하는 신앙인의 참모습을 보인다.

끝으로, 요셉은 꿈 때문에 애굽에 팔려갔다. 그리고 그는 억울하게 감옥에 갇히게 되었다. 하지만 억울한 감옥살이는 왕의 측근인 신하들을 만나는 인연이 된다. 그 인연으로 왕의 꿈을 해몽하게 되어 총리가 된다. 총리가 된 요셉은 애굽 국민과 부모 형제들을 기근의 고난에서 건져낸다. 애굽에 이주한 야곱은 후손들은 400여 년 만에 거대한 민족을 형성한다. 대민족을 이룬 이스라엘은 가나안을 정복한다.

이렇게 전체적으로 볼 때 모든 사건들 배후에는 하나님의 섭리가 있음을 보게 된다. 요셉이 당하는 매일 매 사건들 속에서 하나님의 뜻을 깨닫거나 예측하기는 어려웠을 것이다. 그러나 지나간 모든 과정들을 믿음의 눈으로 보면 모든 사건들 하나하나 속에는 하나님의 섭리가 담긴 상태로 진행되고 있었던 것이다.

한 개인들이 당하는 고난, 시련, 역경, 억울함, 무시당함, 잊혀짐 등 그 자체만 보면 매우 눈물 나는 슬픔들이다. 그러나 그 역경들이 모아져서 본인이 상상하지 못한 큰 뜻을 성취하시는 분이 하나님이시다.

롬 8:28 우리가 알거니와 하나님을 사랑하는 자 곧 그의 뜻대로 부르심을 입은 자들에게는 모든 것이 합력하여 선을 이루느니라

2. 고대 세계의 미라

서론

창세기 50장 1~3절에는 요셉이 그의 부친 야곱의 장례를 치르는 과정을 소개하고 있다. 요셉은 부친의 유언(창 49:29~33)을 따라 부친의 시신을 가나안 땅 마므레 앞 막벨라 밭에 매장하려고 애굽 장례법을 따른다. 요셉은 애굽인들처럼 미라(Mirra)를 만들지는 않으나 야곱의 몸을 향으로 처리하게 한 뒤 히브리인들의 전통에 따라 매장을 한다.

여기서 애굽의 미라를 포함해 고대인들의 장례법은 어떠했는지 고찰하는 것은 현대의 장례문화에 대한 근본적 연구와 문제의 해결 방안이 나오는데 참고 사항이 될 것 같다.

1) 이집트의 미라(Mirra)

창세기 50장 1~3절을 보면 요셉은 아버지 시신을 향으로 처리하라

고 지시한다. 요셉의 명을 받은 의원은 40일 걸려 시신을 향으로 처리했다. 그리고 애굽인들은 70일 동안 그를 위해 곡하였다고 했다.

여기서 말하는 '의원'은 '하로페임'(הרפאים)이다. 이 단어의 기본형 '라파'(רפא)는 '치료하다'라는 뜻이다(창 20:17; 출 15:26; 렘 30:17, 33:6; 호 7:1). 요셉은 부친의 시신 처리를 의원들에게 지시한다. 그들은 아마도 요셉의 건강관리와 치료를 맡았던 주치의들로 추정된다.

요셉은 시신을 향으로 처리하도록 한다. 이것은 히브리인들의 시체 보존 관습이 아니다. 그렇기에 이 기록은 창세기 50장 2, 3, 26절에 세 번만 나온다.

이때 사용되는 '향'은 '하나트'(חנט)다. 이 향료는 시체의 부패 방지를 위해 제조된 몰약과 비슷하다. 당시 애굽 사람들은 사람이 죽은 후에 혼이 다시 몸으로 돌아와 산다고 믿었다. 그와 같은 애굽인들의 미신적 신앙이 시체를 잘 보존하려는 미라 만드는 기술로 발전한다.

요셉이 부친의 시신에 향료 처리를 한 것은 애굽인들의 사상을 따른 것이 아니라 귀중한 사람을 공경하는 애굽 귀족들의 장례법을 참고해 먼 가나안까지 운구하기 위한 부패 방지의 목적이 있었을 것이다.

차제에 미라 만드는 과정을 살펴보자.

이집트의 미라 제작법은 전 세계에 알려졌다. 그 내용에 의하면, 먼저 미라를 만들 시신의 의복을 다 벗긴다. 그리고 미라 만드는 전용 테이블 위에 시신을 올려놓는다. 맨 먼저 뇌 속에 있는 뇌수를 끄집어낸다. 끝이 굽었거나 나선형의 청동 갈고리를 콧구멍으로 집어넣어 뇌수들을 다 끄집어낸다. 모든 미라는 그 누구든 간에 뇌수를 보존하는 경우는 없다.

그다음에 예리한 돌칼로 보통 왼쪽 겨드랑이를 절개하고 그곳에 손을 넣어 위, 간장, 비장, 폐 등등의 내장을 꺼내어 세척하고 건조시킨 후에 '카노푸스'[Canopus: 노인성(老人星)]라는 네 개의 단지에 수납한다. 단, 심장은 제거하지 않고 그대로 둔다. 내장은 복부, 흉부로 절제해서 야자수 등 깨끗한 물로 세척한다. 그리고 빈 시신의 복부 내부를 일시적으로 물건을 가득 넣어서 시신이 졸아들지 않고 풍부하도록 만든다.

이렇게 내장들을 뺀 겉모양의 시신을 탄산나트륨, 탄산수소나트륨, 염화나트륨에 소량의 황산나트륨이 섞인 액체 속에다 수 주간 또는 10주간 정도를 담가둔다. 그 후에 시체 수분을 탈수시키고 건조되기를 기다린다.

시체가 건조되면 시체 속에 채워 넣었던 물건들을 다 꺼낸다. 그리고 머리 속의 두부(頭部)에는 수지(樹脂) 혹은 수지를 먹인 천으로 채워 넣는다. 그리고 가슴 부위인 동부(胴部)에는 마포나 톱밥이나 흙 등이 든 주머니로 채워 넣는다. 그리고 입, 코, 귀, 눈, 항문 등 개구부(開口部)에는 수지, 밀랍, 마포로 막고 금속판 등으로 덮는다. 미라는 피하 부분에도 물건을 채워 넣어 시신 전체가 팽팽한 탄력으로 만들고, 눈에는 의안(義眼)을 끼우고, 입술과 뺨에는 빨갛게 채색하여 산 사람처럼 화장을 한다.

이렇게 시신을 정리한 다음에는 그 시신 위에다 목걸이, 팔찌, 가슴 장식품, 또 주문(呪文)할 때 사용하는 도구 등을 걸어주고 천을 감는다. 시체의 각 부분에 천을 감고 그 위에 수지나 고무액을 발라서 굳게 한다. 천으로 감은 얼굴 위에는 마스크가 놓인다. 이렇게 해서 미라가 완성된다.

그 후에는 '입 열기'라는 주술(呪術)의식이 행해진다. 입 열기란 눈,

귀, 입의 기능인 보고, 듣고, 먹고, 말하는 기능이 회복되리라는 주술을 의미한다. 이 주술이 끝나면 죽은 사자는 저승에서 소생하여 이승에서와 마찬가지로 저승생활을 시작한다고 믿었다.

이집트의 미라가 알고 보면 참으로 개탄스러운 미신이었다.

2) 중국의 입정(入定) 미라

중국에는 인도의 불교에서 전래된 미륵보살(彌勒菩薩) 사상이 있다. 미륵 신앙이란 욕계(欲界) 육천(六天)에서 비롯된다. 육계란 식욕, 색욕, 재욕 등 모든 인간들이 가진 중생들의 욕망세계를 뜻하고, 육천은 하늘이 6단계가 있다는 것이다.

미륵은 육천 중에서 넷째 하늘인 도솔천(兜率天)에 살고 있는데, 56억 7천만 년 후에는 성불(成佛)하여 이 세상에 내려와서 제2의 석가모니가 되어 모든 중생을 제도한다는 것이다.

이와 같은 미륵보살을 동경하면서 중생구제의 염원을 품고 참선을 통해 세상 욕계를 초월하는 삼매경의 경지에 들어가는 것을 선정(禪定)이라고 한다.

이와 같은 선정 상태를 동경하면서 책상다리를 하고 앉아서 종교적 명상을 계속하면서 단계적으로 음식을 끊어 나간다. 처음에는 오 곡을 끊고, 그다음에는 십 곡을 끊으면서 마른 나무처럼 수척해져서 죽는 것을 입정(入定)이라고 한다. 저들은 미륵보살을 동경하며 육체는 죽지만 신앙으로는 미륵이 나타나기를 기다리는 모습으로 죽어간다.

중국에 이와 같은 입정 미라가 최초로 생긴 것이 A.D. 359년 일이다. 그 후 수(隋: 581~618), 당(唐: 618~907) 시대에는 미라가 된 상태 위에 마포와 옻칠을 발라서 일종의 마른 옻칠을 한 건칠불(乾漆佛)이 되기도 했다. 중국에서는 이와 같은 미라를 진신불(眞身佛) 또는 육신불(肉身佛)이라고 한다.

1954년과 70년에는 타이완 타이페이시에서 두 사람의 승려가 금박가루를 아교풀에 개어서 육신의 시체 위에다 씌운 금니(金泥)의 육신불이 있었다. 또 일본의 니가타현 사이쇼사(西生寺)에 있던 고치법사(弘知法師: 1363)가 미라로 육신불이 되었고, 1903년 니가타현에 입정한 붓카이(佛海)가 입장한 미라가 있다.

3) 기타 다른 나라들

미라는 이집트만의 고유한 장례법이 아니었다. 미라 형태는 전 세계 각 곳에서 발견되었다.

(1) 남미 안데스(Andes) 고산지대

남미 안데스 산맥에는 해발 3,500m 고지 위에 만들어진 잉카(inca) 문명의 유산이 있다. 15~16세기에 번영했던 잉카 문명은 고도차 800m 차이를 계단식으로 만든 밭이나 수많은 신전들과 석탑들이 지금도 남아 있다. 그런데 더 놀라운 것은 잉카 문명이 일어나기 훨씬 전에 이곳 안데스 산맥 고산 지대에 독특한 미라들이 존재했다는 것이다.

이곳에서 발견된 고대인의 미라들은 다소 독특하다. 이 지역의 미라들은 이집트처럼 인공적 가미가 전혀 없는 죽은 사람 그대로의 미라들이다. 이곳의 미라들은 죽은 시체를 거친 무명으로 둘둘 감은 다음에 공동묘지에 매장을 하지 않고 아래로 곧게 파 내려간 구멍

속에다 앉힌 자세나 또는 웅크린 자세로 둔 채 미라가 되도록 한 것이다. 이때의 사체는 심한 건조와 모래 속의 열로 사체에서 뿜어나온 물기가 천에 흡수되어 뼈와 흙이 엉켜서 미라화된 것이다.

이들 고대 페루인들 생각에는 죽은 자가 저승에서 다시 태어나는 것이 아니라 이승에서 가지고 있던 몸 그대로 저승에 옮겨가서 다시 소생해서 살아간다고 믿었던 것이다. 그래서 살아남은 자는 죽은 자의 시체를 죽었을 때 그 모습 그대로 미라화해서 이승 때의 모습을 그대로 보존해 주는 것이 남은 자들이 해야 할 죽은 자에 대한 의무라고 믿었다. 그 증거로 저승에 가서 생활할 수 있도록 살아생전에 사용했던 토기, 의류, 장식품, 심지어 농기구까지 곁들여 매장을 했다. 이들 유적들 중 잉카 문화 때의 왕들은 훌륭한 미라가 되어 신전(神殿) 곁에 장식된 채 남아 있기도 하다.

(2) 북미의 미라

북미에는 신대륙 발견 이전의 인디언들이 사체를 미라로 보존했던 것이 여러 곳에서 발견되었다.

플로리다 지방에서는 시체를 건조시킨 다음에 의복을 입히고 성채(城砦) 칸막이 벽에 만든 오목하게 파인 부분에 안치시킨 미라가 발견되었다. 버지니아 지방에서는 포하탄족의 족장 시신의 내장은 끄집어내고 시신을 말린 후에 구리 알들을 몸속에 넣고 봉합시킨 미라가 발견되었다. 애리조나 지방에서는 건조한 지대에서 죽은 시체를 매장하지 않고 건조시킨 미라도 있다.

멕시코 남부의 뮤수텍족, 사포테코족이나 과테말라의 마야족에게서도 죽은 사자를 미라화해서 보존했던 것들이 발견되었다.

태평양 가운데 있는 폴리네시아의 타히티섬 수장의 사체는 내장을 끄집어낸 후 몸통을 향에 적신 후 태양열로 건조시킨 후 건조된 몸통에다 기름을 페인트처럼 칠하고 빠진 부분이나 빈 곳에는 향에 적신 직물로 채워 넣고 아름답게 옷을 입혀 형상을 유지한 채 일정 기간 제사를 지냈다. 제사 기간이 끝나면 두개골은 친자가 가져가서 보존하고 나머지 뼈들을 묻었다. 사모아, 뉴기니, 뉴가드레아, 오스트레일리아, 뉴헤브리드스 등의 다른 섬들에서도 다소 차이는 있으나 비슷한 미라를 만들었다.

(3) 아프리카의 미라

아프리카 자이르에서는 시체를 세척하고 태양을 향해 배례 의식을 행한 후 내장들을 꺼낸 뒤 몸통을 약한 불로 건조시키고 적토(赤土)를 바른 후 직물로 싸서 미라를 만들었다. 나이지리아와 카메룬의 여러 종족들에게서도 유사한 형태의 미라를 볼 수 있다.

이렇게 본다면 미라(Mirra)는 고대 이집트에서만 있었던 장례법이 아니다. 아시아, 북미, 남미, 태평양 제도, 아프리카 등 전 세계적 현상이었다.

그런데 아브라함 때 시작된 매장제도는 요셉 때와 그 이후에도 계승되었고, 그것이 유럽 각국의 매장문화를 형성한다.

아시아에서는 불교의 창시자 석가모니가 다비식(荼毘式)을 한 이래 사리(舍利: Sarira)를 흠모하게 되었다. 그 유산이 오늘날 화장(火葬) 장례로 일반화되었다. 여기에다 유교의 사상과 풍수지리설에 의한 토지 기맥론의 신앙이 명당을 숭앙하는 장지 문화로 정착되기도 했다.

과연 성경적이며 자손 수천 대에 이르도록 존중받을 장례법은 없는 것일까? 기독교계가 크게 개척해야 할 과제라고 본다.

결론

우리는 B.C. 1800년경 요셉이라는 역사적 인물을 통해 인생에 '꿈'을 갖고 살아가는 것이 얼마나 중요한지를 깨달았다. 또한 '꿈'이라는 희망을 갖는 것뿐 아니라 꿈을 향해 낙심하지 않고 모든 시련을 겪으면서 계속된 노력을 쌓아가야만 희망이 사라지지 않고 계속된다. 그리고 꿈을 달성한 후에는 반드시 베풀고 다른 이들에게 혜택을 주어야만 꿈의 가치가 존중받게 된다. 요셉의 인생 여정은 매우 가치 있고, 영원한 진리로 만인에게 교훈을 남겨주고 있다.

요셉과 똑같은 시대에 살아간 이집트인과 전 세계인은 어떤가? 죽으면 썩고 사라질 흙에 불과한 시신들을 온갖 미신적 신앙으로 미라를 만들며 허망하게 살아갔다. 우리는 과거 '동시대의 두 세상'을 비교해 보면서 오늘 우리는 어떻게 살아가야 할 것인지 똑바로 깨달아야 하겠다.

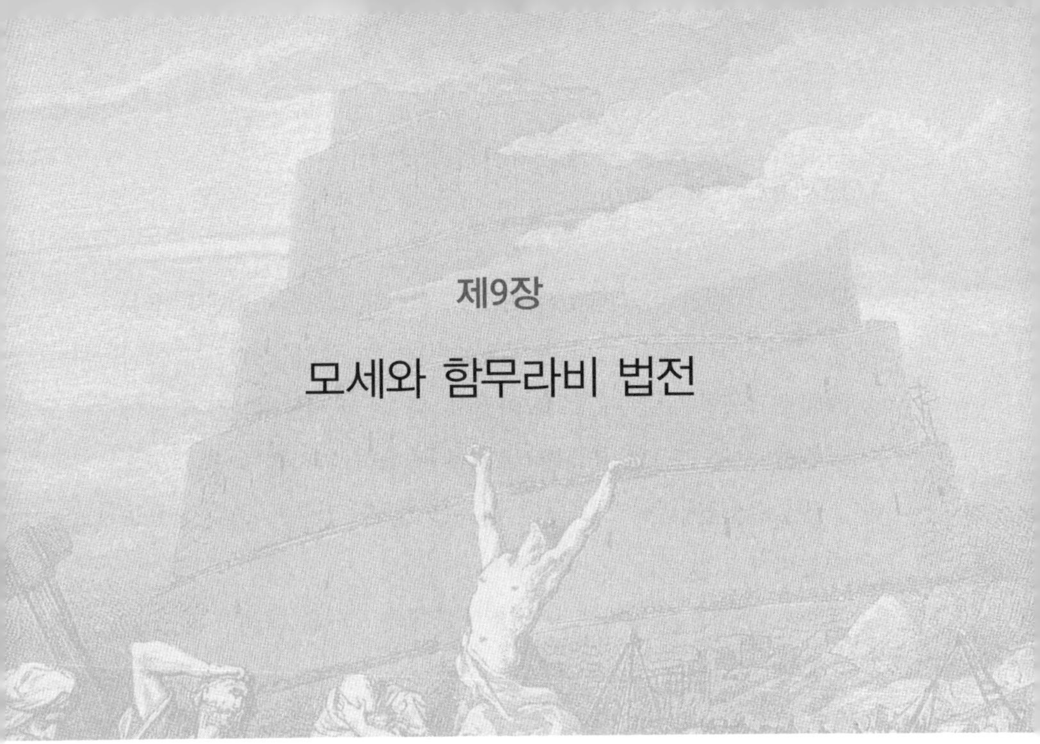

제9장

모세와 함무라비 법전

서론

모세는 B.C. 1500년경 인물이고, 함무라비 왕은 B.C. 1700년경 인물이다. 그런데 이 두 사람에게 공통점이 있다. 두 사람이 다 법률에 관심이 많았다. 차이가 있다면 모세는 종교적 법률에 치중했고, 함무라비는 국가를 이끌어 갈 정치적 법률에 치중했다는 것이다.

혹자는 함무라비가 먼저 활동했었기에 후에 활동한 모세는 함무라비의 영향을 많이 받은 것으로 생각하기도 한다. 또 함무라비 법전의 유적인 돌비(碑石)가 루브르 미술관에 남아 있기에 함무라비 법전은 과학적이고, 모세의 율법은 히브리인들만의 경전으로 전승되어 온 것이므로 비과학적이라고 생각하는 이도 있다.

두 사람은 200년의 차이를 두고 살아갔으나 두 사람 모두 인류에 귀중한 유산들을 남겼다. 여기서는 둘 중에 누가 더 영원하고 소중한 유산을 남겼는가를 비교하며 살펴보고자 한다.

1. 모세(B.C. 1527~1407)

모세는 120년을 살고 죽었다(신 34:7). 그런데 120년을 40년씩 구분해서 명확하게 구별되는 다른 인생을 살아갔다. 처음 40년은 애굽궁궐에서 교육받는 준비기로 살아갔고, 다음 40년은 미디안 광야에서 시련을 통해 연단받는 훈련기로 살아갔으며, 마지막 40년은 이스라엘 민족을 출애굽시켜 가나안 정복을 할 수 있도록 준비시켜 놓고 죽는다.

이처럼 3시기로 명확하게 구별되는 모세의 생애를 통해서 배울 교훈이 많다. 여기서는 성경에 기록된 내용 중심이 아닌, 모세의 생애를 통해서 배울 수 있는 참된 인생의 교훈을 살펴보도록 하겠다.

1) 교육기 40년

우리가 알고 있는 바와 같이 창세기로부터 신명기까지를 모세가 기록한 모세 5경이라고 한다. 모세 5경을 기록한 모세는 자신의 출신과 성장배경을 출애굽기 1~2장의 단 두 장에만 기록했다. 모세는 세상적이고 인간적인 화려한 경력의 가치를 무의미한 것으로 여긴 것 같다. 그것은 바울 사도가 주 예수 그리스도를 아는 지식이 가장 고상함을 깨닫고, 세상에서 유익하다고 알려진 모든 것들을 배설물로 여겼다고 고백한 것(빌 3:8)과 상통하는 것 같다.

필자를 비롯하여 많은 사람들은 자기의 과거를 돋보이게 하려고 학력과 경력난에 온갖 내용들을 열거하는 것을 당연시해 왔다. 그러나 나이가 들면서 다시 생각하게 되는 것은 그 모든 자기 자랑들이 모두가 쓸데없는 허세 같다는 것이다. 전에는 독자들에게 신뢰와 안

도감을 주기 위해 온갖 내용들을 열거했었으나 뒤늦게 그런 인간적 사고가 미성숙한 인본적인 발상이었음을 깨달았다.

모세 역시 나이 100세가 넘어 임종을 앞둔 시점에 기록한 모세 5경들에 자기 자랑보다는 하나님의 일하심과 자신이 부족한 상태로 쓰임받았던 것만을 기록하고 있다.

모세는 자신의 배경에 관해서는 자기 가문이 레위 지파 후손이라는 내력만 소개한다(출 6:20; 민 26:59). 이 같은 기록에 의하면 모세의 아버지는 아므람이고, 어머니는 요게벳이다. 모세의 형은 아론이고, 누이가 미리암으로, 모세는 형제들 중 막내로 태어났다.

그리고 모세가 태어날 당시는 요셉을 알지 못하는 새로운 애굽 왕이 다스리던 때였다(출 1:8). 새로운 애굽 왕을 '새 왕'이라고 했다. 이때 '새 왕'이란 '멜레크 하다쉬'(מלך חדש)다.

이 말은 70인역에서 '다른 왕'이라고 번역하였다. '다른 왕', '바실류스 헤테로스'(βασιλευς ἑτερος)는 선대의 왕조를 이은 왕이 아니라 다른 왕조의 왕이란 뜻이다.

KJV가 '새 왕'(New King)이라고 번역한 이래 RSV나 NIV 등 영어성경들 대부분이 '새 왕'이라고 번역하였다. 그러나 '멜레크 하다쉬'는 '다른 왕'이 맞다.

'다른 왕'이란 무슨 뜻인가? 앞서 요셉을 설명하면서 애굽의 왕조들을 설명했다. 초기 왕조(B.C. 3400~2700), 고 왕국 시대(B.C. 2700~2160) 중 왕국 시대(B.C. 2160~1750), 중간기(힉소스 왕조. B.C. 1750~1580), 신왕국(B.C. 1580~1000)이다.

여기서 중간기인 힉소스 왕조 때는 애굽 본토인이 아닌 이방 셈족의 후손인 타 민족이 왕권을 장악한 때였다. 그와 같은 이방 힉소스 왕조를 몰아내고 순수 애굽인 혈통으로 다시금 강력한 애굽인 왕조를 부활시킨 것을 '다른 왕'이라고 표현했다. 이때의 '다른 왕'은 신 왕국 시대 제18왕조인 투트모스 1세(Thutmose I: B.C. 1539~1514)였다.

이 시기를 전체적인 역사 개관으로 보자. 창세기 46장 27절에 야곱의 가족 70명이 애굽으로 이주한 때가 B.C. 1876년경으로 추정된다. 그 후 출애굽기 1장 8절에 애굽의 다른 왕조가 출현하여 이스라엘 백성들을 탄압하기 시작한 것은 모세가 출생할 무렵인 B.C. 1527년경이다. 이때는 야곱의 후손들이 애굽에 이주한 후 약 350여 년이 지난 때였다. 그리고 이때가 위에 소개한 투트모스 1세의 전성기였다.

그리고 이스라엘 민족은 B.C. 1446년, 즉 이스라엘 민족이 애굽에 거주한 지 430년이 끝나는(출 12:40~41) 그날에 애굽 땅을 나온다. 이것은 하나님께서 아브라함에게 연약하신 횃불 언약(창 15:13~16) 그대로 실현되었음을 의미한다.

모세는 애굽 바로 왕 딸의 아들로 자람으로 애굽 바로 왕의 히브리인 남자 말살 정책에 희생당하지 않고 왕자의 신분으로 궁중에서 성장한다. 이때의 바로 왕의 딸은 하트세프수트(Hatsepsut: B.C. 1501~1480)로, 부왕이 죽은 다음 짧은 기간 여왕으로 지낸 것 같다. 모세는 애굽의 궁궐에서 왕자의 신분으로 자람으로 생명을 보호받았을 뿐 아니라 애굽인들의 모든 지혜를 다 배웠다(행 7:22).

모세는 나이 40세경에 사람을 죽이고 바로 궁을 떠난다(출 2:14~15). 모세가 바로 궁을 떠나기 전까지 40여 년간 애굽의 학문과 학술을 두루 배웠다고 볼 수 있다. 그와 같은 근거가 오경 속에 나타나고 있는 온갖 전문적인 영역들에 대한 모세의 글이다.

모세 5경 속에는 천문학, 의학, 위생학, 생물학, 지리, 역사 등등 각 분야의 모든 부분들이 현대 학문을 능가하는 수준으로 많이 소개되고 있다. 모세가 어떻게 이 모든 지식을 알 수 있었을까? 그것은 그의 초기 40년 인생을 보낸 애굽 궁중 생활에서의 교육에서 얻은 지식이라고 할 수밖에 없다.

모세는 그와 같은 세상 지식이 하나님의 거룩한 뜻에 활용되도록, 거룩하게 쓰임받도록 최선을 다했다. 이처럼 세상 교육을 하나님의 영광을 위해 거룩한 용도로 사용한다면 세상 교육은 가치가 있는 것이다.

모세 당시나 또는 그 이후에 애굽에서 활용된 것으로 추정되는 고대문서가 발견되었다. 1887년 카이로의 남쪽 300km 지점 나일강의 동 연안에서 발굴된 점토로 만든 토판문(土版文) 377매가 그것이다. 여기에는 애굽의 상형문자와 당시 중동지역에 해당되는 수메르 지역의 아카드어의 설형문자와 히브리인들의 문자와 거의 동일한 우가리의 알파벳적인 설형문자들이 기록되어 있었다. 이 문서들은 B.C. 14세기경 이전에 사용되었던 문자들이다.

그렇기에 B.C. 1500년대 초기에 살아간 모세는 애굽의 왕궁에서 애굽만이 아니라 오늘날 중동으로 알려진 메소포타미아 전 지역의 문헌들을 모두 다 공부했을 것으로 충분히 추정할 수 있다.

훗날 유대인의 철학자로 알려진 필론(Philo: A.D. 40~100)이나 유대인 사가로 알려진 요세푸스(Josephus: A.D. 37~100)는 그들의 저서들에서 모세가 애굽 궁궐에서 당시 최고의 학문을 배웠음을 강조하고 있다.

여기서 우리가 깨달아야 할 교훈이 있다. 하나님께 크게 쓰임받는 인물이 되려면 어떻게 해야 하는가? 이 세상 모든 학문 각 분야를 공부할 수 있는 대로 모두 다 공부해야 한다. 그것은 세상에서의 기초를 닦는 기본이다. 그 위에다 하나님의 영적 지식을 쌓아 올려야 한다.

모세의 초기 40년 동안 세상 교육은 실패로 끝이 난다. 모세는 자기가 배운 세상 교육이 전부인 양 착각했다. 그래서 무조건적인 동족 보호라는 편파적 민족 본능으로 애굽인을 쳐 죽이는 실패를 저지른다. 모세는 살인자가 되어 애굽 궁중의 부귀영화와 안정을 뒤로하고 도망해야만 살 수 있는 은둔자로 전락한다.

모세의 새로운 교육은 미디안 광야에서 고난을 통해 새롭게 정화된다. 그렇게 정화되는 또 다른 40년의 연단기를 보낸 후에야 하나님의 영원한 영적 지식이 새롭게 시작된다.

2) 연단기 40년

모세가 애굽 궁궐에서 왕자 신분으로 애굽 사람을 죽인 때(출 2:12)는 애굽 왕 투트모스 1세(B.C. 1539~1514) 때였다. 그 후 여러 해 후에 애굽 왕은 죽고(출 2:23) 새로운 애굽 왕으로 투트모스 3세(Thutmos Ⅲ: 1504~1450)가 등장했다. 이 둘의 중간기간을 바로의 딸 하트세프수트가 여왕으로 지낸 후에 투트모스 3세에게 물려준 것 같다.

모세는 애굽 궁궐에서 살인자로 추적당하자 살기 위해 광야로 도망친다. 시내 반도 또는 거기에서 가까운 미디안 광야로 도피한 것이다. 거기에서 미디안의 르우엘(출 2:18)을 만나 그의 딸 십보라와 결혼하여 게르솜이라는 아들을 낳는다(출 2:22). 그런데 모세의 장인은 미디안의 제사장 이드로라고 했다(출 3:1). 아마도 르우엘은 개인 이름이고, 이드로는 제사장이라는 공식 명칭으로 추정된다.

모세는 미디안 광야에서 자신의 신분을 감추고 광야의 목동의 딸인 십보라와 가정을 이룬 채 40여 년을 초라한 도피자로, 은둔자로 산다. 모세가 이렇게 40여 년을 은둔자로 살아간 기록도 출애굽기 2장 16~25절에 짧은 몇 절로 기록되었다.

모세의 40여 년 은둔 기간은 모세의 연단기로, 필자는 이 기간이 모세에게 꼭 필요한 기간이었다고 생각한다.

성경에는 하나님께 크게 쓰임받은 사람들의 한결같은 공통점이 있다. 아브라함은 75세(창 12:4)부터 이삭을 낳을 때인 100세(창 21:5)까지 25년간의 연단이 있었다. 야곱도 고향을 떠나 외삼촌 밑에서 20년(창 31:38)을 노동자로 연단받는 기간이 필요했다. 요셉도 17세 소년이(창 37:2) 30세로 애굽의 총리가 될 때까지(창 41:46) 13년의 연단 기간이 필요했다. 모세도 광야에서 촌부로 40년간의 연단 기간을 보내야 했다. 다윗도 어린 소년 때 사무엘이 기름을 부었으나(삼상 16:13) 유다 지파의 왕이 될 때는 30세였고(삼하 5:4), 그가 예루살렘에서 전 이스라엘의 통일 왕이 된 때는 37세였다.

신약의 예수님도 공생애 3년을 위해 사생활 30년의 밝혀지지 않은 은둔 기간이 있었다. 바울 사도도 다메섹 도상에서 회개한 후 전도자가 되었으나 아라비아에 가서 3년 동안 지냈고(갈 1:17), 3년 후 예루살렘에 올라가서 게바를 만나 15일을 머물렀으나(갈 2:18) 사도들이 마음을 열지 않고 헬라파 유대인들이 바울을 죽이려 듦으로(행 9:26~30) 그의 고향 다소로 가야 했다. 그 후 안디옥 교회 지도자 바나바의 초청으로 안디옥 교회 사역자가 되어(행 11:25) 14년 만에 바나바와 함께 예루살렘에 올라갔다(갈 2:14). 바울 사도도 회개한 후 무려 17여 년의 은둔 기간을 보내야만 했던 것이다.

교회사에 그 같은 사례는 너무도 많다. 필자 역시 1978년 38살에 거듭났으나 80이 넘은 지금까지 고난과 시련이 끝나지 않고 계속된다. 그러나 모세가 40년을 광야에서 은둔 생활을 한 것에 비교하거나 우리 주님이 30여 년을 은둔 기간으로 보내셨던 것에 비하면 너무도 감격스럽고, 감사하고, 황공할 따름이다.

모세는 광야 생활 40년 동안 그의 부족한 인격과 신앙적 겸손을 이론이 아닌 삶 속에서 체득하게 되었을 것이다.

① 그는 세상 학문의 한계점을 체득하고, 하나님의 초월적인 계시의 위대함을 몸소 체험했을 것이다.

② 그는 동족애의 본능을 감정으로 처리하지 않고 영원한 하나님의 백성으로서의 가치를 높여야 함을 깨달았을 것이다.

③ 그는 개인의 안락보다는 동족과 함께 고생하는 삶이 보람 있는 삶인 것을 깨달았을 것이다.

④ 세상 정치는 강자에게 아첨해야 하고 약자에게 무관심해야 정치세력을 유지할 수 있으나, 하나님의 사람으로서 어떻게 살아가는 것이 양자를 다 살려내는 길인가를 깨달았을 것이다.

⑤ 그는 지도자로 인기를 누리는 명예를 자기 형 아론에게 양보함으로 "모세는 온유함이 지면의 모든 사람보다 더하더라"(민 12:3)는 평을 받았다.

⑥ 그는 광야 생활 40년의 시련 속에서 자연을 활용해 살아남을 수 있는 생존욕의 해결 방법들을 터득했을 것이다.

⑦ 그는 인생의 최대가치가 개인적 영화가 아니라 전 민족이 살아서 세계에 기여하는 것임을 깨닫고, 개인 생명과 민족을 맞바꿔 달라고 한다(출 32:32).

모세에게 광야 40년은 헛된 기간이 아니었다. 광야 40년 동안 그의 많은 단점들이 다듬어지고 인격의 성숙과 위기를 극복하는 기술 체득과 동족이 세상에서 가장 가치 있는 것임을 깨닫고, 이 모든 것을 감당하려면 신앙의 정도가 끝없이 발전하여 모든 것을 감싸 안을 수 있는 하나님의 심장으로 성장해야 함을 깨달았을 것이다.

모세는 40년의 광야 생활로 하나님의 사람이 되려는 후세의 모든 인류들에게 인생 연단기의 필요성을 모범적으로 보여줬다고 할 수 있다. 이 같은 모세의 모범은 세상에서나 신앙에서나 어느 영역에서든지 반드시 배워야만 하는 중대한 교훈이라고 본다.

3) 사역기 40년

모세가 80세가 되었을 때였다. 그는 호렙산에서 떨기나무가 불꽃처럼 불이 붙어 보였으나 그 떨기나무는 사라지지 않는 괴이한 장면 속에서 하나님을 만난다.

모세는 80세가 될 때까지 하나님에 관한 지식들을 많이 갖고 있었다. 그러나 그 지식은 관념적이고 관습적 경험의 반복에서 인식된 막연한 지식일 뿐이었다. 그러다가 호렙산에 이스라엘 민족에 관한 지대한 관심을 가지신 하나님을 만남으로 그의 인생에 전환점을 맞게 된다. 모세의 80년 생애가 B.C.에 해당한다면 호렙산에서의 하나님 소명 이후에는 A.D.로 전환된다. 신약적 표현을 하자면 중생하는 계기가 된다.

모세는 과거 80여 년 동안 순전히 자기중심주의로 살아왔다. 그러나 호렙산에서 하나님을 만난 후에는 하나님만을 위해 살아가는 인생으로 완전히 달라진다.

모세가 40여 년 동안 하나님 사역을 한 내용이 출애굽기 4장에서부터 신명기 34장 안에 기록이 되었다. 그 많은 내용 중에서 중요하다고 생각되는 몇 가지를 선별해 보겠다.

(1) 이스라엘 민족을 출애굽시킨 대사역

이스라엘 민족은 야곱이 애굽으로 이주했을 때 70명이었고(창 46:27), 요셉 가족까지 합치면 75명이었다(행 7:14). 이들 75명이 430년 후에(출 12:40~41) 200만의 거대 민족을 이루어 애굽을 탈출한다.

이스라엘 민족 대이동의 선봉에 모세가 하나님께 쓰임받으며 대역사를 이루어냈다. 모세는 이스라엘 민족의 영웅이 되었다.

(2) 이스라엘 민족의 신앙을 위한 율법 전수

모세는 시내산에서 하나님과 40일 밤낮으로 지내면서 이스라엘 민족이 하나님의 선택받은 민족으로 살아갈 규범인 율법을 받았다.

율법에는 세 가지 내용이 들어 있다.

① 선민의 기본자세인 도덕법(Moral Law)

② 하나님을 향한 제사와 절기를 알려주는 의식법(Ritual Law)

③ 선민이 지켜야 할 사회 규범의 시민법(Civil Law)

이와 같은 율법은 구약의 대표적 계시이고, 신약의 복음서는 신약의 대표적 계시로 구분된다.

(3) 세계 인류를 위한 성경 기록

모세가 기록한 성경은 구약성경 처음의 다섯 권이다.

모세 5경 전부가 다 세계 인류에 해당하는 내용은 아니다. 구약의 율법이 신약 성도들에게 불완전한 것임은 수없이 많은 곳에 강조되었다(롬 3:20, 4:15; 갈 2:16, 3:12, 13; 히 7:19, 10:1 등). 주님도 율법이 불완전하기 때문에 자신이 완성시키러 왔다고 하셨다(마 5:17~48).

그렇지만 모세 5경 속에는 전 인류가 꼭 알아야 하는 모든 인류를 위한 진리들이 많이 있다. 그것이 창세기 1~11장에 기록된 세계 인류를 위한 성경이다.

모세는 이스라엘 민족만을 위한 사역자가 아니라 세계 인류를 위한 사역자였음을 마태복음 17장에서 변화산 위에 모세, 엘리야가 예수님과 함께 부활의 증인으로 나타난 것으로 확인해 보여주었다.

(4) 율법의 한계점

모세는 구약의 대표적 인물이다. 그런데 주님은 여자가 낳은 자 중에 침례자 요한보다 큰 이가 일어난 일이 없다고 하셨다(마 11:11).

여기 '크다'는 말은 '메이존'(μειζων)으로 가장 위대하다는 뜻이다. 구약성경에는 모세를 비롯해 이사야, 예레미야, 에스겔 등 많은 훌륭한 예언자들이 있었으나 저들은 메시아이신 예수 그리스도께서 오실 것을 예언하는 정도에 그쳤다. 그러나 침례자 요한은 직접적으로 오실 메시아를 대면하여 증언했고, 메시아의 길을 예비한 선지자이다. 그렇기에 여자에게서 태어난 모든 자들 중에 요한이 가장 위대하다.

구약의 모세가 대단히 위대하다. 그러나 그는 신약에 지극히 작은 소자로 나이가 어리거나 보잘것없는 자보다 덜 위대하다. 왜 그럴까? 모세가 전해준 율법에는 행위만 있을 뿐 은혜의 진리가 없기 때문이다.

율법에는 실천해야 할 법조문들만 있고 믿음으로 중생하는 진리가 없다.

율법에는 부활의 소망이 없다. 율법에는 천국에 대한 완벽한 내세의 신앙이 없다. 율법에는 상대와 똑같이 행하는 행위 원리는 있으나 원수를 사랑하는 사랑의 극치가 없다. 율법으로는 구원받을 수 없다. 그렇기에 구약의 율법은 불완전한 계시이며, 계시의 그림자일 뿐 실상은 아니었다.

신약 때에 메시아이신 예수 그리스도의 십자가 대속에 의한 구원의 진리와 구원받은 자는 천국에서 영생할 것을 믿는 부활신앙을 갖고 살아갈 수 있음은 오순절 성령 강림으로 시작되었다. 그렇기에 신약 성도들이 구약 성도들보다 더 위대한 것이다.

우리는 구약의 대표자인 모세가 이스라엘 민족과 전 세계 인류를 위해 공헌한 전무후무한 공헌들을 잘 알고 있다. 그러나 그 많은 공헌들이 아무리 크고 위대하다 할지라도 그것들은 이 땅에 속한 특정한 민족들에게만 국한되는 공헌으로 지극히 작은 것에 불과하다. 하나님은 전 세계 모든 만민의 아버지이시다. 그렇기에 전 세계 모든 만민과 모든 민족에게 이 땅에서만이 아닌 영원한 천국에까지 영생을 줄 수 있는 예수 그리스도의 대속의 구원만이 가장 크고 영원한 공헌인 것이다.

그렇지만 모세가 창세기를 통해 하나님의 위대하신 창조주 되심과 섭리자 되심을 깨우쳐 준 공헌과 출애굽기를 통해 하나님이 함께하실 때 따르는 위대한 능력들을 깨우쳐 준 공헌은 크게 인정해야 하겠다. 그런 면에서 모세는 불완전하지만 과거 구약시대의 대표자가 되는 것이다.

2. 함무라비 법전

모세는 B.C. 1500년경 인물이다. 모세와 비슷한 시기의 인물로 거론되는 인물이 함무라비 왕이다. 함무라비 왕에 대한 내용을 알아보자.

1) 함무라비(Hammurabi)는 누구인가?

함무라비 왕(B.C. 1728?~1686?)은 고대 바벨론의 왕이다. 앞서 세계 문명의 발상지 중 하나로 메소포타미아의 바벨론 문명을 말했다.

창세기 10장 6~14절을 보면, 함의 아들 구스가 니므롯이라는 아들을 낳았다. 니므롯은 시날 땅에다 바벨, 에렉, 악갓, 갈레라는 성읍들을 세우고, 또 앗수르 쪽으로 북상해 니느웨, 르호보딜, 갈라, 레센이라는 성읍도 건설했다. 이렇게 바벨 성읍을 세운 시날 땅은 후에 바벨탑 건설지가 되고(창 11:2), 앗수르 니느웨는 앗수르의 수도가 된다.

이렇게 시작된 바벨은 유프라테스강을 중심으로 발전하고, 앗수르는 티그리스강을 중심으로 발전한다.

바벨론은 고대 바벨론 때 한동안 가장 왕성했고, 그 무렵 가장 유명한 왕이 함무라비 왕조이다. 그러나 함무라비 왕조 이후에는 바벨론 세력이 약화되어 앗수르의 지배를 받다가 느부갓네살 왕조 때(B.C. 1140년경) 차츰 다시 살아난다. 그리하여 느부갓네살 1세 때인 B.C. 612년에는 바벨론과 메대가 합세하여 앗수르를 멸망시킨다. 그리고 느부갓네살 2세(B.C. 605~562) 때는 중동에서 최대 강국으로 신 바벨론 제국을 이룬다. 바로 이 느부갓네살 2세에 의해 남왕국 유다가 망하고 바벨론 포로가 시행되며, 이 무렵에 활동한 선지자들 중 국내의 예레미야와 포로민 중 다니엘, 에스겔이 있다.

함무라비 왕이 출현하기 이전의 바벨론은 북쪽의 앗수르와 남쪽의 라르사(Larsa) 사이에 끼인 작은 나라였다. 남쪽의 라르사는 아모리 계(系) 후손들로 현재 이라크의 우루크 남동쪽 약 15km 지점에다 도시를 건설하고 독립 왕조로 남메소포타미아 지배권을 가지고 있었다. 그런데 고대 바빌로니아 함무라비 왕조가 라르사를 멸망시키고 또 북쪽의 앗수르도 정복하여 메소포타미아 전 지역을 통일하였다.

고대 바빌로니아가 메소포타미아 전 지역을 통일해 지배했으나 고대에는 전 지역에 대한 행정력 발휘가 매우 제한적이었다. 특히 메소포타미아 남부 지역의 넓고 풍요로운 농업지대를 함무라비 왕조의 소속으로 만들었으나 그 지역을 통제하기에는 역부족이었다.

여기에 함무라비 왕은 농업지대 전역을 왕권이 관장하는 수리권(水利權) 지역으로 만들어 각계각층의 사람들에 나누어 주었다. 그리고 땅을 분배받아 농산물을 생산해 낼 수 있는 특혜를 받는 자들은 나라에 군역, 부역, 납세 등을 제공하게 함으로 왕국의 경제적, 군사적 기반을 확립하도록 하였다.

이와 같은 왕의 정치 이념을 선포로만이 아니라 법조문을 돌판에다 새겨서 만인이 다 알 수 있도록 돌비를 세웠다. 이와 같은 돌비의 법조문을 '함무라비 법전'이라고 한다.

2) 함무라비 법전의 내용

함무라비 법전은 B.C. 1700년경 돌비(石碑)에 3,000행의 설형문자로 기록되었다. 그 내용은 앞에서 설명한 대로다.

함무라비 왕은 국가의 수호신인 태양과 정의의 신 므로닥(Merodach: 렘50:2, 마르둑이라고도 한다)의 소명에 따라 국가를 재건하고 백성을 풍족하게 살게 하기 위해 법조문을 만들어 선포한다. 그는 메소포타미아의 풍부한 물을 이용할 수 있는 농경지에 물을 공급해 주며, 한편 약자를 보호하고 정의를 실현할 목적으로 282조의 법조문을 발표한다고 했다.

이 법조문은 높이 약 6피트의 원주형 돌에 3,000행에 걸쳐 282조의 법조문 내용이 단정한 설형문자로 새겨져 있다.

이 돌비는 프랑스가 1897~1912년까지 이란 남서부의 자그로스 산맥과 카룬강이 관류하는 수사(Susa) 평원에서 선사시대의 유적을 발굴하던 중 1901~1902년에 발견하였다. 그래서 현재는 루브르 박물관에 소장되어 있다.

법조문의 내용에는 민법, 형법, 상법, 소송법, 가정법 등 바벨론 당시의 수메르에 통용되던 당시의 관습법이 집대성되어 있다. 특히 신전이나 왕궁의 소유물에 대한 절도범, 출정(出征) 중이거나 포로가 된 병사의 토지 경작권, 소작(小作)법, 빚과 채무, 노예 제도, 혼인과 가족, 각종 노동자나 노동 용구의 고용법 등이 다 망라되어 있다. 이 법조문은 전체적으로 토지 소유와 농업에 관계된 당시의 사회법이 주된 내용이다.

이 법조문의 마지막 결문은 이 법조문을 지키도록 자손들을 깨우치도록 권장하는 내용으로 되어 있다.

3) 함무라비 법전과 모세 율법의 관계

함무라비 법전은 고대 바벨론 왕국이 농경지를 통해 국가의 안정을 꾀한 통치 목적의 법전이다. 그에 반해 모세의 율법은 이스라엘 민족으로 하여금 하나님의 백성으로서 구별되게 살아가도록 하는 종교적 목적으로 주어진 법조문이다.

이 둘은 근본 취지와 내용이 전혀 다르다. 그럼에도 불구하고 이 두 법조문의 상관관계를 설명함으로 모세 율법을 함무라비 법전의 영향물로 보려는 자유주의 신학자들이 있다. 그들의 주장은 이렇다.

함무라비 법전 중에는 동일한 범죄라 해도 피해자의 신분에 따라 그 법이 적용되는 것을 다르게 했다. 당시의 신분에는 자유인이 높은 계층이라면 무슈케늄이라 불리는 중간층이 있었고, 노예라는 하층민이 있었다. 그런데도 손해를 배상하게 될 경우에는 신분 구별 없이 다 동일하게 보상하도록 규정해 놓았다.

이 같은 내용이 모세가 기록한 율법 중에 출애굽기 21장 22~25절에 기록된 "생명은 생명으로, 눈은 눈으로, 이는 이로, 손은 손으로, 발은 발로"라는 '동해보복법'(同態報復法)에 영향을 주었을 것이라는 가정을 말한다. 이 같은 주장자들은 레위기 24장 20절, 신명기 19장 21절 내용도 이 같은 사례의 증거로 설명한다. 그래서 모세의 율법은 그 율법이 만들어지기 이전의 함무라비 법전의 영향을 받았을 것이라는 가정을 제기한다.

그러나 이것은 과거 고대 세계를 전혀 모르는 가설이다. '동해보복법'을 만든 B.C. 1500년경의 모세 시대는 어떠했는가? 모세는 지금으로부터 3,500년 전 시대 사람이다. 3,500년 전 시대는 국가 통치력이 매우 열악한 때였다. 그때는 힘과 군사력을 가진 자가 정의를 만들어 가는 시대였다. 이런 때 한 부족에서 다른 부족의 사람을 살인했다면 살인한 한 사람만 '동해보복'으로 끝내야 했다. 창세기 34장의 야곱의 딸 디나를 간음한 세겜의 가족 전체에게 살인으로 보복한 것처럼, 부족 간의 전쟁 확대를 억제하는 수단이 동해보복법의 취지이다.

동해보복법은 더 큰 불행을 막으려는 시대적 법이었다. 그러므로 함무라비 법전의 내용과 모세의 율법을 결부시켜 모세 율법을 격하시키는 주장은 온당치 못하다.

4) 그리스도의 '사랑의 법'

주님은 마태복음 5장 21~48절에서 원수를 사랑하라고 가르치셨다. 주님의 '사랑의 법'이 전 세계에 영향을 미쳤다고 할 수 있다. 그래서 무서운 법조문도 한시적으로만 적용되어야 한다는 시효(時效)가 있다. 헌법, 형법, 민법, 상법, 형사소송법, 민사소송법 등 육법(六法)이 있으나 그 법조문들은 시효가 지나가면 사문화된다. 하물며 3,500년 전의 모세 율법을 지금 시대의 기준으로 판단하려는 것은 매우 불합리한 적용이다.

우리는 모세의 '동해보복법'(Lex Talionis)을 잔인한 보복법이 아니라 피해를 최소화하려는 시대적 참작법으로 이해함이 좋을 것 같다. 그리고 세상의 육법들보다도 더 완전하고 영원한 법이 예수 그리스도의 '사랑의 법'임을 확신해야 하겠다.

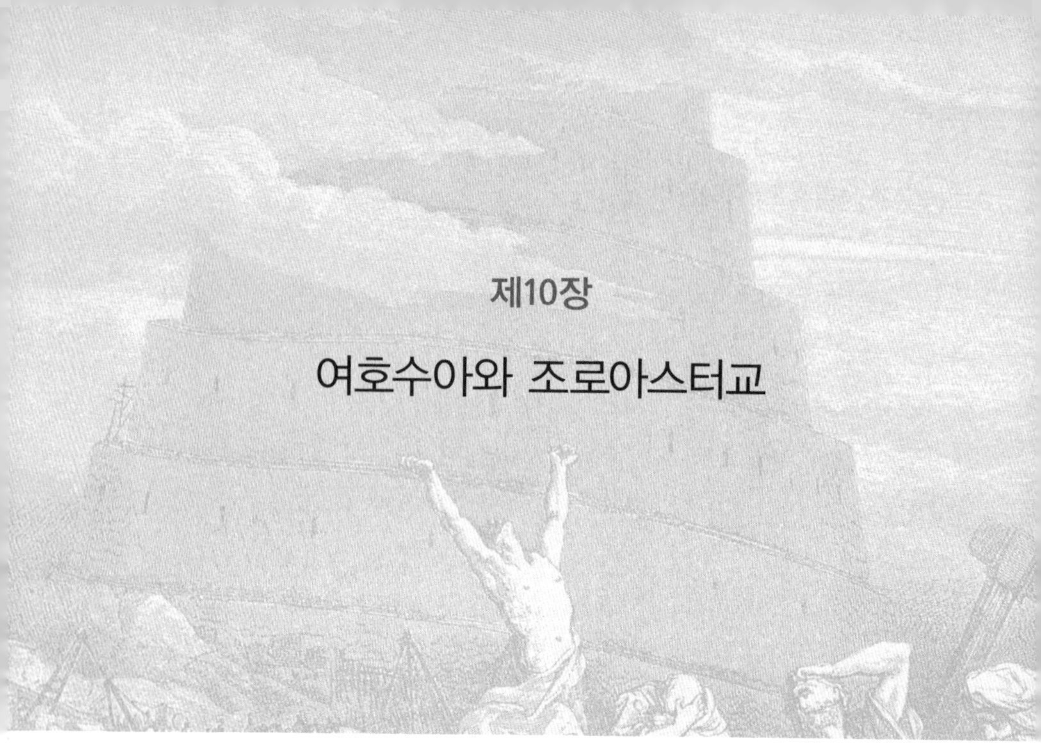

제10장

여호수아와 조로아스터교

서론

여호수아는 B.C. 1300년경 인물이다. 조로아스터교는 B.C. 1200년경 페르시아에 생긴 종교이다. 이 두 가지가 과거 동시대에 이루어진 내용이다.

동시대에 두 사람은 각각 다른 업적을 남기고 죽었다. 여호수아는 모세의 후계자로, 이스라엘 민족의 숙원 사업인 가나안 땅을 정복하여 이스라엘 민족이 살아갈 영토를 확보하였다. 반면에 조로아스터는 한때 페르시아 국교로 나라를 부강하게 하는 데 활용되었으나 지금은 영세한 종파로 쇠락하고 말았다.

우리는 이들을 비교 분석해 봄으로써 무엇이 더 영원한 가치를 가지고 있는가를 살펴보도록 하자.

1. 여호수아

여호수아는 모세의 후계자로 대략 B.C. 1405~1390년까지 활약했던 이스라엘 민족의 지도자이다.

그는 이스라엘 민족의 지도자로 약 15년간 활약하기 이전에 모세 밑에서 약 40년간 철저한 훈련을 받았다. 이것은 모세가 이스라엘 지도자로 부름받기 전에 80년을 훈련받았던 것과 맥락을 같이한다.

성경에서 훌륭하게 쓰임받은 많은 사람들의 공통점은 그들이 쓰임받기 이전에 많은 시련 속에 훈련을 받았다는 점이다. 이미 소개한 아브라함, 야곱, 요셉, 모세가 그러했고, 여호수아도 마찬가지다. 뒤에 소개할 솔로몬이나 그의 아들 르호보암 등은 어려서 왕자의 신분으로 궁궐에서 호화롭게 성장했기에 초기에는 믿음의 길을 걷는 듯하지만 후반기 인생은 형편없이 추락하고 만다.

여호수아가 모세 밑에서 여러 면으로 훈련을 받았던 내용들이 성경에 기록되어 있다. 그 후에 지도자로 쓰임받고 위대한 공적들을 남겼다. 이 내용을 준비기와 사역기로 나누어 살펴보자.

1) 준비기

이스라엘 민족이 430년간 살아온 애굽 땅을 떠나기까지 그들은 많은 것을 체험한다.

이스라엘 민족은 출애굽을 하기 전에 수많은 기적들을 체험한다. 그것이 10가지 재앙 속에도 살아남은 유월절 절기가 된다. 이스라엘 민족은 출애굽 하는 과정에서 홍해를 육지같이 건너는 기적을 체험한다. 그것은 이스라엘 전 민족에게 하나님의 선택받은 민족이라는 민족적 긍지를 심어주는 역사적 사건이 된다. 그리고 출애굽한 이스라엘 민족은 시내산에서 모세를 통해 십계명을 포함한 율법을 수여받는다. 그것이 이스라엘 민족의 종교와 신앙을 이룬다.

이렇게 이스라엘 민족은 처음부터 하나님께서 그들과 함께해 주시는 구체적 사건들을 직접적으로 체험하였다. 그 같은 직접적 체험들 가운데 여호수아는 더욱 구체적인 체험들을 하게 됨으로 다른 이들보다 더욱 하나님의 사람으로 충성할 수 있도록 확신을 얻게 된다.

(1) **아말렉족과의 전쟁**(출 17:8~16)

이스라엘 민족은 애굽 생활 430년으로 노예근성이 정착되었다. 그래서 자기들이 히브리 민족이라는 조상에 대한 긍지만 있을 뿐 신앙민족의 후손다운 역동적인 행적들이 전무했다. 이렇게 노예근성으로 굳어진 정신적 박약자들에게 하나님은 초자연적 기적들을 체험하게 함으로써 정신을 개선시키려 하신다.

이스라엘 민족은 출애굽 전에 10대 재앙을 체험했다. 출애굽 후에도 계속적인 기적들을 체험한다. 그것이 마라의 쓴 물이 단물로 변하는 사건(출 15:22~26), 신 광야에서의 만나와 메추라기 사건(출 16장), 반석에서 물이 나오는 사건(출 17:1~7)이다.

이렇게 초자연적 기적들을 체험해 가던 이스라엘 민족에게 인간적으로 도전해 온 사건이 아말렉족과의 전쟁이다.

아말렉족은 누구의 후손인가? 명확히 알 길이 없다. 성경에 기록된 아말렉이라는 기록을 통해 몇 가지를 추정해 볼 수 있다.

창세기 14장 1~12절에 엘람 왕 그돌라오멜이 여러 연합군을 형성해 소돔과 고모라 왕 등과 전쟁을 했던 기록이 나온다. 이 중에서 창세기 14장 7절에 아말렉 족속이 나온다. 이로 보면 아말렉 족속의 본거지는 소돔과 고모라 지역이 아닌가 하는 추측이 가능하다.

또 창세기 36장 2절에는 에서가 가나안 여인 헷 족속의 아다를 아내로 얻었는데 그 아다가 엘리바스라는 아들을 낳았다(4절). 엘리바스는 첩 딤나를 통해 아말렉을 낳았다(12절). 이로 보면 아말렉족은 에서의 후손으로 추정이 된다.

이들 에서의 후손인 아말렉족은 에돔족과 갈라져 나와 시나이 반도에서 유목생활을 하고 있었다. 출애굽 시기에 이스라엘 민족과 아말렉족이 르비딤에서 맞서 싸울 정도로 아말렉족도 상당한 세력으로 성장한 것 같다.

르비딤은 신 광야와 시내 광야 사이에 있는 한 골짜기 지역이다(민 33:14~15). 이곳은 현재 시내산 북서쪽 20km 지점인 제벨 세르발(Jebel Serbal) 북쪽에 전개되는 비옥한 평원 와디 파이란(Wadi Feiran)으로 알려졌다. 여기서 이스라엘 민족을 가로막는 아말렉족과의 전투가 벌어진다.

모세는 여호수아를 전투 지휘관으로 내세우고 모세 자신은 아론과 훌을 데리고 그 지역의 높은 산꼭대기로 올라간다. 이때 모세가 여호수아 군대의 승리를 기도하는 마음으로 손을 들면 이스라엘이 이기고, 손을 내리면 아말렉이 이기는 기현상이 생긴다. 그러자 이스라엘의 승리를 위해 아론과 훌이 모세 양쪽에서 양팔을 붙들어 주어 여호수아 군대는 해가 지도록 승리를 계속했다.

여호와께서는 이 내용을 책에 기록하여 여호수아의 귀에 외워져서 항상 들려지도록 하라고 하셨다. 여기 '귀에 외워 들리라'는 '웨심 베오즈네'(ושים באזני)이다. 이 말은 귀에 못이 박힐 정도로 들려주어서 완전히 암기하게 하라는 뜻이다.

하나님께서 모세의 후계자로 장차 가나안 정복의 대업을 이룰 여호수아에게 전쟁은 사람이 나서서 하지만 승패의 결과는 여호와께 속한 것(삼상 17:47)임을 인식시키기 위함이었다. 여호수아는 아말렉족과의 전투에서 승리하는 큰 경험으로 교육을 받았을 것이다.

(2) 시내산에서 율법을 받는 모세와 40일을 함께함(출 24:12~32:35)

이스라엘 백성들이 출애굽 3개월 후에 시내 광야에 이르렀다(출 19:1). 여기서 모세와 이스라엘 백성들의 장로들(7절)을 모아 여호와께서 주시는 십계명을 받는다(출 20장). 이때 배상에 관한 법, 도덕에 관한 법, 공평에 관한 법, 안식년과 안식일에 관한 법들이 함께 주어진다.

그 후에 이스라엘 장로 70인은 산 아래 있게 하고, 모세와 그의 부하 여호수아(출 24:13)만 시내산으로 올라갔다. 이들 두 사람은 시내산 위에서 40일 동안 성소의 예물, 증거궤, 진설병, 등잔대, 성막, 제단, 제사장 옷, 흉패, 제사장 직분 위임식, 번제, 분향단, 놋 물두멍, 향 기름, 안식일 등등 종교생활에 필요한 각종 지시들을 하나님으로부터 계시 받는다. 이때 여호수아는 모세와 함께 여호와 하나님의 장엄하심과 살아서 역사하심을 확실하게 체험한다.

여호수아는 이때의 황홀한 체험들로 완전히 하나님의 사람으로 만들어지는 획기적 변화를 경험했을 것이다. 아마도 이때가 여호수아의 중생의 계기가 되었을 것이다.

그러나 아론을 비롯하여 산 아래에 있던 장로들은 모세와 여호수아를 의심하고 금송아지를 만들어 광란을 저지른다. 모세는 40일 동안 받은 돌판들을 산 아래로 던져 깨뜨린다. 금송아지는 불살라 가

루를 만들어 이스라엘 자손에게 마시게 한다. 이때 하나님의 편에 선 레위 자손들이 광란을 벌인 백성들 3천 명을 죽인다(출 32:18).

여호수아는 이때의 체험으로 하나님의 진리는 많은 숫자의 군중들에게 있는 것이 아니라 소수의 하나님의 사람에게 있음을 체험했을 것이다.

(3) 가나안 정탐 보고 사건(민 13:1~14:38)

이스라엘 백성들이 시내산을 떠나 가나안이 가까운 바란 광야에 이르렀다(민 13:16).

이곳 바란 광야를 신 광야(출 16:1, 17) 일부로 보기도 한다. 신 광야는 네겝(네게브) 남쪽에 있는 이스라엘 영토의 최남단에 있다. 여기서 서쪽은 애굽 시내인 와디 엘 아라슈가 가깝고(겔 47:19, 48:28), 동쪽은 에돔(민 20:16)과 아모리인의 고지(신 1:19)와도 접하고 있다. 바란 광야는 가데스(민 20:1), 가데스바네아(민 32:8; 신 1:2; 수 10:42)라고도 불리는 샘이 있는 곳이다.

모세는 이곳 가데스바네아에서 여호와의 지시에 의해 열두 지파의 지휘관들로 하여금 가나안 땅을 정탐하게 한다. 이때 유다 지파의 대표로 갈렙이, 에브라임 지파의 대표로 호세아(여호수아)가 출정한다.

이들 이스라엘 열두 지파의 대표들은 40일 동안 가나안을 정탐하고 귀국 보고를 한다. 이때 10명의 대표들은 가나안을 악평하고, 자신들은 네피림 후손인 거인들 앞에 서 있는 메뚜기 같다는 부정적 보고를 했다. 이들 중 여호수아와 갈렙만이 이스라엘 민족이 그 땅을 쟁취할 수 있다고 한다.

옛날이나 지금이나 어리석은 군중들은 다수의 민주주의(Democracy)

가 진리라고 믿는다. 다수의 의견과 달리 소수의 신본주의(Theocracy)는 편견이라고 거부한다. 다수의 군중들이 10명의 부정적 보고를 믿고 여호수아와 갈렙을 돌로 치려 할 때 여호와의 영광이 나타남으로 멈춰진다.

이때 말하는 '여호와의 영광'은 '우케보드 예흐와'(וכבוד יהוה)다. 여기 '영광'이라는 말은 '카보드'(כבוד)다. 이 말은 눈에 보이는 하나님의 현현을 의미한다.

하나님의 현현은 복을 주시기 위해 나타나지만 진노를 나타내심도 뜻한다. 여호수아와 갈렙을 돌로 치려던 군중들은 갑자기 나타난 하나님의 영광스런 모습으로 인해 심한 두려움을 느끼고 그들의 시도를 중지하게 되었던 것 같다.

이 사건을 놓고 모세는 하나님께 기도하게 된다. 하나님은 이스라엘 전체 백성들의 불신앙 상태로는 가나안 정복을 달성할 수 없음을 아시고, 과거 출애굽 세대 중 20세 이상은 모두 다 광야 40년의 훈련으로 죽게 하고 여호수아와 갈렙을 중심한 20세 미만의 광야에서 출생한 신세대만이 가나안 땅에 들어갈 것을 선포하신다.

여기서 우리가 크게 깨달을 교훈이 있다. 모세의 영도로 출애굽한 이스라엘 민족은 대략 200만 명은 되었을 것이다. 200만 명이 10대 재앙, 홍해 도하, 광야 40년의 각종 기적들 등 만 가지 체험들을 했다고 해서 저들이 가나안 땅에 들어간 것이 아니다. 200만 명 중에서 가나안 땅에 들어간 이는 여호수아, 갈렙을 비롯해서 과거 출애굽 세대가 아닌, 광야에서 출생한 신세대들이었다.

오늘날도 마찬가지다. 현대에는 주일마다 전 세계 각 곳에 예배 인원이 수없이 많다. 이들 중에 참으로 거듭나서 구원받은 자들은 매우 적은 수가 될 것이다. 그러나 만인이 다 추종하는 다수의 민주주의 물결을 맹종하지 않고 하나님의 뜻대로 순종하는 신본주의자들을 하나님께서 인도해 주실 것이다.

(4) 모세의 후계자로 세워짐(민 27:12~23)

모세는 므리바 반석을 "명령하라"(민 20:8)는 하나님의 지시를 어기고 감정이 폭발해 반석을 두 번 치는(민 20:11) 실수로 인해 가나안 입국을 금지당한다.

모세는 평생을 동경하던 가나안 땅을 요단강 동편의 아바림 산맥의 최고봉인 느보산에서 멀리 바라만 보는 것으로 만족해야 했다. 그리고 하나님의 지시에 따라 제사장 집례로 여호수아에게 안수하여 모든 회중들 앞에 후계자로 세운다.

모세의 후계자는 앞서 설명한 대로 아말렉족과의 전투, 시내산에서 40일간의 동행, 가나안 정탐 보고 등등 수십 년의 관찰 끝에 하나님의 지시로 세워졌다.

현대 교회는 후계자를 양성하여 심사하며 관찰하는 과정 없이 설교 몇 번 시켜보고 회원들의 느낌으로 후임자를 결정한다. 이것은 너무 위험 부담이 큰 졸속적 방법이다. 후임자는 전임자가 오랜 기간에 걸쳐 양육하고 모든 이에게 검증된 자라야 한다.

2) 사역기

여호수아는 110세에 죽는다(수 24:29). 이 기간 중에 가나안 정복을 위해 약 7년이 걸린다(수 1~12장). 그리고 정복한 땅을 열두 지파에게 분배하는 데 약 8년이 걸린다(수 13~24장).

여호수아는 85년을 준비한 다음 하나님께 15년 동안 쓰임받는다.

이렇게 철저하게 준비되는 오랜 세월이 선행되어야만 그의 사역이 영원하고 모든 이에게 유익을 주는 결과를 가져온다. 우리는 이처럼 잘 준비되어야만 귀하게 쓰임받음을 배워야 하겠다.

여호수아의 사역 15년은 가나안 정복 7년과 분배 8년으로 이뤄졌다. 이 내용을 나눠서 살펴보자.

(1) 가나안 정복 7년

① 가나안 정복의 양지

ⓐ 요단강 도하(수 3:7~17)

요단강은 이스라엘 나라의 하천들과 달리 1년 내내 흐르는 유일한 강이다. 요단 강물은 1년 중 우기 외에는 배를 타고 건널 만큼 깊은 곳이 아무 데도 없다. 물이 얕아서 걸어서 다닐 수 있는 여울목이 60여 곳이나 된다.

다만 갈릴리 호수가 해저 212m로 낮은데 거기서 104km를 흐른 후에 사해는 해저 389m로 더 낮으므로 갈릴리 호수에서 사해까지는 수면 낙차가 179m의 급류를 이루며 소용돌이치는 곳이 곳곳에 있다.

그런데 3~4월 "곡식 거두는 시기"(수 3:15)에는 항상 요단 강물이 넘쳐난다. 헐몬산에 겨우내 쌓여 있던 눈이 봄에 녹아내리며 늦은 비가 내리기 때문이다.

가나안을 정복하기 위해서는 모세가 이끌어 온 요단강 동편의 느보 산에서 요단강 서편으로 강을 건너야만 했는데 그 시기가 공교롭게도 요단 강물이 최고조로 범람하는 시기였다. 이때는 강물의 흐름이 일정하지 않고 강둑의 위치도 수시로 변하는 매우 곤란한 시기였다. 그러므로 이 시기에 요단강을 건너려는 시도는 매우 무모한 작전이었다.

그런데 여호수아의 지시로 언약궤를 멘 제사장들의 발이 요단 강물에 잠겼다(수 3:15). 그때 놀라운 기적이 일어난다. 여리고에서 북쪽으로 약 20km 떨어진 "사르단에 가까운 매우 멀리 있는 아담 성읍 변두리"(수 3:16a)인 오늘날의 다미에(Damieh)로 추정되는 곳에서 물이 흐르지 않고 멈추면서 아라바(즉 황무지)의 바다라고 불리던 염해(사해)로 흘러내리던 물이 온전히 끊어졌다(수 3:16b). 그때에 이스라엘 정복군들이 바로 건너편에 있는 '여리고' 앞으로 도하작전을 성취했다.

여기서 소개되는 요단강 도하 사건은 완벽히 기적적인 사건이다. 여호수아가 지도하는 이스라엘 민족은 정규 군대도 아닌 남녀노소가 섞인 오합지졸이다. 그런데 요단 강물이 1년 중 최고로 불어나서 건널 수 없을 때에 제사장들이 법궤를 메고 요단 강물에 들어갔다. 그때 거기서 약 20km 떨어진 북쪽 아담 성읍 앞의 물줄기가 방향을 바꾸어 흐르게 되었다. 그래서 이스라엘 민족은 요단 강물의 지장을 받지 않고 요단강을 건너갔다.

이 기적을 체험한 저들은 하나님의 기적에 감격하여 여리고 북쪽에 있는 '길갈'에다 열두 돌을 모은 도강 기념탑을 세우고, 이스라엘 민족 중 미 할례자들에게 할례를 실시했다.

여호수아가 이끄는 가나안 정복군의 첫 전과는 이처럼 하나님의 백성들이 전진하는 곳에는 매년 정례적인 요단강의 홍수 범람도 아무 소용이 없음을 완벽하게 드러내 준 사건이었다. 이 사건으로 인해 여리고 성민들은 싸우기 전에 이미 낙담이 되어 싸울 투기가 꺾이고 방어만 하게 되었을 것이다. 참으로 하나님께서 가나안 정복에 개입하셨음을 드러낸 사건이었다.

ⓑ 여리고성 정복(수 6장)

이스라엘 민족이 요단강 홍수 물을 기적에 의해 아무 지장도 받지 않고 무사히 건넜다. 이들은 자기들을 도와주신 하나님께 감격하여 길갈에서 진을 치고 여리고 평원에서 유월절을 지킨다. 그리고 여리고 영역으로 접근했을 때 여호수아 앞에 여호와의 군대장관이 나타나자 여호수아는 여호와께 절대 순종할 태도를 취한다.

당시 가나안 땅에는 여러 부족들이 도시 국가 형태로 분립되어 있었기에 어떻게 전체 영토를 정복해야 할지, 가나안 전역 정복전쟁 전개에 관한 작전 계획이 있어야 했다. 여호수아는 과거 가나안 땅을 40일간 정탐했던 경험에 의해 작전 계획대로 가나안 땅을 정복해 나갔다. 7년여에 걸친 가나안 정복의 결과를 보면 그는 치밀한 전술 전략가였음을 알 수 있다.

여호수아는 가나안 땅 전체 중에서 가나안 땅 중부에 속하는 여리고를 첫 공격지로 삼는다.

당시 여리고 남쪽에는 아모리 족속이, 남서쪽에는 헷 족속이, 서쪽에는 히위 족속이, 북쪽에는 가나안 족과 기르가스 족이 있었다. 이는 마치 70년 전 6·25 전쟁 때 맥아더 사령관이 한반도의 중간 허리 부분인 인천 상륙 작전으로 북한의 지원을 막고 남한에 고립된 인민군을 소탕했던 작전과 비슷하다. 여호수아는 가나안 땅의 허리 부분을 점령하고 이어서 남부를 점령한 후에 마지막으로 북부를 점령한다.

이렇게 가나안 정복의 첫 공격 대상인 여리고성은 지역적 특성상 매우 중요한 곳이었으나 여리고성 자체는 너무 완벽한 수비 성이었다. 여호수아 2장 15절에는 여리고성 정복 작전 전에 또다시 여리고성을 정탐하고 오는데 이 이야기 가운데 여리고성의 구조가 드러나 있다.

여기 '성벽'이라는 말에 쓰인 '호마'(חומה)라는 단어는 돌로 된 두꺼운 바깥 벽면을 뜻한다. 원문대로 직역하면 '그 성벽 벽면 안에'라는 뜻으로, 쉽게 설명하면 '이중 벽 사이'(between the double walls)라는 뜻이다.

고고학자들이 발굴한 바에 의하면, 당시 여리고성의 바깥 벽의 두께는 약 1.8m 정도였고, 높이는 9.2m 정도였다. 그리고 외벽에서 3.5~4.5m 정도의 간격을 두고 또 외벽이 쌓여 있었다. 내벽의 두께는 외벽의 두 배가 되는 3.5m에 높이는 9m 정도였다. 다시 말해, 여리고성은 외벽이 1.8m, 내벽이 3.5m 되는 성벽으로 둘러 있었고, 두 벽 사이에는 자갈로 든든하게 채워진 간벽으로 나누어진 여러 개의 방들에 곡식을 저장하거나 사람이 거주할 수 있게 만들어져 있었다.

여리고성에 살고 있던 기생 라합의 집은 성벽의 가장 높은 곳에 있었기에(수 2:6, 15) 이스라엘 정탐꾼들을 창문을 통해 도주시킬 수 있었다.

이곳 여리고성 주민들은 두꺼운 두 성벽의 위력을 믿고 이스라엘 군대가 쳐들어올 것을 알고 성문을 굳게 닫고 수비태세에 들어갔다.

고대 전쟁들을 보면, 성을 근거로 방어하는 편에서는 여러 가지 이점이 있었다. 9m 높이의 성벽 안에 있는 적군을 공격하려면 성을 공격하기 용이할 정도의 토둔을 쌓고 사다리를 만들어야 했다. 그렇게 해도 공격 병력의 3분의 1가량의 사상자를 감수해야 했다.

이 같은 여리고성을 공격하는 여호수아의 전술은 매우 특이했다. 그것이 여호수아 6장에 기록되었다. 맨 앞에 무장한 군사들이 앞서고 그 뒤를 일곱 제사장이 양각 나팔을 불며 뒤따르고, 그 뒤에 언약궤가 뒤따르고, 그 뒤에 후군들이 뒤따르게 했다.

왜 여리고 전투에 일곱 제사장이 양각 나팔을 불며 뒤따르고 언약궤가 행진을 해야 하는가? 이것은 종교 행사가 아니라 죽느냐 사느냐의 전쟁인데, 왜 이런 일이 시행되어야 했는가?

여기서 우리가 크게 배울 교훈이 있다. 대부분의 사람들은 전쟁은 하나님과 무관한 인간들만의 싸움이라는 통념을 갖고 있다. 그러나 성경은 전쟁도 하나님께 속한 것이라고 말한다. 이 사실은 다윗이 블레셋 대장 골리앗과 맞서 싸울 때에 "여호와의 구원하심이 칼과 창에 있지 아니함을 이 무리에게 알게 하리라 전쟁은 여호와께 속한 것인즉 그가 너희를 우리 손에 넘기시리라"(삼상 17:47)라고 했던 말에서 확실하게 드러난다.

여호수아는 여리고가 성을 굳게 닫은 채 수비를 하고 있을 때에 종교행사처럼 제사장들이 나팔을 불며 법궤를 메고 행진하도록 하였다. 이와 같이 하루에 한 번씩 여리고성 주위를 돌면서 아무도 말하지 않고 침묵하게 한다.

이스라엘 백성들은 광야 40년 동안 말하고 싶은 자유를 허용했을 때 저들은 매사에 불평불만이 습관화되었다. 저들의 불평불만은 공동체의 화합과 단합을 깨며, 하나님께 감사할 줄 모르는 반항자들을 양산해 냈다.

여호수아는 그 같은 악습을 시정하고 하나님께서 일하실 수 있도록 아무 말도 하지 않고 성벽 주위만 돌게 했다. 이때의 침묵은 백성들의 가벼운 입의 훈련과 하나님의 역사를 갈망하도록 하는 신앙적 목적이 있었다.

여리고성의 둘레 면적이 32.376㎡ 정도였고, 여리고 성읍의 넓이는 약 2만㎡ 정도였다.

이 정도의 여리고성을 매일 한 바퀴씩 돌 때 모든 백성들은 절대 침묵을 계속하며 양각 나팔 소리 하나로 일사불란하게 행진을 계속

했다. 그리고 안식일에 쉬지도 않고 7일째 되는 날에는 하루에 여리고성을 일곱 번을 돌았다.

그렇게 마지막 날 일곱 번을 돈 후에는 "외치라"는 명령이 떨어졌다. 7일을 침묵 속에 행진하며 억눌렸던 울화가 한꺼번에 터졌다. 백성들 속에 맺혀 있던 분노를 한꺼번에 터뜨리며 쏟아낼 때 외벽 1.8m, 내벽 3.5m의 두께와 높이 9m의 여리고 성벽이 무너졌다.

필자는 과거 구약시대의 여리고성이 무너진 현지를 가 보았다. 여리고는 구약시대의 여리고 위치와 신약시대 예수님 때의 위치와 현재의 여리고 위치가 다 각각 다르다. 구약시대 때, 즉 여호수아 때 무너진 여리고성의 돌들은 성벽이 무너지면서 성을 쌓았던 돌들이 성 안쪽으로 흩어졌다. 이것은 여리고성의 붕괴가 전적으로 하나님의 개입에 의한 외부 세력의 능력에 의한 붕괴였음을 확인시켜 주는 증거이다.

이렇게 하나님의 능력으로 난공불락이라고 자만하던 여리고성이 무너졌다.

ⓒ 태양이 종일토록 중천에 머문 사건(수 10장)

이스라엘 백성들이 요단강 홍수 물을 기적으로 역류시킴으로 무사히 가나안 땅에 입국했다. 또 당시에 가장 견고한 성벽으로 알려진 여리고성을 화살 하나 쓰지 않고 하나님의 기적으로 무너지게 하였다. 이때 기브온 족속이 먼 지방에서 온 것처럼 위장을 하고 여호수아를 찾아와 화친 조약을 맺는다(수 9장).

이 일로 가나안 원주민 여러 부족들이 크게 분노한다. 다 같은 가나안 원주민들 중 기브온 족속이 공동대열에서 이탈하여 혼자 살겠다고 이스라엘과 화친을 맺자 다른 원주민들이 분노한 것이다. 그래서 원주민들 대다수가 연합하여 기브온 족속을 공격한다. 그리하여 여호수아 이스라엘 군대는 기브온 족속을 공격하는 연합 세력과 맞서 싸우게 된다.

이때에도 하나님은 이스라엘을 돕는 기적을 행하신다. 그것이 우박으로 적군을 죽게 한 일이고, 태양을 멈추게 한 사건이다.

먼저 여호수아 10장 11절의 '큰 우박 덩이'를 알아보자.

'큰 우박 덩이'란 '아바님'(אבנים)이라는 '큰 돌들'(great stones)이라는 단어와 '우박'이라는 '합바라드'(הברד)가 결합된 단어이다. 따라서 이 말은 '돌같이 단단하고 큰 우박'(large hailstones)을 뜻한다.

우리는 가끔 거대한 우박이 차량 유리를 파손하거나 농작물에 커다란 손해를 끼쳤다는 뉴스를 접한다. 그러나 큰 돌 같은 우박이 "이스라엘 자손의 칼에 죽은 자보다 우박에 죽은 자가 더 많았더라"(수 10:11)는 기록은 매우 특이한 기록임을 알 수 있다.

그것뿐만이 아니다. 여호수아가 여호와께 아뢰어 "태양아 너는 기브온 위에 머무르라, 달아 너도 아얄론 골짜기에서 그리할지어다"라고 선언하니까 태양이 머물고 달이 머물렀는데 태양이 중천에 머물러 거의 종일토록 속히 내려가지 않았다고 했다(수 10:12~13).

태양이 중천에 머물렀다. 이 내용을 어떻게 이해해야 할까? 여기 '태양아'라는 말인 '쉐메쉬'(שמש)는 태양계의 중심인 태양을 뜻한다. 그리고 '머무르라'는 '돔'(דום)으로 '침묵하다, 활동을 멈추다'는 뜻을 가진 동사 '따맘'(דמם)의 명령형이다. 그리고 "달아 너도 그리할지어다"라고 했다. 이 표현에 의하면 태양과 달이 동시에 떠 있었다. 즉 태양이 동쪽에 떠 있을 때 달은 서쪽에 지고 있었다. 그래서 이스라엘 지형으로 말하면, 태양은 기브온 위에 머물러 있었고, 달은 서쪽 아얄론 골짜기에 지고 있었다. 이와 같이 태양이 거의 종일토록 중천에 머물러 있는 현상을 이루었다.

사실은 태양을 중심해서 공전을 하는 것은 지구다. 지구는 자전에 의해 낮과 밤의 변화를 만들기에 인간의 육안으로 보기에는 해가 동에서 떠서 서쪽으로 지는 것처럼 보인다. 이처럼 태양이 동쪽에 떠오른 상태로 멈추었다는 것은 지구가 자전의 속도를 늦추고 멈추어 섰다는 의미이다.

만약 그랬다면 어떤 현상이 생기는가? 지구가 초속 30km 속도로 자전을 하고 있는데 지구가 갑자기 멈추어 서면 엄청난 폭풍과 해일과 지진 등 대재앙이 일어나게 된다. 그런데 이 같은 현상이 일어났으나 재앙에 대한 묘사가 전혀 없다. 그렇다면 이 기록을 어떻게 이해해야 할까?

이 표현은 지구가 갑자기 자전을 멈춘 것이 아니라 아주 천천히 자전의 속도를 줄인 것처럼 느껴졌다는 의미라고 자연스럽게 이해하는 이가 있다.

성경의 기록은 추호도 오류가 없다. 실제로 거의 '종일토록'이라는 말은 '케욤 타밈'(כיום תמים)으로 영어로 'whole about a day'이다. 따라서 이때의 '종일토록'은 23시간 20분이다. 그리고 열왕기하 20장 9~11절의 해시계 10도가 40분이다. 이 같은 해석으로 여호수아 10장의 기록을 역사적 사실로 믿는 이도 있다.

이에 대한 내용은 필자의 저서 《성경이 하나님의 말씀인 증거》에 설명했다.[15]

---

15) 정수영, 《성경이 하나님의 말씀인 증거》(쿰란출판사, 2016), pp. 227~230.

② 가나안 정복의 음지

ⓐ 아이성의 실패(수 7장)

여호수아가 이끄는 이스라엘 군대는 요단강 도하 사건과 여리고성 함락 사건으로 사기가 충천해 있었다. 그리고 가나안 원주민들은 크게 떨며 위축되었다.

사기가 충천한 이스라엘 군대는 작은 아이성은 3,000명 정도의 소규모 병력으로 가볍게 이길 수 있을 것이라고 믿고 아이성을 공격했다. 그런데 가볍게 여겼던 아이성 전투에서 아이성 사람들이 이스라엘 군사를 36명쯤 쳐 죽이고, 3,000여 명의 이스라엘 군대가 크게 패하여 쫓겨 오는 참패를 당하였다.

여호수아는 옷을 찢고 이스라엘 장로들과 함께 여호와의 궤 앞에서 머리에 티끌을 뒤집어쓰고 저물도록 고민을 했다.

아이성에서의 참패는 가나안 전 지역의 모든 원주민들에게 동시다발적으로 이스라엘 공격의 빌미를 주는 커다란 비극의 단초가 될 수 있는 사건이었다.

여호수아는 하나님께 엎드려 슬픈 탄원을 드렸다. 그때 하나님께서는 이스라엘이 언약을 어기고 물건을 도둑질한 사실을 깨우쳐 주신다.

이스라엘 열두 지파들 가운데 유다 지파의 아간이 뽑혔다. 이때 아간을 뽑는 방법이 “여호와께 가까이 나아가는 것”이었다.

여기서 말하는 ‘가까이 나아가는’ 것은 ‘티크라브’(תקרב)다. 이것은 제비뽑기의 경우처럼 심판관이신 하나님 앞에 직접 나아가는 것을 의미한다. 당시의 범인 색출 방법이었던 제비뽑기 방식은 그 배후에 하나님께서 개입하고 계심을 의미했다.

제비뽑기로 아간의 범죄 사실이 드러났다. 여호수아는 아간이 여리고성 정복 때 하나님의 곳간에 들어가야 할 재물을 자기 집 곳간에 감추었으므로 그를 공개 처형한다. 아간과 그에게 속한 아내와 자녀들과 소유들 전부를 아골 골짜기로 끌고 가서 그를 돌로 치고 물건들도 돌로 치고 불살랐다.

아이성 실패 사건은 많은 교훈을 주었다. 아이성 공격 실패는 좋은 물건을 보았을 때 버리기에는 아깝다는 생각과 물건을 도둑질해도 아무도 모를 것이라는 아간의 불신앙에서 비롯되었다. 아간의 범죄는 전지전능하신 하나님에 대한 완벽한 신앙이 없는 데서 비롯된 것이다.

그러나 아간의 범죄를 똑똑하게 목격하신 하나님은 그 사실을 묵과하지 않으셨다. 단 한 사람의 범죄로 동족 36명이 적군에게 희생당한다. 그뿐만 아니라 이스라엘 군대 3,000여 명이 적군에게 패하여 달아나는 더 큰 비극을 가져온다. 이 일로 여호수아와 이스라엘 장로들은 하루 종일 탄식하고, 전 국민이 사기가 떨어져 국민적 슬픔을 겪게 된다.

아간은 하나님을 불신함으로 도둑질을 했다. 그 한 사람의 범죄는 너무도 많은 다른 사람들에게 커다란 비극이 뒤따르게 했다. 한 사람의 범죄가 사회와 동족에게 큰 비극을 가져다주었다. 그 죄악을 처리하기 위해 그의 아내와 자녀들과 소유물들이 아골 골짜기에 불살라지는 처참함으로 처벌되었다.

그러나 그와 그 가족과 소유물들이 사라지는 것으로 이 사건은 끝나지 않는다. 그가 하나님의 것을 도둑질한 범죄는 구약에서 응징받은 대표적 사건으로 신약의 아나니아와 삽비라 사건(행 5장)과 비견되고 있다.

우리가 두 사건을 놓고 배울 교훈이 있다. 아간과 아나니아와 삽비라는 하나님이 자기들 행위를 모르실 것이라는 착각으로 용감하게 범죄를 저질렀다. 그러나 가나안 정복의 첫걸음인 중요한 때나, 교회가 처음 시작되는 중요한 시기의 범죄는 모범적 징벌이 뒤따른다. 그러므로 중요한 사역의 시초에는 더욱 하늘을 우러러 부끄럼이 없는 생활을 해야 함을 배우게 된다.

오늘날 은혜시대에 하나님의 것을 도둑질해도 즉각 심판받는 일은 생기지 않는다. 왜냐하면 주님께서 세상 죄(요 1:29)와 자기 백성의 죄(마 1:21)를 모두 다 해결해 주셨기 때문이다.

그렇다고 해서 모든 인간들의 범죄가 완전히 파묻히는가? 천만의 말씀이다. 장차 백보좌 심판 때에 아담 이래 인간으로 태어난 모든 자들이 보좌 앞에서 예비된, 행위를 따라 기록된 책에 의해 심판을 받는다. 그리고 그 심판의 결과 생명책에 기록되지 못한 자는 불 못에 던져진다(계 20:11~15).

그뿐만이 아니다. 구원받은 성도들은 구원에서 떨어지는 심판을 받는 것이 아니라(고후 5:10) 구원받은 자가 얼마나 하나님 나라 건설을 위해 신앙을 실천했느냐 하는 신앙 안의 공적을 심사 받는다(고전 3:10~14). 그때 구원받은 자들 중에서는 공적에 따라 차별 있는 상급을 받게 된다. 공적이 아무것도 없는 자는 불에 타다 남은 것 같은 구원만 받을 것이다(15절).

우리는 아간의 실패를 통해 개인의 행동이 사회 전체에 얼마나 심대한 영향을 미치는가를 배우게 된다.

ⓑ 기브온 족속과의 조약(수 9장)

여호수아가 이끌어 가는 이스라엘 민족의 가나안 정복 행진에는 결코 순탄한 길만 있었던 것이 아니다. 하나님 은혜로 구원받은 성도들의 이 세상 생활 역시 세상의 악과 사탄의 세력들에 맞서서 싸우며 투쟁해야 한다.

이스라엘 군대가 요단강 도하 이후 여리고성과 아이성을 함락시켰다는 소문을 들은 가나안 원주민들은 모두 단결하는 공동 연합 세력으로 맞섰다. 그런데 여리고에서 가장 가까운 기브온 족들은 가나안 공동 연합 세력에 가담하지 않고 이스라엘과 화친하는데, 그 방법이 거짓말로 술수를 쓴 것이었다.

기브온 족은 이스라엘이 가나안 전역을 정복해 가는 과정에서 여리고와 아이성 다음의 타깃이 되었다. 기브온 족은 철저한 속임수로 이스라엘을 찾아와 화친 조약을 요청한다. 이때 여호수아는 이 사건을 어떻게 처리할 것인가를 여호와께 묻지 않고 성급하게 조약을 맺었고 사흘 후에야 속은 것을 깨닫는다.

그러나 이스라엘은 저들과 여호와로 맹세한 명예를 지키려고 조약을 준수한다. 그 결과 기브온 족은 화친 조약대로 살려주되, 철저한 속임수의 조약을 맺은 대가로 이스라엘의 종이 되어 나무를 패며 물 긷는 자로 살게 한다.

여기 기브온 족과의 조약 사건은 여러 가지 교훈을 준다. 먼저 여호수아의 실수를 생각할 수 있다. 여호수아와 백성들은 기브온 족이 거짓된 차림으로 찾아와서 거짓된 말로 화친을 요청할 때 "여호와께 묻지 않고 그들과 조약"을 맺었다. 이것은 기도하지 않고 행동이 앞선 잘못이었다.

우리는 사울과 다윗의 생애를 통해 큰 교훈을 배울 수 있다. 사울은 모든 일을 임의대로 처리하고, 심지어는 신접한 여인을 찾아가 해답을 얻으려고 했다(삼상 28:7~14). 그에 반해 다윗은 언제나 행동하기 전에 하나님께 물었다.

인생은 선택의 연속이다. 부모를 선택할 수는 없으나 출생 이후에는 학교, 사회, 직업, 배우자, 살 곳 등 인생을 끝낼 때까지 선택의 연속이다. 이때 어떤 선택을 하기 전에 먼저 기도해야 한다. 기브온 족과 기도하지 않고 조약을 맺은 사건은 뼈아픈 교훈을 준다.

다음으로 기브온 족의 입장을 보자. 저들은 가나안 땅이 하나님의 백성들인 이스라엘 민족에게 주어질 것임을 미리 간파하고 대책을 세웠다. 그래서 속임수라는 나쁜 방법을 사용하여 살아남는다. 속임수는 사악한 일이나 살아남는 결과만은 배울 교훈이 있다.

마태복음 20장을 보면 포도원 주인이 하루 종일 품꾼들을 찾는다. 이중에서 맨 마지막에 1시간 전에 품꾼이 된 자들도 있다. 하나님께서는 이렇게 마지막 1시간 전에도 은혜를 베푸신다.

기브온 족의 속임수는 사악한 것으로 정죄 받아야 한다. 그러나 기브온 족이 무모하게 죽어 멸망당하는 것보다는 살아남아서 종이 되는 차선을 선택한 것은 세상을 살아가는 지략에 속한다.

기브온 족은 가나안 원주민들과 함께 죽기보다는 자기 자신들이 어떠한 형벌을 받더라도 살아남기를 선택했다. 생명의 가치를 제대로 인식한 기브온 족은 살아 남는 것의 가치의 귀중성을 깨닫고 현명하게 선택하는 지혜를 깨우쳐 준다.

(2) 가나안 분배 8년

여호수아 1~12장에는 가나안 7년 정복 기사가 기록되어 있다. 후반부인 여호수아 13장 이후에는 가나안 땅을 분배해 주는 8년간의 기록이다.

우리는 여호수아서를 대하면서 많은 것을 깨닫게 된다. 일반적으로 생각하면 가나안 땅을 정복하는 전쟁 기간이 훨씬 어렵고 힘들 것으로 생각한다. 그러나 밖에 있는 외적들을 정복하는 데는 7년이 걸렸으나 정복한 땅을 동족들에게 분배할 때는 내면의 동족들 이해관계로 8년이나 걸린다. 그렇기에 외적보다는 내부의 적이 더 무서운 존재요, 힘든 상대임을 깨닫게 된다.

이것은 모든 그리스도인들에게 적용되는 원리이다. 그리스도인으로 세상에 살아갈 때 세상 밖의 유혹보다는 자신의 내면의 유혹이 훨씬 강하고, 싸워 이기기가 어려운 것이 사실이다.

여기서는 여호수아가 동족들에게 가나안 땅을 분배해 준 8년간의 결과를 세 가지로 정리해 보겠다.

① 열두 지파의 분배(수 13~20장)

ⓐ 요단강 동편: 두 지파 반

북쪽에 므낫세 반 지파, 중간에 갓 지파, 남쪽에 르우벤 지파.

ⓑ 요단강 서편: 아홉 지파 반

맨 북쪽에 납달리 지파가 훌라 호수와 갈릴리 호수까지, 서쪽 지중해 연안 쪽으로 아셀 지파, 내륙 쪽으로 스불론과 잇사갈 지파, 그 남쪽 지중해 연안을 므낫세 반 지파가 차지한다. 팔레스틴의 중앙에는 베냐민과 에브라임 지파가 내륙 지역을, 해안 지역은 단 지파가, 남쪽의 방대한 땅은 유다 지파가, 그리고 남단 끝은 시므온 지파가 차지한다.

이 중에 지중해 해안 쪽에 존속해 오던 해양 국가인 블레셋과 팔레스타인 중앙에 있던 여부스 족은 350여 년이 지난 다윗 때에야 정복을 완성한다.

② 레위 지파의 분배(수 21:1~42)

ⓐ 그핫 가족들

유다, 시므온, 베냐민 지파의 영토 안에 있는 13개의 성읍.

ⓑ 레위 지파 중 그핫 이외의 자손들

에브라임, 단, 동 므낫세 반 지파의 영토에서 10개의 성읍.

ⓒ 게르손 자손

잇사갈, 아셀, 납달리, 서 므낫세 반 지파의 영토에서 13개의 성읍.

ⓓ 므라리 자손

르우벤, 갓, 스불론 지파의 영토에서 12성읍.

레위 지파는 땅을 분배받지 않고 12지파들의 각 영토에 있는 성읍 48개에 분산되어 각 지파들의 신앙 지도를 책임진다.

③ 도피성(수 20:1~9)

부지중에 실수로 살인을 저지른 자를 위한 대피소로, 가나안 전 지역에 동서로 6곳이 설치된다.

ⓐ 요단 동편

골란(오늘날의 골란 공원), 라못(수리아와 경계지), 베셀(모압 평지의 르우벤 영토).

ⓑ 요단 서편

가데스(갈릴리 지역), 세겜(에발산과 그리심산의 중간), 헤브론(가장 남쪽 유다 지파 지역).

결론

여호수아는 110세에 죽는다(수 24:29). 이 기간 중 자연인으로 30년을 살았고, 모세의 수종자로 45년을 훈련받았다, 그 후 85세에 모세의 후계자이자 사역자로 15년을 살아갔다. 그의 사역 15년 중 7년간 가나안 정복에, 8년간 가나안 영토 분배에 할애했다.

여호수아는 85년여 준비와 훈련 끝에 15년의 사역으로 전무후무한 업적을 이루어냈다.

하나님께 크게 쓰임받는 인물들은 장기간의 많은 준비와 훈련 과정들이 공통적으로 필요함을 배우게 된다. 이 사실을 통해 죽을 때까지 충성해야(계 2:10) 생명의 면류관을 얻게 된다는 진리를 깨닫게 된다.

2. 조로아스터교

여호수아는 B.C. 1300년경 인물이다. 여호수아와 비슷한 시기에 살아간 인물 중 B.C. 1200년경에 살아간 조로아스터(Zoroaster)가 있다. 조로아스터는 어떤 인물이고, 그의 사상은 어떤 내용인지, 그의 영향력에 대하여 살펴보자.

1) 조로아스터(Zoroaster)라는 인물

고대 페르시아의 국교였던 조로아스터교(教)의 창시자인 조로아스터에 관한 내용은 정확하게 알려져 있지 않다. 그가 쓴 찬가(讚歌)

“가타”(Gathās)의 언어, 형식, 내용 등으로 보아 그는 B.C. 1200년경 인물로 추정을 한다.

그는 동북 이란에서 남러시아에 걸쳐 유목과 반 정주(半定住) 생활을 했던 고대 인도-이란 어족의 한 부족의 주교 계급 가문에서 태어난 것으로 추정한다.

그는 7살 때부터 사제가 되기 위한 공부를 했을 것으로 본다. 그는 조상 때부터 전승돼 오던 희생제사 때 신들에게 바치는 찬가를 즉석에서 지어낼 수 있을 정도였다. 조로아스터는 가축들이 사람을 위한 제물로 약탈당하는 모습에 마음 깊이 괴로워하면서 다른 사제들과 개선책을 의논하기도 했다.

봄 축제를 기념하던 어느 날, 동이 틀 때 희생제에 쓸 용수를 길러 강으로 갔다. 조로아스터는 강물 속에 들어가 물속에 잠겼다가 물 밖으로 강둑에 빛나는 존재가 서 있는 것이 보였다. 이때가 조로아스터가 30세 되는 해인데 강둑에 서 있던 빛나는 존재가 조로아스터를 ‘아후라’(Ahura) 가운데 가장 위대한 ‘마즈다’(Mazda) 앞으로 데리고 갔다.

마즈다는 지혜와 정의의 신으로서, 광채를 발하는 일곱 신이 그를 둘러싸고 있었다. 조로아스터는 마즈다에게서 그의 백성을 모아 폭압에 대항하는 성전(聖戰)을 펼치라는 계시를 받았다고 한다.[16)]

조로아스터가 밝힌 그의 종교의 시작은 이와 같다.

조로아스터는 이 환상을 통해 ‘아후라 마즈다’(Ahura Mazda)가 최고의 신임을 확인한다. ‘마즈다’는 조로아스터가 만든 유일신은 아니지만 처음 존재한 신이다.

---

16) 카렌 암스트롱, 정영목 역, 《축의 시대》(교양인, 2018), pp. 31~39.

조로아스터는 태초에 하나의 식물, 하나의 동물, 하나의 인간이 있었다는 창조 이야기를 묵상하다가 이 같은 신관을 만들어 낸다. 조로아스터가 썼다는 17편의 찬가 "가타"(Gathās)에는 식물, 동물, 인간들이 허약, 무능, 공포 때문에 괴로워하는 내용들이 적절하게 담겨 있다.

조로아스터는 윤리성을 존중하는 새로운 종교의 창시를 주장했다. 그의 주장을 그의 고향에서는 받아 주지 않았다. 40세 때 전도여행을 떠나 2년 후 동북 이란의 발흐(Balkh) 지방[현재 아프가니스탄 북부 발흐 주(州)의 도시]을 지배하던 위슈타스파 왕(王)을 개종시켜 종교 기반을 잡는다.

조로아스터는 첫 번째 결혼에서 태어난 딸을 왕의 재상인 자마스파에게 시집을 보내는 인연으로 고위직 사람들과 관계를 맺는다. 그 후 그는 자마스파의 조카딸을 세 번째 아내로 맞아들임으로 고위인사로 자리를 굳힌다.

조로아스터는 고위직으로 77세까지 신앙 발전을 위해 노력하다가 대립해 있던 다른 부족에게 미움을 사서 암살당함으로 끝이 났다.

2) 조로아스터교(Zoroastrianism)

조로아스터교는 조로아스터가 창시한 페르시아 고대 종교이다. 그의 주장에 의하면, 신 중에서 최고의 신이 '아후라 마즈다'(Ahura Mazda)이다. 그리고 아후라 마즈다와 힘이 같은 적대적인 영혼 '앙그라 마이뉴'(Angra Mainyu)가 있다. 이 영은 암흑의 영, 대립하는 영으로 광명 신인 아후라 마즈다와는 대립관계에 있는 영이다.

태초에 쌍둥이인 아후라 마즈다와 앙그라 마이뉴가 서로 대립하며 출발했다. 이 둘 중 아후라 마즈다는 선을 택하여 신성불멸의 존재들과 함께 인간을 창조하였다. 반면 앙그라 마이뉴는 거짓과 운명을 같이하는 전형이 되었다.

아후라 마즈다는 추종자들을 위해 깨끗하고 완벽한 세계를 창조했지만 앙그라 마이뉴(적대적인 영혼)는 땅을 침범하여 그곳을 죄, 폭력, 거짓, 띠끌, 병, 죽음, 부패로 가득 채웠다. 이러한 죄, 폭력, 거짓을 세상에서 몰아내기 위해 하루에 다섯 번 기도해야 한다. 악한 영혼들이 땅을 헤매는 밤에는 일어나 불에 향을 던져 악과 싸우는 전쟁에서 아그니(Agni)를 응원해야 한다. 아그니는 인도 신화에 나오는 불의 신이다. 아그니는 태양, 전광(電光), 제화(祭火) 형태로 천(天), 공(空), 지(地) 3계에 출현한다.

이들 조로아스터교는 암흑을 물리치고 부정을 없애는 정화(淨化) 제사의식에 필요한 성화(聖火)로 불을 숭배한다. 그래서 속칭 '배화교'(拜火敎)라고도 한다.

3) 조로아스터교의 전파

조로아스터교가 활동한 시기는 B.C. 1200년 년경부터 B.C. 7~6세기까지였다고 주장한다.

명확한 사실은 확인하기 어렵고, 아랍이 A.D. 7세기에 이곳 페르시아를 정복하기 이전까지는 조로아스터교가 페르시아의 국교(國敎) 지위를 유지해 왔다는 사실이다.

조로아스터교는 역사 속에 3단계로 발전했다.

제1단계: 조로아스터가 직접 교설한 창립 단계

B.C. 1200년경 그는 세계가 2개의 상반된 근원적 영(靈)이 있다고

하였다. 하나는 '아후라 마즈다' 또는 '스판타 마인유'(Spanta Mainyu)라는 거룩한 영이고, 다른 하나는 '앙그라 마이뉴'(Angra Mainyu)라는 악한 파괴의 영이다. 인간들은 각각 자유의지로 두 개의 영 중에서 어느 한쪽을 선택하여 선과 악, 광명과 암흑의 싸움에 몸을 던지게 된다.

세계는 6신격(神格)이 있는데 그것은 물질계에서 불, 물, 대지 따위의 특정한 비호물을 가지고 있다. 신도(信徒)들은 이 세 요소를 더럽히는 일을 피하도록 불(火)을 예배하는 독특한 제사 형식을 시행한다.

제2단계: 조로아스터 사후에 인도, 페르샤 공통 시대의 신들로 조로아스터교가 융합된다.

제3단계: 이슬람의 4대 이맘 알리는 사산 왕조 최후의 왕의 딸이 낳은 아들이라는 구전(口傳)이 유포되어 과거에 페르시아의 조로아스터교도들이 이란의 시아파 이슬람을 수용했다.

이 같은 결과 오늘날에는 인도 봄베이를 중심으로 인도에 파르시교도로 불리는 조로아스터교도가 약 8만 명 정도 있다. 그리고 과거 페르시아였던 이란에는 약 2만 5천 명, 그리고 파키스탄에 약 5천 명 정도의 조로아스터교도가 있다.

참으로 이해할 수 없는 사실이다. 과거 페르시아의 국교였던 조로아스터교가 페르시아의 후신인 이란에서는 이슬람화 되어 별 영향력을 발휘하지 못하고 있다. 그런데 과거 페르시아와 공통 신앙을 가졌던 인도에는 조로아스터교가 강한 집단으로 남아 있다.

더 놀라운 사실이 있다. 악명 높은 사신론자 니체(F.W. Nietzsche: 1844~1900)가 정신착란증 속에 저술한 《자라투스트라는 이렇게 말하였다》(1891)의 '자라투스트라'(Zarathustra)는 페르시아어이고, '조로아스터'는 그리스어의 영어음이다. 니체가 쓴 '차라투슈트라'는 '조로아스터'의 독일 음이다.

독일 국교의 목사의 아들로 태어나 고전문학을 공부하고 바젤 대학의 객원교수까지 지낸 그가 신의 죽음을 선포한 책을 '조로아스터'의 이름을 빌려 사용했다는 사실이 놀랍고 해괴하지 않은가.

조로아스터는 B.C. 1200년경 인물이다. 그의 종교는 한때 페르시아의 국교로 위상을 떨쳤으나 지금은 인도에서 한 종파로 남아 있고, 니체의 사신론 주창자 이름으로 '차라투슈트라'가 세계에 퍼져 있다.

결론

지금부터 3,400년경 여호수아는 110세를 살고 명예롭게 죽어갔다. 또 지금부터 3,200년 전 조로아스터는 77세를 살고 반대자들에게 암살을 당해 죽었다. 두 사람이 비슷한 시기에 서로 다른 곳에서 여러 사람들에게 영향을 미치고 살아갔다.

그렇게 살아간 두 사람의 영향이 오늘날에 어떤 평가를 받는가?

여호수아는 이스라엘 민족을 가나안 땅으로 인도한 후 이스라엘 열두 지파들에게 땅을 분배해 주었다. 그 결과 이스라엘 각 지파에서 각각 유명한 후손들이 배출되었다.

레위 지파에서 모세, 예레미야, 에스라, 침례자 요한 등, 유다 지파에서 갈렙, 다윗, 솔로몬, 이사야, 예수 등, 에브라임 지파에서 여호수아, 기드온, 사무엘, 여로보암 1세, 베냐민 지파에서 사울 왕, 에스더, 바울, 단 지파에서 삼손, 납달리 지파에서 바락, 엘리야는 디셉 사람(왕상 17:1)을 근거로 납달리의 디셉을 추정하고 그리고 아셀 지파에서 안나(눅 2:36~39) 등이다. 여호수아는 가나안 땅을 통해 후손들이 계속 대를 이어 다양한 분야에서 하나님의 사람으로 쓰임받게 기초를 닦아 주었다.

반면 같은 시대의 조로아스터는 어떤 결과를 이뤘는가? 그가 주장한 이원론적 신관은 끝없는 회의와 논쟁의 요인으로 출발했다. 아후라 마즈다와 앙그라 마이뉴는 조로아스터교를 아는 이들만 이해할 수 있는 유별나고 독특한, 그가 만든 개념이다. 그렇기에 3,200년의 세월이 지났으나 전 세계에서 그의 영향을 받은 자는 10만 정도에 불과하다. 이런 소수가 종교의 이름으로 전승되는 것은 오랜 세월 무지한 이들이 무지한 관습으로 계승해 왔기 때문이다. 더욱이 개탄스러운 것은 현대인들 상당수가 출처가 불분명한 조로아스터 이름을 사용한 니체의 "차라투스트라"가 사신(死神) 신학으로 도용되고 있는 것이 현실이다.

여호수아와 조로아스터는 같은 동 시대를 살아갔다. 그러나 저들의 삶과 영향력은 비교가 되지 않게 천양지간의 교훈을 주고 있다.

이것은 진리와 거짓이 얼마나 명확한가를 보여주는 역사적 교훈이다.

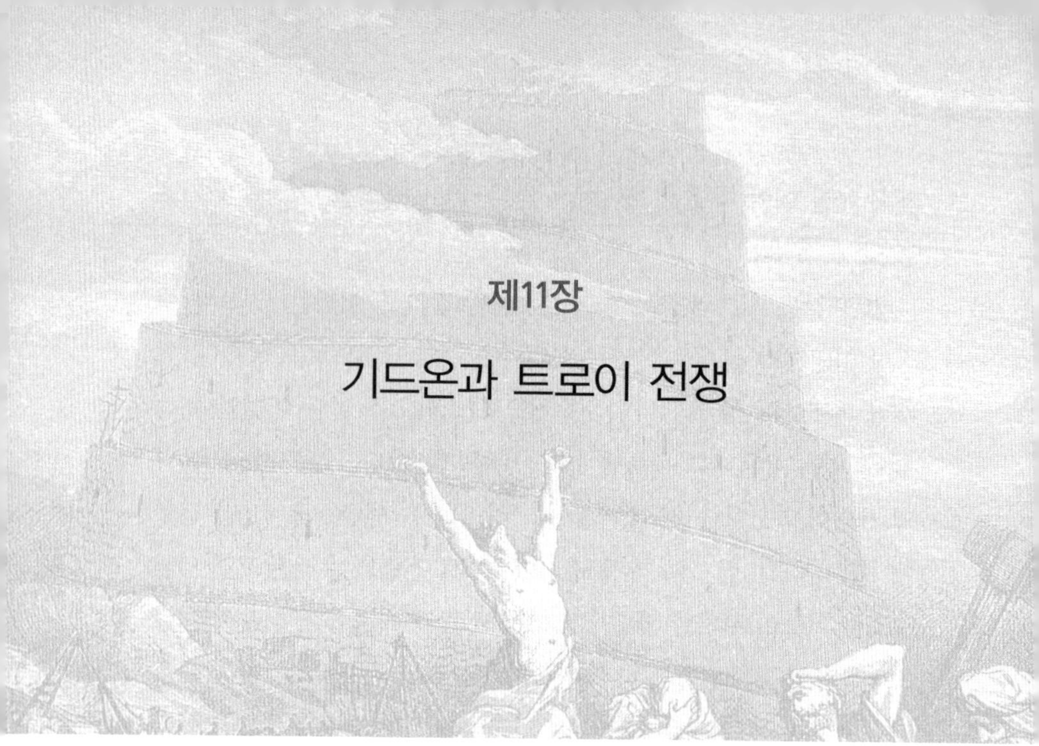

제11장

기드온과 트로이 전쟁

서론

기드온은 B.C. 1200년경의 전쟁 영웅이고, 트로이 전쟁은 B.C. 1200년경의 그리스 신화에 나오는 전쟁 내용이다. 기드온의 전쟁은 역사적 사실이고, 트로이 전쟁은 그리스 신화 속에 나오는 전설적 내용이다.

공통점은 두 가지가 다 전쟁을 소재로 하고 있다는 것이고, 차이점은 기드온 전쟁이 하나님의 소명에 의한 전쟁이었다면, 트로이 전쟁은 여인을 사이에 두고 욕망을 달성하려는 군주들 간의 전쟁이었다는 것이다.

이 두 가지 전쟁은 시기가 비슷한 동시대의 두 세상 사건이다. 이 두 전쟁의 내용을 비교 분석하며 교훈을 찾아보자.

1. 기드온

기드온은 구약 사사기에 기록된 인물이다. 구약성경 여호수아서에는 B.C. 1375년경 여호수아가 가나안 땅을 이스라엘 12지파에게 분배하고 죽은 기록이 있다. 이렇게 가나안 땅을 분배해 주었으나 각 지파들은 가나안 원주민들을 완전히 지배하지 못하고 오히려 원주민들에게 약 350여 년 동안 지배를 당한다.

사사기는 약 350년 동안 약 13명의 사사들이 원주민들의 지배를 벗어나 길게는 80년, 40년, 20년, 또는 단 몇 년이라도 이스라엘의 지도자들이 주도한 시기의 역사 기록이다.

이들 사사 13명이 활동한 지역들이 다양하다.

① 옷니엘은 유다 지파 갈렙의 조카이다. 그는 메소포타미아 왕 구산 리사다임의 8년간 압제를 물리치고 40년간 평안을 유지했다.

② 에훗은 베냐민 지파 사람으로 모압 왕 에글론과 암몬, 아말렉 등이 18년간 압제하는 것을 물리치고 80년간 평안을 유지했다.

③ 삼갈은 이방인으로 블레셋인 600명을 죽였다.

④ 드보라는 에브라임 지파의 여인인데 납달리 지파의 바락과 함께 가나안 왕 야빈이 20년간 압제하는 것을 쳐 죽이고 40년간 평안을 유지했다.

⑤ 기드온은 므낫세 지파 사람으로 미디안과 아말렉이 7년을 괴롭히므로 300명 정예군대를 이끌고 13만 5천의 적군을 소탕하고 40년간 평안을 유지했다.

⑥ 아비멜렉은 기드온의 첩의 아들로 이복형제 70명을 죽이고 왕

위에 올랐으나 3년 후 여인이 던진 맷돌에 죽는다. 이 기간은 동족들 간의 내전 기간이었다.

⑦ 돌라는 잇사갈 지파 사람으로 이스라엘이 23년간 평안을 유지케 했다.

⑧ 야일은 므낫세 지파 사람으로 30명의 아들들로 순회재판을 하며 이스라엘을 22년간 평안을 유지케 했다.

⑨ 입다는 므낫세 지파 사람으로 기생의 아들이었다. 그를 박대한 이복형제들에게 쫓겨 돕 땅으로 도망쳐서 타지에서 명성을 떨친다. 길르앗 장로들이 그를 데리고 와서 지도자로 세웠다. 그는 블레셋, 암몬 등에 18년간 압제당하는 것을 물리침으로 6년간의 평안을 유지케 했다. 그러나 그는 자기가 한 서약을 지키려고 자기 외동딸을 제물로 바치는 어리석음을 저질렀다.

⑩ 입산은 유다 지파 베들레헴 사람이다. 그는 30명의 아들과 30명의 딸들로 사회적 명망을 드러내고 7년간 평안을 유지케 했다.

⑪ 엘론은 스불론 지파 사람으로 10년간 평온케 했다.

⑫ 압돈은 에브라임 지파 사람으로 8년간 평온케 했다.

⑬ 삼손은 단 지파 마노이의 아들이다. 그는 블레셋이 40년간 이스라엘을 괴롭혀 오던 것을 여러 가지 방법으로 블레셋 사람들을 20여 년 동안 괴롭혔다. 그러나 들릴라의 유혹으로 두 눈이 뽑히고 가사에 투옥되었다. 그는 마지막에 다곤 신전을 무너뜨려 3천 명의 블레셋 사람들과 함께 죽었다.

이상이 사사기에 기록된 13명 사사들의 활동 내력이다.

사사기를 기록한 저자는 이들 13명 사사들의 활동 내용을 소개하는 것만이 아니다. 이스라엘 민족이 하나님의 뜻에 벗어날 때는 원주민들에게 시련을 당하게 하시고 이스라엘이 깨닫고 뉘우칠 때는 사사들을 통해 구원케 하셨던 하나님의 섭리 역사를 기록한 것이 사사기이다.

사사기는 여호수아 이후(B.C. 1375) 사무엘(B.C. 1050)이 등장할 때까지의 350여 년의 난국시대 기록이다. 난국을 평화롭게 이끌어 간 사사들이 많이 있다. 그런데 그중에서 기드온을 선택한 이유가 무엇인가?

1898년 미국의 사업가 및 전문 기업인들이 '기드온협회'(Gideons International)를 조직했다. 저들은 성경을 제작하여 무료로 배포해 주는 사업을 전개했다. 이렇게 성경을 무료로 배포해 주는 기드온협회는 전 세계 90여 개국에 42,000여 명의 회원으로 늘어났다. 저들은 1971년까지 약 32개의 언어로 된 1천 1백만 권의 성경전서와 9천 1백만 권의 신약성경을 나눠 주었다. 저들은 호텔의 객실, 어린이, 수감자, 간호사, 군인 등 영역을 가리지 않고 방대하게 성경을 무료로 나눠 주고 있다. 이 같은 기드온협회의 활동으로 다른 사사들보다 기드온의 이름이 널리 알려지게 되었다.

이번에 기드온에 관한 내용을 좀 더 자세하게 알아보자.

1) 기드온 때의 대적들

기드온에 관한 기록은 사사기 6~8장에 기록되어 있다. 기드온이 하나님의 사람으로 소명 받기 이전에 이스라엘 민족을 7년 동안 괴롭힌 대적들이 미디안 족과 아말렉 족이라고 했다.

미디안(Midian)은 아브라함의 후처인 그두라의 아들들 가운데 하나이다(창 25:2). 아브라함은 생전에 자기 서자들을 동방으로 떠나가게 했다(창 25:6). 이들 서자들은 팔레스타인의 동방인 시리아나 아라비아 사막 지대로 옮겨가서 동방인들과 관계를 유지하며 살아갔다. 모세가 애굽에서 도망쳐 숨어 살던 곳이 미디안 광야였다(출 2:15~22).

미디안은 시나이 반도 동쪽 해안가 지역에서 낙타를 이용해 떠돌아다니며 약탈로 살아갔음을 "이스라엘 자손이 미디안으로 말미암아 산에서 웅덩이와 굴과 산성을…만들었으며"(삿 6:2)라고 표현하고 있다. 이때 말하는 산의 웅덩이, 굴, 산성은 미디안 족의 습격을 피하기 위해 산으로 피신을 했거나 식량을 숨겨둬야만 했음을 의미한다.

또 다른 대적들로 아말렉(Amalek) 족이 있다. 아말렉은 에서의 아들 엘리바스가 첩 딤나를 통해 낳은 아들이다(창 36:12). 이들은 이스라엘의 남부이며, 시나이 반도 북부 지역 사막의 유목민이었다. 출애굽 당시 르비딤에서 이스라엘 행진을 가로막음으로 여호수아가 전면에 나가 싸웠고, 모세가 기도의 두 손을 높이 들어올림으로써 승리한 적군들이다(출 17:8).

이들이 사사시대에 이스라엘을 계속 침략했고, 사울 왕이 아말렉과 전쟁을 했으며(삼상 15장), 다윗이 아말렉을 습격해 많은 전리품을 챙겼다(삼상 27:8~9). 또한 다윗이 왕이 된 후 아말렉과 격렬한 전쟁을 벌였다(삼하 8장).

이들 미디안 족과 아말렉 족은 모두 다 사막지대 살아가는 유목민들이었다. 사막지대에서는 농사를 짓거나 목축업이 불가능했다. 그렇기에 농경지에 살아가는 가나안 땅의 이스라엘 주민들을 약탈하면서 살아갔다. 이스라엘 민족이 가나안에 정착하여 농사짓고 목축업으로 살아가는 것을 7년이나 쳐들어와 약탈을 계속했다. 그 내용을 "이스라엘이 파종한 때면 미디안과 아말렉과 동방 사람들이 치러 올라와서…토지 소산을 멸하여 이스라엘 가운데에 먹을 것을 남겨 두지 아니하며 양이나 소나 나귀도 남기지 아니하니"(삿 6:3~4)라는 기록에서 알 수 있다. 그리고 "그들이…메뚜기 떼같이 많이 들어오니 그 사람과 낙타가 무수함이라"라는 5절을 보면 저들이 낙타를 타고 쳐들어와 약탈해 간 것을 알 수 있다.

이로 인해 이스라엘 백성들은 7년이나 시달리면서 여호와께 부르짖게 되었다. 그렇게 부르짖음에 대한 여호와의 응답이 기드온의 출현으로 나타난다.

2) 기드온의 소명

기드온은 므낫세 지파(삿 6:15)에 속한 아비에셀 사람 요아스의 아들이었다. 기드온은 미디안 사람에게 들키지 않으려고 밀을 포도주 틀에서 타작했다(삿 6:11). 밀 타작은 넓은 마당에서나 밭에서 하는 것이 관행이다. 그런데 그렇게 타작한 밀은 그대로 노출이 된다. 그래서 기드온은 자기가 농사 지어 타작한 밀을 노출시키지 않으려고 집 안에서 사용하는 포도주 틀에서 타작을 하고 있었다.

이 같은 기드온의 행동을 통해 당시 얼마나 약탈이 극심했는가를 엿볼 수 있는 측면이 있다. 그러나 다른 한편, 기드온은 당시의 일반인들보다 더욱 소심하고 적군들을 크게 두려워한 보통 사람에 지나지 않는 인물이라는 것을 알 수 있다.

그와 같은 사실이 그의 소명 장면에 잘 나타난다. 여호와의 사자가 기드온에게 "큰 용사여 여호와께서 너와 함께 계시도다"(12절)라는 말에 기드온은 "여호와께서 우리와 함께 계시면 어찌하여 이 모든 일이 우리에게 일어났나이까?"(13절)라고 하며 믿지 않는다. 그래도 여호와의 사자는 기드온에게 "너는 가서 이 너의 힘으로 이스라엘을 미디안의 손에서 구원하라"(14절)고 한다.

기드온은 여호와의 사자의 말을 믿지 못한다. 그래서 자신이 주께 은혜를 얻었다면 표징을 보여달라고 한다. 소심하고 의심 많은 기드온은 몇 가지의 표징들을 체험한 후에야 비로소 믿음이 생긴다.

첫 번째로 염소 새끼의 제물과 무교병을 바위 위에 진설해 놓은 것을 불이 내려와 태우는 표징을 보여주었다. 두 번째로 양털 한 뭉치를 타작마당에 두고 이슬이 양털에만 있거나 양털은 마르고 주변 땅에만 이슬이 있게 하는 표징을 보여주었다. 여호와의 사자는 기드온의 표징 요구에 다 응답해 주었다.

기드온은 눈으로 보아야만 믿는, 인간적으로 소심하고 신앙적으로 자기가 직접 체험해야만 믿는 믿음이 대단히 부족한 사람이었다. 그러나 하나님께서 선택하셔서 사용하시면 그렇게 부족한 사람도 하나님의 크신 일을 이룰 수 있게 하신다.

3) 기드온의 사역 준비

기드온이 외적과 싸우기 전에 여호와께서는 가정 내의 내적을 해결하도록 하신다. 그것은 아버지가 섬기는 가나안 원주민들의 우상인 바알 제단과 아세라 신상을 파괴하라는 명령이었다(삿 6:25~26). 소심한 기드온은 하나님의 지시를 낮에 행하지 못하고 밤에 시행한다.

기드온이 살던 성읍 주민들은 자기들이 섬겨온 우상들이 꺾인 일로 인해 기드온을 죽이려고 했다. 이때 기드온의 아버지 요아스가 성민들을 향해 말하기를, 바알 신이 살아 있는 신이라면 성읍 사람들이 기드온을 죽이지 않아도 바알 신이 기드온을 죽일 것이라고 했다. 이 일로 기드온에게는 '바알과 다투는 자'라는 '여룹바알'이라는 별명이 생긴다.

기드온의 생애 중 이렇게 새로운 별명이 생기는 시점이 과거의 기드온과 새로운 기드온으로 분리되는 분기점이 된다. 성경의 모든 사람들 중 하나님의 사람으로 쓰임받는 사람들은 한결같이 과거와 현재가 구별되는 분기점이 있는 사람들이다. 이 같은 진리는 구약뿐 아니라 신약에서도 마찬가지이고 교회시대에도 마찬가지이다.

기드온이 여룹바알이라는 새로운 별명을 얻게 되었을 때 그에게 감당해야 할 사역이 전개된다. 그것은 미디안과 아말렉과 동방 사람들이 다 함께 요단강을 건너와 이스르엘 골짜기에 진을 친 일이다(삿 6:33).

여기서 말하는 '이스르엘 골짜기'는 갈릴리 지방과 사마리아 지방을 구분하는 계곡을 의미한다. 이곳을 '에스드라 엘론'(수 15:33; 삿 13:25) 또는 '므깃도 평원'(수 12:21; 왕상 9:15; 슥 12:11)이라고도 한다. 이 곳 골짜기는 물이 풍부하여 팔레스틴에서 가장 비옥한 지역 중 하나이다. 바로 이곳에 미디안, 아말렉, 동방 사람들이 쳐들어와 전초 기지를 마련했다.

기드온은 전쟁의 양상이 매우 크게 벌어질 것을 직감한다. 그래서 이스라엘의 다른 지파 사람들에게 전쟁 참여를 호소한다. 기드온의 소속 지파인 므낫세 지파와 아셀 지파, 스불론 지파, 납달리 지파 사람들이 기드온 전쟁에 협력한다. 그런데 나머지 지파들은 왜 협력이 안 되는가? 오히려 에브라임 지파 사람들은 자기들에게 연락하지 않았다고 시비를 한다(삿 8:1~3).

이것은 이스라엘 민족이 여호수아가 죽은 후에는 "이스라엘에 왕이 없으므로 사람이 각기 자기의 소견에 옳은 대로 행하였더라"(삿 21:25)라는 말씀과 같이 살아갔음을 드러내 준다.

4) 기드온의 300용사

기드온이 여러 지파들에게 도움을 요청했다. 그렇게 해서 모인 인원이 3만 2천 명이 되었다. 그런데 여호와께서 3만 2천이 너무 많으니 돌아가게 하라 하시매 2만 2천 명이 돌아가고 1만 명만 남았다(삿 7:3). 그 1만 명 중에서도 또다시 300명으로 줄이신다.

하나님께서는 미디안과 아말렉과 동방 사람들 13만 5천 명(삿 8:10)이 쳐들어왔는데 어떻게 300명으로 싸우게 하셨을까? 여기에 사람들이 이해할 수 없는 하나님의 뜻이 있다.

하나님이 쓰시는 사람은 어떤 사람이어야 하는가?

① 하나님께서는 불확실한 많은 군중들보다는 참으로 하나님의 사역에 쓰임받는 믿음이 갖춰진 소수의 사람을 더 원하신다.

② 물을 손으로 떠서 핥듯이 마시는 자와 무릎을 꿇고 물에 입을 대고 마시는 자를 구별하셨다. 이것은 전투에서 철저한 긴장과 경계 태세가 용의주도한 자를 식별한 사건이다. 이것은 사태의 심각성을 철저히 인식하고 촌시도 방심하지 않고 응전하려는 정신자세가 갖춰진 사람을 하나님께서 쓰심을 의미한다.

③ 하나님은 이스라엘 각 지파 사람들의 연합 전쟁으로, 승리의 원인이 자기들에게 있는 것으로 착각할 수 있는 백성들의 불신앙을 사전에 차단하셨다. 그래서 전쟁은 여호와께 속한 것(삼상 17:47)임을 확인시켜 주려고 하셨다.

기드온과 그의 부하는 미디안과 아말렉과 동방의 모든 사람들이 야영하는 곳으로 밤에 찾아간다. 그곳에서 적군들이 꿈 얘기를 나누는 것을 듣게 되는데, 그 꿈 이야기가 300명 용사들에게 크게 고무되는 힘을 준다.

기드온은 300명의 용사를 3대로 나누어 각 손에 나팔과 빈 항아리 속에 감춘 횃불을 들고 적군의 모든 진영을 포위한다. 기드온 300 용사는 밤 2경 초, 즉 밤 10~11시 사이에 갑자기 항아리를 깨고 횃불을 밝히 들고 "여호와와 기드온의 칼이다"라고 외친다.

그러자 적군들의 진영에서 친구들끼리 칼로 치는 황당한 일이 벌어지면서 적군들이 도망을 친다. 이 소식을 듣고 납달리, 아셀, 므낫세 지파 사람들이 미디안을 추격했다. 그래서 미디안의 두 방백인 오렙과 스엡을 쳐 죽인다. 기드온은 300명의 용사들과 함께 요단강을 건너 미디안의 왕들인 세바와 살문나를 추격한다. 그래서 세바와 살문나를 따르던 미디안 군대 12만 명을 죽인다(삿 8:10). 그리고 남은 1만 5천 명이 패잔병으로 도주한다.

참으로 기이한 전쟁사다. 기드온 용사 300명이 자기들보다 400배가 더 많은 미디안 군대 12만 명을 죽였다. 이것은 믿기지 않는 고대 전쟁사다.

사사기 4장을 보면, 가나안의 왕 야빈과 군대장관 시스라(삿 4:2)가 철 병거 900대를 이끌고 기손강에 집결했다(삿 4:13). 그것을 드보라가 바락으로 하여금 싸우게 할 때 여호와께서 시스라의 모든 병거와 군대를 칼날로 혼란에 빠지게 하셨다(삿 4:15). 그래서 철 병거 900대를 이끄는 가나안 군대를 이기게 하셨다.

여기 기드온 용사 300명이 적군 12만 명을 죽인 전쟁사도 당시의 정황으로 도저히 믿기 어려운 내용이다.

고대 전쟁사를 전문적으로 가르치는 교수가 있다. 미국 워싱턴 대학에서 고대 전쟁사를 가르치는 아서 훼릴(Arther Ferrill) 교수가 저술

한 《The Origin's of War》(1985)를 한국어로 번역한 책이 있다.[17]

그에 의하면, 고대 이집트나 바빌로니아에서는 전차가 전쟁 무기였음을 설명하고 있다. 가나안 군대는 철 병거 900대가 있었고(삿 4:13), 미디안과 아말렉과 동방 사람들의 낙타는 해변의 모래같이 많았다(삿 7:12). 그런데도 하나님께서 드보라와 기드온을 사용하실 때 전쟁 무기나 적군들의 숫자는 아무 의미가 없었다. 지금도 한국민들은 북한의 핵 위험으로 크게 주눅이 들어 있다. 이럴 때 남한에 하나님의 사람이 단 한 사람만 있어도 북한을 능히 이길 수 있다는 믿음이 우리에게 필요한 것이다.

5) 영광 후의 추락

사사기 8장과 9장은 기드온이 영광을 얻은 후에 추락하는 서글픈 내용들이 소개되고 있다.

(1) 동족들에 대한 보복(삿 8:13~17)

기드온 병사 300명이 미디안의 두 방백 오렙과 스엡을 쳐 죽이고 요단강 동북쪽 약 5km 지점의 숙곳에 도착했다. 이곳 숙곳은 갓 지파가 분배받은 지역이다(수 13:27~28).

기드온은 숙곳 사람들에게 300명 용사들에게 필요한 음식을 요청했다. 그러나 숙곳 주민들은 기드온의 요청을 거절한다. 후에 기드온은 전쟁에 승리하고 돌아오면서 숙곳 성읍의 망대를 헐어버리고 장로들을 붙잡아 들가시와 찔레로 징벌하였다.

---

17) 아더 훼릴, 이춘근 역, 《전쟁의 기원》(북앤피플, 2019).

(2) 전 이스라엘의 영웅이 된 기드온(삿 8:22~28)

기드온이 미디안 족을 격파하자 이스라엘 모든 이가 자기들을 다스리는 왕이 되어 달라고 요청한다. 기드온은 말로는 여호와께서 너희를 다스리신다고 해놓고 행동으로는 금을 요구했다. 이때 모아진 금이 1,700백 세겔이었다(삿 8:26). 한 세겔이 11.4g이므로 1,700세겔은 19.38kg이다.

기드온은 그 금으로 대제사장이 입는 금실, 청색, 자색, 홍색 실과 가늘게 꼰 베실로 짠 에봇을 만들어 자기의 성읍 오브라에 두었다. 이것은 대제사장만이 행할 수 있는 일을 자기도 행할 수 있다는 의미로 암시적이고 상징적인 행위였다. 이 일로 이스라엘 백성들이 하나님의 뜻을 물으러 실로(삿 18:31)로 가지 않고 기드온의 집으로 가게 만드는 혼란을 야기시켰다.

(3) 많은 아내와 첩으로 인한 70명의 아들(삿 8:29~32)

기드온이 나라를 건진 영광스런 전과는 순전히 하나님께서 행하신 기적이었다. 그러나 기드온은 그 영광을 자기가 성취한 공적으로 착각하고 영광스런 명예를 이용해 많은 아내와 첩을 두고 타락했다. 그가 죽자 이스라엘 국민들은 다시금 바알신 숭배로 돌아섰다.

(4) 첩의 아들 아비멜렉의 횡포

기드온의 첩의 아들인 아비멜렉은 자기 이복형제 70명을 다 죽였다. 이 살육의 난리 속에 기드온의 막내아들 요담만 살아남는다. 아비멜렉은 스스로 왕이 되어 3년간 다스린 후 세겜인들이 반항하자 그 백성을 죽이고 그 성을 헐어버렸다(삿 9:45).

오만방자하던 아비멜렉은 한 여인이 던진 맷돌에 맞아 두개골이 깨져 죽음으로 형제 70명을 살해한 죗값을 받는다.

결어

기드온은 소심한 사람이었다. 그러나 여호와께서 그를 사용하셔서 기드온 용사 300명이 미디안 군대 12만 명을 쳐 죽이게 하셨다. 이 일로 이스라엘이 40년간 평안해졌다.

그러나 그가 영광을 얻은 후 취한 행동은 하나님의 사람답지 않았다. 그는 본질적으로 소심하고 연약한 인간으로 되돌아갔다. 특히 그의 무절제한 물욕과 정욕은 이스라엘 국민들에게 커다란 장애물이 되었다. 그가 만든 금 에봇은 백성들에게 혼란을 주었고, 그의 절제되지 못한 정욕은 70명의 아들을 낳았으나 첩의 아들이 이복형제들을 다 죽이는 참극의 단초를 제공했다.

우리가 기드온 통해 배울 교훈에는 양면이 있다. 그가 기드온 용사 300명으로 400배나 많은 적군을 물리친 사건은 하나님의 사람으로 쓰임받은 위대한 공헌이었다. 그러나 영광 후 그의 후반기는 부끄럽고 누추한 보통 인간 이하의 삶이었다. 우리는 성공하는 것 자체가 매우 중요함을 잘 알고 있다. 그러나 참된 성공은 성공한 후에 더 잘 살아가야 하는 것이다. 그래야 그 성공의 가치를 유지하게 된다.

2. 트로이 전쟁(B.C. 1250년경)

앞서 기드온 이야기는 역사적 사실이다. 그에 반해서 트로이 전쟁은 고대 그리스의 신화에 나오는 내용이다. 트로이 전쟁은 19세기의 비판적 사학 연구자들에 의해 전쟁 전승은 허구라는 주장과 사실(史實)로 보려는 주장이 엇갈리고 있다. 그렇기에 역사적 사실인 '기드온'과의 비교가 적절치 않다.

그럼에도 불구하고 트로이 전쟁을 소재로 한 호메로스(B.C. 750)의 영웅 서사시 《일리아스》와 《오디세이아》가 남아 있다. 호메로스의 《일리아스》에 나오는 트로이 전쟁이 역사적 사실일까? 이 사실을 규명하려고 일생을 바친 사람이 있다. 그는 독일의 고고학자로 알려진 하인리히 슐리만(Heinrich Schliemann: 1822~1890)이다.[18]

그는 소년 시절에 트로이 전쟁 이야기를 읽고 트로이를 발견하고 싶다는 꿈을 갖게 되었다.

그는 젊었을 때 러시아로 이주하여 인도 난(蘭) 재배의 성공으로 거부가 되었다. 그는 파리로 옮겨 고대사를 연구한 후, 아테네 명문가 출신이며 30년 연하의 소피아(Sophia: 1852~1932)와 결혼을 했다. 그 후 대규모의 발굴 작업 끝에 트로이 성의 유적들로 추정되는 유물들을 발견해 냈다. 슐리만은 호머의 시(詩)를 성경 이상으로 믿고 행동했기 때문에 "꿈을 파서 맞춘 사람"으로 단번에 유명해졌다. 이후 B.C. 1250년경에 트로이 전쟁이 실제로 일어났을 가능성을 크게 보는 경향이 있다.

트로이란 어떤 곳인가? 사도행전 16장 6~11절을 보면 바울 사도와 실라가 제2차 전도여행 때 브루기아와 갈라디아 등 당시 소아시아요 현재의 터키 땅을 거친 후 무시아를 지나 '드로아'로 내려갔다. 그곳에서 환상 중에 마게도냐 사람을 보고 마게도냐로 건너갔다.

---

18) 세계역사학회 편, 《이야기 상식 백과(서양 편)》(민예사, 1995), pp. 33~34.

여기 드로아는 사도행전 20장 5~12절에 바울 사도가 7일을 머물며 강론을 하던 중 유두고가 졸다가 창에서 떨어져 죽었다가 살아난 곳이다. 또 디모데후서 4장 13절에는 바울 사도가 드로아 가보의 집에 둔 겉옷을 가지고 오고 가죽 종이에 쓴 것도 가지고 오라고 했다.

이렇게 드로아는 성경의 바울 사도와 디모데에게 약간의 관련이 있는 지명으로 기억될 수 있는 정도이다. 그러나 그리스인들에게 '트로이'(Troy)는 그리스인들의 명예와 긍지를 세워주는, 그리스인들의 정신 속에 커다란 자부심을 갖게 해주는 자랑거리다.

알렉산더 장군이 서방이 아닌 동방 정복을 꿈꾸게 해준 지침서가 호모가 트로이 전쟁을 소재로 저술한 《일리아스》라고 한다.[19]

트로이 전쟁은 문학을 넘어 역사에 영향을 미쳤다. 이제 그 신화의 내용을 살펴보자.

> '트로이'(Troy) 또는 '트로야'(Troja)라고도 불리는 이곳은 터키의 북서쪽 과거 소(小)아시아 반도의 선사시대의 도시이다. 트로아스 지방은 에게해(海) 연안으로부터 5km 정도의 내륙으로 히살리크라는 언덕을 이루고 있다. 이곳에서 고대의 그리스와 트로이 간에 전쟁이 있었다고 한다. 그러나 전쟁이 있었다는 내용은 신화로 기록되었기에 사실(史實) 여부는 확인되지 않고 있다.

트로이 전쟁의 신화 내용은 다음과 같다. 그리스 신화에 의하면 그리스와 트로이 간에 전쟁이 벌어졌다. 전쟁의 원인은 영웅 아킬레

19) 마틴 푸크너, 최파일 역, 《글이 만든 세계》(까치, 2019), pp. 25~50.

우스의 부모인 펠레우스와 테티스의 결혼식에 싸움의 여신 에리스를 초대하지 않아서였다.

싸움의 여신 에리스는 그에 대한 보복으로 결혼 연회식장에 "가장 아름다운 자에게"라는 글귀를 새긴 황금 사과를 몰래 떨어뜨려 놓았다. 황금 사과를 발견한 세 명의 여신들 간에 큰 다툼이 벌어졌다. 세 명의 여신은 제우스의 아내인 헤라(Hera), 지혜와 전쟁의 여신 아테나(Athene), 사랑과 미의 여신 아프로디테(Aphrodite)였다. 이들 세 여신들은 자기가 가장 아름답다고 다투게 되었다.

이들 세 여신은 신들 간의 다툼으로는 해결이 안 되자 인간인 트로이의 왕자 파리스(Paris)에게 심판을 맡겼다. 파리스는 세 여신 중에서 자기를 선택해 주면 그리스 제일의 미녀를 주겠다고 약속한 아프로디테에게 황금 사과를 주었다.

아프로디테는 약속한 대로 당시 절세의 미인으로 소문난 스파르타 왕 메넬라오스(Menelaos)의 왕비인 헬레네(Helene)를 소개했다. 파리스 왕자는 헬레네 왕비를 유괴하여 트로이로 데리고 갔다. 이에 화가 난 스파르타 왕 메넬라오스는 형인 아가멤논(Agamemnon)을 총사령관으로 삼고 트로이와 전쟁을 벌이게 된다.

그리스는 여러 동맹국들과 함께 트로이 원정길에 나섰다. 그러나 트로이 성(城)의 견고한 성벽으로 전쟁이 10여 년 동안 계속된다. 이때 총사령관 아가멤논과 그리스의 영웅 아킬레우스 사이에 불화가 생겨 그리스군에게 위기가 닥친다. 그러나 친구인 파트로클로스를 적의 손에 잃은 아킬레우스는 복수심에 불타 트로이의 적장 헥토르를 처치하고 이어서 자신도 전사한다. 그 결과 트로이의 승리가 거의 확실해졌다. 그런데 이때 이타케의 왕 오디세우스가 제안한 '트로이 목마' 전략으로 트로이가 역전패를 당한다.

전쟁에 패한 트로이의 패장 아이네이아스는 이탈리아로 건너가 로마를 건국했다는 전설을 남긴다. 또 트로이군을 이긴 그리스 아가멤논 총사령관은 승리해서 귀국했으나 아내 클리타임네스트라와 정부(情夫) 아기스토스에 의해 피살당한다.

이상이 트로이 전쟁의 신화 내용이다. 이 전쟁을 소재로 호메로스의 《일리아스》와 《오디세이아》가 남게 된다.

지금도 트로이 전쟁의 신화와 함께 그리스 호메로스(Homeros: B.C. 800~750)의 《일리아스》와 《오디세이아》가 문학사는 물론이고 유럽 세계에 지대한 영향을 미치고 있다.

한편 트로이 전쟁 신화의 영향으로 고대 그리스에서는 미인대회가 연례행사로 열렸다고 한다. 레스보스섬, 테네도섬, 알카디아의 바실리 등지에서는 그리스의 미인대회 때는 여인들이 모두 알몸뚱이로 출현했다고 한다. 또 아테네나 엘리스에서는 남자들이 알몸으로 남성미 콩쿠르가 이뤄졌다. 이 같은 고대의 전승이 현대 미인대회의 수영복 차림 행사가 되었다는 것이다.

결론

성경의 기드온 사건과 그리스의 트로이 전쟁 신화는 모두 다 B.C. 1200년대 동시대의 두 사건이다.

기드온 사건은 300명 용사가 12만 명을 물리쳤다는 기적 같은 사건이다. 트로이 전쟁은 인간과 신들이 얽힌 신화적 내용이다. 트로이의 목마 전쟁은 일반인들이 비 역사적 신화 내용인데도 불구하고 사실처럼 믿고 있다.

이 두 내용을 전술적으로 본다면 '항아리 속의 횃불'에 의한 기습

작전이고, '목마'를 가장한 위장 전술이다. 그러나 전쟁 내용보다 우리가 배울 교훈은 따로 있다. 전쟁의 승패가 어디에 있는가?

기드온에게 전쟁 승리의 원천은 하나님께 있었다. 그에 반해 트로이 전쟁 승리의 원인은 위장 전술이었다. 두 가지의 전쟁사로 우리는 무엇을 배울 수 있는가?

드보라, 기드온, 삼손 등 구약의 전사들은 전쟁 참여자나 전쟁 도구에 있어서 원시적 수준이었다. 그러나 하나님께서 함께하실 때 승리했다. 이 교훈은 저들에게만 해당되는 사항이 아니다. 그 후 다윗 왕에게도 적용되었고(삼하 8장), 또 히스기야 왕 때에도 적용되었다(왕하 19:35~37). 그러나 트로이 전쟁 때의 목마 전략은 단 한 번 있었던 비역사적 신화의 내용이다.

우리는 전쟁의 위험이 갈수록 고조되는 위험한 시대에 살아가고 있다. 이러한 때 반드시 필요한 것이 하나님의 도우심을 받는 길임을 깨닫게 된다.

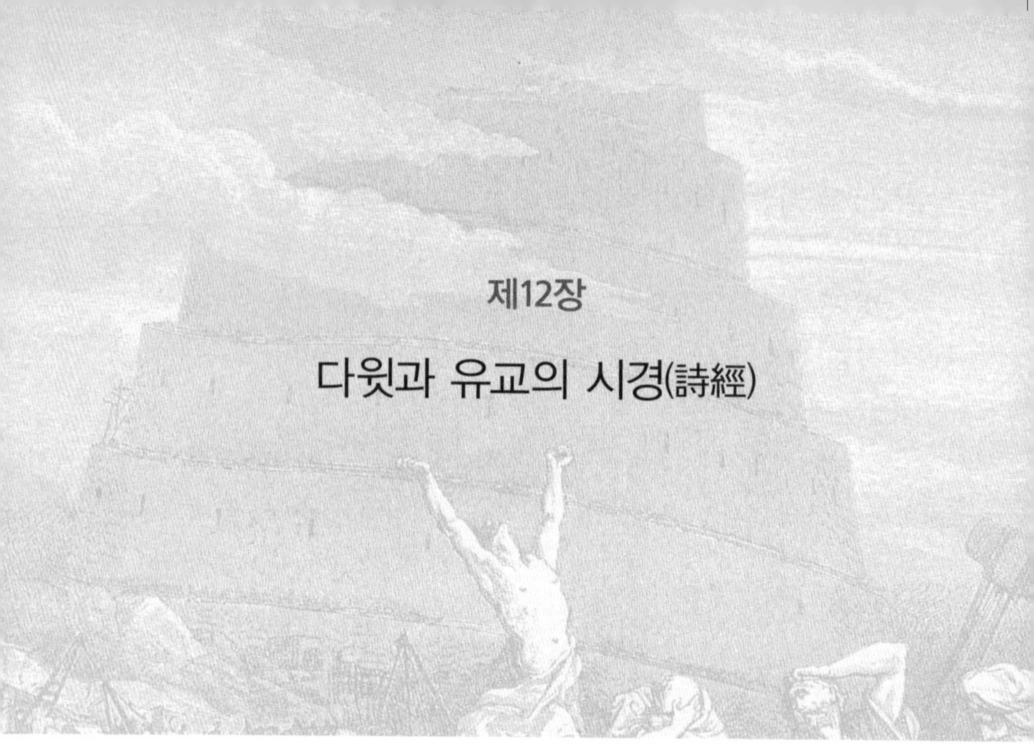

제12장

다윗과 유교의 시경(詩經)

서론

다윗은 B.C. 1000년경 인물로 70년의 인생을 살아갔다. 그는 70년 인생 중 절반가량인 30여 년을 혹독한 시련의 고난을 받은 후 40여 년을 화려한 왕으로 살아갔다. 다윗은 국가적으로 불후의 공적을 남겼을 뿐 아니라 신앙인으로 시편 150편 중에서 절반가량인 73편의 시들을 남겼다. 그가 남긴 시편들은 전 인류의 영적 유산으로 세계인들에게 영향을 주고 있다.

다윗과 동시대는 아니다. B.C. 6세기의 중국 공자(B.C. 552~479)는 B.C. 12세기부터 B.C. 6세기까지 중국 고대인들이 사용한 다양한 시들 중에서 교육용으로 필요하다고 판단되는 시들을 선별해 편찬하였다. 그렇게 중국 고대인들 시 3,000여 편들 중 305편을 공자가 편찬한 것을 '시경'(詩經)이라고 한다. 시경은 유교의 경전인 사서(四書) 삼경(三經) 중 하나이다.

다윗이 시편 73편을 남긴 것이나, 공자가 시경을 경전 중 하나로 편찬한 것은 공통점이 있다. 차이가 있다면, 73편 시들은 다윗이 직접 지은 것이므로 그 시들 속에 그의 인간됨과 신앙을 알 수 있다. 그러나 공자의 시경을 통해서는 중국 고대인들의 정서는 알 수 있으나 공자 자신의 사상은 알 수가 없다.

여기서는 B.C. 1000년경의 다윗과 B.C. 12세기경 중국 고대인들의 정신세계를 비교해 보도록 하겠다.

1. 다윗(B.C. 1041~971)

다윗의 생애에 관해서는 필자의 시편 강해서 1권의 특주 〔3〕에서 '다윗의 생애 이해'로 설명했다.[20)]

자세한 내용은 시편 강해서 1권을 참고하기 바란다.

여기서는 다윗에 관하여 세 가지 면으로 살펴보겠다.

1) 인간 다윗

(1) 수금 잘 타는 음악인

다윗은 오늘날 하프(harp)에 속하는 수금(竪琴) 연주를 잘하는 음악인이었다.

다윗의 수금 실력은 사울 왕이 악령에 잡혀 번뇌할 때(삼상 16:15) 수금 연주로 사울 왕을 괴롭히는 악령을 떠나게 할 정도였다(23절). 다윗은 또 사울과 요나단이 죽었을 때 "활 노래"를 지어 유다 족속들

20) 정수영, 《여호와는 나의 목자시니》(쿰란출판사, 2018), pp. 97~123.

에게 노래로 위로케 했다(삼하 1:17~27).

이와 같은 그의 음악적 소질은 훗날 성전에서 최초의 찬양대를 조직하여(대상 25장) 찬양대가 제사의식에 도입되도록 하였다. 다윗의 음악인 기질은 그의 전 생애 속에 황폐한 생활들을 부드럽고 기름진 윤택한 생활로 바꾸어주는 활력소들이 되었다. 다정다감한 그가 급격한 변화가 많았던 환경들 속에서도 궤도 이탈을 하지 않도록 그를 붙잡아 주었던 내적 힘이 바로 음악에 있었다고도 할 수 있다.

(2) 정욕에 약한 남자

하나님께서는 모든 인간들을 모든 면에서 완벽하게 만드시지 않는다. 각 사람에게는 약한 부분들을 만드신다. 그 약한 부분이 자기에게 주어진 하나님의 시험거리라고 제대로 인식을 하고 미리 조심하면 어느 정도는 예방할 수 있다. 그러나 대부분의 사람들은 자기의 약점을 인식하지 못한 채 실패를 한 후에 먼 훗날 뒤늦게 후회를 한다.

어떤 이는 정욕에 약하고, 어떤 이는 물질에 약하고, 어떤 이는 명예에 약하고, 어떤 이는 칭찬 소리에 약하듯 각각 약한 요소가 있다. 다윗은 정욕에 약한 남자였다. 사무엘상 25장에는 다윗이 사울 왕에게 쫓겨 도망을 다니는 와중에도 나발이 죽자 나발의 아내 아비가일을 아내로 삼는 내용이 기록되어 있다. 그 후 사무엘하 3장을 보면 다윗이 유다 지파의 왕으로 헤브론에서 7년 반 동안에 여섯 명의 아내를 두고 자녀를 낳는 내용이 기록되었다. 그 후 사무엘하 5장에는 다윗이 이스라엘 열두 지파의 통일 왕으로 예루살렘에서 통치할 때 기존의 아내들 외에 또 다른 처첩을 여러 명 거느린다.

이렇게 다윗에게는 이미 10여 명 이상의 아내와 첩들이 있었다. 그럼에도 불구하고 사무엘하 11장에는 부하의 아내인 밧세바와 간음을 한다. 다윗의 생애는 끝을 모르는 정욕 덩어리의 인생이었다. 다윗의 최대의 약점은 절제되지 않는 정욕의 지배였다.

그러나 다윗은 이렇게 절제되지 않는 정욕으로 실수하고 실패했을 때마다 곧 회개하는 신앙도 겸전한다. 정욕의 단점을 신앙으로 회복시키는 면이 바로 다윗 자신을 살려내는 요인이 되었다.

(3) 전투에 남다른 용맹

다윗의 용맹성은 매우 특이하다. 그의 용맹성은 소년 시절 베들레헴 들판에서 아버지의 양 떼를 지켜야 하는 목동 생활에서 연마된 후천적 기질 같다. 다윗의 용맹성이 표면적으로 드러난 것은 골리앗 장군을 쳐 이기는 사무엘상 17장에 나타난다.

다윗이 골리앗과 싸우러 나가겠다고 지원할 때 그를 만류하는 사울 왕에 앞에 그의 신념이 표출된다. 골리앗은 키가 여섯 규빗 한 뼘으로 290cm에 이르는 거인이다. 골리앗이 입은 갑옷이 놋 5천 세겔로 약 57kg에 해당되고, 그가 든 창날이 철 600세겔로 약 7kg에 해당된다(삼상 17:4~7). 이것을 보고도 다윗은 자기가 목동 때 사자와 곰이 쳐들어와 양을 약탈하려 할 때 저들을 쳐 죽인 경험을 근거로 싸우겠다고 나선다.

다윗의 용맹은 소년 시절에 사나운 맹수들과 맞대결해서 쳐 이긴 오랜 훈련과 경험으로 닦아진 신념이었다. 다윗의 용맹성은 골리앗을 쳐 죽임으로 증명되었다.

그뿐만이 아니다. 다윗의 인기가 사울의 인기보다 더 크게 충천할 때 사울 왕은 다윗이 죽게 되기를 바라고 블레셋 사람의 포피 100개를 원했다(삼상 18:25). 이때 다윗은 그의 부하들과 함께 블레셋 사람 200명을 죽이고 그들의 포피를 왕께 바친다.

다윗의 용맹성은 그가 왕이 된 후 모압, 소바 왕, 에돔, 암몬 등 이스라엘을 괴롭히던 주변의 적들을 정복한 모든 전쟁의 승리에서도 (삼하 8장) 잘 드러난다.

다윗의 용맹성은 이스라엘을 국가적으로 격상시키는 데 커다란 공헌을 했다.

(4) 자녀들에게 무조건 관용으로 일관한 방임

다윗은 헤브론에서 6명의 아내를 통해 10여 명의 자녀를 낳았다 (삼하 3:2~5). 그 후 예루살렘에서 또 많은 여인들로부터 또 다른 자녀 10여 명을 낳았다. 그래서 다윗의 자녀들은 무려 20여 명이 넘었다.

부모가 된 다윗이 이들 20여 명의 자녀들 중 특별하게 아낀 것은 열 번째 아들에 해당하는 솔로몬이었다. 그 외에 각각 어머니가 다른 여러 명의 자식들에게는 거의 방임과 같은 무조건적 관용으로 일관했다.

그 같은 사례가 맏아들 암논이 이복 여동생 다말을 강간한 사건을 알고도 심히 노할 뿐 징계하지 않은 사건이다(삼하 13:1~22). 이 일로 말미암아 압살롬이 이복형 암논을 살해하고 외가로 도망가 3년을 지내는데도 내버려두고, 압살롬이 귀국한 후에도 2년을 만나 주지 않는다. 결국 압살롬은 반역을 꾸미게 된다(삼하 14~18장).

또 다윗이 나이 많아 노년 때이다. 나라에서 젊은 처녀 수넴 여인 아비삭을 왕의 잠자리에 시중들게 한다. 그런데 다윗의 넷째 아들 아도니야가 자기의 계모뻘 되는 아비삭을 자기에게 달라고 요청한다 (왕상 2:13~25).

다윗은 20여 명의 자녀들이 있었다. 그러나 암논, 압살롬, 아도니야 등 맏자식들 모두가 불신앙에 불효막심한 패륜아들이었다. 이것은 다윗이 수많은 여자들을 취하고 자녀에 대해서는 가정교육에 모범을 보이지 못한 무원칙의 결과라고 볼 수 있다.

(5) 왕에 대한 예절을 지킨 충성된 신하

사울 왕은 나라를 블레셋의 공격에서 지켜낸 구국 공신 다윗이 자기보다 더 인기가 치솟자 위협을 느끼고 다윗을 죽이려 든다. 다윗은 왕이자 장인인 사울 왕이 인간적인 질투심으로 자기를 죽이려 하자 피신해 10여 년의 도망자 생활을 한다. 그 내용이 사무엘상 19~31장에 기록되었다.

다윗은 왕에 대한 예절과 자기가 살아남아야 하는 현실 속에서 온갖 수모와 고난들을 두루 겪게 된다. 이때 다윗은 평소 적국인 블레셋으로, 아둘람 굴로, 십 황무지로, 하길라 산속 등 온갖 험악한 지역을 찾아 피신을 한다.

사울 왕은 자기 개인적 질투심을 국체보존이라는 명분으로 위장하고 군대를 동원해 다윗을 추격한다. 이때 다윗에게는 사울 왕을 죽일 수 있는 기회가 두 번 있었다. 한번은 십 황무지의 엔게디 동굴에서 용변 보는 것을 살려 주었고(삼상 24장), 두 번째는 십 광야에서 잠든 사울 왕을 살려준다(삼상 26장). 이와 같은 다윗의 행적은 원수 갚는 것을 하나님께 맡기는 신약의 사상을 먼저 실천한 구약의 대표적 사례 중 하나라고 할 수 있다.

다윗에게 인간적 약점들도 많으나 그가 취한 왕에 대한 신하의 도리는 커다란 감동을 주는 장점이라 하겠다.

2) 신앙인 다윗

다윗의 인간적 모습에는 장점도 많고 단점도 있다. 그러나 신앙인 다윗에게는 단점보다는 장점이 압도적으로 많다. 우리가 다윗을 존경하고 사랑하게 되는 것은 그의 신앙적 장점들 때문이다. 다윗의 신앙적 장점들과 단점을 살펴보자.

(1) 신앙인으로서 본받을 점

① 철저한 하나님 면전의 삶

다윗은 매우 중요한 순간들마다 하나님 앞에 선 하나님의 사람으로 처신하는, 하나님 면전의 삶의 모범을 보였다.

사무엘상 17장의 경우

다윗이 거대한 골리앗 대장과 전투할 때의 일이다. 다윗이 블레셋 사람에게 한 말은 명언이다. "너는 칼과 창과 단창으로 내게 나아오거니와 나는 만군의 여호와의 이름 곧 네가 모욕하는 이스라엘 군대의 하나님 이름으로 네게 나아가노라!" 또 "여호와의 구원하심이 칼과 창에 있지 아니함을 이 무리에게 알게 하리라. 전쟁은 여호와께 속한 것인즉 그가 너희를 우리 손에 넘기시리라!" 이 같은 선언은 모든 신앙인들이 갖춰야 할 신앙의 기본 골격이다.

사무엘상 23장의 경우

그일라는 여호수아가 유다 지파에게 준(수 15:44) 헤브론 북서쪽 13.6km 지점이다. 이곳이 블레셋과 가까운 지역이어서 블레셋의 잦은 침략으로 피해를 보는, 한국으로 말하면 휴전선 접경 지역과 같은 곳이었다. 다윗이 사울 왕에게 쫓겨 도망 다닐 때 블레셋인들이 그일라를 쳐서 그일라 주민들에게 큰 피해를 주었다.

다윗은 자기가 처량한 도망자 신세이지만 동족에 대한 연민의 정으로 하나님께 묻는다. 다윗은 자기의 판단이 하나님 보시기에 합당한지의 여부를 기도로 묻고 하나님의 응답 후에 행동한다. 이것은 상황 판단이 모호할 때 하나님의 응답 후에 행동하는 신앙인의 좋은 모범이 되는 사례다.

다윗은 그일라를 블레셋에게서 구했으나 사울 왕에게 추격을 받아 그일라를 떠나게 된다. 그러나 하나님은 다윗을 도우사 사울 왕에게 잡히지 않게 하신다.

시편 18, 34, 56, 57, 59, 142편 등

다윗이 도망자로서 매우 어려운 위기들에 직면했을 때나 극복하고 난 후에 지은 시들이다.

이 모든 시들을 보면, 다윗이 도망자 신세라고 해서 하나님 없는 행동을 하지 않고, 환난과 역경 속에서도 하나님 면전을 의식하고 살아간 참된 신앙인이었음을 잘 알 수 있다.

② 죄를 무서워하는 신앙인

사무엘하 11장에는 다윗이 헷 사람 우리아의 아내 밧세바와 간음을 한 후 자기 죄를 은폐하려고 부하 우리아를 죽게 교사한 내용이 소개된다. 그 일로 사무엘하 12장에 나단 선지자가 다윗 왕을 책망하자 다윗은 크게 회개하였다.

시편 51편은 다윗의 회개 시이다. 그중에서 11절에 "나를 주 앞에서 쫓아내지 마시며 주의 성령을 내게서 거두지 마소서"라고 부르짖는다. 여기서 말하는 '주의 성령'은 '웨루아흐 코드쉐카'(ורוח קדשך)다. 구약에서 '성령'은 '루아흐'(רוח)다.

구약 때에도 성령님이 계셨다(시 51:11; 사 32:15, 63:10; 겔 43:5; 대상 12:18, 28:12). 그러나 구약 때의 성령님은 특수적이고 제한적이었다. 구약 때는 왕, 제사장, 선지자, 사사 등 하나님의 사역자들에게 성령이 역사하셨고, 또 그들이 범죄하면 성령님이 떠나가셨다.

그 같은 성령님이 신약 때에는 누구에게든지 회개하는 자에게 임하시는 보편적인 성령님이 되시고, 한번 임하신 성령님은 영원토록 머물러 계시는 무제한적 성령님이 되셨다.

다윗은 자기가 범죄한 사실을 회개한다. 그러나 성령님께서 떠나가심으로 하나님과 단절되는 비극만은 면케 해달라고 간청한다.

성도의 삶 속에 죄가 두렵지 않고 죄를 지어도 아무런 느낌이 없는 몰지각한 상태에 이르는 것은 매우 심각한 위험 상태이다. 반면에 성령 충만한 상태의 특징은 아무리 작고 사소한 죄라 할지라도 모든 죄에 대해 민감하게 죄의식이 느껴지는 상태이다. 다윗은 죄를 무서워한 성령의 사람이었다.

사무엘하 16장 5~14절에는 다윗이 도망가는 길목에 그를 조롱하는 사울 족속의 시므이 얘기가 나온다.

사울 왕이 이스라엘 초대 왕이 되었으므로 그 후손들이 왕위를 계승해야 하는데 유다 지파의 다윗이 왕이 된 것에 불만이 많은 시므이였다. 압살롬의 반역으로 처량하게 도망가는 다윗과 그 수종자들 앞에서 시므이는 다윗을 '피 흘린 사악한 자'라고 모독했다. 이때 수종자들은 시므이를 죽은 개로 여기고 처결하려고 했다. 하지만 다윗은 '내 아들이 나를 죽이려 하는 판에 베냐민 지파 사람들이야 오축하겠느냐? 시므이의 저주는 여호와께서 시므이에게 명령하신 저주이다. 시므이의 저주가 잘못되었다면 여호와께서 그에게 갚아 주실 것이다'라고 하였다. 다윗은 매사의 사태를 인간적 관점으로 보지 않고 사건의 배후에 하나님께서 간섭하심을 믿는, 참된 신앙인의 태도를 지닌 자였다.

③ 하나님의 일에 일생 동안 헌신함

다윗이 하나님의 일을 이룬 대표적 사실들을 보자.

ⓐ 법궤 회수

이스라엘 신앙의 진수가 담긴 법궤를 엘리 제사장 때 빼앗겼다(삼상 3:3). 그리고 벧세메스로 옮겨진 후 방치되어 왔다(삼하 6:1~11). 그것을 다윗이 회수해 시온산에 안치했다. 솔로몬은 시온산에 성전을 건축한 후 법궤를 보존케 했다.

ⓑ 성전 건축 준비

다윗 자신이 성전을 건축할 열망이 있었다. 그러나 하나님은 평생에 수많은 피를 흘린 자의 손으로 성전을 건축하는 것을 허락하지 않으셨다(대상 22:8, 28:3). 그리고 그의 아들 솔로몬에게 성전 지을 것을 허락하신다. 이에 다윗은 아들 솔로몬이 성전 지을 재료를 평생 준비한다.

다윗이 성전 건축 준비한 내용이 역대상 28~29장에 기록되었다. 그중에 오빌의 순금이 3천 달란트라고 했는데, 1달란트는 약 34kg 무게다. 금 3,000달란트면 무려 102톤의 양이다. 1톤짜리 트럭 102대가 실어야 하는 어마어마한 양이다. 또 순은이 7,000달란트다. 이것은 238톤에 해당하는 양이다. 다윗은 성전 각 곳을 금, 은으로 입힐 수 있는 거대한 준비를 해놓았다.

다윗이 모범을 보여주면서 이스라엘의 지도자들에게도 참여케 했다. 왕의 가문들, 각 지파의 지도자들, 천부장, 백부장, 사무관들 등 이스라엘의 모든 지도자들로 하여금 성전 건축 준비에 참여케 했다.

다윗 왕을 제외한 지도자들이 성전 건축에 참여한 결과가 기록되어 있다. 역대상 29장 6~9절을 보면 금이 5,000달란트로 현재 175톤이 된다. 또 금 만 다릭이라는 '다릭'은 페르시아의 단위로 약 84kg의 무게다. 또 은이 만 달란트로 340톤, 놋이 8,000달란트로 612톤, 철이 십만 달란트로 3,400톤의 무게나 되었다.

다윗은 자신이 살아생전 기회 있을 때마다 성전 건축 자금을 준비해 나감으로 백성들에게 평생 모범을 보였다. 그리고 기회 있을 때마다 타인들에게 권면했을 것이다. 이렇게 해서 일생 동안 한결같이 성전 건축 준비를 해나간 것이 천문학적인 결과로 나타났을 것이다.

이 점에 있어서 다윗의 물질관은 철저하게 하나님 중심이었음을 깨닫게 해준다.

④ 이스라엘의 종교 제도에 질서를 세움

ⓐ 최초의 찬양대 조직(대상 25장)

모세가 전해 준 율법의 제사에는 엄숙하고 장엄한 면만이 실현되어 왔다. 모든 제사와 절기가 절도 있는 의식으로 굳어져 왔다. 이와 같은 삭막한 의식에 새로운 활력을 일으킨 것이 제사의식 때에 찬양대를 도입한 일이다.

다윗은 레위 지파 중에서 아삽, 헤만, 여두둔 등에게 악기를 연주케 하고, 또 악단을 구성해 제사 때 찬양케 했다. 다윗 때 찬양 단원이 288명이나 되었다(7절). 이렇게 제사 때 찬양 도입은 중세기 가톨릭교회의 어린이 합창단으로, 그리고 종교개혁 후 개신교의 찬양대로 발전하였다.

오늘날 예배 중 찬양의 역동성이 예배 영성 활동에 큰 비중을 차지하게 만든 최초의 공헌자가 다윗이다.

ⓑ 제사장들의 직무 분담(대상 24장)

레위 지파의 제사장들은 열두 지파의 48개 성읍에서 주중 종교교육 사역을 실시했다. 그런데 안식일 절기 때에는 봉사자의 원칙이 모호했다. 이것을 다윗은 전체 레위 지파 제사장들이 공정하게 제비를 뽑아 24개 반으로 나누어 순차적으로 직무를 수행하게 하였다.

이렇게 24개 반으로 나눈 24개 반 제사장들의 후손은 24개 반열의 후손들로 계승되었다. 누가복음 1장 5절에 침례자 요한의 아버지 사가랴는 역대상 24장 10절의 여덟째인 아비야 반열의 제사장이었다.

다윗 때 편성된 제사장들의 편성이 1,000여 년 후인 신약 때까지 계승되는 반열 제도가 되었다.

⑤ 구약의 내용을 신약에 반영케 함

구약 때는 율법 준수가 신앙생활의 성공과 실패의 기준점이 되었다. 다윗이 믿었던 성경은 율법이었다. 그렇기에 신약성경의 관점에서 볼 때 부족한 점이 많다. 그의 여호와 신앙, 창조주 신앙, 인간의 죄성, 하나님의 섭리 등등 신약과 동등하다. 그러나 그가 믿고 있었던 구원관, 민족관, 종말론 등은 신약과 완전히 다르다. 그렇기에 그의 신앙 중 상당 부분은 제한점이 있다.

그럼에도 불구하고 신약성경 저자들은 시편의 내용을 구약인들이 미리 예언한 내용인 것처럼 편의대로 인용하였다. 이것은 구약의 한

계점을 도외시한 신약 저자들의 결과다.

여기서 우리는 구약의 내용은 구약의 내용대로 바르게 인식하고, 그것을 신약에서 은혜롭게 활용한 신약 저자들의 중심의 의도를 분별하는 신약적 원칙이 바로잡혀야 한다는 사실을 깨달아야 한다.

몇 가지 예를 들어 보겠다.

시편 5편 9절을 보면, 원수들을 향해 "그들의 목구멍은 열린 무덤 같고 그들의 혀로는 아첨"한다는 원수들의 죄된 표현을 한다. 그런데 바울은 이 내용을 로마서 3장 13절에서 모든 죄인들의 일반적인 성향으로 인용한다.

또 시편 8편 2절에 대적과 원수들의 소행을 어린아이들과 젖먹이들의 입으로 권능을 세운다는 표현을 마태복음 21장 16절에서 예루살렘에 입성하는 예수님의 행렬에 호산나 찬송을 부르는 어린아이들의 순진무구함으로 인용한다.

또 시편 14편 1~3절의 어리석은 무신론자의 넋두리를 로마서 3장 10~12절에서 의인이 아닌 죄인의 양상으로 인용한다.

또 시편 16편 10절에 "주께서 내 영혼을 스올에 버리지 아니하시며 주의 거룩한 자를 멸망시키지 않으실 것"이라는 내용이 사도행전 2장 27절에서 베드로의 설교로 인용되고 있다.

또 시편 18편 49절에 "내가 이방 나라들 중에서 주께 감사하며 주의 이름을 찬송하리이다"라는 내용이 로마서 15장 9절에 바울은 이방 나라가 구원받을 것으로 인용하고 있다.

그 외 시편 저자들의 의도와 상관없이 시편의 내용을 그리스도의 생애와 사역에 연관시킨 내용들이 부지기수다.

시편 22편 1절 내용이 마태복음 27장 46절과 마가복음 15장 34절에,

시편 22편 7절 내용이 마태복음 27장 39, 43절에,

시편 22편 18절 내용이 요한복음 19장 24절에,

시편 31편 5절 내용이 누가복음 23절 46절에,

시편 34편 20절 내용이 요한복음 19장 36절에,

시편 41편 9절 내용이 요한복음 13장 18절에,

시편 69편 4절 내용이 요한복음 15장 25절에,

시편 69편 9절 내용이 요한복음 2장 17절과 로마서 15장 3절에,

시편 69편 21절 내용이 마태복음 27장 34, 48절에 인용된 것과 같이 수많은 신약의 내용들이 시편의 내용들을 인용하고 있다.

그렇기에 우리는 구약 시편 저자들이 말하는 내용은 그 내용대로 알아야 하고, 신약에서 구약 시편을 인용하는 신약 저자들의 의도도 알아야 한다. 그래서 구약의 불완전한 인간들의 시편 내용이 신약에 와서 선지자의 예언으로 승격된 신약성서 신학을 알아야 한다.

이런 면에서 구약과 신약을 구별하면서 동시에 연결시키는 전체적 성서신학의 폭넓은 신학 이해가 필요하다.

(2) 신앙인으로서 아쉬운 점

① 다윗이 환난당한 자, 빚진 자, 원통한 자의 우두머리가 됨(삼상 22:1~2)

다윗이 사울 왕을 피해 도망 다니는 기간이 10여 년 동안 계속되었다. 그 기간이 이뤄진 사건들이 성경에 다 기록되지 못했을 것이다. 왜냐하면 다윗이 지은 시편 외에 다윗 생애를 기록한 성경은 모두에게 다 알려진 사실들만 다루었을 것이기 때문이다.

다윗이 도망자로 다니면서 사울 왕과의 관계는 매우 자세하게 기록되었다. 왜냐하면 사울 왕의 행사에는 목격자들이 많았기 때문이다. 목격자가 제한된 다윗의 도망 기사는 몇 가지로 제한되었다. 그

중의 하나가 사무엘상 21장 10~15절에 기록된 블레셋 가드 왕 앞에서 미치광이 행동으로 위기를 모면한 내용이고, 또 다른 내용이 사무엘상 25장 2~44절에 기록된 마온의 어리석은 부자 나발을 위협해 떡과 물과 고기를 구한 내용이다.

다윗 수하에는 400~600명의 불량자들이 있었다. 이들이 블레셋이 침략한 그일라를 구하는 공헌을 했다(삼상 23:1~14). 그러나 어리석은 부자를 위협하는 비행도 저질렀다. 존경해야 할 다윗의 생애 중 원통한 자의 우두머리로 활약한 점은 아쉬운 내용으로 기억된다.

② 원한에 대한 집착

열왕기상 2장 1~9절에는 다윗이 죽기 전에 솔로몬에게 유언한 내용이 기록되어 있다. 이 중에는 모세 율법을 힘써 기록된 대로 지키라는 다윗 평생의 성경관이 있는가 하면, 자기에게 한 맺힌 자에 대한 응징을 부탁하는 내용도 있다. 그 응징의 대상이 평생 다윗을 도운 군대 장관 요압이고, 다른 하나는 베냐민 지파 사람 시므이였다.

요압은 스루야의 아들이다(삼상 26:6). 스루야에게는 요압, 아비새, 아사헬이라는 세 아들이 있었다(삼하 2:18). 요압은 다윗 수하에서 능숙한 군대 장관으로 다윗 평생의 모든 전쟁에서 다윗을 도운 일등 공신이었다.

다윗이 유다 지파만의 왕으로 헤브론에서 등극했을 때 베냐민 지파 사울 왕의 아들 이스보셋은 이스라엘 국체를 지키며 다윗 왕과 대결 구도를 이루었다. 이스라엘 군대 장관인 아브넬 일파와 다윗의 군대장관 요압의 양군이 기드온에서 대전을 벌였다. 이때 이스라엘 군장 아브넬이 요압의 동생 아사헬을 죽였다. 후에 아브넬이 다윗을 찾아와 이스라엘 지파와 유다 지파를 화합시키겠다고 약속하고 돌아가려는 것을 요압이 자기 동생을 죽인 한으로 아브넬을 죽였다. 이 일로 이스라엘 지파들과 유다 지파 간의 갈등이 7년 반이나 계속되었다.

다윗은 요압이 죽인 아브넬을 위해 후한 장례를 치러 주었다. 그리고 그 사건을 마음에 담고 평생 요압을 활용했다.

요압은 여부스 족의 탈환, 에돔 점령, 아람(시리아) 공격, 랍바성 함락, 압살롬 반역 때에 충성, 인구조사 반대 등 평생 다윗에게 충성했다. 그런데 다윗 말년에 다윗의 넷째 아들 아도니야를 지지하다가 솔로몬 눈밖에 났다.

그런데 다윗은 유언으로 요압을 처리하게 한다(왕상 2:5~6). 다윗은 요압을 처리해야 하는 이유로 아브넬을 죽인 것을 말한다.

다윗은 일평생 자기에게 생명 바쳐 충성한 요압을, 아들에게 처리하도록 유언한다. 참으로 원수도 아닌 충성된 신하에 대한 일생 동안의 한 맺힌 집착이었다.

다른 하나는 베냐민 지파의 시므이다. 다윗이 압살롬의 반역으로 궁궐에서 쫓겨나 도망갈 때였다. 다윗 왕과 호위대가 바후림에 이르렀을 때 베냐민 지파 시므이는 다윗을 향해 저주를 했다(삼하 16:5~14).

이때의 한으로 아들 솔로몬에게 시므이를 응징하도록 유언한다(왕상 2:8~9). 시므이는 훗날 솔로몬에 의해 처형당한다(왕상 2:36~46).

우리는 다윗에 대해 좋은 면만 기억할 수 있다. 다윗의 인간적, 신앙적, 국가적 공헌은 너무 확실하다. 그러나 그 역시 연약한 인간이었다. 그렇기에 그의 생애 중에 신앙인으로서 아쉬운 점들을 남겼다. 다윗의 생애를 보면서 우리 자신의 모습을 되돌아보게 된다.

3) 다윗이 인류에게 공헌한 점

다윗은 유다 지파의 왕으로 7년 반, 이스라엘 전체 통일 왕으로 33년을 다스린 왕이었다. 다윗이 왕으로 40년간 지내면서 한 사역 중 인류에 공헌한 일이 있다.

(1) 예루살렘을 수도로 건설한 것

이스라엘의 초대 왕 사울은 40세에 왕위에 올랐다(삼상 13:1). 그는 2천 명은 벧엘산에 두고, 1천 명은 요나단과 함께 기브아에 두고 분할 통치를 시작했다가 기브아를 주된 사역지로 활용했다.

다윗은 헤브론에서 사역을 시작하였다. 그 후 다윗이 이스라엘 통일 왕이 되면서 수도를 예루살렘으로 정한다.

예루살렘이 다윗에 의해 이스라엘 수도로 정해진 후 3,000여 년을 계속해서 이스라엘의 수도로 역사를 이어오고 있다. 그렇기에 이스라엘의 역사와 성경의 이해를 위해서는 예루살렘의 역사를 이해하는 것이 도움이 된다.

① 예루살렘이 수도가 되기까지

다윗이 예루살렘을 수도로 삼기 이전에는 어떠했는가? 예루살렘은 해발 700~800m 높이의 고원 지대이다. 이곳은 아브라함 당시에 '살렘'이라는 한 성읍으로 존재했다(창 14:18). 그래서 살렘을 시온과 같은 호칭으로 사용하기도 했다(시 76:2). 아브라함이 후에 살렘성이 있는 모리아산(창 22:2)에서 이삭을 번제로 드리려 했을 때 여호와의 사자로 인해 '여호와의 산'(창 22:14)으로 인정받는다.

그러나 야곱 가족의 애굽 이주로 여호와의 산인 '살렘'에는 여부스

족이라는 가나안 원주민이 거주하여 자리를 굳혔다(수 15:63). 여호수아가 가나안 정복 후 여부스 족이 살고 있는 곳을 베냐민 지파로 하여금 정복하도록 분배하였으나(수 18:28) 베냐민 지파는 여부스 족을 정복하지 못한다.

그랬던 것을 다윗 왕 때 여부스 족을 정복하고 '다윗성'이라 부른다(삼하 5:7). 다윗성 이전에는 여부스 족들이 '시온산성'이라고 했었다(삼하 5:7).

시온산은 예루살렘 서쪽 765m 높이의 산등성이었다. '시온'은 '반석, 요새, 건조 지역' 등 다양한 뜻을 가진 여부스 족의 요새지였으나 다윗이 정복하여 예루살렘 도시의 남쪽 끝부분으로 확장하였다. 그래서 다윗이 B.C. 1000년경 예루살렘을 이스라엘의 수도로 만들었다.

다윗 때 예루살렘은 크게 발전한다. 솔로몬 때에는 다윗 당시보다 두 배 이상 북쪽으로 확대된다. 그리고 솔로몬 재위 때 시온산 위에다 성전을 건축한다. 이때부터 시온산은 성전이 있는 예루살렘 전체를 가리키는 상징이 된다.

② 남왕국 유다 멸망 후 신약 때까지

예루살렘은 B.C. 586년에 바벨론 느부갓네살에 의해 파괴된다. 그러다가 B.C. 536년 페르시아의 고레스에 의해 다시 재건되었다가 B.C. 333년에는 그리스 알렉산더의 지배를 받게 되었고, B.C. 63년에는 로마제국의 지배를 받는다.

B.C. 37년 로마제국 산하의 헤롯 대왕은 예루살렘을 솔로몬 왕 때보다 세 배가 넘는 큰 지역으로 확대한다. 그러나 A.D. 70년에 로마의 티투스(Titus) 장군에 의해 예루살렘은 철저하게 파괴된다. 이때 유일

하게 남은 것이 '통곡의 벽'이다.

③ 역사 속의 예루살렘

A.D. 325년 이후 로마 황제 콘스탄티누스에 의해 예루살렘에 기독교 건물들이 세워졌다.

그런데 A.D. 614년 페르시아군이 정복한 것을 동로마 황제가 641년에 다시 회복했다. 하지만 A.D. 638년 이슬람의 제2대 칼리프인 오마르가 예루살렘을 정복한 후 이슬람 교도의 지배지가 된다.

그래서 A.D. 691년에 이슬람의 제3성지로 예루살렘의 과거 성전 부지에다 황금 사원(The Dorm of rock)을 건축했다. 원통이 떠받치고 있는 팔각형 벽으로 만들어진 높이 약 16m의 황금 사원은 과거 기독교가 자랑해 온 예루살렘 성묘교회를 똥 무더기라고 조롱하고 예루살렘의 대표적 상징물로 지금까지 존속해 오고 있다.

그 후 A.D. 1099년에 십자군이 예루살렘을 회복했으나 1187년에 다시 이슬람권으로 넘어가서 1516년 오스만 터키 제국이 정복한 후 무너졌던 성벽과 성문이 건축되었다. 그 후 1917년 영국 통치령이 되었다가 1948년에 독립하여 1961년 6일 전쟁 후 다시 이스라엘의 수도가 되었다.

지금의 예루살렘은 다윗 때의 유적이라는 다윗의 무덤(가묘)으로 시작해서 이슬람이 만든 황금 사원, 십자군이 만든 마가의 다락방과 마리아의 무덤, 베드로 통곡의 교회 등등, 각 시대마다 얽힌 유물들이 존재하며 유대교, 기독교, 이슬람교 3대 종교 유산들이 공존하고 있다.

④ 미래의 예루살렘

다윗이 B.C. 1000년경 예루살렘을 수도로 정한 후 3,000여 년 동안 여러 차례 주인이 바뀌며 영욕의 세월을 거쳐 왔다.

그런데 예루살렘은 장차 주님이 재림하신 후에 세계의 수도로 삼고 천년왕국을 다스리실 곳으로 예언되어 있다. 그렇기에 예루살렘 역사는 현재 진행형이며, 미래가 예언된 곳이다.

예루살렘의 과거사 이해와 함께 미래의 연구는 커다란 과제로 남아 있다. 이 점에서 예루살렘은 관심을 갖고 배워야 할 대상이 되는 것이다.

(2) 이상적인 왕으로서의 부각

다윗은 총 73편의 시편을 유산으로 남겼다. 다윗의 시편 가운데는 전 세계 모든 인류에게 감동을 주는 시들이 많다.

시편 23편은 신자, 불신자를 막론하고 전 세계인에게 감동을 주며, 특히 신앙인들의 전 생애를 간결하게 요약한 내용은 불후의 명시라 할 수 있다.

그 외에도 시편 19편의 창조신앙, 51편의 참회의 시, 62편의 정중동의 시, 139편의 전지전능하신 하나님 묘사 등, 많은 그의 시들이 다윗을 신약시대 사람들에게 가장 이상적인 왕으로 부각시켰다.

전 세계에서 그를 흠모하여 'David'라고 이름을 짓는 이들이 가장 많은 것은 다윗에 대한 흠모의 증거라 할 수 있다.

2. 중국의 시경(詩經)

서론

중국에서 만들어진 유교(儒教: Confucianism)는 공자(孔子: B.C. 551~479)를 시조로 하고 사서오경(四書五經)을 경전으로 삼고 있다.

사서(四書)란 논어(論語), 맹자(孟子), 중용(中庸), 대학(大學)을 말하고, 오경(五經)은 시경(詩經), 서경(書經), 주역(周易), 예기(禮記), 춘추(春秋)를 말한다.

사서는 송(宋)나라 때(960~1279) 중요시되기 시작하여 주희(朱熹) 양명학(陽明學)의 이기이원론(理氣二元論)이 주장되었다. 이것은 조선왕조의 국가 지도 이념이 되어 이황(李滉), 이이(李珥) 등의 대학자를 배출해 유교를 발전시켰다.

원(元)나라 때(1260~1367)는 사서가 고시 과목으로 채택되고, 명(明)나라 때(1368~1644)에는 사서 대전이 만들어졌다. 조선시대(1392~1910)에는 사서삼경이 원문과 언문(諺文)이라는, 한글을 격하시키는 호칭의 글로 '언해본'(諺解本)들이 만들어졌다.

이렇게 중국의 사서오경 등은 조선왕조 500년의 정신계를 이끌어 갔는데 이 유교 경전 중에 시경(詩經)이 있다.

시경은 앞서 다윗의 시편들과 비슷한 시기로부터 시작해 수백 년 후까지 중국 고대인들의 시들을 공자가 선별하여 편찬한 것이다. 시경은 중국 고대 주(周)나라(B.C. 1122년경) 때부터 춘추시대(春秋時代, B.C. 750~550)까지 중국 각 곳에서 전해지는 시들 3,000여 편을 공자가 305편으로 선별하여 편찬하였다.

시경은 크게 국풍(國風), 송(頌), 아(雅)의 세 부분으로 나뉘어 있다.

① 국풍이란 15개 각 나라의 민간들에서 사용되어 온 민요풍의 노래를 모았기에 국풍(國風)이라고 부른다. 국풍은 황하 유역의 15개 나라들의 민요 160편을 모은 것이다. 국풍 속에는 소박한 백성들의 감정을 노래한 것과 남녀 간의 사랑을 읊은 작품들이 섞여 있다. 뒤에 몇 개를 살펴보겠다.

② 아(雅)는 소아 74편과 대아 31편의 시로, 주(周)나라 때 궁중에서 사용된 의례적인 의식 악가(樂歌)들 105편이다. 간혹 교훈적인 것을 시사하는 내용도 있다.

③ 송(頌)은 주송(周頌) 31편, 노송(魯頌) 4편, 상송(商頌) 5편 등으로 구성되어 있다. 송은 신과 조상에게 제사를 지낼 때 부르는 예식 악가(樂歌) 40편이다.

시경은 시대적으로 B.C. 11세기경부터 7세기경까지 고대 중국인들의 민요, 궁중의식, 제사의식에 사용되던 노래들 3,000여 편 중에서 공자가 305편을 편찬한 것이다. 공자의 작품이 아니고 중국 고대인들이 사용하던 것을 공자가 임의로 편찬한 경전이다. 그래서 공자가 교육 교재로 삼아 활용한 이후 시대를 거듭하면서 유교의 경전으로 도덕적인 해석까지 추가되어 전해져 오고 있다.

그 결과 시경 연구로 "노시"(魯詩), "제시"(齊詩), "한시"(韓詩), "모시"(毛詩) 등이 시경의 해석과 연구의 주류를 이루고 있다.[21]

이제 여기서 시경에 수록된 국풍, 아, 송의 시들 중에서 각 한 편씩 시경의 내용을 살펴보겠다.

---

21) 이우영 편역, 《사서삼경》(글로북스, 2013), pp. 680~812.

① 국풍 중 주남(周南)은 주나라 왕조 때의 주역인 문왕, 무왕, 주공 등 성군의 덕화로 태평성대를 이룬 때의 노래 모음집 중의 하나이다.

〈도꼬마리〉

도꼬마리를 자꾸자꾸 캐어 바구니에 담아도 가득 차지 않네.

아 그리워라 임이시여 저 큰길에 바구니를 놓아두노라.

저 높디높은 산에 오르려고 하지만

내가 타고 있는 말이 지쳤기에 금 술잔에 술을 부어 내 그리움 잊어볼까?

저 높디높은 산에 오르려고 하지만

내가 타고 있는 말이 몹시 허덕이기에 쇠뿔 잔에 술을 부어 내 시름 잊어볼까

저 바위 산 오르려고 하지만 말과 하인이 모두 병들어 어찌하면 좋으리오.

② 아(雅)는 하(夏)나라 때 궁궐에서 조회 때 연주하는 음악으로, 궁중의 악사들에 의해 만들어졌다. 이 중에서 대아(大雅) 한 편을 옮겨보겠다. 대아는 주로 조회 때 사용한 음악이므로 공식적인 면이 있다.

〈문왕지습(文王之什)〉

문왕은 하늘에 계시기 때문에 주(周)나라는 비록 오래된 나라이지만 천명을 받아 새롭기만 합니다.

그래서 주나라의 임금들은 밝으므로 상제의 명령이 바르게 내려졌네.

문왕이 하늘에서 오르내리고 앉아 있을 때는 상제님의 좌우에서 떠나지 않습니다.

문왕은 계속 애쓰시어 명성이 끊이질 않고 주나라에 많은 복을 내려 자손들 모두가 편안합니다.

문왕의 자손들은 백세토록 이어지고 주나라의 신하들도 백세토록 크게 밝아졌습니다.

…

위대한 하늘의 명령이 상(商)나라 자손들에게 미쳐서 수가 헤아릴 수 없이 많아졌습니다.

제사 올릴 때 상나라의 관복을 그대로 입고 있습니다.

임금의 충성스런 신하들은 조상의 덕을 잊지 말라…

은(殷)나라에서 백성들을 잃기 전에 상제의 뜻에 어울릴 수 있었으니 빼어난 명을 잊지 마라.

마땅히 은나라를 거울삼아 빼어난 명령을 어기기 쉬움을 알라.

…

은나라의 흥망이 하늘에 있음을 잊지 말라

상제께서 하는 일은 소리와 냄새가 없습니다.

그래서 문왕(文王)을 본받는다면 천하의 제후들이 믿고 따를 것입니다.

이 내용을 보면, 중국 고대 전설적 역사를 기본으로 주(周)나라에 대한 정통성과 주나라 초대 문(文)왕에 대한 예찬이다.

중국의 역사 이전에 하(夏)나라가 B.C. 2200년경 있었고, 그다음에 은(殷)나라가 B.C. 1766년경에 있었다고 한다. 그런데 주(周)나라가 은나라를 멸망시키고 B.C. 1122년에 세워진다.

여기 궁중 음악의 가사 내용은 주나라가 은나라를 멸망시킨 정통성을 궁중음악으로 조회(朝會) 때 고지시켰음을 알 수 있다.

③ 송(頌)은 종묘에서 제사 지낼 때 연주하던 노래이다.

그 내용은 천지신명을 숭앙하거나 조상들의 성덕을 기리고 선조들이 이루어 놓은 공을 추구하며 신명에게 고하는 내용이다.

〈은나라 무사〉

날쌔고 씩씩한 은(殷)나라 무사들이 분연히 일어나 초(楚)나라를 공격하러 갑니다.

험한 곳까지 깊숙이 쳐들어가 초나라의 무리를 사로잡고 땅을 평정한 것은 탕왕(湯王)의 후손들의 공적입니다.

너희 초나라는 우리나라 남쪽에 자리 잡고 있는 오랑캐입니다.

옛날 탕왕 시절 온 천하의 모든 나라들이 조공을 바쳤고 알현했으며 오직 상(商)나라를 받들어 모셨습니다.

하늘이 여러 제후들에게 명하시어 우(禹) 임금이 다스리던 땅에 도읍을 정하고 해마다 찾아와서 섬기면서 탓하지 마옵시라 아뢰었느니라.

하늘의 명령은 엄연하시니 백성들은 두려워하도다.

또한 함부로 꾸짖지 않으시니 조금도 게으름을 피우지 아니하니 천하의 충신이 되고 빛나고 아름다운 이름 몹시 빛나는 명령일세.

왕께서 오래토록 장수하고 평안해서 지금까지 우리 후손들을 보호하고 있습니다.

…

이렇게 시경(詩經)의 내용은 철저하게 고대 중국인들의 민요 160편과 궁중 예식 악가 105편과 조상들에게 제사 지내는 노래 40편 등 모두 305편이다.

이들 내용들은 철저하게 중국 조상들을 숭배하고 본받도록 하는 철저한 중국의 사대주의(事大主義)의 교본이 되었음을 알 수 있다.

결론

우리나라는 조선왕조 500년(1392~1910)간 유교가 국가의 기본 골격이 되는 시대를 살아갔다. 이렇게 조선왕조를 유교의 이념 아래 건국의 골격을 만든 이가 삼봉 정도전(鄭道傳: 1337~1398)이다. 그는 척불숭유(斥佛崇儒) 정신으로 삼봉집(三峰集)과 경제육전(經濟六展)을 저술했다. 경제육전이 조선시대의 기본 법전인 《경국대전》(經國大典)이 된다.

경국대전은 우리나라의 법전 중 가장 오래된 법전이다. 여기에는 이(吏), 호(戶), 예(禮), 병(兵), 형(形), 공(工)의 법조문이 만들어져 나라를 다스리는 법령이 되었다. 이 같은 육조(六曹)에 의한 육조(六曹) 판서(判書)들인 이조, 호조, 예조, 병조, 형조, 공조 판서들이 나라를 다스렸다. 그것이 현재 한국의 육법(六法)인 ① 헌법, ② 형법, ③ 민법, ④ 상법, ⑤ 형사소송법, ⑥ 민사소송법의 전신이다.

조선왕조 500년(1392~1910) 동안 원나라(1200~1367), 명나라(1368~1644), 청나라(1616~1911)로 바꾸어 가면서 계속 중국을 대국으로 섬겼다. 왜 조선 왕조가 중국을 대국(大國)으로 섬겼는가? 그 원인이 중국의 고대 역사와 제사 제도를 신앙심으로 믿게 한 유교의 경전들이 직접적인 영향을 미쳤기 때문이다. 현대의 중국몽(中國夢)도 유교적 잔재라

할 수 있다.

구약 시편(詩篇)들은 어떤가?

우리는 구약 시편들을 통해 이스라엘 왕조를 흠모하게 되는 영향을 전혀 받지 않는다. 시편 저자들은 모두가 우주 만물의 주인이시고 나라와 민족의 흥망성쇠를 주관하시며 인간의 생사화복을 주장하시는 하나님을 깨닫게 한다. 그렇기에 시편의 하나님은 제한된 민족이나 국가를 초월하시는, 우주적이신 하나님께 경배와 찬양을 돌릴 수밖에 없도록 감동을 준다.

그러나 동시대의 작품인 중국의 시경(詩經)은 어떤가? 중국의 시경은 중국인들에게나 조상에 대한 긍지와 역사를 존중하도록 만들고, 조선시대 사대주의에 매몰된 유교학자들이나 존경의 대상이 될 수 있다. 현대에도 중국몽에 현혹된 좌편향의 좌파 세력들이나 중국 경제력을 신뢰할 따름이다.

역사의 흐름을 정확하게 제대로 파악할 수 있는 역사적 안목이 뜨인 사람이라면 중국몽을 호도하는 유교의 경전들에 관심을 가질 수가 없다. 참으로 안타깝지만 우리 조상들이 500여 년간 중국몽에 파묻혀서 사대주의로 살아가도록 밑거름이 된 것이 유교 경전이다. 한편으로는 유교의 정체를 제대로 모르고 살아간 암흑시대가 조선왕조였음을 깨닫게 된다.

이 같은 유교의 잔재가 아직도 문화라는 이름으로 건재하며 유지되고 있는 것은 참으로 불행한 일이라고 할 수 있다. 지금도 조상숭배라는 잔재와 풍수지리설이라는 유교 철학이 전 국민의 의식 속에 작용하고 있음은 참으로 불행한 과거 조상들의 잔재라고 할 수 있다.

왜 이와 같은 비민주적, 비인간적인 왜곡된 사상들이 계승되고 있는가? 그것은 군주에 대한 무조건적인 충성, 조상들 혼에 대한 미신적인 기복신앙의 제사제도, 명당으로 복 받으려는 주역의 잔재 등이 여전히 대세로 계승되어 가고 있기 때문이다.

이것을 극복할 길이 무엇인가? 신분제도를 주장하는 유교의 선비 정신과 인도의 카스트 제도와 가톨릭의 성직자들의 다양한 직위 계급들이나 개신교의 직분들도 다 철폐되고, 모두가 형제자매로 통일 되어야 한다.

또 임금이나 군주가 이상적인 인물이 아니라, 창조주 하나님의 뜻대로 하나님을 두려워하는 신앙을 기본으로 삼고 살아가도록 해야 한다. 조상의 혼이나 묻힌 곳과 후손은 아무 상관관계가 없음을 기억하고 과학적인 확신을 가져야 한다. 그렇게 되기 위해서는 성경의 진리를 제대로 똑바로 알고, 이 세상에 잘못된 거짓들의 정체가 속속들이 드러나야 할 것이다.

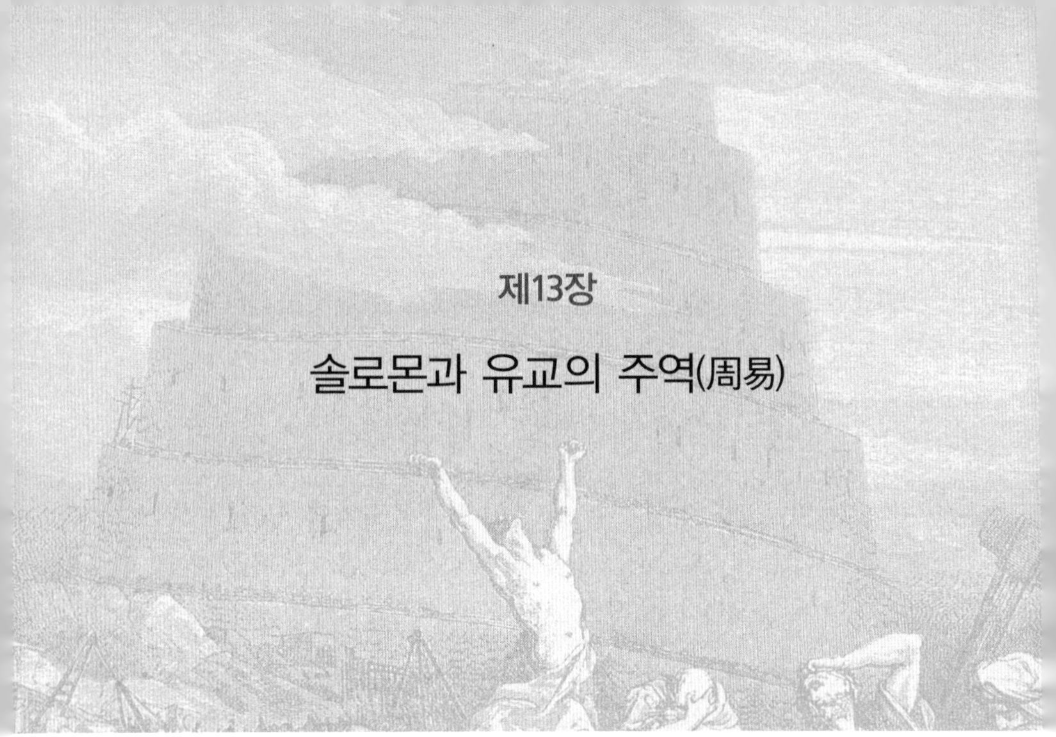

제13장

솔로몬과 유교의 주역(周易)

서론

솔로몬은 B.C. 10세기 인물이다. 솔로몬은 생애 중 40년간(B.C. 971~931)을 이스라엘 왕으로 살아갔다(왕상 12:42). 솔로몬은 치세 중 이스라엘 영토를 최대한으로 넓혔으며, 온갖 부귀영화를 누렸다. 또 최초로 솔로몬 성전을 건축했고, 성경책도 몇 권 남겼다.

솔로몬의 최대의 업적은 세상에서 가장 지혜로운 왕이었다는 명성이다. 솔로몬의 지혜의 명성에 탄복한 시바 여왕이 많은 보물을 가지고 솔로몬을 방문한 사실을 근거로 "솔로몬과 시바 여왕"이라는 영화가 만들어졌을 정도이다.

한편 중국 주(周)나라 때(B.C. 11세기~B.C. 771) 문왕(文王:?~?)의 아들 무왕(武王: B.C. 1169~1116) 때 만들었다는 역서(易書)가 있다. 그래서 주나라 때 만든 역서라는 뜻으로 '주역'(周易)이라고 한다. 주역은 훗날 공자에 의해서 유교 경전의 삼경(三經)인 시(詩), 서(書), 역(易) 경이 된다.

주역은 앞서 시경처럼 유교의 경전이 되어 유교가 전파되는 곳에 주역에 의한 우주론적 철학 내용이 보급되었다. 조선왕조 500년 동안 주역이 성리학(性理學)으로 발전되어 이황, 이이 같은 학자들을 배출했다.

중국 유교 사상 중 가장 막대한 영향을 끼친 주역은 지금도 양명학, 풍수지리설, 또는 음양오행설로 막강한 영향을 끼치고 있다.

솔로몬은 B.C. 10세기 인물이고, 주역은 B.C. 11세기에 만들어졌다. 동시대에 이루어진 두 내용을 비교해 봄으로 오늘을 살아가는 우리에게 꼭 필요한 교훈을 찾아보도록 하자.

1. 솔로몬

솔로몬은 다윗이 밧세바와의 관계에서 두 번째 낳은 아들이다(삼하 12:24~25). 그는 이미 다윗이 유다 지파 왕으로 헤브론에서 낳은 아들들(삼하 3:2~5)과 예루살렘에서 낳은 아들들(삼하 5:13~16; 대상 14:3~7) 중의 하나로, 열 번째 아들 정도가 된다.

솔로몬은 예루살렘 궁궐에서 태어나 출생부터 왕자로 아무 고난 없이 편안하게 자랐다. 그는 왕자 시절에 이복형들인 암논과 압살롬의 비극을 목격했고, 다윗의 넷째 아들 아도니야가 스스로 왕위에 오르려는 운동을 전개해도 아무런 손을 쓰지 못했다. 그러나 나단 선지자와 밧세바의 협력으로 다윗 왕에 의해 정식 왕위에 오른다.

왕위에 오른 솔로몬은 이복형 아도니야를 처결하고, 아도니야의 음모에 가담한 군대장관 요압을 처형한 후 브니야를 군대장관으로 임명한다. 그리고 제사장 아비아달은 고향 베냐민 땅 아나돗(왕상 2:26; 렘 1:1)으로 추방한 후 사독을 제사장으로 세웠다.

솔로몬은 이스라엘 제3대 왕으로 40년간 통치했다. 그러나 40년 통치는 한결같지 않았다. 전반기에는 많은 공적들을 세웠으나 후반기에는 영적 분별력을 상실하고 정치적 실리와 방탕한 생활을 계속하다 변절자로 생을 마쳤다. 따라서 솔로몬의 생애는 전반기의 화려한 사역기 때와 후반기의 변절자로 타락하여 살아간 삶이 확연히 다르다. 그렇기에 솔로몬의 후반기 인생은 크게 실망을 줄 뿐만 아니라 그 영혼이 과연 구원받았을까 의심이 될 정도다.

여기서 솔로몬의 생애를 전반기의 삶과 후반기의 삶으로 분리해서 살펴보도록 하겠다.

솔로몬의 생애는 열왕기상 3~11장과 역대하 1~9장에 기록되었다. 이 중에서 전반기에 훌륭한 업적을 남긴 내용이 열왕기상 3~10장에 기록되었고, 후반기 타락한 내용은 열왕기상 11장 한 장에 간략하게 기록되었다.

1) 전반기(왕상 3~10장)

(1) 지혜를 구한 솔로몬(왕상 3:1~28)

① 애굽 왕 바로의 딸과 결혼

애굽 사람들은 히브리 사람과 함께 식사를 하는 것을 부정하게 여겼다(창 43:32). 또 이스라엘 사람들은 애굽에서 430년을 종살이를 했다(출 12:40). 이와 같은 과거를 지닌 애굽과 이스라엘은 서로 호감을 가질 수 없는 관계였다.

그런데 애굽 왕 바로의 딸인 애굽의 공주가 이스라엘 왕 솔로몬과 결혼을 했다. 이것은 자존심이 강한 애굽이 이스라엘 나라의 위상을 인정했다는 의미이다. 다윗과 솔로몬의 통치 시절, 이스라엘이 고대 근동의 맹주로 부상했기에 애굽이 당시의 현실을 인정한 것이다. 더구나 애굽 왕은 가나안 땅 게셀 성읍을 정복하여 게셀 성읍을 자기 딸의 결혼선물로 이스라엘에게 주었다(왕상 9:16).

솔로몬은 애굽 바로 왕의 딸과 혼인한 후 다윗성(왕상 2:10)에 두었다. 이곳은 다윗 왕의 무덤이 있는 곳이다. 그리고 솔로몬은 성전 건축 7년, 왕궁 건축 13년이 지난 후인 21년경에야 바로의 딸을 왕궁으로 옮겼다.

② 산당에서 제사

2절을 보면, 솔로몬이 왕으로 즉위한 때까지 성전을 건축하지 않았으므로 백성들이 산당에서 제사를 드렸다고 했다.

'산당'은 '빱바모트'(בבמות)로 '높은 곳'이란 뜻이다(사 15:2, 16:12, 36:7; 렘 19:5; 겔 6:5; 암 7:9). 산당이 높은 산 위에 만들어지는 이유는 하늘에 보다 가까우므로 자신이 예배하는 신과 좀 더 가까워질 수 있다는 이교적 풍습 때문이었다.

산당은 주로 이교도들의 제사처였다(왕상 11:7). 그런데 이스라엘 백성들이 아직 성전을 건축하기 전이라서 이교도 풍습에 따라 높은 산당에서 제사를 드렸던 것이다.

사무엘 때에도 산당 제사를 드렸고(삼상 9:12), 솔로몬도 기브온 산당에서 제사를 드렸다(왕상 3:3). 그러나 모세는 이스라엘이 가나안에 입국한 이후에는 높은 산이나 작은 산이나 산당 제사를 드리지 말도록 금지시켰었다(신 12:2~5). 그런데도 산당 제사가 솔로몬 초기까지 시행되었다. 이것은 훗날 솔로몬이 타락하게 되는 단초가 된다(왕상 11:7~8).

솔로몬이 성전을 완공했으나 그 후에도 산당을 제거하지 못했다.

그래서 솔로몬 이후의 왕들 역시 산당을 제거하지 못한다(왕상 15:14). 여호사밧(왕상 22:43), 요아스(왕하 12:3), 아마샤(왕하 14:4), 아사랴(왕하 15:4) 등등 산당이 우상 숭배와 나라 멸망의 길을 만든다.

③ 기브온 산당에서 일천번제

번제는 짐승을 불에 태워 드리는 제사이다(창 8:20; 레 1:5~9). 번제는 하나님께 대한 온전한 충성과 헌신을 상징한다(레 9:12~16).

솔로몬이 기브온 산당에서 드린 일천번제란 어떤 번제인가? 이것을 '드렸더니'라는 말 '야알레'(יעלה)를 과거의 습관으로 이해하여 하루에 한 번씩, 천 번의 번제를 드린 것으로 이해한다. 그러나 왕과 관료들이 예루살렘 궁궐을 비워두고 하루에 한 번씩 천 번이면 3년을 계속 번제를 드렸다는 것이 되므로 그렇게 이해하기는 어렵다.

그렇다면 '일천번제'인 '엘레프 올로트'(אלף עלות)를 어떻게 이해해야 하는가?

일천 마리의 제물을 하루에 한꺼번에 다 드렸다는 말도 이해가 안 된다. 이것은 천 마리의 제물을 여러 번에 나누어서, 국민들과 관료들과 왕이 함께 참여하는 거대한 번제를 여러 번 드렸다는 말로 이해된다.

솔로몬이 단 한 번의 거대한 번제를 드리는 것으로도 충분히 자기의 충성심을 표현할 수 있으므로 그렇게 할 수도 있었을 것이다. 그러나 솔로몬은 다소 번거롭고 시간이 많이 걸리며 똑같은 일이 여러 번 반복되어 권태롭고 싫증이 날 수 있는 일이었지만, 최선을 다하려는 정성으로 여러 번으로 나누어서 한결같은 마음으로 천 마리의 번제를 드렸다고 이해된다.

여기서 우리가 크게 깨달을 진리의 한 면은 인류 역사에서 위대하고 기억에 남는 명작이나 명물들은 매우 장기간의, 수를 헤아릴 수 없을 만큼의 피눈물 나는 각고의 노력 끝에 이루어진 결과물들이라는 사실이다.

미국의 사전(辭典)학자인 웹스터(N. Webster: 1758~1843)는 예일 대학을 졸업하고 학교 교사 시절에 영어 사전에 힘을 기울이기 시작하였다. 그는 영어 국어의 실체 연구를 위해 케임브리지 대학에 좀 더 체재하였다. 그래서 영어 사전 연구에만 36년이라는 각고의 노력 끝에 7만 단어가 넘는 '웹스터 사전'을 만들어 냈다.

오스트리아의 작곡가 하이든(F.J. Haydn: 1732~1809)은 17세 때부터 작곡을 시작하여 66세 되던 해(1798년) 800번째 작품 오라토리오 "천지창조", 그 후에 오라토리오 "사계"(四季)를 작곡했다.

이탈리아의 화가, 조각가, 건축가인 미켈란젤로(Michelangelo Buonarroti: 1475~1564)는 시스티나 대성당의 천장에다 "천지창조"와 "최후의 심판" 벽화를 그려냈다. 미켈란젤로는 이 천장 벽화를 그리기 위해 8년 동안 2천 번의 스케치를 했다고 한다.

미국의 소설가 헤밍웨이(E.M. Hemingway: 1809~1961)는 《무기여 잘 있거라》(1929), 《누구를 위하여 종은 울리나》(1940), 《노인과 바다》(1952) 등 유명 작품들을 남겼다. 그런데 그는 88번을 써서 소설 한 편을 완성했다고 한다.

솔로몬은 단 한 번의 번제를 드릴 수 있었다. 대부분의 번제는 한 번으로 끝을 낸다. 그러나 그가 천 마리나 되는 제물들을 여러 번으로 나누어서 반복해서 드린 것은 하나님께 최대로, 최고로, 최선을 다해서 충성을 다하겠다는 그의 신념이 작동한 것으로 이해된다.

이렇게 최고, 최선, 최대로 바치려는 솔로몬의 정성된 마음을 하나님께서 아시게 되었다. 그래서 하나님께서는 밤에 솔로몬의 꿈에 나타나신다. 하나님은 "내가 네게 무엇을 줄꼬. 너는 구하라"고 하신다. 솔로몬은 일천번제는 자기를 위한 장수나 부귀나 원수를 이기는 개인적 욕망이 아닌, 백성들을 잘 다스릴 지혜가 목적이었음을 고백한다.

하나님은 그의 정신이 갸륵해서 지혜는 물론이고 구하지 않은 부귀와 영광도 주시겠다고 응답해 주신다. 그래서 솔로몬은 지혜의 왕이 되었고, 부귀 영광도 누리게 되었다. 그 여담이 유명한 솔로몬의 재판(왕상 3:16~28) 내용이다.

(2) 이스라엘 국위 선양(왕상 4:1~34)

① 영토 확장

솔로몬의 병력으로 "병거의 말 외양간이 사만이요 마병이 만 이천 명"(26절)이라고 했다. 그런데 병행 구절인 역대하 9장 25절에 "솔로몬의 병거 메는 말의 외양간은 사천이요 마병은 만 이천 명"이라고 했다. 또 열왕기상 10장 26절에서 "솔로몬이 병거와 마병을 모으매 병거가 천사백 대"라고 한 내용을 참조한다면 병거 한 대당 두 마리의 말이 사용되었고, 한 마리는 대기용으로 준비해 두었기 때문에 말의 수는 4만이 아니라 4천이 더 정확하다.

솔로몬이 이처럼 막대한 군사력을 유지하기 위해서는 많은 신하들이 필요했다. 그래서 열왕기상 4장 2~19절에 솔로몬이 거느린 신하들의 조직과 명단이 소개된다.

그와 같은 국방력으로 이스라엘 영토가 유브라데강에서부터 블레셋 사람의 땅, 애굽 국경까지 이르렀다(21절). 이것은 다윗 때보다 훨씬 방대한 영토 확장이었다.

이렇게 영토 확장과 유지를 위해서는 신하들, 국방력이 필요하다.

그러나 동시에 하나님에 대한 신뢰와 의지가 아닌, 인간들의 힘을 의지하려는 인본주의적 위험이 따르게 된다. 이것이 솔로몬에게는 국가 유지를 위한 필요 사항이었겠으나 그가 사치하고 부패하게 되는 타락의 원인이 되기도 한 것이다.

② 지혜와 총명

솔로몬의 전성기 때 그의 지혜는 동쪽의 모든 사람들보다 뛰어나고, 애굽의 모든 지혜보다 뛰어났다고 한다(왕상 4:30). 그 결과 잠언 3천 가지와 노래는 1,005편이 되었다고 했다(왕상 4:32).

여기서 말하는 '잠언'이란 말은 '마솰'(משל)이다. 이 말은 '다스리다'(시 103:19)라는 뜻의 동사에서 유래한 것으로, 정신적인 측면에서 윗사람으로 사람들을 지배하고 다스린다는 '금언' 또는 '격언'을 뜻한다. 구약의 '마솰'이 한문으로 번역될 때 '바늘 잠'(箴) 자에다 '말씀 언'(言)을 써서 훈계나 경계가 되는 짧은 말이라는 뜻의 '잠언'이 되었다.

솔로몬이 잠언 3천을 지었다고 했다. 그런데 우리가 가진 구약 잠언서는 그 3분의 1에도 못 미치는 773절뿐이다. 이것은 3천 잠언이 솔로몬 때 일이고, 후대에 소실되었거나 또는 편집 과정에서(잠 25:1) 가장 훌륭한 것만 추렸기 때문으로 추측된다.

또 노래가 1,005편이라고 했다.

여기 '노래'라는 말은 '쉬르'(שיר)이다. '쉬르'는 종교적 노래는 물론 비종교적 노래까지도 포함한다. 아가 1장 1절의 '아가', 이사야 24장 9절의 '노래'가 '쉬르'이다. 한편 시편에서 '찬송시'로 쓰인 '미즈모르'(מזמור)는 종교적 노래인 찬송시를 뜻한다.

솔로몬의 노래(쉬르)가 1,005편이라고 했다. 그런데 솔로몬이 지은 것으로 전해지는 아가서는 8장이 전부다. 그리고 시편에는 72편과

127편 두 편뿐이다. 그 외에는 전해지지 않고 있다.

전통적 견해는 전도서 1장 1절에 “다윗의 아들 예루살렘 왕”이라는 근거로 전도서 저자를 솔로몬이라고 믿어왔다. 그러나 열왕기상 11장에 변절 타락한 솔로몬이 회개한 기록이 없는데 그런 그가 전도서를 저술했다는 주장은 신학적으로 큰 문제를 불러일으킨다.

혹자는 잠언 1장 1절과 아가 1장 1절에 솔로몬이라고 명확하게 밝힌 것과 달리 전도서 1장 1절에는 ‘다윗의 아들’이라는 간접적 표현을 쓴 것으로 솔로몬의 회개 작품이라고 보기도 한다.

이와 달리 솔로몬을 완전히 배제하고 전도서를 B.C. 450년경 에스라의 작품으로 보는 이도 있다.

우리는 열왕기상 4장 32절에 근거해 솔로몬의 잠언 3천 가지 중 현재 남은 것이 773개이고, 1,005편의 노래 중 현재 남은 것이 아가서라고 본다. 이들 잠언과 노래는 솔로몬이 타락하고 배교하기 이전, 가장 지혜롭다는 명성을 떨칠 때의 작품으로 볼 수 있다.

그러나 솔로몬은 구약 때 신앙인들처럼 성령이 내주했다가도 범죄할 때 성령님이 떠나가는(시 51:11, 다윗 시 참조) 사람이었다. 그렇기에 전도서를 솔로몬의 작품이 아닌 것으로 이해하면 무난하다.

그렇다면 전도서 1장 1절을 어떻게 이해하느냐는 문제가 또 남게 된다. 이 문제는 후대인이 지혜자로 알려진 솔로몬의 이름을 차용해서 권위를 높인 것으로 이해해 볼 수 있을 것 같다.

(3) 성전 건축과 왕궁 건축(왕상 5~7장)

① 성전 건축(왕상 5~6장; 대하 2:1~18)

솔로몬이 성전 건축을 하기 전에 사전에 준비하는 부분과 성전 건축을 시작해서 준공하기까지는 많은 과정들을 거쳐야 있어야 했다.

ⓐ 준비 공사

가. 성전 건축의 이유(왕상 5:3~5)

솔로몬은 성전 건축의 이유를 세 가지로 말한다.

㉠ 하나는 내 아버지 다윗이 사방의 전쟁으로 말미암아 원수들을 발바닥 밑에 두기까지 기다려 왔다(3절).

㉡ 그런데 이제는 여호와께서 내게 사방에 태평을 주시매 원수도 없고 재앙도 없다.

㉢ 여호와께서 내 아버지 다윗에게 '네 아들이 내 이름으로 성전을 건축하리라'고 하셨다.

나. 레바논의 백향목과 잣나무 수입(왕상 5:6~12)

솔로몬은 성전 건축의 목재를 얻기 위해 이웃 레바논 나라 두로 왕 히람과 약조를 맺는다. 두로와 시돈은 사도행전 12장 20절에도 소개된다. 이곳은 이스라엘 북쪽 지중해 연안에 있는 현재의 레바논 나라이다.

이곳은 항구도시이긴 하지만 돌이 많고 경작지가 좁아서 식물을 충분히 수확할 수 없었기 때문에 식량 공급 대부분을 이스라엘에 의존해야 했다. 반면에 레바논 산맥의 산마루에 있는 하얀 석회석과 높은 산 위의 눈 속에서 지중해 해양 바람에 시달리며 자라나는 나무들은 좋은 건축자재가 되었다. 그중에서 백향목은 해발 1,500~2,000m의 눈 덮인 높은 산에서 자라는 교목이다. 높이가 40m, 줄기의 지름이 3m에 이르는 곧고 아름다운 레바논의 특산물이다.

백향목은 고유의 진한 향기로 병충해가 적고, 추운 지방에서 자라 내구성이 강하며, 아름답게 광을 낼 수 있어서 정결의 상징으로 알려졌다(레 14:48~53). 그래서 솔로몬은 레바논의 백향목을 수입해 오고, 그 대가로 해마다 밀 2만 고르와 감람유 20고르를 주었다(왕상 5:11).

여기서 말하는 '고르'는 '코르'(כר)이다. 호멜처럼 도량형으로 대략 220~230리터의 양으로 본다.

다. 성전 건축 동원 인원(왕상 5:13~18)

솔로몬은 이스라엘의 자국민 가운데서 역군 3만 명을 모집했다. 이때 말하는 '역군'은 '마쓰'(מס)다. 이 말은 '징집된 노동자, 부역꾼'으로, 솔로몬의 왕명에 의해서 징집된 자국민을 뜻한다. 이들 3만 명 중 한 달에 1만 명씩 번갈아 레바논에 가서 벌목 관계 노동을 하게 했다.

그리고 '짐꾼'(15절. 대하 2:18)은 '노세 쌉발'(נשא סבל)이다. 이 말은 '짐을 드는 자'란 뜻이다. 이들 짐 나르는 자들은 벌목한 나무나 채석된 돌을 일정 지역까지 운반해 주는 짐 나르는 자들이다. 이들 짐 나르는 자들은 이스라엘 자손이 아닌 가나안 원주민인 아모리 사람과 헷 사람과 브리스 사람과 히위 사람과 여부스 사람들 중에 남아 있는 노예 신분의 사람들이었다(왕상 9:20~21; 대하 2:18).

이들 짐 나르는 자들이 7만 명이 동원되었고, 돌을 나르는 채석(採石)공들이 8만 명이 되었다. 그리고 이 모든 인력들을 관리하는 관리자가 3,300명이었다.

ⓑ 성전 시공과 준공

성전의 시공은 이스라엘 자손이 애굽 땅에서 나온 후 480년이 되는 해에 이루어졌다(왕상 6:1). 480년은 출애굽 후 광야 체류기 40년, 가나안 정복과 분배 15년, 사사시대 340년, 사울 왕 통치 40년, 다윗 왕 통치 40년, 그리고 솔로몬이 왕이 된 지 4년을 합친 기간이다.

열왕기상 6장 1절에 솔로몬이 왕이 된 지 4년을 37절에는 "넷째 해"라고 했다. 솔로몬의 즉위를 B.C. 970년으로 볼 경우 성전 기공식은 B.C. 966년이 된다.

또 '시브월'[지브(זִו)]은 히브리 달력의 두 번째 달 이름이다. 태양력으로는 꽃들이 피는 4월 초순에서 5월 초순 사이가 된다. 이때는 보리 수확기(4월)가 끝나고 건기(乾期)가 시작되는 때이므로 건축 시기로 적당했을 것이다.

그리고 준공은 솔로몬이 왕이 된 지 11년째 되는 해 불월 곧 여덟째 달에 설계와 식양대로 성전 건축이 끝이 났다.

'불'월의 불은 '뿔'(בוּל)이다. 히브리 달력의 여덟째 달 이름으로 '비' 또는 '산물'이란 뜻이다. 태양력으로 10월 초순에서 11월 초순 사이에 해당한다. 팔레스타인의 10~11월은 우기가 시작되고 과수의 열매를 추수하는 때이다.

성전의 기공이 B.C. 966년 4~5월이었고, 그 후 7년 6개월의 공사 끝에 B.C. 959년 10~11월에 준공을 했다.

성전의 규모가 열왕기상 6장 2~10절에 기록되었다. 성전의 길이가 60규빗(27.36m), 너비가 20규빗(9.12m), 높이가 30규빗(13.68m)였다. 이것은 모세가 지은 성막(삼하 7:6)의 두 배가 되는 크기이다.

그리고 성소 앞에 주랑을 지었다(왕상 6:3). '주랑'은 '웨하울람'(והאולם)으로 '현관'(porch) 또는 '대기실'을 의미한다(겔 46:8). 주랑의 길이가 성전의 너비와 같은 20규빗(9.12m)이었다. 주랑의 높이가 역대하 3장 4절을 보면 120규빗(54.72m)이었다.

성전의 길이가 27.36m, 너비가 9.12m, 높이가 13.68m의 건물이라면 고대 당시에도 그리 큰 건물이라고 할 수는 없다. 솔로몬 성전의 가치는 건물의 크기가 아니라 이스라엘 민족사에 최초로 전 국민의

합의로 완성되었다는 사실이다. 솔로몬은 이와 같은 일 하나로도 그의 명성을 영원히 얻게 되었다.

ⓒ 성전의 기구들 제작(왕상 7:13~51; 대하 3:15~17)

이 부분은 성전 건축에 관한 추가 기사이다. 솔로몬은 성전 건축의 자재로 당대 최고의 목재로 알려진 레바논의 백향목을 수입해 건축을 완성했다. 그리고 성전의 내부 장식을 위해서도 당시 최고의 기술을 가진 두로의 히람을 초청해 최상의 기구를 만들도록 한다.

솔로몬은 이렇게 하나님께 최고의 것을 드리기 위해 비용과 노력을 아끼지 않았음을 설명하고 있다.

이때 성전 기구 제작자로 초청된 히람은 두로 왕 히람(왕상 5:1)과 동명이인이다. 히람은 시돈의 북쪽 약 40km에 위치한 해안의 항구도시 두로에서 활약하고 있었다. 그런데 히람은 아버지가 두로 사람이고 어머니는 이스라엘 납달리 지파의 과부였던 여자라고 했다. 히람의 모친은 이스라엘 여인이었는데 과부가 되자 이방인 두로 남자와 재혼해 히람을 낳은 것으로 추정된다. 성전 기구 제작자로 초청된 히람의 피 속에는 이스라엘의 피가 섞여 있는 모계 가족 상황을 설명해 준다.

여기서 우리가 유심히 깨달을 사실이 있다. 다윗과 달리 솔로몬은 그의 신앙 성격이 매우 개방적인 기질의 사람임을 알 수 있다. 다윗은 철저한 율법주의 틀 안에서 살아갔다. 다윗이 믿은 율법에서는 이방인들에 대해 매우 부정적이었다. 레위기 25장 45~47절에는 가나안에 입국해 원주민들과 동거하게 될 때에는 그들이 동거인이라도 이방인으로 취급하고 종으로 삼도록 했다. 신명기 28장 43절에는 계명에 불순종하는 자에게는 저주가 임하는 증거로 이방인에게 예속될 것을 예언한다. 신명기 31장 16절에는 이스라엘 민족이 가나안 입국 후에는 이방 신들을 섬기는 것이 저주로 예언되고 있다. 이와 같은 율법 사상을 절대 신뢰한 다윗은 매우 보수적인 삶을 살아갔다.

그런데 솔로몬은 전혀 달랐다. 그는 성전 건축 재료로 당시 최고의 재료를 쓰겠다는 명분으로 레바논의 백향목을 수입하고 성전의 기구 만드는 기술자로 두로 사람을 초청한다. 솔로몬의 이와 같은 개방 정신은 최고, 최상의 성전 건축과 기구를 만든 결과가 따랐다.

그러나 솔로몬은 이와 같은 개방 정신으로 아내로 애굽 바로 왕의 딸을 얻고, 시바 여왕과 교류하고, 수많은 이방 여인들을 처, 첩으로 거느리게 된다. 그렇게 해서 다자 외교로 많은 국가와 안정적인 관계를 맺게 되었다.

그 같은 결과가 무엇인가? 나라가 최고로 부강해진 결과, 솔로몬의 타락과 방탕으로 그 자신의 멸망을 가져왔고, 급기야는 나라가 남북으로 분열되는 민족 분열을 가져왔다.

솔로몬의 개방 정신이 당장에는 좋은 결과들을 가져왔다. 그러나 긴 역사 속에 볼 때에는 자신과 나라를 망하게 하는 지름길이었던 것이다. 현재 한국의 국정 방향에 크게 눈을 떠야 할 내용이다.

성전기구들 중에서 성전의 주랑(현관) 앞에 세운 두 개의 기둥이 있다. 오른쪽 기둥을 야긴이라 했고, 왼쪽 기둥을 보아스라고 했다(왕상 7:21). '야긴'(יכין)은 '굳게 서다, 견고하다'는 뜻으로, 다윗 왕조가 솔로몬을 통해 더욱 굳게 견고해질 것을 바라는 희망이 담겨 있다. '보아스'(בעז)는 '힘 있다, 강하다'는 뜻으로, 성전 자체가 견고하다는 상징과 함께 다윗 왕조에게 강한 힘과 능력을 주실 것을 기대하는 상징물이었다.

그 외에 물두멍, 부삽, 대접, 진설병의 금상, 정금 금 잔대, 불집게,

주발 등의 성전 기구는 물론 기둥 머리의 그물, 백합화 모양, 석류 모양, 바다, 받침 수레 등등 온갖 장식품을 다 만들었다. 이렇게 해서 성전을 아름답고 거룩하게 꾸미는 데 물자와 기술을 조금도 아끼지 않고 최고의 것으로 최선을 다해 장식했다.

솔로몬은 이 모든 일에 성전 건축만 7년 반이 걸렸고, 성전의 기구들과 장식을 만드는 데는 그 기간과 양이 측량할 수 없다고 했다(왕상 7:47).

그러면서 곧이어 왕의 왕궁을 건축한다. 성전 건축 후에 왕궁 건축과 성전 기구 제작이 병행되었을 가능성이 많다.

② 왕궁 건축(왕상 7:1~12)

솔로몬은 먼저 7년간 백성들을 역군으로 동원해서 성전 건축을 완성했다. 그 후 지쳐 있는 백성들은 쉬는 기간 없이 곧이어서 13년에 걸쳐 왕궁을 건축하게 한다. 이처럼 20년에 걸친 건축은 국민들에게 커다란 불만의 원인이 되어 나라가 분열되는 원인을 제공하게 된다(왕상 12:4 참조).

그런데 왜 솔로몬은 성전보다 긴, 두 배 가까운 13년의 공사를 강행했을까? 이유는 성전은 주로 제사장들의 활동 영역이지만, 왕궁은 어전, 재판정, 병기고 등과 함께 바로의 딸을 위한 또 다른 궁전(왕상 7:8)까지 포함되었을 것이다.

그렇게 해서 레바논에서 수입해 온 목재로 길이가 100규빗(52~54m), 너비가 50규빗(26~27m), 높이가 30규빗(15~16m)의 왕궁을 건축했다(왕상 7:2). 높이는 성전보다 약간 더 높고, 길이와 너비는 성전보다 두 배 이상 큰 건물이었을 것이다.

그런데 우리가 주목할 부분이 있다. 왕궁이라고 하면 왕의 집무

실과 함께 왕의 침실도 함께 있는 건물이다. 그런데 8절에는 왕궁과 별도로 "바로의 딸을 위하여" 또 다른 집을 지었다고 했다(대하 8:11).

솔로몬은 바로의 딸과 정략결혼을 했으나 그녀는 이스라엘의 왕 다윗의 왕궁에 살지 못하게 했는데, 그 이유는 다윗 왕궁이 여호와의 궤가 있는 거룩한 곳이기 때문이다. 바로의 딸이 비록 정실 황후였으나 그녀는 여호와를 믿는 신앙인이 아니었다. 그래서 그녀가 황후를 유지하되 여호와 신앙이 없는 다른 집을 만들어서 거기서 살게 했던 것이다.

애굽은 아주 가까이할 수도 없고, 너무 멀리할 수도 없는 복잡한 이웃이었다. 열왕기상 11장 14~25절을 보면 솔로몬의 대적자인 에돔인 '하닷'이 솔로몬을 대적하는 근거지가 애굽임을 알게 된다. 또 느밧의 아들 '여로보암'은 애굽에서 힘을 기른 후에 솔로몬을 대적하여 왕국을 분열시킨다(왕상 12:2).

애굽은 표면적으로 솔로몬의 아내의 친정이고, 솔로몬의 장인은 애굽의 바로 왕이었다. 그러나 솔로몬의 아내는 이교도여서 다윗성인 궁궐에 살 수 없는 여인이었고, 애굽은 이스라엘을 대적하려는 반역자들의 온상지였다.

솔로몬은 이 같은 국제적 관계를 고려하여 아내인 바로의 딸을 왕의 궁궐이 아닌 다른 집을 지어 살게 해주었다. 이렇게 특별대우를 받은 바로 왕의 딸은 훗날 수많은 부인들과 첩이 사는(왕상 11:3) 궁과는 다른 궁에 있었다.

(4) 언약궤 이전과 성전 봉헌식(왕상 8~9장)

① 언약궤 이전(왕상 8:1~11)

'언약궤'에 대한 구약의 호칭은 다양하다. 최초에는 '돌판'이라고 했다(출 24:12). 그다음에는 '증거판'이라고 했다(출 25:16, 26:33). 그다음에는 '법궤'라고 했다(레 16:2). 그다음에는 '하나님의 궤', '여호와의 궤'라고 했다(삼하 6장). 그런데 열왕기상 8장을 보면 '여호와의 언약궤'라고 한다.

이 법궤는 블레셋에게 빼앗겼던 것을 다윗이 가나안 원주민인 여부스 족의 성채인 시온성을 정복해 다윗성으로 만들고 그곳에 안치해 두었었다. 그 법궤를 솔로몬이 성전을 지은 다음 성전으로 옮기면서 '여호와의 언약궤'라고 호칭한다. 이것은 과거에는 단순히 '궤'에 불과했던 것을 한 단계 더 승화시켜서, 단순한 궤가 아니라 여호와와 이스라엘 민족 간에 이루어진 언약의 증거물이라는 상징적 의미로 확대되었다.

이때 솔로몬은 이스라엘 장로들과 열두 지파의 우두머리인 족장들을 예루살렘으로 소집해서(왕상 8:1~3) 이전 행사를 하게 한다. 이 같은 이스라엘 모든 대표들을 소집한 언약궤 이전 행사는 영적으로 깊은 의미를 주기 위한 의도적 행사라고 할 수 있다.

② 솔로몬의 성전 봉헌식(왕상 8:12~9:9)

이 부분에는 솔로몬이 성전 건축 후에 성전 봉헌식을 거행하기까지의 몇 가지 내용들이 기록되었다.

첫째, 솔로몬의 성전 봉헌사(왕상 8:12~21), 둘째, 솔로몬의 성전 봉헌의 기도(왕상 8:22~53), 셋째, 이스라엘 백성들을 위한 솔로몬의 권면(왕상 8:54~61), 넷째, 성전 봉헌식(왕상 8:62~66; 대하 7:4~10), 다섯째, 여호와께서 나타나심(왕상 9:1~9) 등의 내용이 기록되어 있다.

이 가운데서 성전 봉헌식 내용은 기억할 만한 것이다. 성전 공사의 시작은 솔로몬이 왕이 된 지 4년 시브월 즉 둘째 달의 일이다(왕상 6:1). 이때는 B.C. 966년 4~5월경이다. 그리고 성전 공사가 준공된 때는 솔로몬이 성전 공사 7년을 끝낸 불월인 여덟째 달이다(왕상 6:38). 이때는 B.C. 959년 10~11월경이다.

그런데 열왕기상 8장 2절을 보면 솔로몬 왕이 에다님월 곧 일곱째 달 절기에 이스라엘 지도자들을 모았다고 했다. '에다님'은 '에타님'(איתנים)으로, 유대력으로 일곱째 달이지만 태양력으로는 9~10월에 해당된다. 이때는 B.C. 959년 10~11월보다 약 두 달가량 앞선 때이다. 솔로몬은 이때 언약궤를 옮겼고(왕상 8:3~11), 이어서 솔로몬의 봉헌사가 있다(8:12~61). 그리고 성전 봉헌식이 진행된다(왕상 8:62~66).

여기서 우리는 궁금한 점이 생긴다. 솔로몬의 성전 봉헌식은 성전 공사가 완공되기 두 달 전에 먼저 시행되었다는 사실이다. 왜 성전 건물이 완공되지도 않았는데 두 달이나 앞당겨 준공식을 거행하였을까? 그 이유가 8장 65절에 설명되고 있다.

솔로몬은 처음 7일간 봉헌식을 드렸고, 그다음 7일간은 유대력으로 7~8월, 태양력으로는 8~9월에 해당하는 장막절 절기로 지켰다. 그래서 14일간을 성전 봉헌식과 장막절 절기 행사로 지킨다. 이 같은 이유로 성전 봉헌식이 두 달 정도 앞당겨진 것으로 보인다.

이때 드린 화목제의 희생 제물이 소가 2만 2천 마리요, 양이 12만 마리라고 했다(대하 7:5에도 같은 기록).

여기서 우리가 반드시 깨달아야 할 사실이 있다. 솔로몬과 이스라엘 백성들은 거대한 성전 건물을 지어 놓고 거대한 봉헌식을 거행했다. 그리고 그 성전 안에서 정례적인 제사가 이루어졌다. 그렇게 보이는 건물과 형식적인 제사의 반복으로 자기들은 종교적 의무를 완수해 가고 있다고 착각하고 살아갔다. 그러나 제사는 반복되었지만 생활은 변화되지 않았다. 그것이 솔로몬의 축첩행위와 배교의 길이었다.

이스라엘 백성들도 웅장한 성전에서 정성껏 제사만 드리면 하나님께서 나라를 지켜주시고 백성들이 편안할 것으로 착각했다. 그러나 하나님께서는 선지자들을 통해 숱한 제사들이 아무 의미가 없을 것을 수없이 강조하셨다. 그래도 백성들의 삶은 변화되지 않았다. 드디어 하나님은 성전을 이방인들 손에 의해 파괴시켜 버리신다. 그리고 구약 제사제도도 폐지시켜 버리신다.

새로운 신약시대는 어떤가? 지금도 과거 성전처럼 웅장하고 거대한 예배당들을 건축해 놓았다. 그리고 신자들은 매주 열심히 예배에 참석한다. 현대 신자들은 열심히 모든 예배에 고분고분 잘 참석만 하면 훌륭한 교인으로 착각한다. 그러나 과거 구약 때처럼 삶이 변화되지 않은 채 예배당 출석만 열심히 하는 것으로는 하나님을 기쁘시게 할 수 없다.

과거 구약 때나 현재 신약 때의 공통점이 무엇인가? 그것은 하나님을 믿는 사람답게 변화된 삶을 살아가야 한다는 것이다.

(5) **스바 여왕의 방문**(왕상 10:1~13)

스바는 히브리어로 '쉐바'(שבא)라는 나라인데 이에 대한 견해가 고대와 현대로 나누어진다. 고대에는 전통적으로 에티오피아 해안 지역이라고 알려져 왔다. 그에 대한 뒷받침으로 창세기 10장 7절의 함의 아들 중 구스의 아들로 스바가 있다(대상 1:9). 그래서 스바를 아프리카로 보아왔다. 그런데 오늘날 대부분의 학자들은 현재 사우디아라라비아의 중심부 지역에 대한 고대 명칭으로 본다.

고대 기록에 의하면, 남아라비아에는 미네아인(Minaeans), 사베아인(Sabeans), 가다바니아인(Qatabanians), 하드람인(Hadhrams) 등 네 민족이 거주했다고 한다. 그중에서 사베아인 백성들이 유황, 몰약, 보석 등 고대인들이 부러워하는 진귀한 산물의 집산지인 남아라비아를 지배했다고 한다.

이와 같은 스바 여왕이 솔로몬의 지혜에 대한 명성을 듣고 솔로몬을 방문한다. 스바 여왕은 금 120달란트와 심히 많은 향품과 보석을 가지고(왕상 10:10) 수많은 수행원들을 대동하여 솔로몬을 방문했다.

스바 여왕은 솔로몬을 만나 자기가 마음속으로 궁금하게 여기던 모든 내용을 솔로몬에게 물었다. 스바 여왕은 솔로몬의 막힘 없는 대답과 솔로몬이 건축한 성전과 왕국을 둘러본 후 자기가 들은 소문보다 더 월등함을 피력한다.

이 같은 화려한 때에 두로 왕 히람이 많은 백단목과 보석을 보냈다. 솔로몬은 히람에게 받은 것과 자기가 가지고 있는 것들 중 스바 여왕이 소원대로 구하는 것을 주었다(왕상 10:13). 그래서 "솔로몬과 시바 여왕"이라는 영화의 소재가 되었다.

열왕기상 10장 14~29절을 보면 솔로몬이 누리는 부귀영화의 내용을 소개하고 있다(대하 9:13~29).

솔로몬은 스바 여왕 방문 후 그가 누린 최고의 부귀영화와는 반대로 그의 영성이 하향선을 그리며 몰락하기 시작한다. 스바 여왕의 방문 이후 온 세상 사람들이 그의 얼굴을 보기 원하여 각기 예물을 가지고 왔다(왕상 10:24~25). 그러자 솔로몬은 더욱더 세상 사람들의 환심을 사려고 은을 돌같이 흔하게 하고, 백향목을 평지의 뽕나무같이 많게 하였다(왕상 10:27).

이렇게 사람들의 칭찬과 눈에 보이는 현상적 부귀영화에 주력하면서 그의 영성은 보이지 않는 하나님에게서 멀어져만 갔다. 그래서 솔로몬의 후반기 인생은 눈에 보이는 현실적인 것들에 치중하면서 주변 각 나라의 여인들을 후궁과 첩으로 맞아들이는 타락의 삶을 살아가게 된다.

잠언 30장 8절에는 "나를 가난하게도 마옵시고 부하게도 마옵시고 오직 필요한 양식으로 나를 먹이시옵소서"라고 한다. 이것은 매우 소극적인 교훈이다. 그러나 디모데전서 6장 10절에는 "돈을 사랑함이 일만 악의 뿌리가 되나니"라는 적극적인 교훈을 준다.

솔로몬은 눈에 보이는 것들을 추구하면서 영혼까지 망하게 된다.

2) 후반기(왕상 11장)

솔로몬의 화려한 전반기 인생은 열왕기상 1~10장에 자세하게 기록되었다. 그러나 그의 타락과 몰락의 후반기 인생은 열왕기상 11장 한 장에 기록되었다.

열왕기를 기록하는 저자는 한때 일천번제를 드리고 "내가 네게 무엇을 줄꼬?" 묻는 하나님께 지혜를 구했던 겸손한 솔로몬의 말로를 통해 "의인은 없나니 하나도 없다"는 말씀(롬 3:10)이 진리임을 증명해 주고 있다.

열왕기상 11장을 보면 솔로몬의 타락과 서글픈 죽음을 소개한다. 몇 가지 내용으로 나눠서 살펴보겠다.

(1) 이방 여인들과 정략결혼으로 인한 타락(왕상 11:1~8)

다윗은 철저한 율법에 근거한 신앙인이었다. 그러나 솔로몬은 현실을 중요시하는 율법 무시자였다.

율법은 이방인들과의 통혼을 금지하고 있다(출 34:15~16; 신 7:1~11). 또 병마를 많이 두지 말라고 금지했다(신 17:16). 그런데 솔로몬의 첫 아내는 애굽 바로의 딸로 이방 여인을 왕후로 모시면서 율법 무시로 인생을 시작했다. 또 솔로몬은 율법을 어기고 병거와 마병들을 모으며, 다른 이웃 왕들에게 말을 되팔기도 했다(왕상 10:26, 29).

이렇게 율법을 무시하던 솔로몬에게 이미 '여호와 경외'는 관념에 불과했고, 그의 지혜는 인본적인 지혜일 뿐이었다. 그것이 그의 인생 후반기에 이방 여인들과의 정략결혼으로 나타난다.

열왕기상 11장 1절에 솔로몬은 '바로의 딸' 외에 모압, 암몬, 에돔, 시돈과 헷 여인 등 많은 이방 여인을 사랑했다고 했다.

여기 '사랑했다'는 '아하브'(אהב)다. 이 단어가 좋게 이해하면 '사랑하다, 기뻐하다, 연애하다'는 뜻이지만 암논이 압살롬의 누이 다말에 대해 단지 성적 관계를 갖고자 했던, 성적 욕망을 의미하기도 한다(삼하 13:1~2). 이처럼 솔로몬이 이방 여인들을 사랑한 것은 감정적 집착과 성적 욕망에 포로가 되어 이방 여인들을 아내로 맞이한 것이었다.

이들 중 모압, 암몬은 이스라엘의 총회에 들어오지 못하도록 제외시킨 이방인들이었다(신 23:3~6). 그렇기에 율법을 아는 국민들은 율법을 준수하기 위해 이방 여인과 혼인을 하지 않았다. 그런데 백성의 모범이 되어야 할 솔로몬 왕이 정욕을 위한 대상으로 이방 여인들을 아내로 맞이한 것은 천벌을 받을 죄악이었다.

그런데도 솔로몬은 결혼을 통해 동맹관계가 유지된다며 국가 안보를 명분으로 내세웠을 것이다. 그러나 모압, 암몬, 에돔, 시돈, 헷 등은 그의 부친 다윗 때 이스라엘에 복속되어 조공을 바치던 나라들이었다. 솔로몬의 이방 여인들과의 혼인은 율법을 무시하고 단지 자신의 정욕을 채우려는 타락자의 모습 그대로였다.

솔로몬의 정욕은 그것으로 끝나지 않는다. 3절에는 후궁이 700명이고, 첩이 300명이라고 했다. '후궁'이란 '나쉼 사로트'(נשים שרות)는 왕과 정식으로 결혼한 왕비를 가리킨다(사 49:23; 왕상 11:19). 또 '첩'이라는 말인 '우필라그쉼'(ופלגשים)은 첩 또는 후궁(삼하 15:16)을 뜻한다.

아가서 6장 8절에는 왕비가 60명이요, 후궁이 80명이라고 했다. 아가서 6장 8절은 솔로몬이 젊었을 때 기록이고, 열왕기상 11장은 솔로몬의 노년의 기록으로 추정된다.

솔로몬은 왕비 700명, 후궁 300명을 거느리며 온갖 향락과 정욕의 세월을 보냈으나 그가 낳은 아들은 르호보암 하나뿐이다. 참으로 역설적인 사실이다.

솔로몬은 1,000여 명의 여인들을 거느리면서 나이 많아 판단력을 잃었을 때 이방 여인들의 요구대로 각종 이방 신들을 도입한다. 그 결과 시돈 사람의 여신 아스다롯, 암몬 사람의 밀곰, 모압의 그모스, 암몬의 몰록의 산당을 짓고 각자 다른 왕비들의 신들에게 제사를 드리게 했다.

솔로몬의 이 같은 죄악은 이스라엘 나라가 분열되어 우상 숭배로 망하게 되는 패망의 원인을 제공한, 가장 악독한 죄였다.

(2) 타락자 솔로몬에게 징계 선포(왕상 11:9~13)

여호와께서는 솔로몬의 생애 중 몇 번에 걸쳐 나타나셨다.

한번은 열왕기상 3장 5~15절에 기브온 산당에서 일천번제를 드린 후에 꿈속에서 "내가 네게 무엇을 줄꼬. 너는 구하라"는 아주 영광스런 나타남이었다.

두 번째는 열왕기상 9장 2~9절에 성전 건축과 왕궁 건축을 완공한 후에 역시 꿈속에 나타나셨다. 두 번째 꿈에 나타나신 하나님은 영광스런 모습이 아니라 '네 아버지 다윗처럼 마음을 온전히 바르게 행하면 네 후손의 왕위가 견고해지겠지만 네가 나의 계명과 법도를 지키지 아니하면 성전도 던져 버리고, 이스라엘 민족이 모든 민족 가운데 웃음거리가 될 것'이라는 경고를 주셨다.

하나님이 솔로몬에게 경고를 주셨음에도 불구하고 솔로몬은 하나님 말씀을 무시하고 배교를 거듭했다.

솔로몬의 초기 생애는 하나님 마음에 드는 지혜 갈구자였다. 그래서 지혜는 물론 부귀와 영화까지 주셨다. 그러나 그가 지혜와 부귀영화를 누리게 되자 변절과 배신의 길을 걷기 시작한다. 그것이 나라를 굳게 지켜나가기 위한 이방인 여인들과의 정략결혼이었다. 정략결혼 후 이방 아내들의 요구대로 이방 우상들을 허락하고 산당을 지어주는 행위는 우상 숭배에 대한 간접적 동의였다. 그러나 그는 점차 자신이 이방 우상들 제사에 참여하는 능동적 배신자로 적극적인 변절자가 되었다.

하나님은 이 같은 솔로몬에게 세 번째 나타나셔서 징계를 선포하신다. 그 징계는 이스라엘 나라가 예루살렘을 위한 한 지파만 남고 열한 지파가 따로 다른 나라를 세우게 되리라는 나라의 분열이었다.

솔로몬의 후반기 인생은 정욕, 물욕, 우상 숭배, 변절자, 배교자 인생이었다. 그리고 결국 징계 받은 자로 끝이 난다. 그래서 여러 대적자들이 그를 괴롭혔고, 그의 말년에 대적자들과의 투쟁에서 그의 최고 특징이었던 지혜가 아무 힘을 발휘하지 못했으며, 수많은 이방 여인들의 도움도 받지 못한 채 여러 면으로 시달리다가 죽는다.

(3) 솔로몬의 대적과 죽음(왕상 11:14~25)

하나님께서는 솔로몬의 배교에 대한 징계로 그의 아들 때에 나라가 분열될 것을 선포하셨다. 그러나 나라의 분열이라는 징계와 무관하게, 그의 대적들의 반항으로 인해 솔로몬의 노년 자체가 괴롭게 하셨다. 말년의 솔로몬을 괴롭힌 대적자들을 살펴보자.

하나는 에돔 사람 하닷이라는 대적이다. 에돔은 에서의 후손이다. 사실 야곱의 형 에서의 후손은 동족과 마찬가지다. 그러나 에돔족은 줄기차게 이스라엘을 대적해 왔다. 출애굽 후 가나안 땅에 들어가려고 에돔 땅 통과를 요청했으나 에돔은 거절했다(민 20:14~21).

사울 왕 때에 이스라엘과 에돔은 전쟁을 벌였다(삼상 14:47). 다윗 때에는 에돔을 정벌하고 크게 살육한다(삼하 8:13). 솔로몬 때에는 에돔을 정벌하고 항구를 만들어 금을 채광했다(왕상 9:26~28).

에돔인 하닷은 다윗 때 애굽으로 도망하여 바로 밑에서 힘을 키운 후에 솔로몬을 대적하는 자가 된다.

또 다른 하나는 소바 사람 르손이다.

그는 과거 다윗의 이방 정복 때 도망친 자로, 다메섹에서 왕이 된 후에 솔로몬을 대적한다.

그리고 솔로몬의 신하였던 여로보암은 실로 사람 선지자 '아히야'의 예언을 듣고 솔로몬을 배신하고 애굽으로 도망쳤다. 그리고 솔로몬이 죽은 후 그의 아들 르호보암 때 귀국한다. 여로보암은 르호보암의 어리석은 판단으로 민심이 떠난 이스라엘을 남북으로 나누는데 아히야 선지자 예언대로 쓰임 받는다.

솔로몬은 이스라엘 통일 왕으로 제3대 왕이 되어 예루살렘에서 40년간 통치하다가 최후에는 초라하게 죽어갔다.

3) 솔로몬의 유산

솔로몬의 최후 모습을 볼 때, 과연 그가 영적인 사람인가? 대답은 아니다. 그는 배교자요, 우상 숭배자였다. 그렇다면 그가 저작한 것으로 알려진 잠언, 전도서, 아가, 시(72, 127)는 어떻게 이해해야 하는가? 여기서 각 책별로 정리해 보자.

(1) 잠언서

잠언서의 히브리 원문은 '미쉴레 쉘레모'(משלי שלמה)다. 이 말은 '솔로몬의 비유'라는 뜻이다. 이것을 라틴어 성경 Vulgata가 '리베르 프로베르비오룸'(Liber Proverbiorum)이라고 번역한 것을 영어 성경은 속담, 격언, 금언이라는 뜻으로 'Proverbs'라고 했다.

'잠언'(箴言)은 영어 성경을 참고해 훈계나 징계처럼 바늘로 찌르는 짧은 말이라는 뜻이다.

잠언은 ① 솔로몬의 편집(왕상 4:32), ② 히스기야 신하들의 편집(잠 25:1), ③ 아굴의 잠언(30장), ④ 르무엘 왕의 어머니 잠언(31장) 등 여러 시대에 걸쳐 편찬, 편집된 책이므로 솔로몬 단독 저작이 아니다. 그러므로 이 문제는 충분한 설명이 가능하다.

(2) 아가서

아가서 6장 8절에 왕비 60명, 후궁 80명이 나오는데 열왕기상 11장 1~3절에는 왕비가 700명, 후궁이 300명으로 기록되었다.

아가서는 솔로몬 저작으로 본다.

(3) 전도서

히브리어 성경은 전도서를 '띠브레 코헬레트'(דברי קהלת)라고 했는데 이는 '설교자, 교사'라는 뜻이다. 이것을 70인역은 '엑클레시아테스'(ἐκκλησιατης), 즉 '회중 앞의 연설자'로 번역했다. 영어 성경 중 KJV는 'preacher', RSV와 NIV는 'teacher', 한글개역과 새번역은 '전도자', 공동 번역은 '설교자'로 번역했다.

전도서 저자는 배교자 솔로몬이 아닌 솔로몬 이름을 도용한 에스라 시대 사람으로 본다.

솔로몬은 다윗 다음으로 많이 알려졌다. 솔로몬 성전, 솔로몬의 못(요 5:2), 솔로몬 행각(요 10:23; 행 3:11, 5:12) 등등 솔로몬 치세 때 만든 건축물의 역사를 따라 솔로몬의 이름은 신약 때에도 여러 면에서 영향들을 남겼다.

그뿐만이 아니다. 주님께서 교훈하실 때 솔로몬에 대한 언급이 몇 번 있었다. 마태복음 6장 29절에 솔로몬이 인간들 중 가장 호화롭고 영광스런 삶을 산 사람으로 비유하셨다. 누가복음 11장 31절에는 과거 남방 시바 여왕이 솔로몬의 지혜를 들으려고 땅끝에서 찾아왔었는데 솔로몬보다 더 큰 주님의 말씀에 무관심한 사람들은 심판 때에 시바 여왕이 일어나 정죄할 것이라고 했다. 누가복음 12장 27절에는 솔로몬의 모든 영광이 백합화 하나만도 못하다고 했다. 이처럼 솔로몬은 구약 때 대표적 영화를 누린 자로 교훈의 소재가 되었다.

그리고 정경이 아닌 외경에도 '솔로몬의 지혜서'가 있다. 로마 가톨릭교회에서 외경을 성경으로 사용하는 것 중에 '솔로몬의 지혜서'가 있다.

솔로몬의 초기 인생은 참으로 괄목할 만한 업적들을 이루었다. 그러나 그가 지혜자로 소문나서 만인의 존경을 받게 될 때 그는 자만에 빠진다. 그래서 정욕을 위해 율법에 금지된 이방 여인들을 왕비로 맞아들인다. 그리고 이방 여인들의 요청대로 이방 신들을 허용한다. 그다음에는 왕비들과 함께 우상 숭배자가 된다. 솔로몬의 죄악은 이스라엘 나라를 분열시키고, 마지막에는 이방 나라에게 멸망당하는 원인을 만든다.

우리는 솔로몬의 공적으로 성경책 몇 권의 혜택을 보고 있다. 그러나 그가 살아간 삶의 과정을 잘 알기에 그가 저술한 책들에 대한 신뢰가 절반 이하로 절감된다. 이 점을 잘 이해하고 공적보다 더 중요한 것이 삶이라는 것을 배우게 된다.

2. 중국의 주역(周易)

중국 유교의 경전이 사서삼경(四書三經)이다. 삼경은 시경(詩經), 서경(書經), 주역(周易)이다.

다윗이 시편을 많이 남겼기에 다윗과 시경을 비교해 보았고, 솔로몬이 지혜서인 잠언서를 남겼기에 주역과 비교해 보려 한다.

주역에 관해 몇 가지로 나눠서 생각해 보겠다.

1) 주역의 형성

주역(周易)이란 말은 중국 주(周)나라(B.C. 1122 건국) 때의 역서(易書)라는 뜻이다.

주나라 이전 하(夏)나라(B.C. 2200) 때에 연산역(蓮山易)이 있었고, 은(殷)나라(B.C. 1766) 때에 귀장역(歸藏易) 등의 역서가 있었다고 한다.

'역'(易)이란 '바꿀 역', 또 '쉬울 이'(易)로도 읽는다.

'역'(易)에 대한 해석이 몇 가지로 나누어진다.[22)]

(1) **석척설(蜥蜴說)**

여기서는 '역'(易)을 도마뱀붙이와 彡(무늬)를 합친 상형(象形)문자로 이해한다.

도마뱀붙이는 평평하게 옆으로 뻗어 있고, 또 빛에 의해 피부색이 점차 변한다고 한다. 여기서 고대 중국인들은 도마뱀이 매일 12번씩 색깔을 바꾼다고 믿었다. 따라서 '역'(易)이란 '바뀐다, 변화한다'는 뜻이다.

무엇이 바뀌고 변화하는가? 천지 만물, 즉 끊임없이 변화하는 자연 현상을 말한다.

(2) **일월설(日月說)**

역(易)을 일(日)과 월(月)의 복합 문자로 이해하고, 역은 음양소장(陰陽消長)에 관한 책으로 파악하는 견해다.

(3) **자의설(字義說)**

역(易)을 그 자체에 내포된 의미로 파악하는 견해다.

역(易)에는 서로 주고받음으로 생기는 간역(簡易), 주고받음으로 다른 것으로 변하는 변역(變易), 바뀌거나 고칠 수 없이 고정된 불역(不易)이 있다고 한다.

---

22) 이우영 편역, 《사서삼경》(글로북스, 2013), pp. 966~967.

그렇다면 '주역'은 누가 만들었는가? 주역의 경문에 해당하는 괘사인 단사(彖辭)는 문왕이, 효사(爻辭)는 주공(周公)이 지었다고 전해진다. 그러나 정확한 물증은 없다. 또 문왕과 주공이 지었다는 주장을 역사적으로 고증해 보면 연대가 맞지 않는다. 고증에는 오직 제작 연대만 암시되어 있고 누가 지었다는 근거가 없다. 그럼에도 불구하는 주역이 주(周)나라 문왕 작으로 와전되고 있다.

주역은 중국의 하(夏), 은(殷)나라 때 전래되던 것을 주(周)나라 때에 편찬한 것으로 보는 것이 타당하다.

2) 주역의 내용

주역은 8괘(八卦), 64괘(六十四卦), 그리고 괘사(卦辭), 효사(爻辭), 십익(十翼)으로 되어 있다.

(1) 8괘(八卦)

역(易)을 구성하는 64괘의 기본인 8가지 도형(圖形)을 뜻한다. 우리나라 태극기(太極旗)가 8괘를 그대로 반영하고 있다.

주역에 의하면, 최초로 전혀 바뀌지 않는 태역(太易)이 있었다. 거기서 삼라만상을 시작하는 의지의 태초(太初)가 천지개벽이다. 그 후 의지가 작동하는 시점이 태시(太始)이다. 그때에 삼라만상의 원시적 자료인 태소(太素)가 생겨났다. 이때는 어느 쪽으로 기울임 없이 곧고 바른 황극(皇極), 편파가 없는 곧고 바른 것이 태어났다.

황극은 우주 십방(十方)의 여러 방면으로 형태를 갖춘 공간이 형성돼 운동이 없는 무극(無極)을 거쳐서 무한한 우주 운동이 시작되는 시점인 태극(太極)에서 음(陰)과 양(陽)의 양의(兩儀)인 하늘과 땅을 이루었다. 이렇게 만들어진 양의가 또다시 4상8괘(四象八卦)를 만들었다. 여기서 말하는 4상(四象)이란 하늘을 뜻하는 양(陽)과 땅을 뜻하는 음(陰), 음양의 네 가지 성질인 태양(太陽), 소양(少陽), 태음(太陰), 소음(少陰)을 의미한다.

그리고 8괘(八卦)란 B.C. 97년에 사마천이 기술한 《사기》(史記)의 삼황기(三皇紀)에서 제왕 복희씨(伏羲氏)가 천문지리를 관찰하여 만들었다고 했다.

① 하늘(天)의 건(乾)을 ☰로 표시하고, 가족으로는 아버지, 덕(德)으로는 굳셈(健), 방위는 북서, 사상(四象)에는 노양(老陽), 인체로는 머리, 짐승으로는 말(馬)을 상징한다.

② 땅(地)의 곤(坤)을 ☷로 표시하고, 가족으로는 어머니, 덕으로는 유순(順), 방위는 남서, 사상으로는 노음(老陰), 인체로는 배, 짐승으로 소(牛)를 상징한다.

③ 우레(雷)의 진(震)은 ☳로 표시하고, 가족으로 맏아들, 덕으로는 움직임(動), 방위는 동, 사상은 소양(少陽), 인체로는 발(足), 짐승으로 용(龍)을 상징한다.

④ 바람(風)의 손(巽)은 ☴로 표시하고, 가족으로 맏딸, 덕으로는 겸손(入), 방위는 남동, 사상은 소음(少陰), 인체로는 허벅지(股), 짐승으로 닭(鷄)을 상징한다.

⑤ 물(水)의 감(坎)은 ☵로 표시하고, 가족으로 둘째 아들, 덕으로는 험난(陷), 방위는 북, 사상은 소양(少陽), 인체로는 귀(耳), 짐승으로 돼지(豕)를 상징한다.

⑥ 불(火)의 이(離)는 ☲로 표시하고, 가족으로 둘째 딸, 덕으로는 붙음(麗), 방위는 남, 사상은 소음(少陰), 인체로는 눈(目), 짐승으로 꿩(雉)을 상징한다.

⑦ 산(山)의 간(艮)은 ☶로 표시하고, 가족으로 막내아들, 덕으로는 멈춤(止), 방위는 북동, 사상은 소양(少陽), 인체로는 손(手), 짐승으로 개(狗)를 상징한다.

⑧ 못(澤)의 태(兌)는 ☱로 표시하고 가족으로 막내딸, 덕으로는 기쁨(悅), 방위는 서, 사상은 소음(少陰), 인체로는 입(口), 짐승으로 양(羊)을 상징한다.

여기서 말하는 하늘의 건(乾 ☰), 땅의 곤(坤 ☷), 우레의 진(震 ☳), 바람의 손(巽 ☴), 물의 감(坎 ☵), 불의 이(離 ☲), 산의 간(艮 ☶), 못의 태(兌 ☱) 등이 8괘이다.

여기서 괘(卦)란 '걸어 놓는다'는 뜻이다. 8괘란 천지만물의 형상을 걸어 놓아 사람에게 보인다는 뜻이다. 이렇게 8괘를 하나로 집약해 놓은 것이 우리나라의 태극기다. 태극기는 흰 바탕의 한가운데 태양의 상징인 양(陽)의 진홍빛과 땅의 상징인 음(陰)의 푸른빛인 태극이 중앙에 있다. 그리고하늘의 건(乾 ☰), 땅의 곤(坤 ☷), 물의 감(坎 ☵), 불의 이(離 ☲) 네 괘를 네 귀퉁이에 검은빛으로 배열해 놓았다. 주역의 핵심 내용은 8괘에서 시작된다.

(2) 64괘(六十四卦)

64괘는 앞서 설명한 8괘를 8번 겹쳐서 만들어낸 8x8=64괘이다.

64괘를 만든 사람은 하(夏)나라의 우왕(禹王)이라는 설과 주(周)나라의 문왕(文王)이라는 설이 있어 확실히는 알 수 없다.

주역의 상경(上經)에 30괘, 하경(下經)에 34괘를 싣고 각 괘마다 괘의 상(象)을 설명한 괘사(卦辭)와 효(爻)를 풀이한 효사(爻辭)가 길흉화복의 점을 친다. 64괘는 다음과 같다.

곤(坤), 건(乾), 둔(屯), 몽(蒙), 수(需), 송(訟), 사(師), 비(比), 소축(小畜), 이(履), 서합(噬嗑), 비(賁), 박(剝), 복(復), 무망(无妄), 대축(大畜), 이(頤), 대과(大過), 감(坎), 이(離), 함(咸), 항(恒), 둔(遯), 대장(大壯), 진(晉), 명이(明夷), 가인(家人), 규(睽), 건(蹇), 해(解), 손(損), 익(益), 태(泰), 부(否), 동인(同人), 대유(大有), 겸(謙), 예(豫), 수(隨), 고(蠱), 임(臨), 관(觀), 쾌(夬), 구(姤), 췌(萃), 승(升), 곤(困), 정(井), 혁(革), 정(鼎), 진(震), 간(艮), 점(漸), 귀매(歸妹), 풍(豊), 여(旅), 손(巽), 태(兌), 환(渙), 절(節), 중부(中孚), 소과(小過), 기제(旣濟), 미제(未濟) 등이다.

이와 같은 64괘 하나하나에 상징하는 의미가 따른다. 그 의미에 따라 길흉의 판단을 하는 점복(占卜)의 근거가 된다. 결국 64괘는 역점서(易占書)라는 뜻이다.

점복(占卜)은 인간의 과거, 현재, 미래의 일들을 전조(前兆), 탁선(託宣), 또는 신탁(神託), 예언, 관상(觀相) 등의 방법으로 초인간적인 능력을 빌려 인지(人智)로는 알 수 없는 일들을 알아내는 것이다.

중국의 고대 적에는 거북의 배나 소의 견갑골 뒤쪽에다 약제로 홈을 파고 그것을 불에 구우면 홈의 중심이 갈라지면서 모양이 나타났다. 그 모양을 보고 점을 쳤다. 은(殷)나라 때 이 같은 점이 성행했다고 한다. 그다음 주(周)나라 때는 서죽(筮竹: 대나무가 곧게 서는 것) 또는 산목(算木)으로 산술적인 괘를 얻어내는 괘술(卦術)이 발달된 것이 8괘(八卦)이고, 이것의 발달이 역경(易經)이 된다. 이렇게 발달된 역경에서 민간에 오행설(五行說)과 간지설(干支說)이 도입되어 점성술(占星術)로 발전한다.

주역은 점복에서 시작되었다.

(3) 괘사(卦辭)

괘사란 64괘 점괘를 알기 쉽게 풀어 놓은 글을 말한다. 앞서 64괘에는 하나하나마다 그 괘에 담겨 있는 점의 의미가 있다.

(4) 효사(爻辭) = 384효

주역의 괘를 가로로 그은 획을 양과 음으로 구분한 것을 효(爻)라고 한다. 효사란 주역의 한 괘(卦)의 각 효(爻)에 대하여 설명한 글이다.

(5) 십익(十翼)

역경의 본문을 해석한 책이다. 사기(史記), 한서(漢書) 등에 공자가 십익을 지었다고 기록되었으나 송(宋)나라 구양수(歐陽修)에 의해 공자 저작설이 부정되었다. 역경이 공자 이전에는 점복서였으나 공자 이후 유학자들이 역경에 대한 해설서들을 추가함으로 드디어 '주역'이 인생관, 윤리관, 국가관, 우주관, 본체관 등으로 발전을 거듭한다. 그래서 '주역' 자체는 점복서이지만 십익에 의해 음양 철학, 우주론으로 발전한 철학서가 된다.

이렇게 주역은 ① 8괘, ② 64괘, ③ 384효에 유학자들이 각각 새로운 의미를 부여한 ④ 십익에 의해 전해지고 있다.

3) 주역의 영향

(1) 중국의 영향

주역은 중국인의 세계관, 인생관과 함께 자연과학 분야에 커다란 영향을 끼치게 되었다. 주역이 중국인에게 큰 영향을 미치도록 한 이가 공자이다(B.C. 552~479). 공자는 B.C. 12세기 때 주(周)나라의 점복서였던 주역을 철학적이고 심오한 종교 서적으로 격상시켰다. 공자의 후학으로 증자(曾子), 자사(子思), 맹자(孟子) 등이 학풍을 계승해 대학(大學), 중용(中庸), 맹자(孟子)의 유교 경전을 이룬다.

진(秦)나라 때(B.C. 221~206) 시황제가 분서갱유로 민간인들의 서적을 불사르고 유생들을 산 채로 묻어 죽이는 비극이 있었으나 한(漢)나라 때(B.C. 206~A.D. 220) 다시 유교가 회복된다. 이 같은 풍조는 당(唐)나라 때(A.D. 618~907)까지 이어진다.

송(宋)나라 때 (A.D. 960~1279)는 유교가 학문의 경지를 넘어 종교적 신념을 갖추는 신유교(新儒教: Neo-Confusianism)로 발전한다. 이때의 유교는 도교(道教)와 연합한 종교가 되어 정주학(程朱學) 또는 주자학(朱子學), 성리학(性理學)으로 발전한다. 성리학은 이기이원론(理氣二元論)이 되어 이(理)는 만물의 근원이라는 형이상학의 도(道)이고, 기(氣)는 만물의 도구가 되는 형이하학의 기(器)라고 했다.

(2) 한국의 영향

한국에 유교가 전래된 것은 고구려 소수림왕 2년(A.D. 272)이고, 신라의 설총, 최치원은 대표적 유교학자였다. 고려 말 정몽주는 성리학(性理學)에 정통했고, 조선의 태조는 '척불숭유' 정책으로 성균관(成均館)을 세웠다.

고려 말의 성리학을 한 차원 더 높이 발전시킨 것이 조선왕조 때의 이황과 이이이다. 이황(李滉)은 정주학을 발전시켜 주리파(主理派)로, 이이(李珥)는 주기파(主氣派)를 발전시켰다. 그리고 이것을 현실과 유리된 것으로 보아 우리 실정에 맞는 경국제민을 적용한 실학파(實學派)가 생긴다. 실학파는 유형원, 이익, 안정복, 박지원, 박제가 등을 거쳐 정약용에 이르러 대성하였다.

주역(周易)은 주나라 때(B.C. 1122) 점복서였다. 그것이 공자 때(B.C. 6세기)에 유교의 경전이 된다. 주역은 송나라 때(A.D. 10~13세기)에 정주학과 도교가 합쳐진 신유교가 된다.

그리고 고려, 조선 왕조 때는 성리학(性理學)을 거쳐 실학파(實學派)로 발전했다. 그 유산이 1956년에 세워진 성균관대학이다.

오늘날은 주역이 명리학, 풍수지리, 점복술 등 다양하게 쓰이고 있다.

우리나라 전 국민에게 영향을 미치고 있는 태극기, 음양오행설, 사상의학, 그리고 일반인들이 쓰는 양지, 음지, 혁명, 관광, 동인(同人), 구실(口實), 대과(大過) 등의 용어들이 주역에서 나왔다. 심지어 성경의 태초(창 1:1; 요 1:1)라는 말도 주역에서 비롯된 말이다. 그렇기에 주역의 영향은 막대하다고 할 수 있다.

결론

솔로몬은 B.C. 950년경 이스라엘의 3대 왕이다. 솔로몬 초기에는 솔로몬 성전, 왕궁을 건축하고 잠언, 아가서 등 성경도 기록하는 큰 공헌을 했다. 그러나 후반기는 배교와 변절로 나라를 분열시키는 원인을 만들었다. 그래도 솔로몬은 창조주를 신뢰하고 살아갔다.

인간들의 미래를 점치는 것으로 출발한 주역은 공자와 그의 후계자들에 의해 중국 고대의 경전으로 격상되었다. 주역 연구가 조선왕조 때 활발했으나 지금은 점을 치고 풍수지리설로 인용될 따름이다.

솔로몬의 성경이 3,000여 년 동안 한결같이 계승 발전된 것은 그 속에 하나님의 진리가 담겨 있기 때문이다. 그러나 주역은 수많은 세월을 거쳐 왔으나 여전히 점복서에 불과하다.

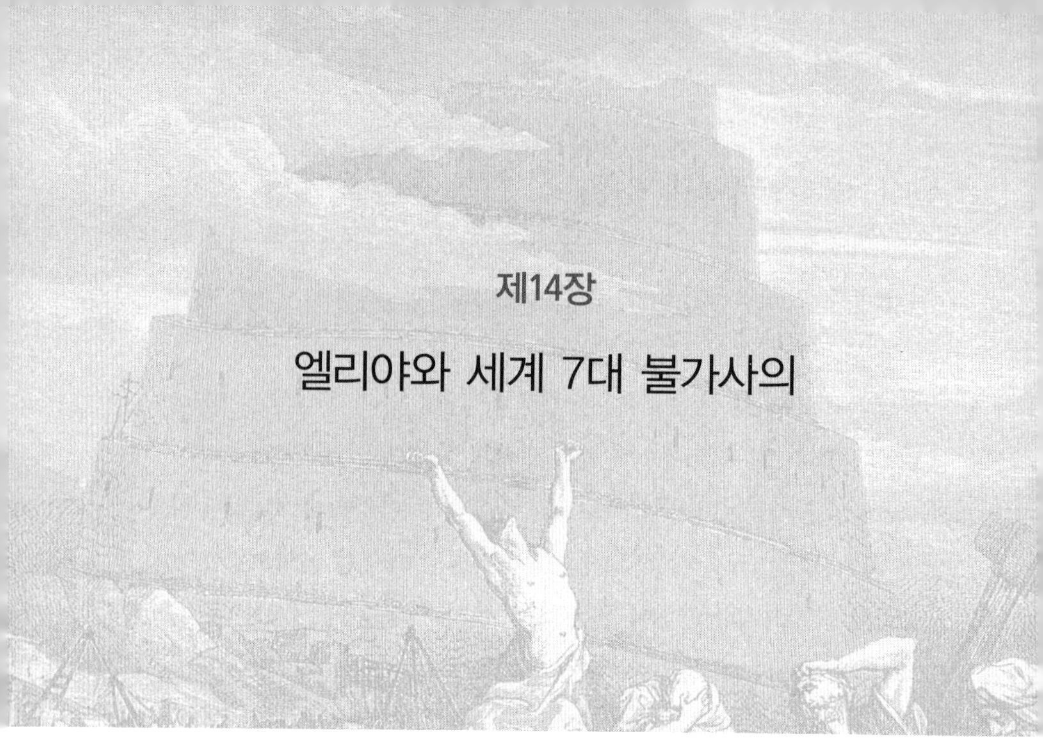

제14장

엘리야와 세계 7대 불가사의

서론

'불가사의'(不可思議)란 말은 사람의 생각으로는 도저히 미루어 헤아리기 힘든 이상야릇한 사건이란 뜻이다.

현재 전 세계에 어두운 먹구름으로 세계인을 경악하게 만드는 코로나19 팬데믹은 21세기 문명 시대에 도저히 이해되지 않는 불가사의다. 이렇게 불가사의란 말은 이해하기 힘든 사건이란 뜻이다.

그런데 '세계의 7대 불가사의'가 있다. 이 말은 B.C. 2세기경 그리스 시대의 '경구'(警句: an epigram) 시인 안티파트로스(Antipatros: ?~?)가 한 말이다. 안티파트로스는 소아시아 시돈(Sidon) 사람이었다.

신약성경 마태복음 15장 21~28절(막 7:24~30)을 보면 주님께서 두로와 시돈을 찾아가셨다. 그때 가나안 원주민 여자가 주님을 찾아왔다. 여인은 자기 딸이 귀신이 들려 고생하는 것을 고쳐 달라고 애원한다. 이때 주님은 이스라엘 사람들에게나 관심이 있다고 거절하신다. 그리고 자녀의 떡을 개들에게 줄 수 없다고 모욕하셨다. 그 같은 모욕을 들었음에도 가나안 여인은 '개들도 주인의 상에서 버려진 부스러기를 먹고 살아간다. 내가 이방인 개 같은 여자인 것은 맞다. 그래도 부스러기 은혜라도 허락해 달라'고 애원한다. 이러한 여인의 겸손하고 깊은 신앙에 감동되어 여인의 소원을 들어주신 내용이 기록되어 있다.

바로 이곳 시돈이 고대에는 페니키아 도시였고, 그리스, 로마, 이슬람의 지배를 거쳐 오늘날에는 레바논의 수도 베이루트에서 남쪽 48km 떨어진 인구 8만 정도의 항만도시가 되었다. 지금 이곳은 시돈이 아닌 '사이다'(Saida)로 불린다.

바로 이곳 시돈 출신의 시인이 75편의 그리스 명시 사화집(詞華集, anthology Graeca)을 남겼는데 그 시들 속에서 7개의 건물을 '7대 불가사의'라고 했다. 그 7대 불가사의란 다음과 같다.[23)]

① 바빌론의 벽돌로 쌓은 성벽, 또 이집트 알렉산드리아 항구의 등대
② 올림피아의 금 상아 제품인 제우스 신상
③ 바빌론의 공중정원
④ 에게해 남동부 그리스령 로도스(Rodhos)섬의 거인 동상
⑤ 이집트의 피라미드
⑥ 에페소스의 아르테미(Artemis) 여신전
⑦ 페르시아 지배 때 소아시아 반도 남서부를 통치한 마우솔로스(Mausolos: ?~B.C. 363)의 왕 묘(Mausoleum이라고 한다)

지금 세상에는 건축물을 놓고 건축 기간이 장기간 걸렸다는 것

23) 세계역사연구회 편, 《이야기 상식백과(서양편)》(민예사, 1995(5쇄)), p. 32.

이 화제가 되지만 건물 자체를 놓고 '불가사의'라는 표현은 하지 않는다. 그런데 진정으로 불가사의한 일들이 구약성경에 많이 기록되어 있다. 모세에 의해 이루어진 불가사의한 일들이 많다. 애굽에 내려진 10대 재앙, 홍해를 육지같이 건넌 출애굽, 광야 40년간의 메추라기와 만나, 그리고 낮에는 구름기둥, 밤에는 불기둥 등 많은 내용이 불가사의하다.

그런데 모세 후 약 700여 년 후인 B.C. 870년경에 엘리야가 도저히 납득하기 어려운 불가사의한 일을 만들었다. 그것이 갈멜산 정상 위에서 바알, 아세라 사제들이 연합한 850명의 거짓 종교 지도자들과 단 한 사람 엘리야의 종교 제전이다.

엘리야는 여기서 '하늘의 불'을 끌어내려 제단의 제물들을 불로 살랐다. 그리고 엘리야는 죽지 않고 승천했다. 그런데 그 엘리야가 800여 년 후에 변화산(마 17장) 위에서 B.C. 1500년경의 모세와 함께 변화된 예수님과 더불어 나타났다. 이 같은 사건이야말로 진정한 불가사의한 일이다.

여기서는 고대인들의 7대 불가사의로 알려진 내용과 현대의 유명 건축물을 통해 엘리야의 사건을 비교 검토해 보려 한다.

1. 고대인의 세계 7대 불가사의

세계 7대 불가사의를 최초로 언급한 안티파트로스는 B.C. 2세기경 인물이다. 그렇기에 그가 말한 7개의 건축물 중에 지금은 사라지고 없어진 것이 많다. 그리고 남아 있는 것들도 현대인의 시각으로 보면 대단한 것이 아닐 수 있다. 그래도 없어진 것과 남아 있는 것을 살펴보자.

1) 고대인의 세계 7대 불가사의

(1) 이집트 알렉산드리아 항구의 등대

알렉산드리아(Alexandria)는 B.C. 331년 그리스 알렉산더 대왕이 이집트를 무혈 정복하고 세운 항구도시이다. 나일강 삼각주 서쪽 끝에다 항만도시를 건축하였다.

알렉산더 사후 프톨레마이오스 때 수도가 된 이곳은 계속 번창하여 지중해, 아라비아, 인도와 무역항으로 상공업의 중심지가 되었다. 이 무렵에 항구의 등대를 지었던 것 같다.

이곳 알렉산드리아는 B.C. 150년경 히브리어 구약성경을 헬라어로 번역한 '70인역'의 산출지다. 그리고 교부 시대에는 신(新) 플라톤 철학, 알렉산드리아 학파, 그노시스 사상 등 교부시대 최고의 신학들이 발달되는 중심지였다. 여기 알렉산드리아의 교부들이 니케아 신조(325), 칼케돈 신조(451), 부활절 절기 제정, 성경 66권의 정경 제정 등 기독교의 기초를 닦았다.

그런데 646년 이슬람이 정복한 후 수도를 카이로로 옮겼다. 1517년에는 오스만터키 제국이 지배했고, 1798~1803년까지는 프랑스가 지배하였으며, 1882년 아라비 파샤가 수령이 되어 유럽인들을 살해하는 폭동으로 과거의 알렉산드리아 유명 건축물들이 파괴되었다. 그리고 새롭게 건설된 것이 현재의 알렉산드리아다. 현재는 인구 300만에 육박하는 항만도시로, 이집트 제2의 도시이다.

알렉산드리아 항구의 등대는 현재 사라졌다.

(2) 올림피아의 금 상아 제우스 상

올림피아(Olympia)는 고대 그리스 최대의 신 제우스를 섬겼던 한 성역(聖域)을 뜻한다. 이 지역을 과거 그리스 때에는 펠로폰네소스 반도라고 명명했다. 그런데 신약성경의 고린도전·후서가 이곳 코린토스에 의해 세계에 알려진 후 현재는 '고린도만'으로 불린다.

이곳 올림피아에서 제우스에게 제사를 지내기 위해 4년마다 경기가 열렸다. 그것이 올림픽의 기원이 된다.

제1회 고대 올림픽 경기는 B.C. 776년에 열린 것으로 전해진다. 이곳에서 행해지는 제우스 신 제사를 위한 국민 소집의 수단이 올림픽 경기였다.

B.C. 7세기에 성역이 정비되어 먼저 제우스의 아내인 헤라의 신전이 세워졌다. B.C. 6세기에는 스타디움 등 시설이 세워졌다. B.C. 5세기 중엽에 제우스 신상이 세워졌다.

이때 그리스 최대의 조각가 페이디아스(Pheidias: B.C. 500~438?)에 의해 제우스 신상이 특별하게 제작된다. 그는 "원반던지기", "아테나 파르테노스"의 조각가로 명성이 알려졌다. 그가 황금과 상아로 높이 12.4m의 "제우스 좌상(坐像)"을 제작했다.

그런데 A.D. 394년 로마 황제 데오도시우스 1세가 공포한 이교(異教) 제사 금지령으로 올림픽 경기가 중단되었다. 그리고 426년에는 이교 신전 파괴령에 따라 신전들이 모두 파괴되었다. 그 후 6세기의 대지진으로 남은 유적들마저 땅속에 파묻히고 말았다. 지금 이곳에는 옛 터전 자리만 남아 있다.

올림피아의 금과 상아로 된 제우스 상은 역사로 전해질 뿐이다.

(3) 바빌론의 공중정원

바빌론은 B.C. 3000년경 메소포타미아강을 중심으로 남쪽에는 수메르, 북쪽에는 아카드인들의 평화적인 공생 관계로 시작되었다.

아카드인들은 아카드어로 '신의 문'이라는 뜻의 'Babilu'를 건축했는데, 이것을 구약성경에서는 '바벨'이라고 불렀다(창 11:9).

바벨론은 함무라비 왕조 때인 B.C. 1792~1686년경 북쪽의 아시리아, 남쪽의 수메르를 합쳐 메소포타미아 전 지역을 지배한다. 이때의 유명한 유산이 함무라비(Hammurabi) 법전이다.

그러나 그다음에 현재 이란의 북서부인 자그로스(Zagros) 산악 지대에 살던 카시트(Kassite) 족들이 바벨론을 정복하고 카시트 왕조(B.C. 1530~B.C. 1150)를 수립했다. B.C. 710년경에는 아시리아 사르곤 2세에 의해 바벨론은 아시리아의 속주가 된다.

그런데 B.C. 625년 아시리아로부터 독립된 바벨론의 나보폴라사르가 B.C. 612년에 메디아와 공동으로 아시리아를 멸망시킨다. 그의 아들 느부갓네살 2세(B.C. 605~562)는 함무라비 이후 최대로 바벨론을 발전시킨다. 이 느부갓네살 2세는 남왕국 유다를 3차에 걸쳐 포로로 잡아간 끝에 B.C. 586년 완전히 멸망시킨다. 이때 다니엘서가 기록되었다.

또 느부갓네살은 동방에서 시집온 왕비 아미티스(Amytis)의 향수를 달래기 위해 '공중정원'(Hanging Garden of Babylon)을 건축했다고 한다. 이것은 남쪽 왕궁의 북동쪽 끝부분에 옥상의 비탈진 테라스 주위를 성토(盛土)하여 초목을 심은 정원이었다.

이렇게 왕성했던 바벨론은 B.C. 539년 나보니두스 왕 때 페르시아 왕 고레스에 의해 멸망 당한다(단 5:30~31).

바벨론은 B.C. 539년에 사라졌다. 바빌로니아력(曆), 미술, 수학, 신화와 함께 구약의 바빌론 포로, 또 공중정원이 7대 불가사의 중 하나가 되었다.

공중정원은 벽돌로 둥근 천장을 만들어 그 위에다 흙을 쌓아 올린 후 수목을 심고, 수목 관수를 위해 유프라테스강의 강물을 높은 곳까지 끌어들였다. 정원의 넓이는 1~1.6ha였고, 극장과 같이 여러 단의 테라스가 있고, 테라스 밑에 온갖 종류의 방이 배치되어 있었다. 테라스는 갈대를 엮어 아스팔트로 방수(防水)된 것을 덮고 그 위에 벽돌을 2중으로 깔고 다시 연판(鉛板)을 씌워, 벽돌의 기둥은 속이 비게 하여 흙으로 메우고 식물의 뿌리가 내리게 하였다. 이 같은 공중정원을 멀리서 보면 전체가 마치 푸른 산처럼 보였다고 한다.

(4) 이집트의 피라미드

이집트는 B.C. 3,400년경부터 초기 왕조 시대가 시작된 것으로 주장한다. 그래서 B.C. 3400~2700년경까지를 초기 왕조시대, B.C. 2700~2160년경까지를 고 왕국시대, B.C. 2160~1580년경까지를 중 왕국시대, B.C. 1580~1080년경까지를 신 왕국시대, B.C. 960~400년경까지를 후기 왕조시대, B.C. 341~30년경까지를 프톨레마이오스 왕조시대, B.C. 27~A.D. 641년경까지를 로마제국령 시대, A.D. 641~1882년경까지 이슬람의 지배, 1882~1936년경까지 영국의 통치, 1953년에 이집트 공화국이 수립되어 현재에 이른다.

이집트는 B.C. 2700~2160년경 고 왕국시대에 태양신 신앙의 교리에 의해 죽은 왕을 위한 피라미드(pyramid)들을 건축하기 시작했다. 그래서 B.C. 1580년경 중 왕국시대까지 피라미드 건축이 계속되었다.

오늘날 이집트 전역에 알려져 있는 피라미드의 총수는 81기이다. 각 피라미드마다 크기와 규모가 다르다. 그중에서 어떤 것은 밑변이 넓고 높이가 낮은 것이 있는가 하면, 밑변이 좁고 높이가 높은 것이 있는 등 매우 다양하다.

현재 가장 큰 피라미드는 카이로 서쪽에 있는 기제 쿠푸 왕의 피라미드다. 이것은 밑변이 230m, 높이 146m, 기울기가 51.50도의 피라미드다. 이 피라미드는 평균 2.5t의 돌 230만 개를 쌓아 올린 것으로 계산된다.

기중기 등 기계가 없던 고대 시대에 피라미드 하나를 건축하기 위해서는 수십만 명 인력에 수십 년이 걸렸을 것으로 추정한다. 그렇기에 불가사의한 피라미드이다.

(5) 에페소스의 아르테미 여 신전

사도행전 19장 23~41절에는 바울 사도가 제3차 전도여행지였던 에베소에서 아데미 여신상 제조업자들에 의해 마찰을 겪고 추방당하는 내용이 소개되고 있다.

아르테미스(Artemis)는 그리스 신화에 나오는 사냥의 여신이다. 제우스와 레토의 딸로, 아폴론과는 쌍둥이 남매간이다. 로마 신화의 디아나와 동일시된다.

오르티기아섬에서 난산 끝에 태어난 아르테미스는 아버지 제우스에게 독신으로 살 것을 요청하고 자신에게 순결을 지킬 것을 맹세한 요정들과 함께 산과 들에서 사냥을 즐기며 살아갔다. 그녀는 집념이 강하고 잔인한 성격을 갖고 있어서 자신의 어머니를 범하려 한 타티오스를 쏴 죽이고, 이국 처녀 오피스의 순결을 더럽힌 거인 사냥꾼 오리온을 독살한다. 또 자신의 목욕하는 모습을 훔쳐 본 아크타이온을 사슴으로 변하게 하여 사냥개의 먹이로 삼았다.

아르테미스를 그리스에서는 산악 지역에서 야수를 지배하는 여신으로 섬겼고, 소아시아 지역의 에페소스에서는 대지의 모신(母神)으로 수많은 유방을 가진 아르테미스 상(像)이 건축되었다.

에페소스는 그리스의 식민지였다. 그래서 B.C. 625년에 장대하고 화려한 신전이 리디아 왕(王) 크로이소스의 기증으로 건축되었다. 이때의 신전 기둥은 높이가 20m 되는 기둥이 127개였다고 한다. 그러나 거듭되는 침략 때 파괴되자 아홉 번이나 재건되었다. B.C. 564~540년에 당시 가장 뛰어난 예술가와 건축가들이 처음보다 4배나 더 큰 신전을 세웠다. 그런데 B.C. 356년에 자신의 이름이 영원히 남기를 바라는 헤로스트라토스라는 정신병자에 의해 불태워 없어졌다. B.C. 334~260년에 파괴된 자리에다 세운 같은 크기의 신전은 A.D. 262년에 고트(Goths)족의 침입으로 다시 파괴되었다. 그 후에는 다시 건축되지 않았다. 현재는 신전 터만 남아 있고, 발견된 중요한 유물들은 대영박물관으로 옮겨졌다.

(6) 소아시아 마우솔로스의 왕 묘

마우솔로스(Mousolos: ?~B.C. 353)는 페르시아 제국 시대에 소아시아 반도의 현재 터키 남서부인 갈리아의 총독이었다. B.C. 377~353년까지 그의 공식 직함은 페르시아 제국 산하의 총독이었다. 그러나 그는 페르시아 국왕 지시를 받지 않는 실질적인 독립 왕이었다. 그는 B.C. 362년에 소아시아 다른 지방의 총독들과 연합해 대 페르시아 반란에 가담했다. 또 바다 건너 그리스의 아테네 도시국가를 비롯해 여러 도시국가들과도 동맹을 맺고 로도스섬과 코스섬을 자기 세력하에 두었다.

그는 그리스의 학예를 사랑하여 생전에 '마우솔레움'(Mausoleum)이라는 기념관 설립을 추진하다가 죽었다(B.C. 353). 갈리아의 관습법에 따라 그의 누이동생이며 아내가 왕위를 계승하여 남편이 추진하던 마우솔레움 기념관을 대대적으로 확장했다. 이 기념관은 면적

29x35.6m에, 높이 50m 되는 기념관이 아닌 마우솔로스의 묘가 되었다. 이 묘는 왕과 왕족들의 손에 의해 완성되었다.

기반 땅의 면적이 가로 29m, 세로 35.6m에, 높이 50m라면 웬만한 아파트 한 채만한 크기의 무덤이다. 밑에는 기초 단을 30m 정도로 쌓아 올린 후 그 위에다 4면에 9개의 기둥을 열주(列柱)로 세우고, 피라미드형의 지붕을 얹었다. 그 안에 마우솔로스 왕의 묘를 안치했다.

이 마우솔로스 왕 묘는 현재 튀르키예 남부의 할리카르나소스에 존재한다.

(7) 로도스(Rodhos) 섬의 거인 동상

로도스섬은 그리스 에게해(海) 남동부에 위치한 인구 5만이 사는 섬이다. 기후가 양호하고 아름다운 섬으로 관광, 휴양객이 모여드는 곳이다.

B.C. 10세기경 그리스인들이 들어와 도시국가가 되었다. 그런데 그리스 마케도니아 왕 데메트리오 1세(Demetrio I : B.C. 336~283)가 로도스섬을 정복하려 할 때 로도스섬 주민들은 이를 이겨냈다. 그 후 로도스섬 주민들은 승리를 안겨준 도시의 신(市의 神) 헬리오스(태양신)의 청동(靑銅) 거상을 세웠다.

이 청동 거상은 B.C. 227~226년에 넘어져 없어졌다.

2) 현대의 유명 건축물

과거 고대인들은 거대한 건축물들을 '세계 7대 불가사의'라고 했다. 이제 현대의 유명 건축물들 몇 가지를 살펴보겠다.

건축물이라면 집(家), 다리(橋), 성(城), 댐(Dam) 등 다양한데 여기서는 집에 관해서만 살펴보겠다. 특히 집 중에서도 건축 기간이 긴 것들로 유명한 것들에 대해 살펴보겠다.[24)]

(1) **세계 최대 건축물인 바티칸의 산 피에트로**(St. Petros) **대성당**

이탈리아 로마시(市)의 1구(區)를 차지하는, 로마 교황이 통치하는 세계 최소의 독립국이 바티칸 시국(Vatican City State)이다.

바티칸 시국에는 몇 개의 유명 건축물이 있다. 산 피에트로 대성당, 바티칸 궁전, 미술관, 박물관, 도서관과 시스티나 성당 등이다. 이 중에서 산 피에트로 대성당을 살펴보자

산 피에트로 대성당(1505~1626)의 터는 A.D. 330년경 콘스탄티누스 대제(Constantinus: 274~337)가 로마의 수도를 콘스탄티노플(현 이스탄불)로 옮겨 갈 때에 황제가 쓰던 왕궁 중 하나를 당시 로마 교회 감독 실베스터에게 기증했다는 거짓된 역사 조작 문서인 "콘스탄틴의 기증"(Donation of Constantine)을 근거로 천 년 이상 유지해 온 것이다.

그 후 교황 제216대 율리오 2세(Julius Ⅱ: 1503.11~1513.2)가 교황이 되었다. 율리오 2세는 전임 제214대 알렉산데르 6세(Alexander Ⅵ: 1492.8~1503.8)와 교황 선출 경쟁을 벌였다가 패배당했다. 그 후 전임 교황 재임 기간 동안 프랑스에 유배를 당했다. 그는 유배 중 교황이 되려는 꿈으로 막대한 뇌물을 준비하여 뇌물로 교황이 되었다. 새로 교황이 된 율리오는 자기가 가장 큰 공헌을 하고자 하는 열정에 불타 있었다. 그것이 바로 산 피에트로 대성당의 건축 공사였다.

교황 율리오 2세는 1505년에 대성당 설계를 공개 모집했다. 여기 설계자로 이탈리아의 대표적 건축가인 브라만테(D. Bramante:

---

24) 데이비드 맥컬레이, 박혜수 역, 《큰 건축물》(한길사, 2004).

1444~1514)와 미켈란젤로(B.Michelangelo: 1475~1564), 마테르노 등이 참여하게 되었다.

대성당의 대지는 약 85,000평이고, 중앙 통로의 길이는 187m, 폭 140m, 높이 46m, 재대 위에 돔까지 높이는 147m다. 돔의 설계는 미켈란젤로가 하였고, 피에트로 광장은 베르니니(G.L. Bernini: 1598~1680)가 광장 폭 260m, 길이 300여m로 설계했다.

여기에 천국의 열쇠 모양, 높이 16m의 둥그런 원기둥 284개, 사각으로 된 기둥 88개가 네 줄로 되어 있고, 교황, 성인들의 조각상 140개가 세워졌다.

산 피에트로 성당의 건축 기간은 120년이다. 산 피에트로 대성당 건축을 시작한 율리오 2세 교황이 죽고, 제217대로 레오 10세(Leo X: 1513.3~1521.12)가 교황이 되었다. 레오 10세 역시 성직 매매, 관직 매매로 돈을 모아 교황이 된 후 사치에 극을 달리며 예술이란 미명으로 우상들을 조각해 성당에 설치했다. 성당 건축비가 모자라자 면죄부(indulgences)를 팔아 성당 건축비를 조달했다. 그것이 도화선이 되어 1517년 루터의 종교개혁이 일어났다. 그래도 성당 건축은 계속되어 제235대 교황 우르바노 8세(Urbanus VIII: 1623.9~1644.7) 때인 1626년에 축성식을 했다.

이렇게 120년 동안 건축된 산 피에트로 성당은 현재까지 건축 단위 면적이 최대로 넓은, 전 세계 최고의 건물이 되고 있다. 단위 건축물의 건축 기간보다 건축 크기로 세계 최대 건물로 알려졌다.

(2) 건축에 50년 이상 장기간이 소요된 건축물들

① 미국 워싱턴의 국회의사당

미국은 1607년 영국 식민지로 출발하였다. 1776년 독립 선언 후 영국과의 독립 전쟁이 1783년까지 이어졌다. 그동안 미국의 수도는 뉴욕, 필라델피아를 거쳐 1800년 워싱턴으로 옮겨졌다.

워싱턴 국회의사당의 초석은 워싱턴이 세웠다. 그러나 영국의 계속된 침략으로 국회의사당이 파괴되고 다시 지어지고를 반복하였다. 그래서 현재의 워싱턴 국회의사당 건물은 1863년 링컨 대통령 때의 모습이 현재까지 이르고 있다.

워싱턴 국회의사당은 63년에 걸쳐 지어진 건축물이 되었다. 미국 국회의사당의 좌측은 상원, 우측은 하원석이다.

② 베르사유(Versailles) 궁전(Palais)

프랑스 부르봉 왕조의 제3대 왕 루이 14세(Louis XIV: 1638~1715)는 5세 때인 1643에 즉위하여 72년간을 왕으로 재위하였다. 그는 "짐이 곧 국가다"(L'état c'est moi)라는 말과 함께 유일한 왕, 유일한 법, 유일한 종교를 실시한 '태양왕'(le Grand)이라는 이름을 남겼다.

그는 100ha 대정원에 36,000명의 인부와 6,000마리의 말을 동원하여 50년간 베르사유 궁전을 건축했다.

베르사유 궁전 남, 북에 위치한 장대한 부속 건물들에는 왕족과 신하용으로 약 1,000명의 대귀족과 4,000명에 이르는 종사자들이 거주했다. 그리고 정원과 정원 관리청, 궁정 앞의 광장에 건물 관리청 등 부속 건물들이 수없이 지어졌다. 왕이 거하는 중앙 부분 2층 '거울의 방'에 17개의 대형 거울과 17개의 창문이 있고, 전체 2,143개의 창문, 1,252개의 벽난로, 67개의 층계가 지어졌다. 정원에는 1,400개의 분수, 화단과 정원에는 테라스 정원에 운하까지 만들어졌다.

루이 14세는 70년 재위 중 50년간 궁전 건축을 했으나 유럽 각 곳에서 일어난 반프랑스 운동과 에스파냐(스페인) 전쟁 등으로 비참하게 죽었다. 그의 후손들이 프랑스 혁명(1789~99) 때까지 107년을 살아갔다.

프랑스 혁명 후 궁전의 가구와 집기는 모두 경매되고, 궁전은 도서관, 미술관, 야전병원 등으로 전용되기 시작했다. 그 후 궁전의 중앙부, 예배당, 극장 등을 제외한 남, 북의 모든 부속 건물들이 철거되고 전시실로 바뀌었다. 현재 남쪽 건물에는 전쟁화, 전몰 귀족, 장군의 흉상 전시실이 있고, 북쪽 건물에는 17세기 회화와 흉상들이 전시되어 있다. 드넓은 정원에는 루이 14세와 15세의 트리아농이 남아 있다. 그리고 많은 회화와 조각 컬렉션은 루브르 박물관으로, 장서와 기념품들은 국립도서관으로, 시계와 과학적 장치들은 국립 공예학교로 이관되었다.

베르사유 궁전은 절대 군주의 절대 권력에 의해 50년간 건축된 유명한 건축물이었다. 그러나 지금은 과거 절대 군주의 수치스러운 기념 건물로 남아 있다.

③ 기타

이외에도 파리의 개선문은 30년에 걸쳐 건축되었고 파리 중앙의 시테섬에 있는 '노트르담 대성당'(Cathedrale NortreDame)은 1163년에 시작해 1250년에 완공함으로 87년이 걸렸다. 그런데도 계속 증축을 거듭해 오다가 또다시 화재가 났다.

로마시에 건축한 콜로세움(Colosseum)은 긴 지름 188m, 짧은 지름 156m, 원둘레 527m, 높이 48.5m의 타원형의 투기장이다.

영국의 국회의사당, 베를린의 알테스 미술관, 오스트레일리아 시드니의 오페라하우스 등, 유명 건축물들은 전 세계에 허다하다.

그러나 현대인들은 건축물을 불가사의하다고 말하지는 않는다. 왜냐하면 건축물이 아무리 크고 웅장하다 할지라도 그것은 사람이 만든 작품에 불과하기 때문이다.

그러나 정말로 '불가사의'한 일이 있다. 그것은 인간의 세계에서는 도저히 만들어 낼 수 없는 초능력적인 일들이다.

이제 모든 인간들이 정말 불가사의하다고 공감할 수 있는 일을 살펴보자. 그런 일이 바로 성경에 소개되는 엘리야의 사건이다.

2. 엘리야

엘리야에 대한 기록은 구약성경 열왕기상 17~19장, 열왕기하 1~2장 등 모두 5장에 기록된 것과 신약성경 마태복음 17장 1~13절, 마가복음 9장 2~13절, 누가복음 9장 28~36절에 기록된 내용이 전부이다.

엘리야를 불가사의한 사람으로 보는 이유는 과거 구약 때 큰 기적을 보여준 사건과 그가 하늘로 승천하고 800년 후에 모세와 함께 예수님의 변화산상에서 나타났다는 사실 때문이다.

모세, 엘리야, 주님이 변화산에서 함께 나타난 사건은 마태, 마가, 누가 등 복음서 저자와 사도들이 목격한 사실이다. 예수님은 지금부터 2,000년 전 인물이다. 엘리야는 예수님보다 800년 앞서는 2,800년 전 인물이다. 모세는 예수님보다 1,500년 앞서는 3,500년 전 인물이다. 어떻게 연대가 800년, 1,500년 차이가 있는데 다 함께 만난단 말인가?

3,500년 전 단군 할아버지와 800년 전 고려 왕건과 현대의 전광훈 목사와 함께 만나서 이 나라의 미래를 함께 의논했다면 그런 내용을 믿을 수 있는가? 성경은 사람들이 도저히 믿을 수 없는 불가사의한 일을 기록해 놓았다.

오늘은 구약 때 활동한 엘리야의 사적을 통해 그의 특별한 면을 살펴보고, 앞서 소개한 '세계 7대 불가사의'와 비교해 보겠다.

1) 엘리야의 훈련

엘리야는 길르앗 디셉 사람이다. 길르앗은 요단강 동편으로, 가나안 정복 때 갓 지파가 분배받은 땅이며, 길르앗 라못, 길르앗 숙곳, 길르앗 다베스, 미스바, 거라사 등등 여러 개의 성읍이 있는 지역이다.

엘리야는 성격이 불같은 사람이어서 주민들과 함께 섞여 살지 못하고 동굴에서 거주하였는데(왕상 19:9), 털이 많고 원시적 의복에 가죽 띠를 두르고(왕하 1:8) 살아가는 야인이었다.

하나님께서는 사람들 보기에 거칠고 다듬어지지 않아 불같은 성격을 가진 엘리야를 하나님의 사역에 쓰셨다. 하나님께서 이스라엘 전체 왕들 중에서 가장 사악한 아합 왕과의 싸움을 위해 선택하신 도구는 온순하고 유순한 사람이 아니라 거친 야인 엘리야였다.

그런데 우리가 반드시 알아야 할 사실이 있다.

하나님께서는 하나님의 사람으로 쓰실 사람은 반드시 하나님께서 쓰시기에 합당하도록 훈련으로 연마하신 다음에 사용하신다는 것이다.

아브라함은 75세에 소명을 받았으나 25년 동안 그를 각각 다른 환경에서 훈련한 다음 100세에 쓰셨다. 간사한 야곱이 장자권을 사취하는 정열이 있었으나 그를 20년 동안 외삼촌 밑에서 단련하신 후에 쓰셨다. 요셉도 훌륭한 신앙인이었지만 13년 동안 온갖 시련으로 연단하신 후에 쓰셨다. 솔로몬은 왕자로 태어나 궁궐에서 호의호식하며 자랐기에 초년에는 지혜의 왕으로 소문났으나 고난이 없었던 그는 후반에 타락한다. 예수님도 공생애 3년을 위해 30년 동안 인간의 모든 면모를 겪게 하신 후에 쓰셨다. 한국이나 세계의 유명한 기업을 일으킨 창업주들은 모두가 억척스러운 시련을 겪고 일어난 입지전적 인물들이다.

엘리야도 상당 기간을 시련 속에 연단하셨다. 엘리야는 요단강 동쪽 길르앗 사람인데 그를 부르신 하나님은 요단강 서쪽에 있는 사마리아의 세겜에서 왕 노릇 하는 아합 왕에게 앞으로 3년 동안 비가 오지 않는다는 재앙을 선포하게 하신 후에 요단강 동쪽 구석진 그릿 시냇가에 숨게 하신다.

그릿 시냇가로 숨은 엘리야는 시냇물이 마르자 생명이 위태로워진다. 이때 하나님께서는 까마귀를 통해 아침, 저녁으로 떡과 고기를 날라다 주게 하심으로 엘리야를 살아남게 하신다.

그다음에는 서쪽 시돈에 속한 사르밧의 과부의 집으로 인도하신다. 이곳 시돈은 이세벨의 친정으로 우상의 본거지이다. 경제적으로는 부요하나 하나님은 전혀 모르는 이방인의 땅 시돈의 사르밧 과부 집으로 인도하신 것이다.

왜 하나님은 엘리야를 이렇게 훈련하시는가? 율법(레 11:5; 신 14:14)에 부정한 새로 규정한 까마귀의 도움을 받게 하고, 또 사회적으로 가장 약자인 과부의 도움을 받게 하신 이유가 무엇일까?

하나님은 엘리야가 아합과 대결하기 전, 율법이나 사회적 규범 등 인간적인 요소에 제한받지 않는, 철저히 초월적인 하나님의 능력을 체험케 하셨다.

시돈 땅 사르밧 과부는 하나님을 전혀 모르는 여인이었다. 그리고 독자 아들과 죽을 생각을 할 정도로 가난한 여인이었다. 그러나 하나님의 사람 엘리야를 공궤하니까 가루와 기름이 떨어지지 않는 기적을 체험한다. 또 과부의 아들이 죽은 것을 살려주신다.

하나님을 모르던 여인이 하나님의 사람을 통해 하나님을 인정하게 되면서 엘리야는 그곳에서 3년 반 동안 하나님의 사람으로 훈련을 받는다.

2) 엘리야의 투쟁

엘리야는 하나님에 의해 3년 반의 훈련기를 보냈다. 그러고 난 후 엘리야는 아합 왕의 궁내 대신 오바다를 만난다. 오바댜는 갈멜산 산속에 있는 2,000여 개의 크고 작은 동굴들 중 몇 개의 동굴에다 선지자 50명씩, 100여 명의 선지자들을 이세벨 모르게 보호해 오고 있었다.

엘리야는 오바댜를 통해 아합 왕을 만난다. 그리고 아합 왕에게 갈멜산 정상에서 왕후가 섬기는 바알 선지자들과 아세라 선지자들을 함께 모아 놓고 자신이 믿는 여호와와 참신을 가려내는 종교 대전을 벌이도록 요청한다.

아합 왕은 바알 선지자 450명과 아세라 선지자 400명의 막강한 위세와 엘리야 단 한 명의 싸움은 충분히 승산이 있다고 자신한다. 그래서 역사적으로 최초로 참 신 구별법인 갈멜산 종교 대전이 벌어진다.

바알 선지자 450명은 아침부터 오후 3시까지 "바알이여"를 외치며 광란으로 뛰다가 드디어 칼과 창으로 자신들 몸에 상처를 내서 피를 흘리며 바알을 외쳤다. 그러나 바알 신은 끝내 제물 위에 응답해 주지 않았다. 바알 선지자들의 한나절 동안의 광란의 울부짖음과 피를 흘리는 자학의 기도에도 응답이 없었다.

다음으로 엘리야의 차례가 되었다. 우리는 엘리야가 하늘의 불을 끌어 내려와 제물을 불태움으로 살아 계신 하나님을 증명한 그의 준비 과정과 기도 내용을 유심히 살필 필요가 있다. 왜냐하면 우리들의 기도는 기도하기 전에 사전 준비 과정이 너무 소홀하고, 또 기도 내용 역시 너무 이기적이기 때문이다. 엘리야는 하나님의 기도 응답을 원하는 모든 신앙인들에게 기도 응답을 받을 수 있는 모범을 보여 주었다.

(1) 엘리야의 싸움 준비

엘리야의 기도는 편안하고 여유 있는 상태에서의 간구가 아니다. 자기의 기도로 말미암아 자기 대적인 원수들을 죽이느냐 아니면 자기가 죽느냐의 긴박한 상황에서 드린 기도였기 때문이다. 그는 죽음을 앞둔 전쟁 상태로 사전 준비를 한다. 엘리야는 어떤 준비를 했는가?

① 모든 백성을 향하여 가까이 오라고 하였다(왕상 18:30).

이스라엘 백성들은 조상 때부터 하나님을 섬겨 온 하나님의 백성들이었다. 그러나 아합의 아내 이세벨이 백성들 중 450명의 바알 선지자와 400명의 아세라 목상 선지자를 양육하며 권력의 힘으로 하나님에게서 멀어지도록 백성들을 분리시켜 놓았다.

엘리야는 권력의 힘에 의해 멀어진 모든 백성들의 사정을 충분히 이해하고, 그들을 가까이 오라고 끌어안는다. 그때 백성들은 담대하게 엘리야 앞으로 나아갔다.

② 무너진 여호와의 제단을 수축했다.

'무너진 제단'이란 이전에 건재했던 제단이 왕권에 의해 타의로 무너진 것을 말한다. 아합 왕 때에 이세벨의 사악한 지시로 모든 제단들이 파괴되어 버렸던 것이다. 엘리야는 이것을 다시금 재건한다. 그래서 신앙 회복을 상기시킨다.

③ 제단을 돌 12개로 쌓는다(31절).

이스라엘은 본래 열두 지파였다. 그런데 남북 분열 후에는 북왕국이 10지파였고, 남왕국은 2지파가 되었다.

엘리야가 종교 대전을 벌이는 갈멜산은 북왕국의 땅이다. 그러나 엘리야는 오늘의 종교 대전이 북 왕국 10지파만의 싸움이 아니라 이스라엘 열두 지파 전체의 싸움임을 상기시킨다. 그래서 이 싸움은 이스라엘이나 유다라는 국가 중심의 싸움이 아니라 이스라엘 전 민족의 신앙 중심의 투쟁임을 깨우쳐 준다.

④ 제단 위에 제물을 쌓고 물을 부으라고 했다(32~33절).

레위기 27장 16~17절을 보면, 자기 기업 중 얼마를 성별하여 여호와께 드리려면 그것을 성별하는 의식으로 곡식이나 50세겔을 바쳐야 했다.

엘리야는 제단 위에 나무를 벌여 놓고 송아지의 각을 떠서 나무 위에 올려놓고 통 넷에 물을 채워다가 부으라고 했다. 이것은 제단과 나무와 송아지가 온전하게 하나님께 바쳐지는 거룩한 성물이 되도록 완전한 제물의 성별을 의미한다.

⑤ 통 넷에 물을 세 번 부으라고 했다(34절).

통 넷에 세 번이면 12통의 물을 부은 것이다. 제물의 일부가 아니라 이스라엘 열두 지파 전체를 상징하는 12통의 물을 부어 물이 제단의 제물 전체를 적시고 도랑에까지 가득하게 하였다.

엘리야는 바알 선지자들과 종교 전쟁을 벌였다. 그러나 그의 싸움의 방식은 철저하게 율법과 이스라엘 전체를 상징하는 신앙적 행위의 방법을 취한다.

여기서 우리가 깨달을 교훈이 있다. 엘리야가 거짓 종교의 사악한 자들과 싸울 때에 철저하게 신앙적 방법으로 싸웠다는 사실이다. 우리들이 세상 악과 싸울 때에 그 방법은 반드시 “악에게 지지 말고 선으로 악을 이겨"야 한다(롬 12:21). 엘리야는 이렇게 싸움에 있어서 철저하게 율법에 근거해서 행하고 있다.

(2) **엘리야의 기도**(왕상 18:36~37)

엘리야는 율법에 근거해 제단을 쌓고 이스라엘 열두 지파를 상징하는 상징적 표시들을 해 놓은 후 율법에 근거한 기도 시간에 맞춰 기도를 드린다. 그것이 "저녁 소제 드릴 때"(29절)의 기도이다.

소제(레 2장)는 매일 오후 3~4시경(느 10:33)에 드리는 이스라엘 전 국민의 저녁 공동 기도 시간대이다. 엘리야는 개인 기도가 아닌 전 민족적 기도 시간을 맞춘다.

① "아브라함과 이삭과 이스라엘의 하나님 여호와여"

아브라함, 이삭, 이스라엘은 이스라엘 민족의 조상이며, 민족 정체성의 뿌리이다. 그리고 하나님은 이스라엘 민족의 하나님으로 언약을 맺어 주셨다. 그렇기에 이스라엘 민족은 필연적으로 하나님의 백성이다. 엘리야는 기도문에서 하나님과 이스라엘의 관계성을 명확하게 밝힌다.

② "내가 주의 종인 것과 내가 주의 말씀대로 이 모든 일을 행하는 것을 오늘 알게 하옵소서."

엘리야는 자신이 기적을 행하는 영웅이 아니라 하나님을 섬기는 종으로서 하나님 말씀대로 행한 결과를 만인이 알게 해달라고 기도한다.

③ "이 백성에게 주 여호와는 하나님이신 것과 주는 그들의 마음을 되돌리심을 알게 하옵소서."

엘리야는 독특한 믿음의 한 면을 주장한다.

믿음이란 믿는 자와 하나님의 내밀한 문제이다. 그러나 여기서는 하나님께서 살아 역사하심을 만인들이 알 수 있도록 하나님께서 직접 하나님이심을 드러내 달라고 기도한다.

하나님을 믿는 믿음은 어떻게 발생하게 되는가? 대부분의 믿음은 믿는 자에게 나타나는 개별적인 변화이다. 그러나 여기서는 인간의 의지가 아닌 하나님의 강권적인 역사로 다른 사람들에게 믿음이 생기도록 독특한 믿음의 역사를 구하고 있다.

이와 같은 엘리야의 독특한 기도대로 하늘에서 여호와의 불이 내려와 번제물과 나무와 흙을 태우고 도랑의 물을 핥았다. 하나님께 성별해서 바치고자 제단을 쌓고 하나님의 뜻을 구하는 기도를 드린 엘리야의 기도가 그대로 응답되었다.

여기에 모든 성도들이 반드시 배워야 할 교훈이 있다. 그것은 기도하기 전에 하나님의 뜻에 맞는 완벽한 준비를 한 후에 하나님의 뜻에 맞는 기도를 드리는 일이다. 엘리야의 기도 모범은 기도를 드림에도 응답은 받지 못하는 우리의 기도 생활에 반드시 배워야 할 교훈이다.

3) 기도 응답의 결과

엘리야의 기도 응답은 장쾌한 면이 있는가 하면 전보다 더 처참한 면도 있다. 기도 응답은 항상 좋은 면만 있어야 한다는 환상은 기도가 무엇인지를 제대로 인지하지 못하는 이들의 생각이다. 엘리야의 기도 응답에는 양면이 있었다.

(1) 기도 응답의 장쾌한 면

① 백성들의 환호와 바알 선지자들의 처형(왕상 18:39~40)

이스라엘 백성들은 바알 선지자들 450명이 아침부터 오후 3~4시까지 광적으로 몸부림치는 모습들을 목격했다. 그런데도 아무런 반응이 나타나지 않았다.

그러나 엘리야는 그 어떤 눈가림이나 술수가 통하지 않도록 물통 넷에 채운 물을 세 번이나 붓게 했다. 그리고 짧은 기도 몇 마디로 제물과 흙을 태우는 현장을 보여주었다. 백성들은 당연히 환호와 함께 여호와 하나님이 참 하나님이신 것을 확실히 깨닫게 되었다.

하루 종일 울부짖던 거짓 선지자들인 바알 선지자들은 처참한 결과로 도망을 쳐야만 했다. 그러나 엘리야는 성난 백성들에게 도망치는 바알 선지자들을 다 잡아 죽이도록 한다. 거짓 선지자들에게 지금껏 농락당해 온 백성들은 크게 용기를 얻어 도망치는 바알 선지자들을 다 잡아서 산 아래 기손 시냇가에서 죽인다.

필자는 갈멜산 정상에서 엘리야가 바알 선지자들을 칼로 치고 목을 밟는 장엄한 동상을 목격했다. 갈멜산의 주인이 수없이 바뀌었으나 엘리야가 갈멜산의 종교 대전에서 승리한 사건 이상의 영광은 찾아볼 수 없을 것이다.

② 가뭄이 그침(왕상 18:41~46)

하나님께서는 이스라엘 백성들의 죄악으로 인해 3년 반 동안 비가 내리지 않는 재앙을 내리셨었다. 그러나 엘리야의 기도에 대한 응답으로 바알 선지자들이 처형됨으로 죄에 대한 응징이 해결되었다.

하나님께서는 죄 용서의 표징으로 3년 반의 가뭄을 끝내고 비를 허락하신다. 엘리야는 이때 아합 왕에 대한 충성심을 드러낸다. 그러나 이세벨의 반격으로 도망자로 추락한다.

(2) 기도 응답의 처참한 면

① 브엘세바의 로뎀 나무 아래로 도망친 엘리야

우리는 엘리야의 믿음에 궁금증이 생긴다.

그는 3년 반 동안 하나님의 기적으로 살아간 신앙적 체험자이다. 그리고 갈멜산 정상에서 하늘의 불을 끌어내려 제물을 불태우는 기적을 일으킨 장본인이다. 그는 하나님의 능력을 만인에게 보여준 위대한 믿음의 영웅이다. 그는 백성들의 열화 같은 성원에 힘입어 거짓 바알 선지자 450명을 쳐 죽였다. 그리고 3년 반의 가뭄을 해결해 준 참 고마운 존재였다. 그는 그 같은 승리의 여세로 당당하게 백성들을 이끌고 개혁에 나서야 했다. 그런데 이세벨이 복수하겠다는 소식을 듣고 도망을 친다.

엘리야는 북왕국 이스라엘 사람이다. 그런데 그가 도망친 곳은 남왕국 유다의 남쪽 끝인 브엘세바다. 갈멜산에서 브엘세바까지는 무려 142km가 넘는다. 엘리야는 며칠 동안을 오로지 살기 위해서 정신없이 도망쳤다. 어떻게 신앙의 용장이 이럴 수 있는가? 이해하기 힘든 내용이다. 바알 선지자 450명을 키워온 이세벨의 하늘을 찌를 듯한 복수심에 미리 겁을 먹고 도망친 것이 아닐까?

엘리야는 브엘세바에다 사환을 떼어 놓고 혼자서 하룻길 되는 30~40km를 더 광야로 들어간다. 그리고 로뎀 나무 아래에서 죽기를 원하며 잠이 든다. 그때에 천사가 위로해 주며 떡과 물을 준다.

엘리야는 죽기를 원했으나 하나님은 그에게 새로운 사명을 주신다. 하나님은 거기서 또 40주야를 더 가는 호렙산으로 엘리야를 인도하신다.

브엘세바에서 호렙산까지는 대략 350km 정도의 거리이다. 하루에 35km를 걷는다 해도 10여 일이면 충분히 당도할 수 있는 거리이다.

그런데 40일에 걸려가며 호렙산에 도달한 이유는 무엇일까?

엘리야는 과거 모세를 기억했을 것이다. 모세는 십계명을 받기 위해 40일 동안 금식을 했고(신 9:9), 또 두 번째는 금송아지 우상을 만든 이스라엘 백성들의 속죄를 위해 또다시 40일을 금식하며 호렙산에서 기도를 드렸다(신 9:18). 엘리야는 모세처럼 호렙산에 금식을 하며 찾아갔기에 10여 일 거리를 40일에 걸려 찾아간 것으로 추측된다.

② 호렙산에서 보여준 하나님의 상징(왕상 19:9~14)

호렙산은 최고 높은 곳이 해발 2,285m이다. 호렙산은 '시내산', '모세의 산', '하나님의 산' 등 별명이 많다. 호렙은 산맥의 이름이고, 시내산은 그 산맥의 가장 높은 봉우리 이름이고, 호렙산은 시내산보다 낮은 다른 봉우리 이름으로 본다.

모세가 이 산에서 십계명을 받았고, 엘리야도 이곳에서 사명을 받는다. 이렇게 역사가 깊은 시내산의 중턱인 해발 1,528m 지점에는 330년경 건축한 것으로 전해지는 성 캐더린 수도원이 있다. 독일 라이프리치대학교 신학 교수였던 티센도르프(Tichendorf: 1815~1874)가 이곳 수도원에 보관된 사본들을 발견하여 세상에 알린 것이 사본들 중 최고의 권위를 가진 '시내 사본'(Codex Sinaiticus X)이다.

엘리야는 이곳 호렙산의 동굴 속에서 죽기를 바라는 나약한 자로 패배의식에 사로잡혀 있었다. 이때 여호와께서 그에게 나타나셔서 "네가 어찌하여 여기 있느냐?"고 물으신다. 하나님은 패배의식으로 자기 사명을 망각한 엘리야에게 스스로를 성찰하도록 자각을 시켜 주신다.

엘리야는 "내가 만군의 하나님 여호와께 열심히 유별"했다고 한다. 여기서 말하는 '열심'이란 '칸노'(קנא)이고, '유별하다'는 말은 '킨네

티'(קנאתי)다. 이 두 말은 '질투하다, 시기하다, 투기하다'는 뜻이다. 그래서 KJV 영어 성경은 이 구절을 "내가 만군의 여호와를 위하여 매우 질투하였습니다"(I have been very jealous for the Lord God of hosts)라고 번역했다.

엘리야는 하나님을 버리고 우상 숭배의 영적 간음에 빠진 이스라엘을 향해 하나님을 대신한 질투심으로 싸웠다고 고백한다. 그런데 이제는 하나님 위한 선지자가 자기 혼자만 남았다고 탄식한다.

하지만 엘리야의 이 같은 생각은 전혀 잘못된 생각이다. 오바댜가 선지자 100명을 50명씩 굴에 숨겼고(왕상 18:4), 또 바알에게 무릎 꿇지 아니한 7,000명의 순결한 신앙자도 있었다(왕상 19:18).

엘리야의 머릿속에는 하나님께 대한 충성과 헌신에도 불구하고 쫓기는 신세가 된 것에 대한 원망이 담겨 있다. 하나님은 이 같은 엘리야에게 하나님의 새로운 상징을 보여주신다. 그래서 엘리야를 여호와 앞에서 산에 서라고 하신다. 그리고 세 가지의 상징을 보여주신다.

(ㄱ) 크고 강한 바람이 산을 가르고 바위를 부수었다. 그러나 그 속에 여호와께서 계시지 않았다.

(ㄴ) 강한 바람 후의 지진 속에도 여호와가 계시지 않았다.

(ㄷ) 지진 후에 불이 있으나 불 가운데도 여호와께서 계시지 않았다.

(ㄹ) 불 후에 세미한 소리 속에 여호와께서 말씀하셨다.

여기 크고 강한 바람, 지진, 불, 세미한 소리는 하나님이 지나가실 때 수반되는 현상들이다. 하나님의 얼굴은 볼 수 없다(출 34:19~23). 단지 하나님의 현현 현상이 몇 가지로 드러난다(출 19:16~20). 이 같은 현상들은 인간을 멸할 수도 있는 두려운 현상이다. 하나님은 그와 같은 두려운 모습으로 엘리야를 만나지 않으셨다. 오히려 세미한 소리 가운데 찾아오셨다.

이것은 엘리야에게 무엇을 깨닫게 해주시는 교훈인가? 엘리야는 그동안 불로 제물을 태우고 3년 반의 가뭄을 끝내고 비를 내리게 하는 크고 기이한 이적들을 수없이 행하였다. 그러나 그 같은 이적을 통한 사역이 성공했다고 볼 수 없는 것이다.

오히려 하나님께서는 세미하게 들려오는 말씀 속에서 하나님의 음성을 들려주셨다. 하나님은 엘리야에게 사람의 변화는 외적으로 크고 뚜렷한 이적들이 아니라 조용하게 가슴을 파고드는 말씀으로 이루어짐을 깨우쳐 주셨다.

4) 엘리야의 새로운 사명(왕상 19:15~21)

하나님께서는 엘리야에게 "너는 네 길을 돌이키라"고 하신다. 하나님은 엘리야가 추구하는 강한 바람, 지진, 불 같은 길을 버리고 '말씀을 통한 새 길'을 가라고 하신다.

(1) 엘리야 생애의 마지막 사명

① 다메섹 하사엘에게 기름 부어 아람 왕이 되게 하라.

② 예후에게 기름 부어 아합 왕 이후의 이스라엘 왕이 되게 하라.

③ 사밧의 아들 엘리사를 엘리야의 후임 선지자가 되게 하라.

여기서 우리가 중요한 진리를 배울 수 있다.

엘리야의 생각에는 자기가 이스라엘을 변혁시켜 보려는 열정이 있었다. 그러나 하나님께서는 엘리야의 역할을 그것으로 끝내셨다. 나머지 뒷일은 엘리야가 아닌 엘리사가 하도록 하신다. 그리고 하나님은 국가 문제나 왕의 후임 문제에 무관심하신 분이 아니시다. 국가의 미래나 국가의 지도자도 모두 다 하나님의 계획 속에 진행됨을 명확하게 깨우쳐 준다.

(2) 엘리야의 승천과 신약 때의 사명

엘리야는 자기 사역을 엘리사에게 이관한다. 그리고 엘리사가 보는 앞에서 요단 강물을 가르고 회오리바람을 타고 하늘로 올라갔다(왕하 2:11).

말라기 선지자는 엘리야가 다시 올 것을 예언했다(말 4:5). 주님은 오리라 한 엘리야가 침례자 요한이라고 하셨다(마 11:14, 17:10~13). 그와 같은 엘리야가 예수님과 함께 변화산상 위에 나타났다(마 17:3~9; 막 9:4~5; 눅 9:30~33).

결론

옛날 사람들이 지어놓은 특이한 건축물들을 세계 7대 불가사의라고 했다. 그러나 현대의 건축물들은 옛날보다 더 웅장해도 불가사의하다고 하지 않는다. 옛사람들의 인지가 제한되어 나온 말이었다.

그러나 옛날이나 지금이나 앞으로도 진정으로 불가사의한 일이 있다. 그것은 3,500년 전 모세, 2,800년 전 엘리야, 2,000년 전 예수님 세 분이 같은 장소에서 동시에 만난 사건이다.

이것은 인간의 지식으로는 불가사의한 일이다. 그러나 부활의 진리를 믿는 신앙인들에게 이 사건은 부활이 명확한 사실로 믿어지는 좋은 모범적 사례가 되는 것이다. 이 사건을 많은 이가 믿을 수 있기를 바란다.

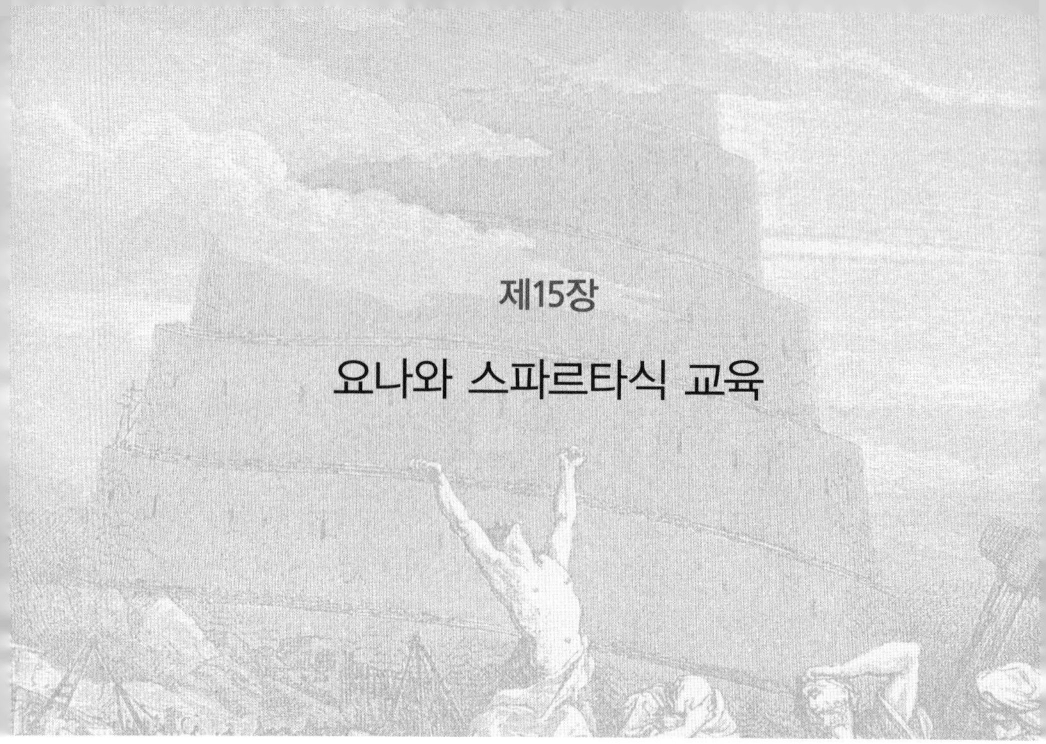

제15장

요나와 스파르타식 교육

서론

오늘은 과거 역사에 특별한 화제를 남긴 성경 인물과 그리스 역사 속의 한 토막을 소개해 보겠다.

성경을 보면 아주 독특한 개성을 가졌던 특이한 인물의 특이한 역사가 기록되어 있다. 그 사람은 물고기 뱃속에 사흘간 갇혀 있다가 살아났다는 '요나'라는 선지자이다. 요나는 B.C. 760년경, 즉 북왕국 이스라엘 왕 여로보암 2세(B.C. 793~753) 때의 인물이다.

하나님께서는 요나 선지자에게 당시 이스라엘 나라의 원수와 같은 나라인 앗수르의 수도 니느웨에 가서 그 성민들에게 선교하라고 지시하신다. 그러나 요나는 하나님의 명령을 어기고 다시스로 도망가다가 하나님의 진노에 의한 풍랑으로 바다에 던져진다. 그리고 물고기에게 산 채로 삼켜져서 물고기 배 속에서 사흘간을 회개한 후 다시 살아나 나느웨에 가서 전도했다는 내용이다.

요나서에 대해 신학자들 대부분은 하나의 문학 소설일 뿐 비역사적 내용이라고 강하게 비판한다.

또 다른 내용이 있다. 그것은 B.C. 9세기부터 6세기까지 그리스가 도시국가인 폴리스(Polis) 상태로 영위될 때의 일이다. 아테네, 마케도니아 등 각각 도시 중심으로 연합 국가 형태가 유지되어 나갈 때에 지금의 고린도만 지역, 당시에는 펠로폰네소스라고 불렸던 이 지역에서 '스파르타식 교육' 제도로 도시국가가 강력한 통제 체제 속에 영위되었다고 한다. 스파르타(Sparta) 교육, 많이 들어 본 내용이다.

과거 역사 속에 아주 독특한 화제를 남긴 성경 속의 '요나' 선지자의 역사와 세계사 속의 '스파르타 교육'의 내용을 소개하고, 이 두 가지 독특한 과거사가 오늘을 살아가는 우리에게 어떤 영향을 미치고 있는가를 비교해서 살펴보겠다.

1. 스파르타 교육

우리는 구약성경과 신약성경을 갖고 있다.

구약성경을 이해하기 위해서는 이스라엘 민족과 그와 관계했던 주변 국가들까지도 알아야 한다. 애굽, 팔레스틴, 바벨론, 앗수르, 페르시아 등 중동의 국가들을 다 알아야 하고, 그와 달리 신약성경을 이해하기 위해서는 로마제국, 헬라의 영토를 알아야 한다.

신약성경은 정치적으로 로마제국 산하의 시대였으나, 과거 헬라제국 시대의 영토에서 이루어진 사건들이 무수하게 많다. 신약성경 중 사도행전을 이해하려면 과거의 헬라제국이자 현재의 그리스 국가의 역사를 어느 정도는 알아야 한다.

1) 그리스(Greece) 국가의 이해

과거에는 그리스어로 '엘라스'(Ellas) 또는 '헬라스'(Hellas)라고 했다.

인구 1억 명인 그리스는 그리스 정교가 국교인 나라다. 많은 사람들은 개신교가 로마 가톨릭에서 분리되어 나왔기 때문에 개신교 이전에는 로마 가톨릭만 있었던 것처럼 착각한다. 그러나 그리스 정교회, 러시아 정교회 등 가톨릭과 전혀 관계없는 동방 정교회들이 많이 존재하고, 이탈리아, 프랑스, 스페인, 독일, 영국 등이 서방 로마 가톨릭 교회들이다.

이와 같은 동방 정교회의 본산지가 그리스이다. 그리스는 종교적으로는 그리스 정교회의 본산지이지만 정치적으로는 세계 최초의 민주주의를 만든 나라이다. 전 세계가 부족 연맹으로 이루어진 영주들 중심의 봉건제도를 실시할 때에 그리스만은 유일하게 각 도시 중심의 도시국가인 '폴리스'(Polis) 제도를 실시하였다. 그래서 그리스 전역에는 북쪽에 마케도니아를 중심한 도시국가, 중간에 아테네를 중심한 도시국가, 남쪽에 펠로폰네소스 반도를 중심한 도시국가로 각각 다르게 발전하며 이웃 다른 나라들에도 이스탄불, 나폴리, 마르세유, 바르셀로나 등에 도시국가를 만들게 하였다. 이와 같은 도시국가 정치 제도가 발전한 것이 민주주의 제도의 시초이다.

그런데 민주주의가 국민들의 의견을 존중한다는 이념은 참 좋았다. 그리스가 국민들의 의견을 존중하는 것까지는 좋았으나 정부가 너무나도 국민들의 인기에만 영합하는 포퓰리즘에 치우치다 보니 국가 공무원이 국민 수만큼이나 늘어났다. 지금의 그리스는 국민 세 명 중 한 명이 공무원일 정도로 국가 공무원 공화국이 되었다. 그래서 나라가 빚더미로 부도 상태에 이르렀다. 민주주의가 반드시 다 좋은 것만은 아니라는 쓰라린 교훈을 주고 있다.

2) 스파르타(Sparta) 교육의 출현 과정

그리스가 북쪽에는 알렉산더 대왕의 아버지 조상이 마케도니아라는 도시국가로 가장 큰 지역을 지배해 오고 있었다. 그리스 중간에는 아테네를 중심한 도시국가가 B.C. 750년경 호메로스 시대에 도시국가를 형성하여 민주적, 시민 중심의 도시국가로 유지되어 갔다. 그리고 남쪽의 펠로폰네소스 반도에 몇 개의 도시국가가 있었다. 지금의 고린도만에 2~3개의 도시국가가 있었다.

북쪽의 아르카디아는 반도의 절반을 차지하고 있었고, 남쪽에는 라코니아와 메세나이가 둘이 분리되어 도시국가를 이루었다.

이렇게 약세인 라코니아 도시국가 중에 스파르타(Sparta)라는 도시가 있었다. 스파르타라는 도시는 자기들이 속한 라코니아 도시국가를 살려내고 또한 자기들보다 더 큰 아르카디아 도시국가를 이기기 위해서 특별한 교육제도를 필요로 했다.

스파르타의 국가 제도와 생활양식을 획기적으로 제정한 인물이 전설처럼 전해지는 리쿠르고스(Lykourgos)이다. 이 사람은 B.C. 900년경, 또는 B.C. 775년경 인물이라고 전해지지만, 실존 인물이 아니라는 주장도 있는 전설적 인물이다.

리쿠르고스가 살던 시대 이전에는 주민들이 몇 가지로 분류되어 있었다. 정상 시민은 스파르타인(스파르티아타이), 노예 신분의 농민은 헤일로타이(heilotai), 반자유민은 페리오이코이(perioikoi)라고 했다.

리쿠르고스가 오래전에 제안한 국가 제도와 국민의 생활양식을 스파르타 도시가 채택하여 괄목할 만한 성과들을 거두어 낸다. 즉 스파르타 도시는 이웃 도시국가인 메세나이와 20여 년간 전쟁을 일으켜 B.C. 650년경 메세나이 전토를 정복하고 그 주민들을 반자유민인 페리오이코이와 노예 신분인 헤일로타이로 만든다. 그리고 B.C. 550년경에는 펠로폰네소스 전체에 영향력을 미치는 위치로 향상된다.

스파르타는 펠로폰네소스 반도의 지극히 작은 한 도시였다. 그런데 그 도시가 과거 전설적 인물로 소개되는 리쿠르고스의 국가 정책을 스파르타 도시 교육 지침으로 채택한다. 그 후 스파르타 도시 교육을 받은 이들이 도시 발전을 넘어 펠로폰네소스 반도 전역에 영향을 미친다. 그때부터 '스파르타 교육'이라는 말이 떠오르면서 오늘날에는 전 세계에 알려지는 용어가 되었다.

3) 스파르타 교육의 내용

스파르타 교육은 용감하고 준법정신이 강하며 애국심이 왕성한 군인적 시민을 양성하는 것이 주목적이었다. 당시 같은 시대의 아테네는 문학, 예술, 철학, 미술 등 문과 계통의 교육이 주된 교육 내용이었다. 그러나 스파르타 교육은 아테네와 전혀 다른 무관(武官) 중심의 교육을 실시하였다.

아테네와 스파르타의 교육 내용은 완전 달랐으나 교육 대상을 철저하게 자유민에만 적용시킨 점에서는 같았다. 그렇기에 아테네나 스파르타 모두 교육은 비민주적이었다.

스파르타 교육은 남자아이가 태어나면 국가가 아이의 건강 상태를 검사했다. 그래서 허약하거나 기형아 등은 버리게 했다. 그 후 7세가 되면 국가가 관리하는 공동 교육소에 입소시켰다. 그래서 엄격한 감독관 아래 엄격한 제도와 훈련으로 자라게 했다. 감독관은 아이들을 어떤 고통이나 결핍에도 참아내며 용맹, 인내, 애국, 복종심을 지닌 강한 군인정신의 소유자로 양성했다.

그러기 위해 교육 내용은 달리기, 뜀뛰기, 검술, 씨름, 승마, 투창, 수영, 수렵 등 체력에 관계된 교육과 그 밖에는 무용과 종교적인 음악을 함께 가르치는 교육으로 지성(知性) 교육은 완전히 외면하였다.그리고 사람으로 살아가는 데 기초적으로 필요한 읽기, 글쓰기, 계산하기 정도를 가르쳤다. 교육 방법은 격렬한 훈련, 경쟁, 처벌을 위주로 하였다.

그 후 18~20세까지는 군사 훈련을 받게 하고, 21~30세까지는 병영생활로 집단생활을 하게 했고, 30세가 넘어야 성인으로 인정을 받아 시민권을 얻게 되고 가정을 이루는 것이 허용되었다.

여자도 남자와 같이 엄한 교육을 받았다. 여자도 건강한 아들을 낳기 위해서, 건강한 자녀 양육을 위해서, 그리고 남편이 전쟁에 나갔을 경우에 가정 일을 무난히 처리하기 위해서 능력을 기르는 교육을 받았다.

그리고 국가가 토지의 매매나 양도를 금지시키고, 시민의 자유로운 생산 노동을 금지시키고, 귀금속 화폐와 사용을 억제시켰다. 외인들은 추방하고, 시민들은 매일 저녁 공동식사를 장려하였다.

이렇게 국가가 만 7세부터 30세까지 순차 연령별로 여러 가지 교육을 실시하는 것을 스파르타식 교육이라고 했다.

이와 같은 스파르타식 교육은 같은 동시대를 살아가는 그리스 여러 도시국가들 속에서 여러 세기를 계속해 이어져 나갔다.

참으로 기이한 것은 스파르타 도시를 제외한 다른 도시국가들은 스파르타처럼 건재하지 못하고 쇠퇴와 멸망 등 많은 변란들이 있었다. 그런데 스파르타만은 국가적인 형태가 바뀌지 않고 여전히 군국

주의적인 생활양식과 결속을 지속해 나갔다. 그래서 스파르타 도시국가가 밖으로는 정복 전쟁을 일으켜 세력을 넓혀갔고, 또 그리스 전체 도시국가들 중에서 지배권을 잡기도 하였다.

이 같은 스파르타식 교육은 "강건한 육체에 건전한 정신이 깃든다"는 체육학적 입장에서 가치를 인정받게 되었다. 그러나 인류의 정신문명 분야에는 크게 기여한 바가 없는 것이 스파르타 교육이 주는 교훈이다.

2. 요나

요나는 B.C. 760년경 북왕국 이스라엘의 선지자다. 그런데 요나가 물고기 뱃속에 들어갔다가 사흘 만에 다시 살아나왔다는 이야기는 정말 실제로 있었던 역사인가, 아니면 실제로는 있을 수 없는 일을 특별한 목적을 설명하기 위해 문학적인 표현을 사용한 것인가? 수천 년 동안 수많은 의견들이 있다.

요나서에 대한 의견들은 두세 가지로 나뉘어 계승되고 있다.

하나는 전통적 정통주의자들의 견해이다. 마태복음 12장 38~42절, 누가복음 11장 29~30절에 기록된 주님의 말씀을 보면, 주님께서는 과거 요나가 물고기 뱃속에서 밤낮 사흘 동안 있었던 것같이 인자도 밤낮 사흘 동안 땅속에 있으리라고 하셨다. 주님이 요나의 사건을 역사적 사실로 믿고 자기 사역과 비교하셨다. 우리가 주님을 믿는데 주님의 말씀을 사실대로 믿지 못한다면 그것은 주님을 믿는 것이 아니다. 따라서 요나의 사건은 역사적 사실이다. 이와 같은 정통적 견해가 줄곧 이어져 왔다.

두 번째는 19세기 이후에 나타난 자유주의자들의 견해이다. 요나의 기록은 전혀 역사적 사실이 아니며, 요나서는 이스라엘 민족이 전통적으로 가지고 있는 타 민족에 대한 배타적이고 독선적인 선민사상을 깨우쳐서, 하나님은 이방 민족도 사랑하신다는 것을 깨우쳐 주기 위한 문학적인 작품이라고 이해하고, 물고기 배 속에 들어간 이야기는 도저히 과학적으로 이해할 수 없다고 주장하는 견해이다.

두 견해를 적당하게 조화시키려는 세 번째 견해도 있다.

필자는 20대에 자유주의자들의 견해를 따랐다. 그러다가 30대 말에 정통주의자들의 견해로 신학이 바뀌었다. 필자의 경험에 의하면, 그가 믿어온 신학이 바뀌지 않으면 인생이 바뀔 수가 없다는 것은 명확한 사실이다.

우리들이 기본적으로 알아야 할 사실이 있다. 그것은 율법에서는 철두철미하게 선민인 이스라엘 중심의 내용이다. 율법 속에는 이방인에 대한 관심이 희박하고, 죽은 다음의 부활 신앙이 없고, 속죄의 방법조차 신약과는 무관한 내용이다.

그런데 구약에서 신약을 준비하도록 일깨워 주는 내용이 선지서들이다. 선지서들 대부분이 이방 민족들에 대한 관심들로 가득 차 있다. 이사야서는 바벨론, 앗수르, 블레셋, 모압, 애굽, 구스, 에돔, 두로 등등 모든 이방 민족들을 다 관심 삼고 있다. 그 같은 내용은 예레미야, 에스겔, 다니엘, 아모스, 스가랴 등 모든 선지자들이 모두 한결같다.

그런데 예언서 중에서 특정한 한 나라에만 관심을 가진 예언서는 단 세 권이다. 하나는 요나서로 앗수르 니느웨에 관한 내용이고, 두 번째 나훔서는 앗수르 나라에 관한 내용이며, 세 번째 오바댜서가 에돔 한 나라에 관한 내용이다.

우리가 꼭 알아야 할 사실은, 구약의 율법이 이스라엘 민족 한 나라에 관한 내용이라면, 선지서들 모두는 이방 민족들과 미래의 구원받을 백성들에 관한 내용이 주를 이루고 있다는 사실이다.

오늘 소개할 내용은 '요나'의 이야기다. 요나는 북왕국 이스라엘 사람이었다. 그는 당시 이스라엘을 가장 괴롭히는 원수 같은 이웃 강대국 앗수르의 수도 니느웨에 가서 회개의 복음을 선포하라는 사명을 받았다. 그러나 요나는 국가적, 개인적 감정에 사로잡혀 하나님 명령을 거역했다. 그로 인해 물고기 배 속에 들어갔다 나오는 특수한 체험을 했다. 요나는 그 후 니느웨로 가서 회개의 메시지를 선포했다. 니느웨 백성들은 요나의 선포를 듣고 회개를 했다.

그렇게 해서 요나의 선교 사명은 잘 완수되었다. 그래서 앗수르의 니느웨 성민들 다수가 회개를 했다. 앗수르 백성들이 회개했으면 그 효력이 나타나야 마땅하다. 그런데 앗수르의 회개는 일시적 임시방편에 불과했다. 요나가 니느웨 선교를 성공적으로 완수하고 돌아온 지 30여 년 후에 앗수르는 요나의 고국 북왕국 이스라엘을 쳐들어온다. 그래서 앗수르 군대가 3년 동안을 북왕국 이스라엘 수도 사마리아를 포위하고 끈질기게 공격한 끝에 B.C. 722년에 북왕국 이스라엘을 멸망시킨다.

하나님 보시기에 앗수르는 배은망덕한 나쁜 민족이었다. 니느웨 성민을 살려내려고 도망치는 요나를 보내 니느웨 성민들을 회개시켰으면 이스라엘에게 감사해야 했다. 그럼에도 불구하고 이스라엘을 쳐들어와 멸망시켰다.

하나님께서는 배은망덕한 앗수르를 이스라엘이 멸망한 약 100년 후인 B.C. 612년에 역사 속에서 완전히 멸망시키신다. 옛 앗수르 땅에 건국한 현 시리아는 전 세계에서 가장 폭동이 잦고 살육이 끊이지 않는 불안한 나라이다.

우리는 과거 B.C. 760년경 요나가 겪었던 특수한 체험을 통해 우리에게 주는 교훈을 살펴보자.

1) 요나가 출생한 시대와 출생지

요나는 북왕국 이스라엘 사람이다. 그가 활동한 시대는 북왕국 이스라엘이 가장 최고로 번성했던 여로보암 2세(B.C. 782~753) 때였다.

여로보암 2세는 41년간 왕으로 재임하였다(왕하 14:23~29). 여로보암 2세는 이스라엘 영토를 "하맛 어귀에서부터 아라바 바다까지"(왕하 14:25) 넓혔다.

'하맛'은 현재 시리아의 오론테스 강가에 위치한 주요 성읍이다. 가나안 정복 때 북방 끝의 국경지였고, 다윗 왕이 이곳까지 영토를 확장시켰었다(삼하 8:6). 솔로몬 때에는 이곳에 국고성을 세웠다(대하 8:4). 그런데 남북이 분열된 후 하맛은 다시 시리아로 환원되었다. 그렇게 잃어버린 하맛을 북왕국 여로보암 2세 때 다시 되찾는다.

그리고 '아라바 바다'는 오늘날 사해 남단에서 아카바만에 이르는 아라바 광야(신 3:17) 또는 아라바 바다(왕하 14:25)라고 불린 곳이다.

그러니까 북왕국 여로보암 2세 때의 국력 다윗과 솔로몬 때의 국력과 맞먹을 정도였다.

여로보암 2세 때 북왕국은 가장 번성하여 저들의 사치와 향락이 극에 달했다.

여로보암 2세 때 북왕국에서 활동한 선지자가 2명이 있다. 하나는 오늘 소개하는 요나로 앗수르 니느웨를 위한 선지자로 활동하였고, 다른 하나는 남유다 왕국 베들레헴 남쪽 9.6km 떨어진 드고아 출신인 아모스로 하나님의 지시로 북왕국에 가서 활동하였다.

아모스서를 보면 당시 북왕국이 얼마나 부패하고 타락했는가를 소상하게 밝혀 주고 있다. 아모스는 B.C. 767~753년까지 여로보암 2세의 후반기에 사역한 것으로 보인다. 아모스서 내용을 보자.

아모스서 3~6장을 보면, 당시 북왕국 이스라엘은 겨울 별장과 여름 별장을 따로 두고 살아갔다(3:15). 또 부자의 신발 한 켤레 값으로 가난한 자가 팔렸다(2:6). 또 아버지와 아들이 한 창녀와 번갈아 관계를 했다(2:7). 부잣집 여인들은 너무 살이 쪄서 암소처럼 비만하여 몸이 우둔해진 상태로 가난한 자들에게 술을 따르는 일을 시켰다(4:1).

아모스는 외친다. “내가 너희 절기들을 미워하며…너희가 내게 번제나 소제를 드릴지라도 내가 받지 아니할 것이요 너희의 살진 희생의 화목제도 내가 돌아보지 아니하리라…오직 정의를 물같이, 공의를 강같이 흐르게 할지어다”(5:21~24).

북왕국 이스라엘의 국력이 사상 최고로 번성할 때였다. 그런데 사회적 현실은 가장 타락하고 부도덕한 시대였다. 바로 이러한 때에 요나가 앗수르 수도 니느웨를 위한 선교의 사명자로 선택된다.

요나는 북왕국의 혁혁한 선지자 엘리야, 엘리사의 활동 이후에 나타난 선지자다. 그는 여로보암 2세의 전반기 때에 활동한 선지자다. 요나의 활동이 끝난 후에 여로보암 2세 후기 때 활약한 것이 아모스다.

요나는 어떤 사람인가? 요나서 1장 1절에 “아밋대의 아들 요나”라고 되어 있다. 또 열왕기하 14장 25절에는 “가드헤벨 아밋대의 아들 선지자 요나”라고 기록되었다.

‘가드헤벨’이 어떤 곳인가? 여호수아 19장 13절을 보면, 가나안 정복 때 스불론 지파에게 할당된 지역이었다. 가드헤벨은 현재 나사렛 북동쪽 4.3km 떨어진, 오늘날에는 엘 메신헨드(el-Mash’ had) 또는 엘 메사헤드(el-Meshhed)로 불리는 곳으로 추정된다.[25]

오늘날 셉포리스(Tsipori)에서 3.2km 떨어진 곳에 요나의 무덤이라

25) 이원희 저, 《포토성경사전》(하늘기획, 2011), p. 9 참조.

고 전해져 오는 무덤이 있다고 한다.

요나는 갈릴리 지역 나사렛에서 북동쪽으로 4.3km 지점에 있었던 가드헤벨에서 아밋대의 아들로 태어났다. 열왕기하 14장 24~27절을 보면, 요나는 여로보암 왕 때에 선지자로 이미 알려진 사람이었던 것 같다. 북왕국 이스라엘 국민들은 요나를 하나님의 선지자로 알고 있었던 것 같다. 이렇게 국민들에게 하나님의 선지자로 알려진 요나에게 국내가 아닌 외국, 그것도 앗수르의 수도 니느웨에 대한 선교 사명이 주어졌다.

그러나 요나는 여호와 하나님은 이스라엘 민족의 하나님이시고, 여호와는 이스라엘 민족들이 거주하고 있는 이스라엘의 영토 안에만 계시는 지역 신이라고 착각하고 있었다. 그래서 이스라엘 이외의 다른 나라들은 모두 멸망되어야 한다는 배타적인 신관을 갖고 있었다.

거기에다 당시 앗수르는 중동 각 지역에 가장 흉측하고 악독한 살육 보복을 감행함으로 모든 이들이 혐오하고 두려워하는 대상이었다. 그와 같은 앗수르 니느웨가 회개해서 살아남기보다는 하나님의 심판으로 멸망당하기를 바라는 것이 북왕국 이스라엘 사람들의 정서였다. 이런 가운데 요나에게 니느웨 선교의 사명이 주어졌다.

2) 요나의 사명 거부에 따른 환난

(1) 요나의 사명 거부

여호와의 말씀을 받은 요나는 여호와의 얼굴을 피하여 다시스로 도망치려고 욥바 항구로 갔다.

다시스(Tarshish)가 어느 곳인가? 이에 대한 해석이 다양하다.

지상에 있는 곳이 아닌 이상향으로 그려진 항구, 이탈리아 남부의 시실리섬, 지중해의 다른 섬 중의 하나라는 이론이 있으나 스페인의 타르테서스(tartessus)라는 설이 가장 설득력을 얻고 있다. 다시스에 대한 기록이 솔로몬 때(왕상 10:22), 이사야 때(사 23:1, 6, 10)에도 언급되고 있다. 이 모든 내용을 종합하면 다시스는 현재의 스페인 항구로 추정된다.

하나님께서는 요나에게 이스라엘의 동북쪽 앗수르 니느웨로 걸어서 가도록 지시하셨는데 요나는 이스라엘의 서쪽 끝인 다시스로 도망치려고 배를 타기 위해 욥바로 내려갔다. 그러자 하나님께서는 다시스로 가는 배가 바다 가운데 들어갔을 때 큰 폭풍으로 배가 거의 깨지게 만드셨다.

여기서 우리가 주목할 내용이 있다. 바다의 태풍이나 폭풍이 저절로 일어나는 자연 현상이 아니라는 사실이다. 필자는 매년 주기적으로 일어나는 태풍이 하나님께서 우주 만물을 운영해 나가시기 위한 한 수단이라고 설명을 했다.[26]

인간들은 태풍을 무서워하고 불필요한 것으로 경원한다. 그러나 하나님 입장에서는 태풍이 생태계를 보존하기 위해 필요한 수단이다. 인간은 하나님께서 조성해 놓으신 생태계를 경제 이익 추구라는 명분으로 마구 훼파하고 있다. 그러나 인간이 하나님께서 만들어 놓으신 생태계를 파괴할 때 반드시 그에 따르는 재앙을 되받게 되어 있다. 그 대표적인 사례가 '메르스'(Mers) 유행병이었다.

메르스(Mers)는 어떤 곳인가? 메르스는 아프리카 북서부의 알제리나라 지중해 연안에 있는 강(江) 이름이다. 메르스강 연안에는 '메르스 엘케비르'(Mers el kebir)라는 인구 8만 정도의 항구도시가 있다. 이

26) 정수영, 《성경이 하나님의 말씀인 증거》(2016), pp. 268~271.

곳 항구도시를 스페인, 포르투갈, 프랑스가 계속 지배해 왔다.

이곳 항구는 경치가 아름답고 해수욕장과 별장 등이 많은 도시이다. 이곳 항구 북쪽은 수백 년 동안 울창한 삼림 지대로 보존되어 왔던 소위 그린벨트 지역이었다. 그런데 그곳 삼림 지대를 관광지로 개발해서 돈을 벌겠다고 정부가 울창한 삼림 지대 숲들을 벌목했다. 그리고 그곳에다 별장과 함께 목장을 만들어 돈 많은 이들에게 분양을 해주었다. 알제리는 메르스 삼림 지대 개발로 많은 돈을 벌었다.

그런데 수백 년 동안 삼림 지대에서 서식하며 살아가던 날짐승들이 삼림 지대가 없어지므로 서식지를 잃게 되었다. 날짐승들은 먹을거리를 찾아 인간들이 먹고 버린 쓰레기를 뒤져 양을 채우고 그 똥을 목장지에 사는 짐승들이 있는 곳에 쌌다. 목장지에서 돼지, 소, 양들이 사료와 함께 날짐승들이 싼 똥에서 자란 풀을 먹으며 사육되었다. 인간들은 거기서 생긴 각종 육류들을 먹으면서 전에 없던 바이러스들이 만들어졌다. 이렇게 만들어진 바이러스를 메르스라고 했다.

메르스 바이러스는 전 세계 국제선을 따라 3개월 내에 세계로 퍼졌다. 그와 같은 메르스 유행병이 몇 년 전의 일이다. 지금은 근원을 알 수 없는 코로나19 바이러스가 끝없이 확산되고 있다. 코로나19 바이러스도 생태계를 파괴한 인간의 오만함에서 비롯된 것으로 판정이 날 것이다.

요나는 하나님의 지시를 어김으로 태풍을 만나 자기만이 아니라 다른 이들까지 죽을 지경에 처하게 했다. 지금도 마찬가지다. 코로나19 바이러스의 원인이 아직은 밝혀지지 않았다. 그러나 수년 후에는 반드시 그 원인이 밝혀질 것인데, 세계는 지금 그 원인 발생지로 중국을 의심하고 있다. 중국이 세계 강국이 되려고 미국과 경쟁하며 모든 수단을 강구해 가고 있다. 그러나 중국이 코로나 발생국으로 확인된다면 중국은 치명적 추락을 하게 될 것이다.

(2) 요나의 사명 거부에 따른 환난

갑작스런 위기를 맞은 뱃사람들은 위기의 원인자를 알기 위해 제비를 뽑는다. 이때 제비뽑기에 요나가 걸렸다. 뱃사람들은 요나에게 재앙의 원인을 물었다. 이때 요나는 신앙인답게 솔직하게 처신한다. "나는 히브리인이다. 나는 바다와 육지를 지으신 하나님 여호와를 경외하는 자다. 내가 여호와의 얼굴을 피하려 했더니 여호와께서 징계를 주시는 것이다. 너희가 나를 들어 바다에 던지라. 너희가 이 큰 폭풍을 만난 것이 나 때문인 줄 안다." 그래서 요나가 바다에 던져진다. 그러자 바다가 태풍이 그치고 바다가 잔잔해졌다. 이것을 목격한 배에 남아 있던 선원들이 크게 두려워한다. 그래서 여호와께 제물을 드리고 서원을 한다.

요나는 물에 던져졌기에 선원들의 행적을 모를 것이다. 그런데 선원들의 행적을 누가 알고 기록했는가? 이에 대해서 두 가지 해석이 따른다. 하나는 선원들이 목격한 바를 훗날 수많은 이들에게 진술했을 것이다. 다른 하나는 미드라쉬(Midrash) 구약 해설서에 요나를 바다에 던지자 풍랑이 잔잔해진 것을 목격한 선원들이 자신들의 우상 조각들을 다 버리고 다시 욥바로 돌아가 예루살렘 성전을 찾아가 이방인의 뜰에서 제사를 드리고 개종했다고 설명한다.

3) 물고기 배 속에서의 회개

요나가 선원들에 의해 바다에 던져졌다. 그런데 하나님께서는 '큰 물고기'를 예비해서 요나를 삼키게 하셨다고 했다. 이때 말하는 '큰 물고기'는 '따그 까돌'(דג גדול)이다.

큰 물고기(a great fish)가 무엇일까? 어떤 영어 성경(LXE)은 '큰 고래'(a great whale)라고 번역했으나 고래는 몸집이 커도 목구멍이 작아 사람을 삼킬 수 없다. 많은 학자들은 큰 물고기를 상어로 본다.

지중해에 서식하는 상어들 중 큰 것은 7~8m까지 자라는 거대한 상어가 많고, 아주 큰 상어는 길이가 11m짜리도 있다고 한다. 상어들은 왕성한 식욕을 가졌기에 바다거북이나 바다사자들을 한입에 넣고 이빨로 절단해 삼킨다고 한다. 지금도 북아프리카 난민들이 지중해를 건너 이탈리아나 프랑스로 도피할 때에 지중해 해상에서 상어들에게 희생된다고 한다.

문제는 상어 배 속에 들어가면 상어의 위 속에서 분비되는 위산으로 인해 사람이 3일간이나 생명을 유지하는 것이 불가능하다는 사실이다. 우리의 상식으로는 납득이 안 된다. 그러나 큰 물고기를 예비하신 하나님께서는 그 물고기의 일반적 경향까지도 해결해 주셨을 것이라고 믿을 따름이다.

그리고 요나가 "물고기 배 속"에서 기도했다고 기록되었다(욘 1:17, 2:1). '물고기 배 속'이란 '밈메에 핫다가'(ממעי הדגה)다. 이 원문의 뜻은 '그 물고기 창자로부터'(from the bowel's of the fish)이다.

그런데 이 구절에 대한 번역이 둘로 나뉘었다. KJV는 '그 물고기 밖에서'(Out of the fish's belly)라고 했고, NIV는 '그 물고기 내부에서'(From inside the fish)라고 했다. NIV를 따르면 요나가 드린 기도의 내용이 처음에 물에 빠져서 바다 속에서 사경을 헤매일 때의 체험과 기적적으로 물고기에게 삼켜지고 난 후에 물고기의 배 속에서 드린 기도로 느낄 수 있는 내용이다. 그러나 KJV의 번역은 물고기 밖에서 기도했다는 내용으로 많은 혼란을 일으킬 수 있는 내용이다.

그럼에도 불구하고 KJV 번역을 많이 생각해 볼 수 있는 구절이 있다. 그것이 5절과 6절의 내용이다.

5절에 "바다풀이 내 머리를 감쌌나이다", 6절에 "내가 산의 뿌리까지 내려갔사오며 땅이 그 빗장으로 나를 오래도록 막았사오나"와 같은 표현은 물고기 배 속이 아닌 바다 속에서 몇 분 동안 사경을 헤매었던 체험의 내용이다.

5절의 '바다 풀'은 '쑤프'(סוף)로 바다 속에 자라는 갈대를 의미한다. 6절의 '산의 뿌리'는 '레키츠베 하림'(לקצבי הרים)으로 해저 산맥을 의미한다. '땅의 빗장'이란 '뻬리헤하'(ברחיה)로 바다 속의 음부의 문을 걸어 잠그는 긴 막대기로 문을 막아 놓은 절망적 상황을 표현한다.

이런 표현들은 물고기 배 안에서 체험할 수 있는 것이 아니다. 그렇기에 요나는 바다에 던져진 직후에 바다 풀과 산의 뿌리를 체험한 후에 고기 뱃속에서 밤, 낮 3일간도 체험했을 것이다.

요나는 물고기 뱃속에서 밤낮 3일을 갇혀 있었다. 그 기간에 식음을 전폐하고 캄캄한 암흑 속에서 철저한 회개가 이뤄졌을 것이다.

요나의 물고기 뱃속의 3일은 모든 인간들이 겪어야 하는 인생의 시련기로 이해할 수 있다. 그러나 주님은 물고기 뱃속의 3일이 육체가 죽고 신령한 영체로 부활하기 위해 필수적으로 겪어야 하는 과정으로 설명하셨다. 모든 인간들에게 이 과정이 반드시 필요하다. 그래서 육체적 본질이 죽고 신령한 영적 새 생명으로 다시 태어나는 중생은 모든 인간들이 필수적으로 겪어야 하는 과정인 것이다.

4) 요나의 니느웨 사역

니느웨는 어떤 곳인가? 요나서 3장 3절에 따르면, "사흘 동안 걸을 만큼 큰 성읍"이었다. 사람들이 보통 하루에 30km를 걷는다 치면 사흘 걸을 거리, 즉 90km가 되는 거대한 성이다.

그리고 그곳에는 "좌우를 분변하지 못하는" 유아들이 12만 명이나 되므로, 그 형제 부모까지 추산한다면 성민이 50~60만 명은 될 정도다. 요나를 물고기 배 속에 들어가게 하신 하나님은 요나를 회개시켜서 50~60만 니느웨 성민들을 살리려고 하셨다.

요나는 물고기 배 속에서 기적적으로 살아난 후 니느웨에 도착했다. 그러나 요나는 회개한 사람답지 않게 니느웨 성읍에 들어가 하루 동안만 다니면서 40일이 지나면 니느웨가 무너진다고 외쳤다. 사흘 동안 걸어야 할 방대한 곳에 가서 단 하루 동안만 심판을 선포했다는 것은 지극히 형식적으로, 사랑 없이, 마지못해 책임을 수행한 것이다.

그런데 참으로 놀라운 일이 벌어졌다. 요나의 매정한 심판 선포를 듣고서 니느웨 성민들이 하나님을 믿고 금식을 선포하고 굵은 베를 입었다고 했다. 더욱이 당시 왕은 이 소식을 듣고 왕복을 벗고 베옷을 입고 재 위에 앉아서 백성들에게 조서를 내렸다. 사람이나 짐승이나 아무것도 먹지 말고 마시지도 말고 힘써 하나님께 부르짖으라는 왕명이었다. 왕은 우리가 진정으로 회개하면 하나님이 뜻을 돌이키시고 우리를 멸망시키지 않으실 줄 누가 알겠느냐는 믿음의 결단을 내린다.

역사가들은 앗수르 왕과 백성들이 즉각 회개할 만한 이유를 설명한다. 당시 앗수르는 살만에셀 3세(B.C. 773~755), 앗슬니나리 2세(B.C. 755~745) 등이 통치하며 국력이 급격하게 떨어진 때였다. 이때 큰 전염병으로 B.C. 765~759년 사이에 많은 사람들이 죽었고, 또 B.C. 763년 6월 15일 무렵에 완전 일식(日蝕)이 일어나 전국이 칠흑 같은 어둠에 휩싸였기에 불길한 징조라고 백성들의 동요가 있던 때였다고 한다. 이때 요나가 심판을 선포하자 전 국민들의 즉각적인 반응이 일어났다는 것이다.

사실은 하나님께서는 앗수르 니느웨 성민들의 회개가 일어날 것을 알고 계셨다. 그래서 불순종하는 요나를 죽음에 던져서 회개케 한 후에 그를 막대기처럼 내세우셨다. 사실 니느웨 성민들의 회개는 하나님께서 준비하신 것이고, 요나는 잠시 하루 정도 사랑과 애정이 없는 사역을 했을 뿐이다.

요나는 니느웨 성민들이 회개하고 하나님께서는 그곳에 내리려고 하셨던 재앙을 거두신 것을 매우 못마땅하게 여기고 사는 것보다 죽는 것이 낫겠다고 반항한다. 하나님은 어리석고 좁은 선민의식에 사로잡힌 요나의 미련함을 하루 낮 동안 혜택을 준 박 넝쿨을 시들게 하심으로 깨우쳐 주신다.

요나서는 선민의식에 사로잡힌 잘못된 민족주의자의 처신이 얼마나 부끄러운 결과를 가져오는가를 자세하게 보여주는 좋은 사례의 교훈서라고 할 수 있다.

결론

우리는 B.C. 760년대의 요나 행적과 B.C. 750년대에 가장 왕성했던 스파르타 교육을 살펴보았다. 스파르타 교육이 한 세대에는 국가와 사회를 든든하게 지켜나갈 수 있도록 국민들 정신 단결에 도움을 주었다. 그러나 인간은 신체 단련에 의한 육체만 있는 것이 아니라 보이지 않는 정신력을 가지고 있다. 스파르타 교육이 정신력 개발은 소홀히 하고 육체 단련에만 주력한 결과, 그들은 정신문명에 아무 기여를 하지 못했다. 그리고 무모한 군대식 교육과 동의 개념으로 화제를 남겼다.

요나도 마찬가지다. 요나는 정신문명과 관계된 이스라엘의 영적 지도자였다. 영적 지도자라고 해서 다 옳고 다 좋은 것이 아니다. 어떤 편견에 사로잡힌 영적 지도자는 신도들에게 막대한 피해를 주는 부정적 기능을 한다. 교회 안에서도 세월호 사건의 범죄자 유병언은 '구원파'라는 종교 집단으로 순진한 신도들을 사취한 범죄 집단이었다. 최근의 '신천지' 교주인 이만희 역시 신앙을 매개로 한 범죄 집단이다. 영적, 신앙적이라고 해서 다 좋은 것이 아니다.

요나서는 구약시대에도 영적 편견을 가진 자가 있었음을 깨우쳐 준다. 그럼에도 요나서는 구약성경에 들어갔다. 그것은 요나 자신은 영적 편견자이나 그럼에도 불구하고 하나님께 쓰임을 받게 되면 초라한 개인을 통해서도 하나님의 위대한 일이 이루어지는 것을 깨닫게 해준다.

우리 모두는 하나님의 사역자라고 하지만 모두 다 편견을 가진 부족한 자들이다. 그럼에도 불구하고 하나님께서 사용하심으로 하나님의 은총 속에 살아가고 있다. 요나를 통해서 우리 각자를 되돌아볼 수 있는 교훈을 얻게 된다.

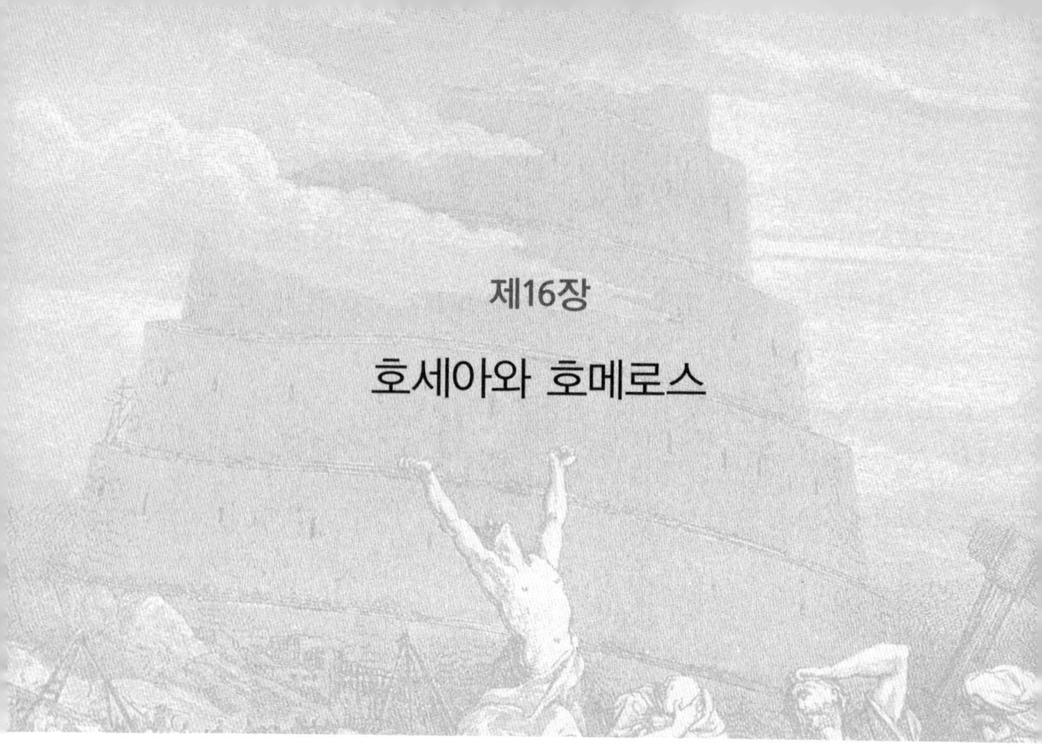

제16장

호세아와 호메로스

서론

호세아는 B.C. 8세기의 구약 선지자였다. 그는 음란한 아내임을 사전에 알고서도 하나님의 지시에 따라 결혼을 했다. 본성이 음란한 아내 고멜은 결혼한 후에 가출을 해서 여전히 음란을 즐긴다. 호세아는 아내를 위해 속전을 지불하고 다시 집에 데리고 온다. 그 아내는 두 아들과 딸 하나를 낳으면서도 때마다 또 가출을 한다.

호세아는 음란한 아내 고멜을 통해서 이스라엘 민족과 하나님의 관계를 깨닫는다. 호세아서는 매우 독특한 예언서이다. 인간 세상에서는 겪어 볼 수 없는 특수한 가정생활을 통해 하나님과 이스라엘의 관계를 이해한다.

호세아가 이스라엘에서 활동할 때 동시대의 그리스에서는 호메로스(Homeros)가 활동한다.

호메로스는 그리스 전설인 트로이 전쟁을 소재로 《일리아스》, 《오디세이아》라는 대서사시를 남겼다. 호메로스의 《일리아스》는 알렉산더에게 큰 영향을 미친다. 알렉산더는 어려서부터 《일리아스》를 탐닉한 결과 동방에 관심을 갖게 되고, 서방이 아닌 동방을 정복하게 된다.

호세아서는 수천 년 계승되는 인간 세계에서 이해할 수 없는, 하나님 사랑의 지극히 오묘한 진리, 하나님의 사랑의 극치를 깨우쳐 준다.

반면에 호메로스는 그리스인들에게 전설을 역사인 양 믿도록 하여 잘못된 길로 오도한 인물이다. 그럼에도 불구하고 그는 고대 그리스의 탁월한 문장가로서, 그리스 국민과 유럽인들에게 문학적 가치를 세워주는 공헌을 했다고 평가를 받는다. 문학이란 사실 여부와 상관없이 대중들을 즐겁게 해주면 그 가치를 존중받는다. 오늘날에도 영화나 연극의 내용이 사실이냐, 허구냐 하는 것은 문제 삼지 않는다. 대중들이 즐겨하고 많은 사람들에게 만족감을 주기만 하면 문학은 우수한 것이다.

호세아의 진리에 관한 내용과 호메로스의 문학작품에 관한 것을 비교하는 것 자체가 너무 이질적인 주제이다. 그러나 호세아와 호메로스가 동시대인으로 살아가면서 각각 다른 분야에서 이름을 남겼기에 두 내용을 비교 검토해 보도록 하겠다.

1. 호세아

1) 호세아라는 인물

'호세아'라는 히브리 말은 '구원자'(Savior)라는 뜻이다. 그는 남왕국 유다 사람이었으나 북왕국 이스라엘에 가서 선지자로 활동한 것으로 보인다. 호세아서 내용을 보면, 북왕국 이스라엘이 멸망 직전에 이른 것을 보고 이스라엘이 멸망에 이르지 않도록 사력을 다해 활동한 것으로 보인다. 그렇기에 그의 사역은 북왕국의 전성기를 이루는 여로보암 2세(B.C. 782~753) 말기에 시작되어 이스라엘 멸망(B.C. 722) 직전인 B.C. 755~722년경까지 이루어졌다.

호세아는 브에리의 아들이라고만 소개한다. 그리고 그가 어떻게 해서 선지자로 부름을 받았는지조차 언급하지 않는다.

이사야는 성전에서 하나님의 환상을 보고 자신의 죄악을 깨달으면서 여호와의 소명을 받았다고 기록했고(사 6:1~8), 예레미야는 자신의 고향과 제사장 가문 출신임을 소개하면서 여호와께서 부르실 때 어린아이라고 사양했는데도 강권적으로 선지자로 세움 받았음을 고백했다(렘 1:4~10). 에스겔은 바벨론 포로민 상태에서 부름받았다고 했고(겔 1:1), 다니엘은 자신이 왕족과 귀족 몇 사람 중의 하나였음을 말했고(단 1:3~4), 아모스는 그가 본래 드고아 지방 촌에서 뽕나무를 배양하는 목자였음을 말한다(암 7:14~15).

그런데 호세아는 자기 출신에 대한 정보는 전혀 말하지 않고, 오히려 자신의 불행한 가정 배경이 되는 아내 고멜과 두 자녀에 관한 내용을 소상하게 밝힌다.

하나님께서는 호세아에게 음란한 여자를 맞이하여 음란한 자식들을 낳으라고 지시하신다. 하나님께서는 도덕적, 윤리적 청결을 위해 제사장들이 결혼할 때는 과부 된 자나 이혼한 여인과의 결혼을 금지하셨다(레 21:17, 14). 그런데 왜 호세아에게는 음란한 여자와 결혼하여 음란한 자식들을 낳으라고 지시하셨는가? 이 내용을 파악하는 것이 바로 호세아서 이해와 직결된다.

호세아가 활동했던 시대적 배경과 호세아에게 음란한 여자와 결혼을 하면서까지 선지자 활동을 하게 하신 이유가 무엇인가? 그 배경을 파악하는 것이 호세아서 이해의 관건이다.

호세아가 선지자로 부름받은 때가 언제인가? 그때는 북왕국 이스라엘이 최고로 부강해진 전성기였다(B.C. 782~753).

호세아보다 약 10여 년 전에 활동했던 아모스(B.C. 767~753)는 북왕국 이스라엘의 범죄로 인한 세상의 타락상을 신랄하게 비판하고 공격했다. 아모스는 썩은 세상을 향해 '공의'와 '정의'를 외쳤다. 그래도 세상은 달라지지 않았다.

하나님께서는 북왕국 이스라엘을 멸망시키기 직전 최후의 극단적인 수단으로, 음란한 여자라 해도 사랑하시는 하나님의 참모습을 깨우쳐 주시려고 호세아를 희생양으로 사용하신다.

호세아 자신에게는 한없이 불행한 가정생활이었다. 음란한 여인과 결혼한 결과 아내 고멜은 가정을 버리고 음란한 창녀촌으로 돌아가곤 했다. 호세아는 창녀촌 포주에게 속전을 지불해서 몸값을 치러주고 다시 데려왔다. 자식을 임신했는데 그 자식이 누구의 자식인지도 알 수 없었다. 그렇게 해서 두 아들과 한 딸을 낳았다(1:4, 6, 9). 그런데도 고멜의 음란 행각은 멈추지를 않았다.

역사적 배경을 간과하고 호세아서의 내용만 파악하려고 하면 잘 납득이 되지 않는다. 왜 하나님께서는 호세아에게 극단적이고, 인간 세상에서는 있을 수 없는 독특한 방법으로 사역하게 하셨는가? 그것은 호세아가 사역을 끝낸 B.C. 722년으로부터 1년 후인 B.C. 721년에 북왕국 이스라엘을 멸망시키신 하나님의 역사에서 그 해답이 나온다.

하나님은 아모스 통해 정의와 공의를 외치게 하셨다. 그러나 만성적인 죄악 세상에서 타성에 젖은 백성들에게는 선지자의 메시지가 공허하게 들릴 뿐이었다. 하나님이란 존재가 더 이상 의미가 없어진 북왕국 이스라엘을 멸망시키기 직전에, 가장 불행하게 인생을 살아간 호세아의 가정적 희생을 통해, 이스라엘이 비록 음란한 창녀와 같으나 그래도 여전히 사랑하신다는 메시지를 호세아를 통해 말씀해 주고 계시는 것이다. 그러므로 우리는 호세아서의 역사 배경을 반드시 함께 이해해야 한다.

2) 호세아서의 내용

호세아서 전체는 14장으로, 전반부와 후반부로 나뉘어 있다. 전반부 1~3장의 내용은 주로 호세아의 특이한 가정사를 중심으로 하나님을 남편으로, 이스라엘 백성을 아내로 비유하며 이스라엘 백성의 타락상을 설명해 준다. 반면 후반부인 4~14장은 이스라엘 백성들의 전반적인 타락과 심판을 경고하고 회개를 촉구하는 내용이다. 후반부에서는 이스라엘 백성들이 얼마나 타락했는지, 그 실상들을 여러 가지로 열거한다.

호세아는 이스라엘의 범죄 유형 약 9가지를 4~14장을 통해 예언 형식으로 선포한다.

① 백성의 영적 지도자인 제사장들의 타락상으로 인해 무지한 백성들에게 만연된 우상 숭배의 죄악상을 지적한다(4:1~5:4).

② 백성의 타락은 북왕국 이스라엘에만 국한된 것이 아니라 남왕국 유다에도 해당된다(5:5~6:3).

③ 선민의 타락을 구체적으로 지적한다(6:4~7:7).
영적 무지, 언약 파기, 도둑질과 약탈, 탐욕에 의한 우상 숭배, 이 모든 죄악으로 심판이 불가피하다.

④ 하나님과의 관계 단절(7:8~8:14)

이스라엘의 출발은 하나님의 선택으로 아브라함에게서 시작되어 모세 때 언약 관계로 완성된 것이다. 그런데 이처럼 특수하게 맺어진 관계를 단절하고 어리석게도 이방의 우상을 숭배하고, 하나님만 추구하지 않고 강대국들만 해바라기처럼 의지함으로 하나님 백성으로서의 긍지가 무너진 죄악을 지적한다.

⑤ 이스라엘의 대표적인 죄악인 우상 숭배, 즉 바알 숭배의 타락상을 심판할 것을 예언한다(9:1~17).

⑥ 이스라엘 백성들 전체가 총체적으로 타락한 결과, 사회가 전반적으로 혼란과 부패가 넘쳐남을 질책하고, 불가항력적인 멸망에 이를 것을 예언한다(10:1~15).

⑦ 이스라엘 백성들의 배은망덕한 죄악의 결과가 심판임을 말한다.

⑧ 범죄를 지적하는 것에 그치지 않고 회개를 권고하는 내용을 담고 있다.

이상 호세아는 전반부에서 호세아 개인의 비극적 가정생활을 소개하고, 후반부에서는 이스라엘 백성들이 자기 아내 고멜처럼 도덕적, 윤리적으로 버림받아야 마땅함에도 불구하고 자기가 아내 고멜을 사랑하듯이 하나님도 이스라엘을 사랑하시니 회개해야 한다는 메시지를 전하고 있다.

3) 호세아서의 사상

앞서 호세아서의 내용 소개를 통해 호세아의 사상적 내용을 어느 정도 짐작할 수 있다. 많은 것을 말할 수 있으나 두세 가지만 요약해서 설명하겠다.

(1) **이스라엘의 타락은 신앙적 무지에서 비롯된다.**

호세아가 가장 특징적으로 강한 인상을 남기는 말이 있다. 4장 6절에 "내 백성이 지식이 없으므로 망하는도다", 4장 1절에 "이 땅에는 진실도 없고 인애도 없고 하나님을 아는 지식이 없다", 5장 4절에 "그들의 행위가 그들로 자기 하나님에게 돌아가지 못하게 하나니 이는 음란한 마음이 그 속에 있어 여호와를 알지 못하는 까닭이라"라고 했다.

호세아는 이스라엘이 멸망하는 원인이 하나님을 제대로 알지 못하는 무지에서 비롯되었다고 한다. 여기서 말하는 '지식'이란 말이 무슨 뜻인가? 성경에서 말하는 '지식'의 개념을 똑바로 알아야 오늘날에도 살아남을 수가 있다.

히브리어 '지식'이란 말은 명사 '따아트'(דעת)다. 이 단어의 어근은 창세기 3장 7절에 아담, 하와가 선악과를 따 먹자마자 자기들이 벗은 줄을 알았다는 '야다으'(ידע)에 비롯되었다. 창세기 4장 1절에 아담이 그의 아내 하와와 '동침'하였다는 말에도 '야다으'가 쓰였다.

지식이 무엇인가? 그것은 부부처럼 깊숙한 부분까지, 속 내밀한 부분까지도 직접적 관계를 통해 그 사람의 본질을 아는 것을 의미한다.

이에 반해 세상의 '지식'이란 말은 어떤 뜻인가? '지식'(knowledge)은 배워서 아는 '알 지'(知) 자에다 또 실천, 경험을 통해서 알게 된 '알 식'(識) 자를 쓴다. 지식은 배워서 알든가, 경험을 통해서 알게 된 것을 뜻한다. 그런데 이와 같은 인간의 지식은 불완전한 인간이 부분적으로 알고 있는 것을 잘못 전달해 준 잘못된 지식일 수 있고, 또 특수한 체험을 통해 깨달은 것으로서 보편적으로 누구에게나 공통된 체험이 아니므로 편견에 근거한 지식일 수도 있다. 그렇기에 세상의 지식은 사물을 피상적으로 아는 것이거나 상대방의 신상에 대한 단순한 정보처럼 제한적인 것일 수 있다. 그러나 성경에서 말하는 지식은 차원이 다르다. 성경에서의 지식은 부부가 함께 관계를 계속하면서 상대방의 본질을 제대로 아는 것을 의미한다.

이스라엘 백성들은 모두 다 하나님을 알고 하나님을 믿고 있다고 착각하며 살아갔다. 저들은 하나님에 관한 정보만 파악하고 있었을 뿐 실질적인 관계는 이뤄지지 않은 채 세월을 보냈다. 오늘날에도 교회를 열심히 다니고 모든 예배는 잘 참석하지만 그것이 교회 예배시간에만 국한될 뿐, 생활 모든 면에서는 하나님과 무관하게 살아가는 자들이 많다. 그것은 하나님을 아는 것이 아니다. 하나님을 아는 지식은 24시간 언제, 어느 때, 어느 곳에서든지 말과 행동이 하나님의 사람으로 느껴지게 하는 삶을 말한다.

호세아는 이스라엘이 여호와를 아는 지식이 없으므로 망한다고 말한다. 이 말은 오늘 우리에게도 그대로 적용되는 진리이다.

(2) 이스라엘의 멸망 원인은 우상 숭배 때문이다.

호세아서 후반부에서는 여러 번 우상 숭배의 죄악을 지적한다. 호세아서 많은 곳에 산꼭대기의 제사를 우상과 음행한 것으로 표현하고 있다.

사실 구원받은 자라도 순간적인 욕심이나 판단 잘못으로 범죄할 수 있다. 이와 같은 잘못들은 깨닫는 대로 곧 회개가 가능하다. 그러나 우상 숭배란 본질이 다르다. 우상이 무엇인가? 그것은 하나님 자리에 다른 것을 갖다 놓는 것을 의미한다.

이스라엘 백성들이 출애굽 직후에는 수많은 신들 중에서 하나님만 섬기겠다는 율법에 언약으로 동의했다. 그런데 가나안에 들어간 후에는 그 지방만의 신인 바알 신을 계속 섬겼고, 나중에는 앗수르의 신 이슈타르, 바벨론의 신 마르둑, 모압과 암몬의 그모스 신 등, 계속 이방 우상들을 증가시켜 갔다.

이스라엘의 우상 숭배는 북왕국 건국 초 여로보암 1세가 하나님도 섬기고 이방 신들도 섬기게 한 혼합주의에서 시작되었다. 나중에는 이스라엘 백성들에게 하나님도 섬기고 우상도 섬기는 혼합주의가 죄로 여겨지지도 않을 정도로 타성화되었다. 그래서 우상 숭배를 죄로 느끼지 못할 정도로 둔해지고 말았다.

오늘날 우리들은 바알이나 부처상이나 마리아상을 섬기지 않으니까 우상 숭배와는 무관하다고 착각하고 살아간다. 그러나 현대의 우상은 과거보다 훨씬 지능적이다. 인생은 뭐니뭐니 해도 돈이 있어야 한다는 물신주의, 사람들의 여론을 무시할 수 없다는 인본주의, 이것도 좋고 저것도 좋다는 모든 이를 만족시켜야 한다는 혼합주의 등, 하나님 외에는 다른 길이 없다고 믿지 않는 한 현대의 우상들은 수 없이 양산되고 있다.

이와 같이 하나님의 자리에 하나님 대신 다른 것을 앉혀 놓은 것이 우상이다.

(3) 하나님의 사랑은 인간이 용서할 수 없는 죄까지 용서하신다.

호세아서의 핵심사상은 인간을 초월한 하나님의 사랑이다.

인간의 사랑이 무엇인가? 인간의 사랑에는 부모의 사랑, 부부의 사랑, 친구의 사랑 등 사랑의 성향이 각각 다른 사랑이 많이 있다. 그런데 인간의 모든 사랑은 부모의 혈연적 사랑 외에는 모든 것이 배타적인 사랑이다.

부부의 사랑은 한 남자와 한 여자가 만나서 서로 상대방만을 사랑해야만 부부 관계가 유지된다. 한 남자가 아내 이외의 다른 여자들을 사랑한다면 부부 관계는 깨지기 마련이다. 친구의 사랑도 주고받는 관계가 이뤄질 때 지속된다. 요즘은 부자관계도 이해관계에 따라 달라져 가는 변질된 세상이 되어 가고 있다. 모든 인간의 사랑은 부자든, 부부든, 친구든 배타적인 관계를 기본으로 하고 있다.

하나님의 사랑도 자기 외에 다른 우상을 섬기는 것을 크게 진노하는 배타적 요소가 있다. 그런데 호세아서에서는 하나님의 배타적 사랑만이 아니라, 인간은 용서할 수 없는 도덕적, 윤리적 범죄자인 고멜 같은 음란한 여인도 사랑하신다는 전혀 다른 사랑을 깨우쳐 주고 있다. 우리는 호세아서에서 하나님의 또 다른 사랑의 진리를 배우게 된다.

4) 호세아의 공헌

호세아는 구약성경 중에서 아주 독특한 사상을 깨우쳐 준다. 그것은 바로 하나님 사랑의 무한대함이다. 그런데 그와 같은 진리를 깨우쳐 주는 방법이 성경 전체에서 다른 유례를 찾아볼 수 없는 독특한 것이다.

하나님은 최초의 인간을 창조하신 후에 아담이 혼자 독처하고 외롭게 사는 것을 좋게 보지 않으셨다. 그래서 하와를 만들어 부부로 가정을 이루게 하셨다. 한 남자와 한 여자가 부부로 만나는 것은 사람의 선택 결과가 아니라 하나님께서 짝지어 주신 결과인 것이다(마 19:5). 이렇게 하나님께서 짝지어 주신 것을 사람이 나눌 수 없도록 결속시켜 놓으셨다.

부부는 음행을 한 경우 외에는 이혼할 수가 없다(마 19:9). 음행이란 한 가정을 파괴할 수 있는, 하나님도 인정하시는 극단적인 경우이다.

그렇게 음란을 혐오하시는 하나님이 어떻게 호세아에게는 음란한 아내와 음란한 자식들을 낳게 하셨는가? 이처럼 인간 세상에서는 용납될 수 없는 음란도 하나님께서는 용서하실 수 있음을 실물로 보여준 것이 호세아서이다.

우리는 호세아를 통해 인간의 도덕, 윤리를 뛰어넘는 절대적 사랑의 본체이신 하나님의 참사랑의 의미를 깨닫게 된다. 참사랑의 의미를 깨닫게 한 것이 호세아의 공헌이라 할 수 있다.

2. 호메로스

1) 호메로스라는 인물

호메로스는 호세아와 동시대인 B.C. 750년경 인물이다. 호메로스(Homeros)가 어느 시대, 어느 곳에서 출생했는가? 그에 대해 전혀 알 길이 없다. 다만 그가 쓴 서사시들이 소아시아의 이오니아 방언으로 쓰였기 때문에, 그의 출신지를 과거의 이오니아 지방인 현재 튀르키예의 스미르나(현 이즈미르)로 보는 것이 가장 유력한 견해다.

그가 썼다는 《일리아스》는 B.C. 750년경으로, 《오디세이아》 역시 같은 시대의 작품으로 보는 것이 정설이다. 호메로스는 《일리아스》나 《오디세이아》만이 아니라 그리스의 다른 신화나 전설에 대한 다른 작품들도 썼다. 그런데 왜 두 작품만 알려지고 있는가? 그것은 두 작품이 타 작품과 비교할 수 없을 정도로 훌륭한 구성력을 지니고 있기 때문이다.

호메로스의 작품들은 처음에는 구두(口頭)로 전해져 오다가 B.C. 6세기경에 문자화되었을 것으로 추정한다.

2) 호메로스의 《일리아스》(Ilias)와 《오디세이아》(odysseia)

호메로스는 B.C. 750년경 인물로, B.C. 1100년경 그리스 신화로 전해져 오는 유명한 트로이 전쟁을 소재로 하여 1만 5,693행의 영웅 서사시를 24권으로 저술하였다. 이때 말하는 '일리아스'란 '일리오스의 이야기'란 뜻이다.

앞서 제11장에서 '기드온과 트로이 전쟁'을 소개했었다. 스파르타 왕 메넬라오스는 절세의 미녀로 소문난 헬레네와 결혼을 했다. 스파르타 왕이 외지에 나간 사이에 트로이의 왕자 파리스가 헬레네를 유괴해 감으로 한 여인을 놓고 스파르타와 트로이 사이에 전쟁이 벌어진다.

스파르타는 함선 1,000척을 거느리고 왕의 형 아가멤논을 총사령관을 삼아 그리스군의 최고의 영웅인 아킬레우스까지 함께 전쟁에 참여한다. 그러나 트로이가 쉽게 함락되지 않는 데다 역병의 유행으로 사령관과 아킬레우스 간에 의견 차이로 아킬레우스는 전쟁에 손을 뗀다.

《일리아스》의 주된 내용은 그리스의 영웅 아킬레우스의 저주스런 분노의 내용이다. 아킬레우스가 섬기는 바다의 여신 테티우스의 요청으로 모든 신들의 주신인 제우스 신이 양쪽 군에 대한 원조를 금지한다. 그 결과 그리스군은 대패하게 된다. 그리스군의 패배 때 '트로이' 군의 적장인 헥토르가 아킬레우스의 가장 친한 친구를 죽인다. 이에 분노한 아킬레우스는 헥토르와 대결해서 헥토르를 죽인다. 헥토르의 부친인 트로이의 왕 프리아모스는 야음을 타서 아킬레우스 진영에 숨어들어 죽은 아들 헥토르의 시신을 되찾아가서 트로이 전

국민과 슬픔 속에 장례를 치른다.

전쟁에 지고 있던 그리스군은 '트로이 목마'라는 위장 전술로 트로이를 정복한다. 이때 아킬레우스가 전사한다. 그러나 전쟁에 승리한 그리스군은 전쟁 영웅 아킬레우스의 장례를 성대하게 치러 준다. 이것이 소위 '트로이 전쟁' 내용이다.

호메로스는 '트로이 전쟁' 중에서 양쪽의 두 장군에 대한 아름다움을 작품으로 전개하였다.

(1) 《일리아스》(Ilias)

이 작품에서는 전쟁에 임하는 그리스의 장군 아킬레우스와 트로이의 장군 헥토르의 분노와 격정과 그들의 심성을 소개하고 있다.

아킬레우스는 전쟁에 탁월한 용장이다. 그래서 적장 헥토르를 죽이고 승리를 쟁취한다. 그러나 비록 적장이라도 아들을 사랑하는 아버지의 마음을 이해할 줄 아는 따뜻한 마음씨를 가진 사람이다. 또한 트로이의 장군 헥토르 역시 전쟁과 죽음을 두려워하지 않는 애국자요, 가족을 아끼는 따뜻한 마음의 소유자이다.

이들 두 장군이 다 전사한다. 《일리아스》는 전쟁의 와중에서 과거를 뒤돌아보고 비극적인 미래를 쏟아내는 두 장군의 무용과 기사도를 찬양하는 내용을 담고 있다.

(2) 《오디세이아》(Odysseia)

이 작품 역시 호메로스가 저작한 것으로, 《일리아스》보다 약 3천 행이 짧은 1만 2,110행으로 되어 있고, 그리스 알파벳순의 24권으로 구성되어 있다. '오디세이아'란 '오디세우스의 노래'란 뜻이다.

이 내용은 트로이가 스파르타군에 함락된 후 약 10여 년이 지난 후의 일이다. 약 10여 년 동안 각 곳을 방랑하던 오디세우스는 숲속의 신인 님프(nymph) 칼리프소의 사랑에 빠져 외딴 섬에 7년간 붙잡혀 지낸다. 한편 오디세우스의 고국에서는 그가 죽은 것으로 간주되어 젊은 귀족들이 왕비 페넬로페에게 구혼을 하려고 왕국 궁정에서 밤낮으로 연회를 열어 왕비의 아들 텔레마코스를 괴롭힌다.

이윽고 7년 후 고국에 돌아온 오디세우스는 아들 텔레마코스와 합세하여 약 40일 동안에 왕비에게 구혼 요청을 했던 자들을 차례차례 응징한다. 결국 오디세우스는 아내와 다시 재회하게 되고, 여신의 중재로 구혼자 유족들과 화해하게 된다.

이 시는 구혼자들에 대한 응징과 부부가 재회하는 기쁨으로 클라이맥스가 전개된다.

《일리아스》와 《오디세이아》 두 편의 서사시는 그리스 국민들의 교육과 라틴 문학, 유럽 문학에 영향을 미친다.

결론

우리는 B.C. 750년대의 두 작품을 살펴봤다. 먼저 구약의 '호세아서'를 통해 하나님의 사랑의 특성을 깨닫게 되었고, 호메로스의 《일리아스》와 《오디세이아》를 통해 고대 장군들의 용맹과 인간미를 알게 되었다.

흥미로운 사실은 최근에 발표된 《글이 만든 세계》[27]에 보면, 그리스의 알렉산더 대왕이 어려서부터 죽을 때까지 애독한 책이 《일리아

27) 마틴 푸크너, 최파일 역, 《글이 만든 세계》(까치, 2019), p. 25-26.

스》라고 한다.

알렉산더는 호메로스보다 300여 년 후의 인물이다. 알렉산더는 《일리아스》에 소개되는 두 명의 영웅 장군들의 용맹과 마음씨에 크게 감화를 받았다고 한다. 《일리아스》의 영향이 알렉산더로 하여금 동방 원정에 집념을 갖게 했다는 설명이다.

우리는 B.C. 750년대 두 인물의 유산을 다 같이 이어받고 있다. 호세아를 통해서는 하나님의 사랑은 인간이 이해할 수 없는 최고 최상의 지고한 사랑임을 깨닫는다. 그에 반해 호메로스의 두 작품을 통해서는 신화나 전설이 비역사적인 것을 역사적 사실인 양 모두를 미혹하게 만드는 것을 알 수 있다.

수천 년이 흐른 지금에 와서 호세아서는 하나님의 속성을 깨닫게 해주는 성경으로 전승되고, 호메로스의 작품들은 인간을 즐겁게 하는 문학작품들 중 고대 문학으로 전승되고 있다.

성경의 호세아서와 문학작품인 호메로스 작품들은 비교 대상이 되지 못한다. 호세아서는 하나님의 사랑을 깨우쳐 준 진리의 책이고, 호메로스의 《일리아스》와 《오디세이아》는 사실이 아닌 전설, 신화를 바탕으로 한 허구적인 문학작품이다. 《일리아스》와 《오디세이아》가 사람들에게 재미를 줄 수는 있으나 사람들에게 바른길, 영원한 길을 가도록 깨우치지는 못한다. 오히려 헛된 신화를 선호하게 만들어 사람을 오도하는 나쁜 영향을 끼칠 수 있다.

동시대의 호세아와 호메로스가 무엇을 믿고 살아갔느냐 하는 신앙 내용에 따라 전혀 다른 결과를 만들어 냈다. 이것은 지금도 마찬가지다. 우리가 지금 무엇을 어떻게 믿고 살아가는가? 그 결과는 우리가 죽고 난 후에 그대로 나타날 것이다. 우리는 무엇을 어떻게 믿고 살아가고 있는지 진지하게 생각해 봐야 하겠다.

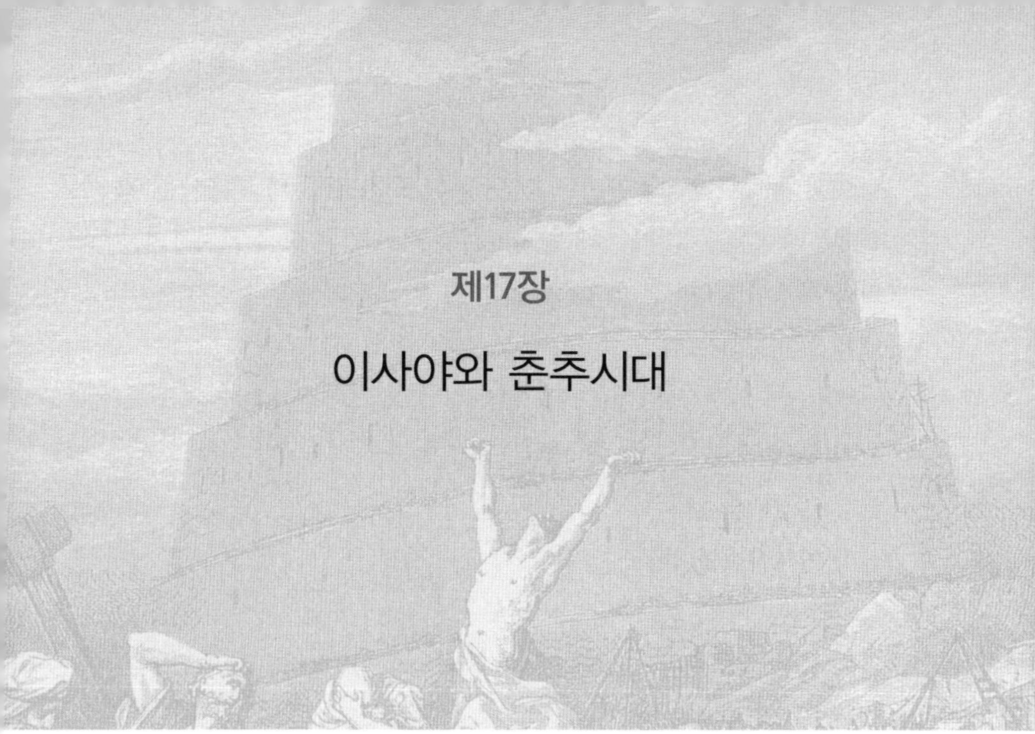

제17장

이사야와 춘추시대

서론

이사야는 B.C. 7~8세기에 활동한 대예언자이다. 이사야의 예언은 700년 후 메시아의 탄생을 비롯해서 미래에 이루어질 종말론까지 그 광폭이 대단히 방대하다. 구약의 예언서들 중에서 최상의 내용들을 모두 취급하고 있다. 그렇기 때문에 이사야서 한 권을 제대로 다 이해하게 되면 인류의 미래사를 가늠할 수 있을 것이다.

이사야와 동시대에 고대 중국에서는 B.C. 8세기부터 B.C. 3세기에 걸쳐 대변혁기를 겪게 된다. 춘추시대란 B.C. 722~B.C. 481년을 말하고, 전국시대란 B.C. 453~B.C. 221년을 말한다. 이 두 격동기를 흔히 '춘추전국시대'라고 한다.

이사야는 60여 년 동안 선지자 최대의 광폭적인 예언들을 남겼고, 이사야와 같은 시기의 중국에서는 약 500여 년간 계속적인 대변혁이 이루어졌다.

이사야는 하나님의 계시로 700년 후와 수천 년 후의 미래사를 예언했는데, 같은 시기의 고대 중국에서는 서로 많은 땅을 차지하려는 살육 투쟁이 500년 동안 지속되었다. 그 원인을 이해할 수 있도록 두 내용을 비교해 보자.

1. 이사야서

1) 이사야라는 인물

'이사야'를 히브리어로 '예솨에야후'(ישעיהו)라고 한다. 이 말의 뜻은 '여호와께서 구원하신다'는 뜻이다.

이사야는 남왕국 유다의 4대에 걸친 왕들의 재임 기간 동안에 선지자로 활약한다.

이사야 6장 1절에 "웃시야 왕이 죽던 해에 내가 본즉 주께서 높이 들린 보좌에 앉으셨는데 그의 옷자락은 성전에 가득"했음을 말한다.

이사야 1장 1절에는 "유다 왕 웃시야와 요담과 아하스와 히스기야 시대에 아모스의 아들 이사야가 유다와 예루살렘에 관하여 본 계시"라고 했다. 여기 거명된 웃시야는 유다 제9대 왕으로 B.C 767~740년까지 재위했고, 요담은 제10대 왕으로 B.C. 740~731년까지, 아하스는 제11대 왕으로 B.C. 731~715년까지, 히스기야는 제12대 왕으로 B.C. 715~686년까지 재위했다.

이사야가 웃시야 왕이 죽던 해에 소명을 받은 것으로 본다면 그때가 B.C. 740년이다. 그리고 히스기야 왕 때까지라면 그때가 B.C. 680년대이다. 따라서 이사야는 남왕국 유다의 네 명의 왕이 통치하는 약 60여 년간 선지자 활동을 한 것이다.

이사야가 이토록 장기간 선지자 활동을 할 수 있었던 것은 그가 제8대 왕인 아마샤(B.C. 796~767)의 형제이거나 아들이어서 왕족이었기 때문일 것으로 추정한다. 그런데 그의 최후는 남왕국 유다 왕 중 가장 사악한 히스기야의 아들 제13대 므낫세(B.C. 686~642) 왕 초기에 두 번이나 톱으로 켜져서 순교한 것으로 전해지고 있다.

2) 이사야서의 내용 구성과 특징

(1) 이사야서의 내용 구성

이사야서는 전체가 66장이다. 그런데 내용을 보면 전반부와 후반부가 현격하게 차이가 나고, 또 중간부 내용은 완전히 역사적 내용을 다루고 있다.

좀 더 구체적으로 말하면,

① 전반부 1~35장에는 이스라엘과 유다의 주변국들에 대한 예언이 기록되었다.

② 중간부 36~39장에는 이사야 당시의 히스기야 왕에 대한 역사적 내용이 기록되었다.

③ 후반부 40~66장에는 이스라엘에 대한 예언이 세 부분으로 들어가 있다.

- 이스라엘이 바벨론에 멸망당할 것이나 고레스를 사용해서 회복될 것을 위로(40~48장)
- 이스라엘을 회복할 하나님의 종 메시아 예언(49~57장)
- 장차 메시아가 도래할 예루살렘의 영광을 예언(58~66장)

이사야서의 이와 같은 광폭적인 예언과 중간부에 역사가 끼어 있는 내용적 특징 때문에 자유주의 신학자들은 이사야서를 세 명의 각각 다른 저자들에 의해 이루어진 것으로 본다.

제1 이사야(1~39장)는 이사야 자신의 작품

제2 이사야(40~55장)는 바벨론의 무명의 선지자

제3 이사야(56~66장)는 포로 귀환 이후의 또 다른 무명의 선지자가 기록했다.

이렇게 이사야서를 제1, 제2, 제3 이사야로 나누어 보는 주장은, 한 사람이 바벨론 포로와 고레스 통치하의 귀환 예언과 메시아에 관한 예언과 미래의 천년왕국 이상적인 시대에 대한 예언 등을 다 할 수가 없다는 전제하에 제기되고 있다.

그러나 이사야의 예언 중에 바벨론 포로와 고레스의 해방이 예언대로 성취되었고, 메시아의 고난받는 종의 예언도 성취되었다. 이제 남은 예언은 천년왕국에 대한 예언이다. 이사야의 예언들이 3분의 2가 이미 성취되었기에 나머지 3분의 1을 못 믿을 이유가 없다.

우리는 구약성경이 율법서, 역사서, 시가서, 예언서로 구성된 것처럼 신약도 복음서, 역사서, 서신서, 예언서로 구성되었음을 안다. 성경 자체가 예언서로 구성되었는데 성경의 예언서를 못 믿겠다거나 여러 시대 각각 다른 사람들의 예언이 후대에 하나의 예언서로 편찬되었다는 주장은 성경을 못 믿겠다는 말과 같은 말이다.

자유주의자들이 거룩한 성경을 자기들 지식 수준으로 분해해서 그릇된 주장을 가장 정확한 논리처럼 주장하는 것은 성경을 해체하려는 사탄의 음모에 불과하다.

다른 예언서와 다르게 그 내용이 독특하게 구성되어 있는 이사야서의 특성을 제대로 깨닫는다면 내용이 논리적으로 통일되어 있지 않은 이유를 깨달을 수 있을 것이다.

(2) 이사야서 내용의 특징

① 이사야서의 내용은 연대 순서로 기록되지 않았다.

에스겔서의 경우 내용이 완벽하게 조직적이다.

겔 1~3장: 에스겔의 소명 기사

겔 4~24장: 유다에 대한 심판

겔 25~32장: 이방인들에 대한 심판

겔 33~48장: 이스라엘의 회복에 관한 예언

에스겔서 전체가 완벽하게 조직적이다.

다니엘서의 경우도 마찬가지다.

단 2~7장: 이방인들을 위한 예언

단 8~12장: 이스라엘을 위한 예언으로 구별되어 있다.

그러나 이사야서는 전혀 비조직적이다. 예컨대 이사야 1~10장은 유다에 대한 예언이다. 그런데 이사야 2장에는 칼을 쳐서 보습을 만들고 창을 쳐서 낫을 만들어 다시는 전쟁이 없을 천년왕국 시대를 말한다. 그런가 하면 이사야 6장에는 이사야의 핵심 사상 중 하나인 그루터기 진리를 말하고, 이사야 7장에는 메시아의 처녀 탄생을 예언한다.

이사야서는 다른 예언서들처럼 조직적이거나 논리적이지 않다. 예언들이 여기저기서 불쑥불쑥 튀어나오는 예언의 복합성을 가진 예언서이다.

그렇기에 이사야서를 연대순으로 이해하려는 시도를 하기보다는,

각 예언들이 역사 속에서 어떻게 적용되었는가를 거대한 역사 전체 그림 속에서 이해하도록 해야 한다.

② 택한 자의 바람직한 자세

이사야의 핵심 사상은 택한 자에 대한 사상이다. 하나님께 택함 받은 자란 다수가 아니다. 밤나무, 상수리나무가 베어져 겉모습으로 보면 꺾여 죽는 것같이 보일 수 있다. 그러나 하나님은 베임 당한 큰 나무의 그루터기로 다시금 새로운 역사를 시작하신다.

그와 같은 그루터기는 고난받는 종으로 나타나고, 사람들에게 멸시받는 자처럼 인식될 수 있다.

그러나 이스라엘이 바벨론에 의해 멸망당해 전 국민이 죽고 포로되어 갈지라도 그들 중에서 남은 자가 돌아와 이스라엘을 재건할 것이다. 하나님은 사람들이 무시하는 처녀에게서 메시아가 나오게 하실 것이고, 메시아를 대망하는 참된 이스라엘을 통해 미래의 영광스런 역사를 성취하실 것이다.

이사야는 이처럼 선택받은 소수의 의인을 줄기차게 강조한다. 이것은 신약성경의 '거듭난 자', '중생한 자'와 같은 맥락이고, 이사야는 이것을 '참된 이스라엘'로 표현한다.

다시 말하지만 이사야서는 연대 순서가 아니다. 오히려 이것저것을 말하는 예언의 복합성들이 많은 책이다. 그러나 이사야가 강조하는 핵심은 선택받은 소수만으로 하나님은 역사를 진행시켜 가신다는 것이다.

이사야서의 이 두 가지 특징을 이해하고 이사야서를 대해야 할 것이다.

3) 이사야서의 핵심 사상

(1) 여호와의 날에 대한 새로운 이해

과거 모세의 5경에는 '여호와의 날'이 참 복받는 날이고 좋은 날이며 희망에 찬 날이라고 소개한다.

출 12:14 "너희는 이날을 기념하여 여호와의 절기를 삼아 영원한 규례로 대대로 지킬지니라"

레 23:28 "이날에는 어떤 일도 하지 말 것은…여호와 앞에 속죄할 속죄일이 됨이니라"

민 28:18 "그 첫날에는 성회로 모일 것이요 아무 일도 하지 말 것이며"

신 10:4 "여호와께서 그 총회 날에 산 위 불 가운데에서 너희에게 이르신 십계명을…내게 주시기로"

이런 표현들은 율법서 전체가 안식일을 특정하게 구별한 '거룩한 날'이라는 '주일 성수' 개념의 밑바탕이 된다.

그런데 이사야를 비롯한 모든 선지자들은 율법이 말하는 '여호와의 날'에 대해 전혀 새로운 개념을 제시한다.

사 2:12 "대저 만군의 여호와의 날이 모든 교만한 자와 거만한 자와 자고한 자에게 임하리니"

여호와의 날에 교만한 자, 거만한 자, 자고한 자에게 심판이 임한다고 한다.

사 13:9 "보라 여호와의 날 곧 잔혹히 분냄과 맹렬히 노하는 날이 이르러 땅을 황폐하게 하며 그중에서 죄인들을 멸하리니"

사 34:8 "이것은 여호와께서 보복하시는 날이요 시온의 송사를 위하여 신원하시는 해"

'여호와의 날'에 대한 개념은 선지자들 모두가 한결같다.

렘 31:31 "여호와의 말씀이니라 보라 날이 이르리니 내가 이스라엘 집과 유다 집에 새 언약을 맺으리라"

겔 7:7 "이 땅 주민아 정한 재앙이 네게 임하도다 때가 이르렀고 날이 가까웠으니 요란한 날이요 산에서 즐거이 부르는 날이 아니로다"

호 2:18 "그날에는 내가 그들을 위하여 들짐승과 공중의 새와 땅의 곤충과 더불어 언약을 맺으며 또 이 땅에서 활과 칼을 꺾어 전쟁을 없이하고 그들로 평안히 눕게 하리라"

습 1:15 "그날은 분노의 날이요 환난과 고통의 날이요 황폐와 패망의 날이요 캄캄하고 어두운 날이요 구름과 흑암의 날이요"

이 모든 선지자들이 말하는 '그날'의 개념은 율법에서 말한 것처럼 거룩하고 복된 날이 아니다. 선지자들 모두가 말하는 특정한 날은 하나님께서 역사에 개입하시는 결정적인 날이다.

'여호와의 날'이 복 받고 거룩한 날이라고 가르친 율법이 훗날의 선지서에 와서는 민족이 되었건, 국가가 되었건, 개인이 되었건 하나님께서 개입하시는 '그날'로 '구원이냐, 심판이냐?'가 판가름 되는 날이다.

'여호와의 날'이 이방 나라들에게는 심판의 날이고, 선택받은 선민들에게는 구원의 날이 되는 것이다.

과거의 유대인들은 율법이 정한 5대 제사와 5대 절기만 잘 지키면 저절로 다 하나님 백성이 되는 줄로 착각하고 살아갔다. 그러나 선지자들은 율법의 형식주의를 다 깨부신다. '여호와의 날'이란 심판이냐 구원이냐를 판가름하는 날이라는 새로운 개념을 깨우쳐 준다.

우리가 여기서 크게 깨달을 교훈이 있다. 역사 속에 특정한 한 날을 성별하게 만든 신학이 바로 청교도 신학이다. 청교도 신학은 영국 여왕 엘리자베스 1세(1533~1603)의 성공회주의에 맞서서, 칼빈의 제자 베자나 츠빙글리의 제자 불링거의 사상을 영국 내에서 변형시킨 칼빈주의이다.

청교도들은 자기들의 주장이 영국 국교회와 다르다는 것을 드러내려고 요리문답을 만들어 그것을 암송하면 세례를 주고, 주일 성수, 온전한 십일조, 음주·흡연 등을 금지하였다. 이렇게 청교도 정신과 형식을 계승한 미국의 북장로교, 남장로교 선교사들이 우리나라에 그대로 청교도 형식을 도입해 주었다.

청교도 신학이 한동안 기여한 바가 있다. 그러나 청교도 신학의 잔재로 거듭나지도 않은 자에게 요리문답에 대답만 잘하면 세례를 주어 교회 회원이 되게 하고, 주일날 하루만 예배 잘 드리면 훌륭한 교인 취급하는 것은 구약의 율법 정신일 뿐, 선지자들의 정신이 아니다.

이사야는 '여호와의 날'이 '복받는 날'이라는 율법적 사상에 대해 '여호와의 날'은 선택받은 자에게는 축복의 날이지만 선택받지 못한 자에게는 심판의 날이라고 줄기차게 주장했다.

(2) 남은 자를 통한 구속사의 연속

이사야는 '남은 자'(remnant) 사상이 두드러진다.

사 4:3 “시온에 남아 있는 자, 예루살렘에 머물러 있는 자 곧 예루살렘 안에 생존한 자 중 기록된 모든 사람은 거룩하다 칭함을 얻으리니”

사 6:13 “밤나무와 상수리나무가 베임을 당하여도 그 그루터기는 남아 있는 것같이 거룩한 씨가 이 땅의 그루터기니라”

사 10:20~22 “이스라엘의 남은 자와 야곱 족속의 피난한 자들이…야곱의 남은 자가 능하신 하나님께로 돌아올 것이라 이스라엘이여 네 백성이 바다의 모래 같을지라도 남은 자만 돌아오리니 넘치는 공의로 파멸이 작정 되었음이라”

사 11:11 “그날에 주께서 다시 그의 손을 펴사 그의 남은 백성을 앗수르와 애굽과 바드로스와 구스와 엘람과 시날과 하맛과 바다 섬들에서 돌아오게 하실 것이라”

사 11:16 “그의 남아 있는 백성 곧 앗수르에서 남은 자들을 위하여 큰 길이 있게 하시되 이스라엘이 애굽 땅에서 나오던 날과 같게 하시리라”

이사야서에서는 역사를 이끌어 가는 주체는 절대 다수의 군중들이 아니라 겉모습으로는 완전히 꺾인 것처럼 보이는 밤나무, 상수리나무의 그루터기 같은 소수의 의인들이라고 말한다.

이것은 토인비가 인류의 역사는 수많은 문명들을 만들어 냈다가 사라지는데 그중에 살아남는 문명이란 수많은 도전들 앞에서 끝까지 응전해 나간 소수의 정예자라는 논리와 비슷한 주장이다.

하나님께서는 출애굽한 이스라엘 백성들 중 노예근성을 가진 과거 세대를 광야에서 다 정리하시고 광야의 신세대들로 가나안을 정복하게 하셨다. 하나님께서는 사두개인, 바리새인으로 형식화된 이스라엘의 구세대들을 다 버리시고 신약의 새로운 열두 제자로 교회 역사를 이룩하게 하셨다.

오늘날 미국 건국의 기초가 누구인가? 청교도들이라고 생각하는가? 청교도들은 신앙의 자유를 찾아 고국을 버리고 신대륙을 찾아간 육신의 조상들일 뿐이다. 신대륙에 도착한 청교도 1세대, 2세대는 주일날만 번듯한 종교인이었을 뿐 주중에는 알코올 매매, 인디언들 땅 뺏기 등, 신앙과는 완전 별개인 이중생활자들이었다.

이들 형식적인 종교인들에게 회개를 강조한 조나단 에드워즈 목사는 교인들 비위에 거슬려 교회에서 쫓겨났다. 그런데 조나단 에드워즈의 설교를 듣고 회개가 터졌고 그후 대각성이 사람들을 바꿔 놓았다. 이와 같은 대각성운동이 미국 전역에서 일어나 그들이 프린스턴 대학, 펜실베이니아 대학, 브라운 대학, 다트머스 대학을 세우면서 미국 국민이 달라졌다.

하나님은 옛날이나 지금이나 대중의 눈치나 살피며 침묵하는 다수의 군중들로 역사를 진행시키지 않으신다. 하나님은 정의와 진리를 위해 옳은 주장을 하다가 손해를 보고 핍박을 당하며 죽을지라도 한 길을 가는 소수의 '남은 자'를 사용하셔서 구속의 역사를 이끌어가신다.

(3) 여호와의 종의 사상

하나님의 사람들이 자기를 비하하여 '종'이라고 하는 경우는 허다하다. 아브라함이 자신을 '주의 종'(창 18:3)이라고 했다. 모세도 자신을 '주의 종'(출 18:3)이라고 하였고, 여호수아(수 5:14)와 사무엘(삼상 3:9)과 다윗(삼상 17:34, 36)도 자신을 '종'이라고 하였다.

그런데 왕이 자기를 '종'이라 부른 경우는 다윗 외에는 별로 없다.

이사야는 장차 백성을 구원해 낼 사람은 정치적인 권력을 행사하는 정치적 왕이 아니라고 말한다. 오히려 백성을 구원할 자는 '여호와의 종'으로 섬기는 자라고 말한다. 이것은 율법에서 제시한 이상적인 왕의 기준(신 17:14~20)과는 완전히 다른 개념이다.

이사야서에서는 몇 곳에서 '주의 종'을 언급한다.

사 42:1 "내가 붙드는 나의 종, 내 마음에 기뻐하는 자 곧 내가 택한 사람"

사 44:1 "나의 종 야곱, 내가 택한 이스라엘"(사 45:4)

사 49:5~6 "그는 태에서부터 나를 그의 종으로 지으신 이시요…네가 나의 종이 되어 야곱의 지파들을 일으키며"

사 52:13~53:12 '고난받는 종'

이렇게 '주의 종'을 여러 면으로 설명한다.

이사야가 말하는 '여호와의 종'이란 이사야 44장 1절 말씀처럼 '내가 택한 이스라엘' 민족을 가리키는가? 아니면 이사야 52장 13절~53장 12절에 기록된 '고난받는 종'을 말하는가?

이사야서에 소개되는 네 곳의 '여호와의 종'이 누구를 의미하느냐는 해석에 따라 유대교와 기독교로 갈라지고 있다. 유대교는 이사야 44장 1절을 근거로 여호와의 종이란 이스라엘 민족이라며 선민 중심의 구속사를 주장하고, 기독교는 이사야 52~53장에 기록된 고난받는 종인 예수 그리스도를 메시아로 믿음에서 생겨났다.

이사야서에 기록된 '여호와의 종'이 누구인가? 이 해석 차이로 유대교와 기독교가 갈라섰고, 유대교는 구약만 성경으로 믿고, 기독교는 구약을 불완전한 계시로, 신약을 완전한 계시로 믿는다. 여기에 대한 해답은 이사야서를 살펴보면 알 수 있다.

이사야가 여호와의 종을 설명해 가는 중간에 이사야 44장 28절에서 페르시아 왕 고레스가 이방인인데도 '내 목자'라고 말하고 있으며, 이사야 45장 1절에서는 고레스를 여호와께 기름 부음 받은 자로 말한다. 이것은 '여호와의 종'이란 개인을 지칭하는 것이며, 만인의 죄악을 해결해 주신 예수 그리스도가 '여호와의 종'임을 증명해 준다.

우리는 이사야서의 '여호와의 종'의 개념이 얼마나 중요한가를 바로 깨닫고, 예수님 덕분에 죄를 해결받은 구원의 사실이 인생에서 얼마나 중요한가를 각성해야 하겠다.

(4) 우주적인 종말론 사상

구약의 율법에는 종말론 개념이 없다. 율법에는 죽은 후에는 선인이든, 악인이든 다 음부로 간다. 율법에는 구원받은 자와 구원받지 못한 자의 구별도 없고, 미래의 종말에 대한 꿈과 희망도 없다. 사후에는 모든 자들이 다 같이 캄캄한 암흑세계인 음부로 갈 뿐이다.

그런데 이사야서는 선인과 악인의 구별이 이 땅에서만 존재하는 것이 아니라 미래의 이상적인 세상이 따로 존재함을 말한다. 그 대표적 내용 몇 곳을 보자.

이사야 2장 4절을 보면, "칼을 쳐서 보습(쟁기와 같은 농기구)을 만들고 그들의 창을 쳐서 낫을 만들 것이며 이 나라와 저 나라가 다시는 칼을 들고 서로 치지 아니하며 다시는 전쟁을 연습하지 아니하리라"라고 말하고 있다.

이 구절은 미래의 천년왕국, 즉 그리스도께서 이 세상을 직접 통치하실 미래에 대한 예언이다. 천년왕국에 대한 이상이 없던 이스라엘 사람들과 오늘날에도 종말론 신앙이 없는 종교인들은 이 구절이 무엇을 예언하는 것인지 감이 잡히지 않는다. 한편 1945년 10월 24일에 국제연합(UN)이 창설되었을 때, 록펠러가 맨해튼에 UN 본부 건물을 지을 땅 7만m²를 기증했다. 그 후 1951년 건물이 완공되었을 때 그 기초석에다 이사야 2장 4절 내용을 기록했다. 지금도 UN 본부 건물에 가면 이 구절을 볼 수 있다.

또 이사야 11장 6~9절을 보면, "그때에 이리가 어린 양과 함께 살며 표범이 어린 염소와 함께 누우며 송아지와 어린 사자와 살진 짐승이 함께 있어 어린아이에게 끌리며…젖 먹는 아이가 독사의 구멍에서 장난하며…내 거룩한 산 모든 곳에서 해 됨도 없고 상함도 없을 것이니 이는 물이 바다를 덮음같이 여호와를 아는 지식이 세상에 충만할 것임이니라"라고 했다.

이 구절 역시 미래에 전개될 천년왕국(계 20:4~6)에 대한 믿음이 없는 자는 이해하지 못한다.

이사야 35장 5~10절 내용도 미래의 천년왕국을 그린 내용이다. 이사야 65장 17~25절 내용도 마찬가지다. 이사야 60장 19~22절 내용은 미래의 영원한 천국에서 이루어질, 천년왕국 후의 새 하늘과 새 땅에서 이루어질 사항이다. 미래의 새 하늘과 새 땅에서 구원받은 성도들 모두가 영원히 살 것이다. 영원한 천국은 해나 달이 필요 없는 곳이다(계 21:23~25, 22:5).

이사야는 B.C. 740~B.C. 680년까지 살아간 선지자이다. 그의 예언은 그대로 성취된 것이 수없이 많다. 이사야 9장 8절부터 10장 4절의 이스라엘 멸망 예언은 B.C. 721년에 성취되었고, 이사야 10장 5~27절의 앗수르 멸망 예언은 B.C. 612년에 성취되었으며, 이사야 53장의 고난받는 종의 예언은 예수 그리스도에게서 성취되었다.

그렇다면 나머지 다른 예언들 중에서 아직 성취되지 않은 예언들은 반드시 성취될 것이 아닌가? 어느 것은 믿고, 어느 것은 믿을 수 없다면 내가 곧 만물의 척도인가? 우리는 이사야서를 통해 시대와 역사를 뛰어넘고 공간과 세계를 뛰어넘는 위대한 신앙의 눈을 뜰 수 있어야 하겠다.

2. 춘추전국시대

1) 고대 중국 역사의 개관

B.C. 5000년경? 중국 최초의 양사오(仰韶) 문화

B.C. 2000? 룽산(龍山) 문화

B.C. 1600? 은(殷)나라

B.C. 1050? 주(周)나라

이때의 주(周)나라는 서주(西周)시대: B.C. 11~B.C. 771

서주는 오랑캐 침략을 피해 동주(東周)시대: B.C. 771~249

바로 이 동주(東周) 시대가 춘추전국시대이다.

춘추시대는 B.C. 722~481년

전국시대는 B.C. 453~221년

B.C. 221년에 진(秦)나라 시황제가 중국을 통일함.

B.C. 202년에 한(漢)나라가 진을 멸망시킴.

A.D. 220~265 조비의 위(魏)	세 나라의 각축전 내용이 삼국지(三國志)로 진나라 학자 진수(陳壽, 233~297)가 편찬한 책이다.	
221~263 유비의 촉(蜀)		
222~280 손권의 오(吳)		

2) 춘추전국시대

주(周)나라 왕실이 서주에서 동주로 옮겨 가자 각 제후들이 왕실의 통제에 벗어나 각자 소신대로 동맹이나 전쟁을 통해 위력을 키웠다.

(1) **춘추(春秋)시대**(B.C. 722~481)

화북지방 산동성(山東省)에 제(齊)

산시성(山西省)에 진(晉)

산시성(陝西省)에 진(秦)

남방에는 초(楚) 후에 오(吳), 월(越) 두 나라

송(宋), 정(鄭), 위(衛) 등으로 각축전을 벌이던 시대를 춘추시대라 한다.

이때 공자가 탄생(B.C. 552~479)하였다. 공자는 세상 혼란을 조상에게 효도하는 제사로 예(禮) 정신 회복을 주장하였다.

(2) **전국(戰國)시대**(B.C. 453~221)

이 시기에는 강국들이 약소국을 한데 어울러 제 것으로 삼고, 또한 국내에서는 하극상이 심화되는 기간이었다.

이때 진(晉)나라의 이품(二品) 이상의 경(卿)들이 주군을 쓰러뜨리고 한, 위, 조 3씨가 제후가 되었다. 또 제(齊)나라의 경이 국왕이 되고, 서방에는 진(秦), 남방에는 초(楚), 북 동방에는 연(燕) 등으로 나뉘어 쉬지 않고 병탄(倂呑) 투쟁이 계속되었다.

이때에 맹자(B.C. 372~289)가 나타나 인의(仁義)를 주장했고, 제자백가(諸子百家)들이 나타났다. 순자(荀子)는 질서 확립을, 묵자(墨子)는 겸애 정신을, 한비자(韓非子)는 법치를, 노자(老子) 장자(莊子)는 도가(道

家)를, 손자(孫子)는 병법을 주장했다. 이들 다양한 주장들은 진(秦) 시황제와 한(漢) 고조에 의해 통제를 받고 유교(儒教)만 살아남는다.

이렇게 중국 고대사에 B.C. 722년부터 B.C. 221년까지의 혼란스러운 기간을 춘추전국시대라고 한다.

결론

우리는 동시대의 전혀 다른 두 세상을 보게 된다.

B.C. 740~680년의 이사야는 수천 년의 세월이 지나왔으나 변치 않는 진리의 사상들을 남겨 주었다. 이사야가 계시로 가르쳐 준 그의 사상은 2,700여 년이 흐른 지금도 여전히 진리로, 인류에게 빛을 발하고 있다. 이사야의 사상은 앞으로 저 영원한 천국에 이를 때까지 계속해서 진리의 빛으로 공헌할 것이다.

그런데 이사야와 동시대의 중국 고대인들은 우리에게 무엇을 말해 주는가? 약육강식 동물적 난투극들만 보여준다. 전 세계 고대사에 중국 춘추전국시대처럼 무질서하고 오합지졸인 과거사가 있었는가? 참으로 고대 역사라고 이름하여 설명하기 창피한 과거사이다.

우리는 과거 같은 시대의 두 세상을 비교해 본다. 우리가 본받고 배워야 할 과거는 어느 쪽인가? 하나님이 함께하셨던 이사야의 삶과 교훈은 복잡하고 다양한 주장이 난무하는 현대에 더욱더 새롭게 더 크게 배우고 본받아야 할 진리임이 확실하다.

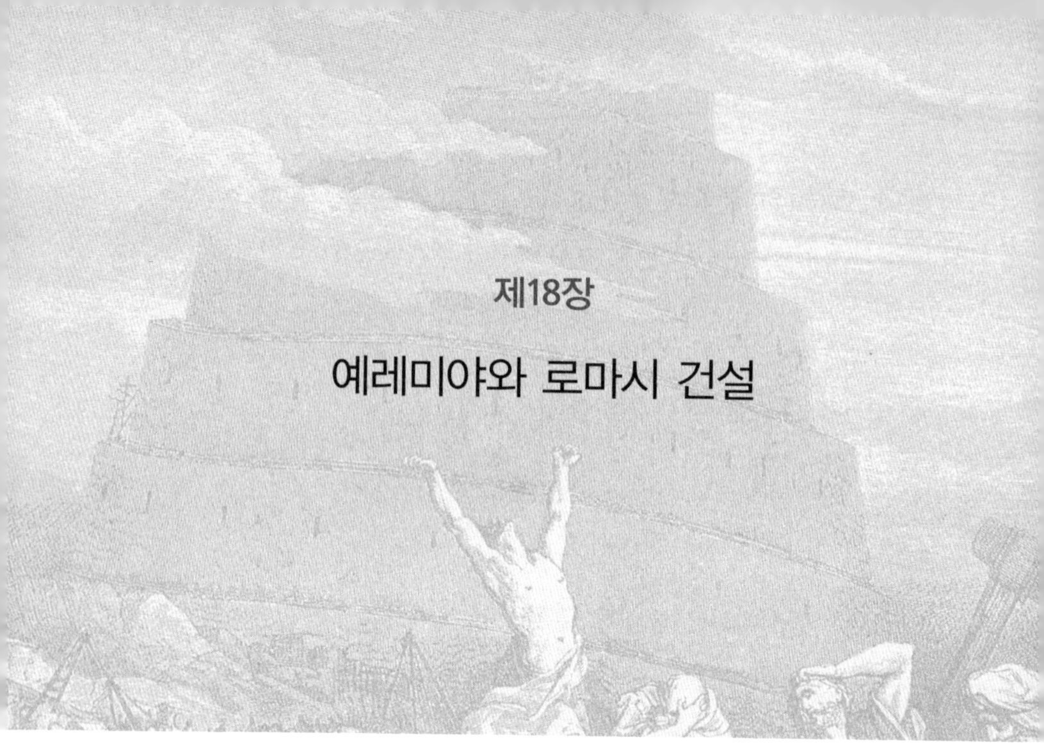

제18장

예레미야와 로마시 건설

서론

예레미야는 B.C. 627~580년까지 남왕국 유다에서 선지자로 60여 년간 활동하였다. 그는 수많은 고난과 핍박 속에서도 하나님의 대언자로 한결같은 예언 활동을 계속했다. 그는 앗수르의 멸망과 자기 조국 유다의 멸망, 그리고 자기 동족들이 바벨론 포로 생활 70년을 마치고 돌아올 것을 예언했다.

예레미야의 대표적 예언은 기존 옛 언약인 율법은 끝이 나고 새로운 새 언약이 주어질 것을 예언한 것이다. 이 같은 새 언약의 예언이 신약으로 성취되었으므로 구약과 신약이라는 용어가 예레미야의 예언에 의해 만들어진 셈이다.

한편 B.C. 753년은 전설상의 로마시가 건설된 때이다. 로마시는 이탈리아 반도 테베레강 유역에 작은 공동체로 출발하여 얼마 후에는 그리스의 폴리스처럼 작은 도시 국가가 되었다. 그런데 B.C. 4세기부터 인근의 다른 도시국가들을 계속 정복하여 B.C. 2세기에는 지중해 동부 일부와 서부 일부까지 영토를 확장했다. 이때의 지배 지역이 지중해 동해안의 터키, 시리아, 레바논, 팔레스틴, 이란, 아프리카 북부와 서쪽의 잉글랜드와 아일랜드까지 포함된다. 이처럼 짧은 2세기 동안에 이렇게 광대한 지역을 하나의 정치적 지배하에 놓은 것은 로마가 전무후무하다.

그뿐만이 아니다. 로마는 B.C. 509~31년까지 공화정치 시대를 보낸 후 B.C. 27~A.D. 476년까지 서로마제국의 제정기를 보내고, 동로마제국은 1453년에 멸망한다. 천 년 이상 계속 이어진 로마의 역사는 전 세계에서 가장 독보적인 역사라 하겠다.

이렇게 독보적인 로마 역사 속에 기독교가 탄생하였고, 이슬람이 시작되었고, 기독교 내에서 동방 정교회와 로마 가톨릭이 생겨났다.

로마시 역사 이해는 기독교 이해에 있어서 필수적인 과제이다. 오늘은 B.C. 7세기의 예레미야의 생애와 B.C. 8세기 전설 속의 로마시 건설 내용을 비교해 보겠다.

1. 예레미야

1) 예레미야의 인물과 생애(B.C. 627~580)

예레미야 1장 1절에 "베냐민 땅 아나돗의 제사장들 중 힐기야의 아들 예레미야의 말"이라고 했다. 여기서 우리는 예레미야 조상의 내력을 알 수 있다.

이스라엘이 가나안을 정복한 후 열두 지파가 땅을 분배받을 때 베냐민 지파는 남쪽의 유다 지파와 북쪽의 에브라임 지파의 중간 지역을 할당받았다(수 18:11~28). 이때 열두 지파가 각각 땅을 분배받았지만 레위 지파만은 12개 지파들 중 48개 성읍들에 분산되어 각 지파들에게 종교 업무를 수행케 했다.

베냐민 지파가 사는 땅에 '아나돗'이라는 성읍이 있었다. 이곳 아나돗 성읍 출신 중에는 다윗을 돕는 용장으로 아비에셀(삼하 23:27), 예후(대상 12:3) 같은 장군이 있었다. 한편 다윗을 돕던 제사장 아비아달도 아나돗 출신이었다.

그런데 아나돗 출신 제사장 아비아달이 다윗 왕 말기에 왕자들의 난이 계속될 때 다윗 왕의 후계자로 다윗 왕의 의중과 다르게 군대장관 요압과 함께 다윗의 넷째 아들 아도니야를 추대하는 일에 가담한다. 그러나 나단과 밧세바의 노력으로 노약한 다윗이 솔로몬을 왕으로 즉위시킨다.

솔로몬이 다윗의 후계자로 왕위에 올랐다. 이때 이복형 아도니야와 군대 장관 요압은 죽이고, 제사장 아비아달은 살려둔 채 제사장 직무는 금지시키고 그의 고향 아나돗으로 추방한다. 이렇게 아나돗에서 제사장 가문으로 솔로몬 때 이후 300여 년간 묻혀 지내던 후손에서 예레미야가 나온다. 조상이 잘못돼도 후손 하나가 잘되면 조상이 크게 영광을 누리게 된다.

예레미야는 20세 미만 '아이'(렘 1:6) 나이 때 하나님의 소명을 받는다. 그가 선지자로 사역을 시작했을 때 결혼하지 말고 자녀도 갖지 말라(렘 16:2)는 지시로 평생을 독신 생활을 한다.

예레미야는 B.C. 627~580년까지 60년 동안 선지자로 활동했다. 그런데 예레미야가 활동하는 기간은 유다 나라가 외적 바벨론에 의해 네 차례에 걸쳐 침공을 받아 백성들이 포로로 잡혀가다가 마지막에는 완전히 멸망한 때이다.

예레미야가 선지자로 활동하던 때는 북왕국 이스라엘을 멸망시킨 앗수르가 멸망당하는(B.C. 612) 것을 목격하고, 앗수르를 도우려던 애굽도 바벨론에게 참패를 당하는 등, 바벨론 제국이 새로운 중동 패권 국가로 부상할 때였다.

예레미야는 바벨론 중심 세력으로 전개될 앞날의 시대 전망을 읽었다. 그런데 조정에서는 남쪽 늙은 나라 애굽 세력과 외교를 강화해야 한다는 애굽파와 신흥 세력 바벨론과 화친해야 한다는 친 바벨론파 세력으로 정책이 바뀌기를 반복했다. 이때 예레미야는 친 애굽파도, 친 바벨론파도 안 되며, 오직 하나님만 의지해야 한다고 강조하다가 양대 세력들에게 미움을 받아 감옥에 갇히고, 물구덩이에 던져지는 등 죽을 위협을 많이 당한다.

'예레미야'라는 이름의 뜻은 '여호와가 던지신다'는 뜻이다. 예레미야는 일생 정치가들과 백성들로부터 배척을 당하며 '여호와가 던진' 생애를 살아간다.

그러나 그의 예언들은 그의 생전에 응한 앗수르 멸망 예언과 그의 사후에 바벨론 포로 생활 70년이 응한 것과 1,500년 후에 구약의 율법이 폐지되고 신약의 복음이 새로 주어진 것으로 성취되었다.

예레미야는 노년에 애굽으로 끌려가 그곳에서 죽은 것으로 전해진다.

2) 예레미야서 내용

예레미야서는 전체 52장에 세 가지 내용으로 구성되어 있다.

(1) 유다 왕국에 대한 예언들(2~25장)

예레미야는 자기 조국 유다가 하나님을 거역한 죄악으로 인해 반드시 심판당할 것을 기회가 있을 때마다 경고한다. 첫 부분은 유다에 대한 죄악 고발과 심판을 경고하는 내용들이다.

(2) 바벨론 침입 전후와 예루살렘 함락 전후의 예언(26~45장)

B.C. 605년, 597년, 588년, 586년, 바벨론은 4차에 걸쳐 유다에 침입을 하고 마지막 4차에는 아예 멸망시켜 버린다. 예레미야는 이 중 3차 이후, 예루살렘이 완전히 함락되기 직전과 직후의 사건과 예언을 기록하고 있다.

(3) 유다 주변 10개국에 대한 예언(46~52장)

예레미야는 자기 조국 유다의 멸망이 역사의 끝이 아니며, 하나님께서 역사에 개입하신 한 사건에 불과하다고 말한다.

유다 나라 주변국이 지금 건재하다고 계속될 것이라 착각해서는 안 된다고 말한다. 유다 멸망은 하나님께서 역사에 개입하신 한 사건이고, 유다 주변국 10개 나라들인 애굽, 블레셋, 모압, 암몬, 에돔, 다메섹, 게달과 하솔, 엘람, 바벨론 등 이 모든 나라들의 미래도 다 하나님의 심판에 의해 망하게 될 것이라고 예언한다. 이 같은 예언이 마지막 부분을 이룬다.

3) 예레미야의 사상

예레미야의 독특한 사상 몇 가지를 살펴보자.

(1) 역사의 흐름과 현실에 대한 바른 이해

예레미야는 이스라엘 주변국들의 상황들을 보면서 역사의 주인공이신 하나님께서 역사를 이끌어 가시는 것을 확실하게 인식한다. 과거 B.C. 10~8세기까지는 중동의 패권국가가 앗수르였다. 앗수르는 바벨론을 속국으로 만들고, 또 B.C. 721년에는 북왕국 이스라엘을 멸망시켰다. 이와 같은 앗수르는 B.C. 700년경 히스기야 왕 때에는 남왕국 유다의 예루살렘도 90% 점령했다. 그런데 기적 같은 하나님의 개입으로 앗수르 군대 18만 5천 명이 하룻밤에 전염병으로 다 죽음으로 유다는 살아남는다(왕하 19:35~37).

그렇게 왕성하던 앗수르가 B.C. 612년에 메대 바벨론 연합군에게 멸망당한다. 중동의 새 패권 국가가 된 바벨론을 꺾기 위해 앗수르의 망명 정부가 하란에서 애굽의 바로에게 지원병을 요청한다. 애굽 왕 바로 느고(B.C. 609~594)가 유다 나라 갈그미스를 지나가려 했다. 이때 유다 왕 요시아(B.C. 640~609)는 앗수르를 도우려는 애굽 세력을 막으려고 갈그미스에서 접전을 벌인다. 그러나 이때 유다 왕 요시아는 애굽군에게 전사당하고(B.C. 605), 애굽이 지원하려던 앗수르의 망명 정부는 바벨론에게 망한다.

예레미야는 중동에 전개되는 역사의 흐름 속에서 하나님께서 바벨론 제국을 한시적으로 사용하심을 깨닫는다. 그런데 조정 신하들은 친 애굽파, 친 바벨론파로 나뉘어서 정책에 혼선을 반복한다. 이것은 지금 정부가 친 중국파냐, 친 미국파냐로 나뉘어 외교 정책이 혼란을 겪으며 국제적으로 조롱당하는 현실과 흡사하다.

이때 예레미야는 하나님께서 그 시대의 주인공으로 바벨론을 사용하신 후에는 바벨론을 버리실 것을 깨닫는다. 그래서 현실적으로 바벨론을 의식해야 하고, 궁극적으로는 바벨론도 버리시는 하나님을 의지해야 한다고 주장한다.

예레미야의 이와 같은 역사 인식은 현실을 살아가는 모든 성도들에게 시대를 읽을 줄 아는, 세상사에 대한 바른 이해가 얼마나 중요한가를 깨우쳐 준다. 우리의 현실 이해는 어떤 근거 위에 세워져 있는가? 신문이나 TV나 여론 속에 끌려가는 유행성 역사인식이 아니라, 하나님께서 이끌어 가시는 전체 인류 역사의 섭리적 맥락 속에서 바르게 현실을 이해하는 안목이 절실히 필요하다.

(2) 적극적인 현실참여 선지자

구약의 예언자들은 다 각각 독특한 개성을 가진 선지자들이다. 이사야는 하나님의 나라가 실현되는 영원한 메시아 왕국에 대한 큰 그림으로 눈앞의 사건들이 별로 안중에 없다. 그에 반해 예레미야는 자기 조국이 이미 다 멸망되도록 기울어져 있는데 마지막 회개를 통해 살아남으려면 당장에 정치가와 지도자들이 깨어나야만 했기에 예언 활동이 금지당하고 감옥에 갇히고 죽을 위험을 당하는데도 줄기차게 현실 정치를 비판한다.

예레미야는 구약성경에서 정치적 문제를 가지고 적극적으로 현실에 참여한 선지자이다. 정치적 문제로 도전한 엘리야, 또 정치가들을 비판하다가 참수당한 침례자 요한도 있다. 예레미야는 유다가 멸망당해 가는 현실 가운데 종교 문제로만 국한시킬 수 없었다. 그래서 예레미야의 적극적인 현실참여는 종교가 현실과 결코 괴리될 수 없다는 것을 행동으로 보여준다 하겠다.

흔히 예레미야를 '눈물의 선지자'라고 한다. 왜 예레미야를 눈물의 선지자라고 칭하는가? 예레미야서에 눈물을 언급한 곳은 5곳(9:1, 18, 13:17, 14:17, 31:16)밖에 없다. 예레미야를 눈물의 선지자라고 부르는 것은, 조국의 멸망이라는 국가적 당면 문제 앞에 가슴을 쥐어짜면서 통곡하는 슬픔으로 조국의 멸망을 계속 외치다가 온갖 수난을 당하였기 때문이다.

예레미야는 성전 뜰에 예배하러 온 자들에게 이 성전이 모든 민족의 저줏거리가 될 것이라는 파격적인 선포를 한다. 그러자 제사장들과 모든 백성들이 예레미야를 죽이려 한다. 그때 지방에서 올라온 장로들 몇이 나서서 히스기야 왕 때의 사례를 들어 설명하며 예레미야를 구해 낸다(렘 26:5~24).

거짓 선지자 하나냐(28장)와 스마야(29장)의 거짓 선동으로 백성들은 혼동을 일으키고, 예레미야는 유다의 왕궁 시위대 뜰에 갇힌다(렘 33:1). 이때 예레미야는 바룩이라는 서기에게 여호와의 말씀을 두루마리에 기록하게 해서 서기관들과 고관들에게 낭독하게 했다. 이에 감동받은 서기관이 그 두루마리를 여호야김 왕 앞에서 다시 낭독해 준다. 그러나 그때 여호야김 왕은 두루마리를 칼로 난도질해서 화롯불에 태워 버린다(렘 36:22~26).

예레미야는 예루살렘 성에 머무는 자는 칼과 기근과 전염병으로 죽으리라, 그러나 바벨론에게 항복하는 자는 살아남으리라고 예언한다. 그러자 시드기야 왕은 예레미야를 물 없는 구덩이 진창에다 집어 던져서 죽게 한다. 그렇게 죽게 된 예레미야를 왕궁 내시 구스 사람이 살려낸다(38장).

예레미야는 조국이 멸망당한다는 기분 나쁜 메시지를 쉬지 않고 계속 전함으로 평생 수난을 겪는다. 그러면 왜 예레미야는 이렇게 기분 나쁜 메시지를 외쳤는가? 이것을 앞서 북왕국 멸망 직전에 활약한 호세아와 비교하면 이해가 쉽다.

호세아는 북왕국 이스라엘 멸망 직전에 음란한 고멜과 결혼해서 음란한 자식들을 낳는 불행한 가정 속에서도, 하나님의 사랑을 증명하기 위해 이스라엘을 음란한 여자로 상징하며 그래도 마지막까지 사랑하시는 하나님의 사랑을 증명한 선지자였다.

예레미야도 마찬가지다. 북왕국 이스라엘이 멸망한 지 불과 135년밖에 안 되었는데 남왕국 유다도 망해야 했다. 하나님은 예레미야에게 독신으로 살게 하면서 유다 왕국을 살려내 보시려고 예레미야를 통해 마지막까지 회개를 요구하신다. 예레미야가 전한 조국 멸망이라는 암울한 메시지는 유다를 마지막까지 살려 보시려는 하나님의 뜻을 전한 것이었다.

(3) 새 언약의 예언(렘 31:31~34)

예레미야가 예언한 내용들이 그의 생애 속에서 현실적으로 이뤄져 갔다. 예레미야는 유다가 바벨론에게 멸망당하고 70년 동안 바벨론을 섬길 것이라고 예언했다(렘 25:11). 그렇게 예언한 대로 유다 백성들은 1차(B.C. 605), 2차(B.C. 597)에 걸쳐 포로로 끌려갔다. 그렇게 포로가 되어 끌려간 유다 동족들에게 예레미야는 다시 예언하기를, 70년이 차면 포로생활이 끝나 다시 돌아오게 된다는 희망의 메시지로 예언을 한다(29:10).

예레미야는 유다 백성들에게 70년 후에 돌아온다는 희망의 예언만이 아니라, 저들이 70년 후에 돌아올 때는 크게 회개하여 영적으로 발전한 백성들로 진보할 것임을 예언한다. 그 발전적 희망의 예언이 바로 새 언약의 예언이다. 예레미야 31장 31~34절에 기록된 새 언약의 예언은 포로에서 돌아온 유다 백성들에게서 성취되지 않고 신약시대의 주님께서 성취하신다.

"여호와의 말씀이니라 보라 날이 이르리니"(렘 31:31)라고 하였다. 여기 보면 "날이 이르리니"는 '힌네 야밈 빠임'(הנה ימים באים)이다. 이때 말하는 '날'은 기한이 정해진 날이 아니므로 미래의 어느 날이 될 것임을 말한다.

"내가 이스라엘 집과 유다 집에 새 언약을 맺으리라." 여기서 말하는 '새 언약'은 '빼리트 하다솨'(ברית חדשה)다. 이때 '새'라는 '하다솨'는 이전에 있던 것을 수선하는 정도의 새것이 아니라 이전에 한 번도 사용해 보지 않은 전혀 새로운 언약을 주겠다는 의미이다. 그런데 그 언약을 받을 대상이 '이스라엘 집과 유다 집'으로 이스라엘의 후손이 될 것임을 말한다.

32절에서 "이 언약은…애굽 땅에서 인도하여 내던 날에 맺은 것과 같지 아니할 것"이라고 했다. 이 말은 출애굽기 19~20장의 십계명을 주셨던 과거의 율법과 같은 언약이 아니라는 것이다.

33절에 "그날 후에 내가 이스라엘 집과 맺을 언약은…나의 법을 그들의 속에 두며 그들의 마음에 기록하여 나는 그들의 하나님이 되고 그들은 내 백성이 될 것이라"라고 하였다. 과거의 구 언약은 돌판에 새기어서 언약궤 안에 보관했던 유형적인 언약이었으나 앞으로 주어질 새 언약은 사람들의 중심인 마음속에 기록할 영적인 내면적 언약이 될 것임을 강조하는 것이다.

34절에 "내가 그들의 악행을 사하고 다시는 그 죄를 기억하지 아니하리라"라고 했는데, 여기서 말하는 '죄'라는 말은 '아온'(עון)으로, 인간이 타고난 태생적 죄악인 원죄를 뜻한다. 또 '악행'이란 거듭난 후에도 세상의 삶 속에서 유혹이나 연약함으로 짓게 되는 범죄까지도 다 용서받게 된다고 했다.

이와 같은 '새 언약'이 언제 이루어졌는가?

누가복음 22장 19~20절에 주님은 최후 만찬 때 잔을 주시면서 "이

잔은 내 피로 세우는 새 언약이니"(헤 카이네 디아데케; ἡ καινὴ διαθήκη), 즉 전혀 새로운 언약이 완성되었다고 선언하셨다. 주님의 속죄사역 완성이 곧 새 언약에 대한 구약의 예언이 성취된 것임을 의미한다.

구약의 '새 언약' 예언이 주님의 보혈의 피로 성취되었다. 바울 사도는 이 사실이 너무 명확하기 때문에 고린도전서 11장 25절에서 주님의 만찬 때 주어지는 잔을 '주님의 피로 세운 새 언약'이라고 깨우쳐 주었다.

예레미야는 유다가 멸망당하지만 앞으로 '새 언약'이 주어질 것을 예언했고, 주님은 속죄 희생으로 '새 언약'이 완성되었음을 밝히셨다.

신약의 오순절에서 성령 강림으로 성도들의 마음속에 임해 오신 성령님을 '교회'라고 한다. 이렇게 오순절에 시작된 교회는 구약과 완전히 다르다. 그래서 과거의 율법을 '구약'이라고 하고, 신약의 오순절 이후를 '신약'이라고 한다.

예레미야가 행한 공적 중에 최대의 공헌은 '구약'은 물러나고 새로운 '신약'이 탄생할 것을 예언한 '새 언약'의 예언에 있다.

참으로 안타까운 것은 '계약 신학자'들의 황당한 주장이다. 저들은 성경 전체를 '행위의 언약' 대표로 아담을 말하고, '믿음의 언약' 대표로 아브라함을 말하면서, '믿음의 시작'이 아브라함에게서 되었으니까 구약과 신약을 한 통으로 보면서 '교회' 시작을 구약 때부터로 본다. 이것은 사도행전 2장에 기록된 오순절 성령강림으로 시작된 신약교회의 진리를 부정하는 성경적 오류이다. 이것은 예레미야의 '새 언약'의 의미를 전혀 모르는 주장이다. 게다가 계약이 천국에 가서야 완성된다는 주장은 주님이 말씀하신 '새 언약'의 성취를 부정할 뿐만 아니라, 주님을 영접한 자는 영생을 이미 얻었고 미래에 심판을 받지 아니하며 사망에서 생명으로 옮겼다(요 5:24)는 핵심적 진리를 부정하는 무지의 소치이다.

예레미야는 남왕국 유다가 최고조로 혼란스런 시대에 백성들과 정치 지도자들로부터 온갖 박해를 받으면서도 60여 년간 한결같은 예언 활동을 했다. 그가 예언한 메시지들은 눈물을 짓씹으면서 슬픔의 '애가'로 선포되었다.

예레미야애가서는 너무 비참한 내용이다. 그러나 그렇게 비참함 속에서도 600~700년 먼 훗날의 '새 언약'의 희망을 믿고 한결같은 메시지를 선포했다.

우리가 처한 국가적, 사회적 현실은 예레미야 때보다는 훨씬 낫다. 이런 때 우리들은 세상을 비관적으로만 보지 않고 새 하늘과 새 땅에 대한 소망으로 세상에 소망의 복음을 전해야 할 것이다.

2. 로마시 건설(B.C. 753)

여기서는 현재의 이탈리아 로마시가 과거 작은 마을로 시작해서 도시가 형성되고 드디어 왕정시대를 거쳐 제국정치로 유럽을 장악했던 과거의 로마사를 살펴보겠다.

1) 선사시대

B.C. 8세기경 이사야가 이스라엘 선지자로 활동할 무렵에 여러 부족들이 이탈리아 반도로 유입해 온 듯하다. 그 부족들 중 하나인 라틴인이 B.C. 753년경 테베레강 하류에 작은 마을들을 마련하고, B.C. 6세기 초에는 7개 구릉에 흩어져 살던 이들이 집단 정주하여 하나의 도시를 만든 것이 로마시의 시작이라고 본다.

전설에 의하면, 트로이 전쟁의 패장(敗將) 아에네아스의 자손 로물루스와 레무스(Romulus and Remus)가 테베레강에 버려진 것을 암 이리가 구해서 이리의 젖을 먹고 자란다. 이들 두 형제가 로마를 건국했기에 '로마'라는 이름이 생겼다고 한다.

2) 왕정 시대

초대 왕인 로물루스에 이어 제6대 왕까지 왕은 군사, 정치, 제사를 관장했고, 유력한 씨족의 장(長)들로 구성된 원로원이 견제를 하는 왕정시대가 계속된다.

3) 공화정 시대(B.C. 509~B.C. 31)

임기 1년의 두 사람 최고 콘술(정무관)과 원로원이 다스리는 공화정치 시대를 보낸다. 이 시기에 이탈리아 반도가 통일되고, 북아프리카, 에스파냐, 발칸 반도, 시리아 지역까지 방대한 속령을 확대해 나간다.

말기에 갈리아 원정에 승리한 카이사르 시저의 독주로 내란기를 겪는다. 카이사르의 후계자 옥타비아누스가 정적 안토니우스를 척결하고 새로운 제정기를 시작한다.

4) 제정기(B.C. 27~A.D. 476)

1세기: 그리스도 탄생, 교회의 시작, 바울 사도의 이방 선교, 신약성경 기록

4세기: 313년 밀라노 칙령

325년 최초의 종교회의 니케아 회의
330년 로마시에서 콘스탄티노플로 천도
392년 데오도시우스 1세 기독교를 로마 국교화
5세기: 476년 서로마 멸망
황제가 없는 로마시를 로마교회 감독이 이끌어 감.

5) 동로마 비잔틴 시대(A.D. 330~1453)

6세기: 590년 최초의 교황제 시작
9세기: 867년 동, 서 교회 분열이 시작돼
서로마 가톨릭, 동 희랍 정교회로 완전 분리(1050년)
16세기: 서로마 가톨릭에서 루터교(1515), 영국 성공회(1536), 장로회 (1541) 등 개신교가 생겨남.

결론

우리는 B.C. 7세기에 활동한 예레미야와 전설상으로 전해지는 B.C. 8세기의 로마시 건설사를 살펴보았다.

예레미야는 60년 사역으로 당시 유다 동족들에게 현실참여에 관한 메시지를 전했고, 훗날의 '새 언약'에 대한 예언을 남겼다. 예레미야의 '새 언약' 예언은 신약성경에 성취되어 오늘 우리들까지 2,000여 년의 혜택을 누리고 있다.

한편 로마의 역사는 어떤가? 로마는 인류 역사에 전무후무한 정복과 지배 역사를 남겼다. 그렇게 화려한 로마는 사라졌고, 정치적 로마의 후신인 이탈리아는 지금 세계 10대 강국에도 못 들어간다. 그리고

로마 가톨릭 교회는 과거 로마 제국 시대에 만들어져 정치와 결탁된 종교로 중세기 1,000여 년을 암흑기로 만들었다. 지금도 로마 가톨릭 교회는 종교인 숫자로 전 세계 1위의 집단이다. 로마 가톨릭이 과거에 정치와 결탁된 시기에 음악, 문학, 예술 등 인류에 공헌한 바가 있다. 그러나 오늘날의 로마 가톨릭은 종교의 껍데기만 존재하고 내실이 없는 형식화된 종교 단체가 되고 말았다.

우리는 동시대의 두 세상이 오늘날 어떤 결과를 가져왔는지 생각해 보게 된다. 나무는 그 열매를 통해 그 나무의 본질을 파악할 수 있는 것이다.

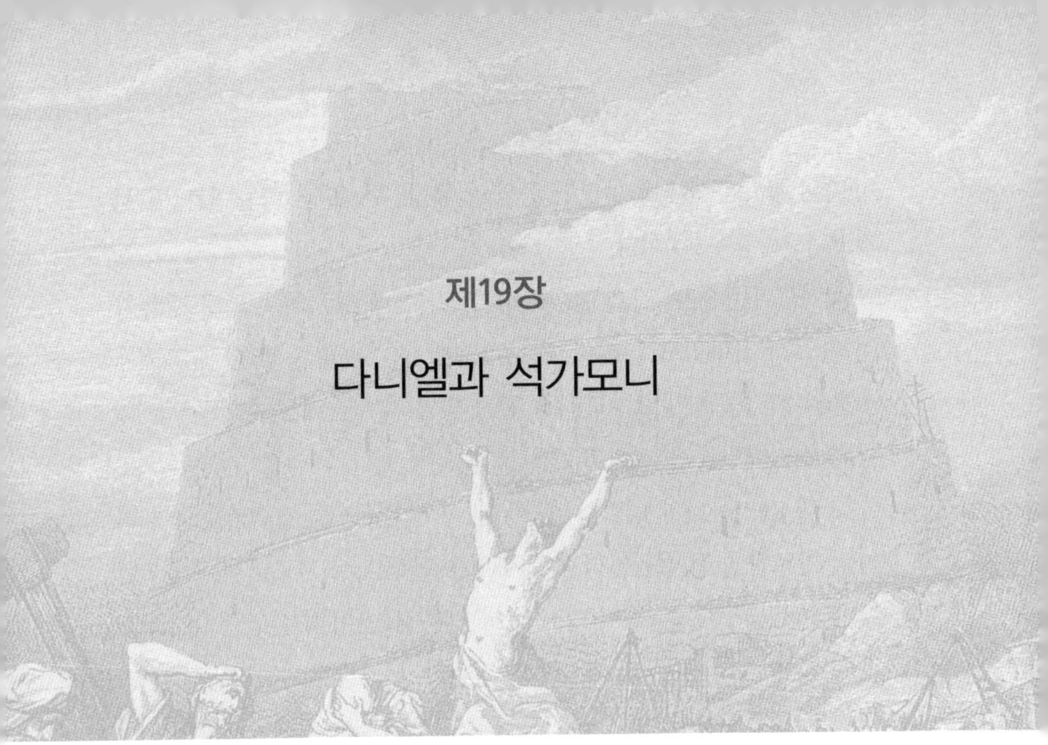

제19장

다니엘과 석가모니

서론

다니엘은 B.C. 620~530년까지 90여 년간 사는 중에 70여 년을 다른 나라에 사로잡혀가서 살았다. 다니엘은 당시의 강대국 바벨론에 포로로 잡혀가 살았으나 여호와 하나님에 대한 신앙이 조금도 변치 않았다. 그로 인해 풀무 불에 던져지고 사자 굴 속에도 던져졌으나 하나님께서 그를 끝까지 보호해 주셨다.

다니엘의 신앙과 탁월한 지혜는 적국의 왕들까지도 감동시켜 그는 높은 지위에 올라 왕들을 깨우쳐 주었다. 그리고 그가 예언한 미래 세계 열강들의 미래상과 이스라엘의 미래상은 오늘날까지 계승되고 있다.

다니엘이 기록한 다니엘서는 아직도 실현되지 않고 남아 있는 구약 종말론의 최고 예언이다.

다니엘과 동시대에 살았던 동양의 유명인이 있다. 그는 인도의 석가모니(B.C. 623~544)이다.

석가모니는 80여 년을 살아갔다. 그가 본래 왕자의 몸으로 결혼하여 아들까지 두었으나 29세 때 출가해서 6년 동안 수행 끝에 35세에 성불의 진리를 깨닫고, 45년간 1천여 명의 제자들에게 4제8정도(四諦八正道)의 깨달음을 전한다.

그 후 석가모니가 입멸한 후 100년 후에 비구니들 700명이 모여 석가의 가르침에 근거한 야함경, 법구경을 만든다. 석가모니 사후 600년 후에 500명의 비구니들이 다시 모여 왕문경, 반야경을 만든다. 그 후에 시대에 따라 부도경, 해밀심경, 정법화경, 금강반야바라밀경, 열반경, 금강정경, 화엄경들이 불교도들의 고스님들에 의해 만들어진다.

기독교는 성경이 66권으로 정해져 있다. 그러나 불교는 경전이 정해질 수가 없다. 석가모니의 교리에 근거해 고스님들이 새롭게 깨달은 것이 계속 경전으로 만들어져 간다. 그래서 지금으로부터 800년 전 고려 고종 때(1236) 몽고군의 침입을 불교 신앙심으로 물리치겠다고 16년에 걸쳐 만든 해인사의 8만대장경이 8만 1,258장이다. 800년이 흐른 지금은 거의 9만경에 육박하고 있다.

이처럼 불교는 특정한 신의 계시에 의존하는 종파가 아니라 석가모니의 기본 교리인 '4제8정도'에서 깨달은 비구니 스님들의 깨달음들을 끊임없이 이어가고 있다. 그래서 불교도들은 신의 절대적 권위에 굴복하는 신 중심의 절대적 종교가 아니라 지극히 인간적인 종교라고 한다.

오늘은 B.C 7세기 같은 동시대에 살아간 다니엘과 석가모니의 생애와 교훈을 비교해 보겠다. 그리고 이들이 남긴 사상이 오늘날 세계 인류에게 미치는 영향력의 규모도 살펴보겠다. 그래서 동시대에 살아간 두 사람 중에 누가 올바른 진리를 남겨 주었는지, 그 진리의 유산을 검토해 보겠다.

1. 다니엘(B.C. 620~530)

1) 다니엘과 시대적 배경

다니엘은 남왕국 유다에서 태어나 20대에 바벨론 제1차 포로로 잡혀갔다. 바벨론 포로라는 노예 신분자가 적국에서 왕의 지시를 거역하고 자기 신앙을 고수함으로 많은 죽음의 위험을 당한다. 그러나 그의 탁월한 지혜와 신비한 세계를 풀어내는 초능력적 힘으로 적국에서 70여 년간(B.C. 605~535) 예언자 활동을 하며 다니엘서라는 예언서를 남겼다.

다니엘서 내용은 전반부 1~7장은 바벨론 왕 느부갓네살 왕이 꾼 꿈을 통한 세계사의 미래 사항을 해석해 내는 간접적 계시의 내용이고, 후반부인 8~12장 내용은 다니엘이 이스라엘의 미래 사항을 계시받은 직접적 계시 내용이다.

하나님께서는 이스라엘 민족의 최악의 위기 때에 마지막으로 위대한 선지자들을 보내셔서 저들이 마지막으로라도 회개하여 살아남을 수 있도록 하신다.

북왕국 이스라엘이 멸망하기 전에 엘리야, 엘리사, 요나 같은 선지자를 보내어 초자연적 방법으로 회개케 하신다. 그래도 회개치 않으니까 아모스 같은 심판의 예언자, 호세아 같은 사랑의 예언자를 보냈지만 듣지 않으므로 북왕국 이스라엘 나라를 없애 버리신다.

남왕국 유다는 이사야 대선지자를 통하여 60여 년(B.C. 740~680) 동안 수많은 예언으로 깨달을 기회를 충분히 주셨다. 그런데도 깨닫지 못하자 세 명의 대예언자를 통해 변형된 방법으로 하나님의 뜻을 깨우쳐 주신다.

남왕국 유다가 B.C. 586년에 망한다. 그런데 남왕국 유다가 멸망하기 전에 북왕국의 호세아처럼 남왕국에서는 예레미야를 세우셔서 유다가 멸망 전에 회개할 것을 계속 외치게 하신다.

예레미야 역시 60년(B.C. 627~586) 예언 활동을 하면서 제1차 포로(B.C. 605) 전에 유다가 바벨론에게 망할 테니 회개하라고 외치고, 또 제2차 포로(B.C. 597)로 사로잡혀간 동족들에게는 70년 후에는 돌아올 테니 안심하라고 위로하고, 그리고 남은 백성들에게 회개를 외치다 제3차 포로(B.C. 586)와 유다의 멸망을 목격한다. 예레미야는 남왕국 유다 최후 시기에 사역한 선지자이다.

예레미야보다 조금 늦은 동시대의 남왕국 선지자가 둘이 있다. 하나는 제1차 포로(B.C. 605) 때 포로로 끌려간 다니엘이 적국 바벨론에서 70여 년간(B.C. 605~535) 예언 활동을 하며 기록한 다니엘서가 있고, 다른 하나는 제2차 포로(B.C. 597) 때 포로로 끌려간 1만 5천여 명의 포로들 중에서 소명을 받은 에스겔이 포로민들 속에서 예언 활동을 한 후 예언들을 기록한 에스겔서가 있다.

먼저, 다니엘과 다니엘서 내용을 살펴보도록 하겠다.

앞서 말한 대로 다니엘은 20대 이전에 제1차 포로로 바벨론에 끌려간다. 다니엘 1장 3~4절을 보면, 이스라엘 자손 중에서 왕족과 귀족 몇 사람으로 흠이 없고 용모가 아름답고 모든 지혜를 통찰하며 지식에 통달하고 학문에 익숙하여 왕궁에 설 만한 사람을 갈대아인으로 만들려고 사로잡아갔다. 그 사람들 중의 하나가 다니엘이었다.

이때 사로 잡혀간 다니엘의 세 친구들은 이스라엘 내에서도 유능한 왕족이나 귀족 출신들이었다.

다니엘과 세 친구 등 1차 포로로 잡혀간 이들에게 바벨론 왕은 3년 동안 왕이 지정해 준 음식과 포도주를 먹여 갈대아인의 체질로 만들려고 했다. 그러나 이들은 갈대아인의 음식으로 체질을 변화시키려는 갈대아 동화 정책을 지혜롭게 넘긴다.

3년 후(B.C. 602) 이들 세 청년은 느부갓네살 왕의 신하로 등용된다.

느부갓네살 왕이 바벨론을 다스린 지 2년 되는 해에 이상한 꿈을 꾸고 그 꿈으로 인해 계속 번민한다. 그래서 바벨론의 모든 박수, 술객, 점쟁이들에게 꿈을 기억해내 그 뜻을 풀어내도록 했다. 꿈을 꾼 사람만이 그 꿈을 기억할 수 있거늘 왕은 자기가 꾼 꿈을 다른 이들에게 알아내도록 하고 그 뜻을 풀어내도록 했다. 세상에 이런 일은 불가능했다.

이때 다니엘이 느부갓네살 왕의 꿈을 알아내고 그 뜻을 풀어 설명해 준다. 이것이 계기가 되어 다니엘은 높은 직위에 오르고, 다른 세 친구는 지방의 관리가 된다.

느부갓네살 왕은 바벨론 지방의 두라 평지에다 높이 27m, 너비 2.7m의 금 신상을 세웠다(단 3:1). 그리고 모든 관원들에게 금 신상을 향해 경배케 했다. 그러나 다니엘의 세 친구는 금 신상에게 경배하지 않는다. 이로 인해 진노한 왕은 다니엘의 세 친구들을 평소보다 7배나 더 뜨거운 풀무 불에 던진다. 그러나 저들은 풀무불 속에도 살아남는다. 이 일로 다니엘의 세 친구가 더욱 높아진다.

다니엘은 느부갓네살 왕의 재위 기간 동안 궁궐에서 신하로 활동하며 느부갓네살 왕의 두 번째 꿈도 해석해 준다.

느부갓네살 왕의 마지막 7년 동안은 소처럼 풀을 먹고, 머리털이 독수리 털처럼 자라고, 손톱은 새 발톱같이 되었다(단 4:33). 그렇게 비참하게 최후를 마치고 그의 후임자로 느부갓네살의 아들이 아닌 메대 바사 지도자인 벨사살이 왕이 된다.

벨사살 왕이 예루살렘 성전에서 약탈해 온 성전 기구를 술잔으로 삼아 잔치를 벌였다. 이때 왕국 촛대 맞은편 석회 벽에 손가락이 튀어나와 글을 썼다. 다니엘이 그 신비한 글을 해석해 냄으로 다니엘은 총리로 세워졌다. 그러나 다니엘을 시기하는 자들에 의해 사자 굴 속에 던져지지만 거기서도 살아남으로 그의 지위는 견고해진다.

이렇게 다니엘은 포로로 70여 년간 적국에서 하나님의 영광을 드러내는 삶을 살아간다. 이와 같은 적국 속에서의 70여 년 생활이 다니엘 전반부인 1~7장 내용이다.

다니엘서 후반부인 다니엘 8~12장에서는 예레미야가 유다 백성들에게 바벨론 포로생활 70년 후에는 이스라엘로 돌아갈 것이라고 했던 예언에 근거해 이스라엘의 미래에 대한 계시를 기록하고 있다.

2) 다니엘서의 사상

다니엘서에는 너무 신비한 내용들이 많다. 풀무불 속에서도 살아난 얘기, 사자 굴 속에서도 살아난 얘기, 왕궁 벽 속에서 손가락이 나와 글을 쓴 얘기 등이 기록되어 있다. 신비한 내용에다 금 신상의 상징, 나무, 짐승, 숫양과 숫염소 환상 등 믿기 어려운 내용들이 많은데다 다니엘 2~7장은 이방 국가들의 장래를 묘사하기 위해 아람어로 기록되었다. 이런 이유로 다니엘의 저작설을 부인하고 B.C. 2세기경 마카비 시대의 작품으로 보는 이들도 있다.

그러나 다니엘과 동시대인 에스겔이 다니엘을 인정한다(겔 14:14, 20

28:3). 또 다니엘서 전체에 걸쳐 다니엘이 수없이 반복된다. 주님께서도 다니엘의 역사성을 인정하셨다(마 24:15). 그렇기에 다니엘서를 마카비 시대 작품으로 보는 견해는 지나친 억측이다.

이제 우리는 다니엘의 독특한 사상이 무엇인지 살펴보자.

(1) 세상 속에서 세상과 구별되어야 할 성도의 삶

다니엘서 1장을 보면, 다니엘과 세 친구가 나라가 멸망당하고 강대국에 강제로 끌려가 힘을 가진 자에 의해 삶을 강요받는다.

저들은 바벨론의 동화정책에 의해 바벨론식 음식을 강요당한다. 그러나 다니엘과 그 친구들은 음식물이 신체만 구성하는 것이 아니라 정신생활에도 영향을 미치는 것을 알고 있었다. 그래서 왕의 음식과 포도주를 지혜롭게 사양하고 계속 채식을 먹음으로 몸이 외세에 오염되지 않도록 한다.

다니엘 3장을 보면, 다니엘의 세 친구가 금 신상에 경배하지 않으면 맹렬히 타는 불 가운데 던져버릴 것이라고 위협을 당한다. 이때 세 친구는 죽을 것을 알면서도 금 신상 경배를 거부한다.

다니엘 6장에는 왕의 조서로 왕 외의 다른 신을 섬기는 자는 사자굴 속에 집어 던진다는 왕명을 알면서도 다니엘은 하루에 세 번씩 하나님을 향해 기도했다.

우리 그리스도인은 이 세상에 사는 동안 신앙에 위배되지 않는 한 세상의 법을 지켜야 하고 세상 조직의 의무를 잘 감당해야 한다. 그러나 불의한 세상 군주들은 하나님이 아닌 세상 것을 경배하도록 강요하고 하나님의 법에 어긋난 것을 행하도록 강요한다. 이때 성도는 세상 속에 살지만 세상과 구별되는 삶을 살아가야만 한다.

성도는 그가 어떤 환경, 어떤 자리에 처하든지 세상에 속한 자가 아니고 하나님께 속한 자임을 드러내야만 한다. 성도가 세상과 구별되었다고 하는 것을 타인들이 느낄 수 있을 때 그것이 거룩한 성도의 삶을 증명하는 것이다.

다니엘서는 다수의 악인들이 가득 찬 이방 땅에서도 참 신앙을 지켜 나가려고 할 때 하나님께서 기적적으로 보호해 주심을 증명하는 거룩한 삶의 증명서이다.

성도가 거룩한 삶을 지켜나가려 할 때 어둠의 세상은 빛 된 성도들을 미워하게 된다. 세상에서 빛을 드러내려면 어둠의 세력들과 갈등을 가져야 한다. 세상의 악은 다수이고, 성도는 소수이다. 다수가 득세하는 세상 속에서 성도들은 위기와 시련을 겪게 될 수밖에 없다.

다니엘서는 신앙을 지키기 위해서 죽음을 각오하는 결사항전의 믿음만이 승리한다는 진리를 가르쳐 준다.

(2) 세상 나라의 유한성과 하나님 나라의 영원성

다니엘서 전반부에는 느부갓네살 왕의 신상의 꿈(2장), 다니엘이 본 네 짐승의 환상(7장), 또 다니엘의 짐승 환상(8장) 등, 꿈과 환상이 다니엘서 전반부의 주된 내용을 이룬다.

이 중에서 느부갓네살 왕의 특별한 신상의 꿈과 다니엘의 네 짐승의 환상은 같은 내용의 두 모습이다.

느부갓네살 왕의 꿈(2장)	다니엘의 짐승 환상(7장)
① 우상의 머리는 순금	① 독수리 날개를 가진 사자
② 가슴과 두 팔은 은	② 곰 같은 짐승
③ 배와 넓적다리는 놋	③ 네 개 날개, 네 개 머리의 표범
④ 종아리는 쇠, 쇠와 진흙의 발	④ 열 개 뿔 가진 짐승

이 두 가지 내용은

① 바벨론 제국, ② 메대-바사, ③ 그리스, ④ 로마 제국으로 이어질 세상 나라의 변천사의 내용이다.

그런데 손대지 아니한 돌이 신상을 쳐서 부서뜨릴 때 태산을 이루어 온 세계에 가득하게 된다. 이것이 메시아와 성도들이 최종적으로 하나님의 왕국을 이룰 것을 설명하는 것이다.

다니엘서는 당시 최강자였던 바벨론 왕 느부갓네살의 거대한 신상의 꿈과 다니엘의 네 종류의 짐승 환상을 통해 이 세상 제국들의 미래사와 변천사를 설명해 준다.

이 세상 나라들이 한동안 세상에 군림한다. 그러나 이 세상의 그 어떤 나라도 천 년 이상 지속되는 나라가 별로 없다.

세상 역사에서 가장 오랜 기간 존속된 국가들을 살펴보자.[28)]

1위: 동로마 비잔틴 제국(A.D. 330~1453) - 1123년

2위: 신라(B.C. 57~A.D 935) - 992년

3위: 프랑스 왕국(A.D. 843~1792) - 949년

4위: 신성로마제국(B.C. 962~A.D. 1806) - 844년

5위: 고구려(B.C. 37~A.D. 668) - 705년

6위: 백제(B.C. 18~A.D. 660) - 678년

7위: 오스만 제국(A.D. 1299~1922) - 623년

8위: 조선왕조(1392~1910) - 518년

9위: 고려(918~1392) - 474년

10위: 남유다(B.C. 931~586) - 345년

---

28) 이형기, 《세상의 지식》(지식과 감정, 2018), pp. 28~29.

당 - 289년, 명 - 276년, 청 - 267년
북이스라엘 - 210년

그런데 영원한 나라가 있다. 그 나라는 '하나님 나라'다.

왜 이 세상 나라는 수명이 짧은가? 세상 나라들은 힘의 대결로 세상을 정복한다고 믿기 때문이다. 그 힘이 전쟁 무기, 경제 대국, 인구수 등 사람마다 의견이 분분하다. 그러나 이 세상 나라는 그 어떤 나라도 끝이 있다. 그러나 하나님의 나라는 영원히 지속된다.

이 세상 각 나라들이 한때 주도권을 잡을 수는 있다. 그러나 바벨론, 페르시아, 그리스, 로마 제국 등 세상 나라들은 모두 끝이 있고, 하나님의 나라만이 영원하다. 이와 같은 역사 인식을 다니엘서가 제시하고 있다.

(3) 영계의 치열한 싸움

다니엘서 9~12장에는 이스라엘 민족의 미래에 대한 예언과 함께 세상의 종말 때에 영적으로 커다란 전쟁이 대대적으로 전개될 것이 예언되고 있다.

이스라엘이 바벨론 포로에서 귀환한(B.C. 535) 이후의 역사는 어떻게 전개될 것인가?(단 9:2) 그것을 다니엘이 금식하며 베옷을 입고 재를 덮어쓰고 기도한 결과 가브리엘 천사가 가르쳐 주었다(단 9:21).

그 내용은 이스라엘의 미래를 일흔 이레(490년)로 기한을 정했다고 했다(단 9:24).

① 일흔 이레(490년)가 어느 때부터 시작되는가?

그 시작은 "예루살렘을 중건하라는 영이 날 때부터"(25절)이다. 그 시점이 두 가지 해석으로 갈라진다.

ⓐ B.C. 458년 아닥사스다 1세가 에스라를 비롯한 유대인들에게 예루살렘에 올라가 성전 예배를 허락한 때로 보는 견해(스 7:11~26 근거)

ⓑ B.C. 445년 아닥사스다 1세가 느헤미야에게 예루살렘의 무너진 성벽을 재건하도록 지시한 때로 보는 견해(느 2:1~8)

이 두 가지 해석 중 다니엘 9장 25절에 "예루살렘을 중건하라는 영"이라는 말대로라면 후자가 더 설득력이 있다.

② 일흔 이레(490년)가 전개될 내용

ⓐ 일곱 이레(49년) 성이 중건됨

ⓑ 예순두 이레(434년) 기름 부음 받은 자가 끊어짐.

이것은 예수 그리스도가 십자가에서 죽으실 것에 대한 예언

ⓒ 마지막 한 이레(7년)가 남을 것

다니엘의 '일흔 이레' 예언 중 처음 7이레와 두 번째 62이레까지는 이미 성취되었다. 그런데 마지막 한 이레 7년이 남아 있는 채 2천 년간 긴 공백이 계속되고 있다.

그런데 마지막 한 이레인 7년의 절반인 전 3년 반 때 제사와 예물이 금지될 것이고, 나머지 절반인 후 3년 반 때는 포악한 진노가 황폐하게 진행될 것이라고 했다(27절).

여기 27절을 근거로 주님께서는 "선지자 다니엘이 말한바 멸망의 가증한 것이 거룩한 곳에 선 것"(마 24:15)을 말씀하셨다.

그리고 더욱 놀라운 사실은, 계시록이 바로 다니엘 9장 27절에 근거한 미래의 종말 세상에 대한 '7년 대환난'의 예언으로 계속 이어지고 있다. 다니엘 9장 27절의 '한 이레'라는 말이 '7년 대환난'으로, '그

이레의 절반'이라는 말이 계시록 11장 2절의 "마흔두 달", 3절의 "천이백육십 일", 12장 6절의 "천이백육십 일", 12장 14절의 "한 때와 두 때와 반 때" 13장 5절의 "마흔두 달" 등의 표현으로 '전 3년 반, 후 3년 반'이라는 계시록 6~18장 내용의 기초가 되고 있다.

이렇게 이 세상의 종말인 '7년 대환난'이라는 전무후무한 최악의 환난 때 영계에서는 하늘 군사권의 총 책임자인 미가엘(단 10:13)이 나타나 대대적인 영적 전쟁이 전개될 것이라는 내용이 다니엘 10~12장에 기록되었다. 이때 북방 왕(단 11:28)과 남방 왕(11:40) 등 악한 영들이 이스라엘을 대대적으로 핍박할 때 천사장이 극렬한 투쟁으로 싸워 이길 것이 예언되었다.

우리가 다니엘을 통해 배울 교훈이 무엇인가?

그것은 정치, 군사, 세상 문화 등등 모든 현상의 배후에 악한 영이 사람들 속에 들어가 세상을 혼란시키고 있다는 사실이다.

악한 영이 초대교회 때는 네로 황제 속에 들어갔고, 중세 때에는 사악한 교황들 속에 들어갔으며, 세계 제1, 2차 대전 때는 히틀러나 무솔리니, 스탈린 속에 들어갔었다. 사상적으로 공산주의를 만든 칼 마르크스나 신의 죽음을 외친 니체, 진화론을 주장한 다윈 등은 그 속에 악한 영이 들어가서 세상을 혼란스럽게 만든 것이다.

그런데 앞으로 세상의 마지막 때가 되면 적그리스도가 정치적 지도자로 나타나고, 또 종교적 지도자로 나타난다. 그 내용이 계시록 13장에 '바다에서 올라오는 짐승'인 정치적 지도자이고, '땅에서 올라오는 짐승'은 거짓 선지자(계 16:13)의 내용이다.

우리는 세상이 어떻게 전개가 될 것이고 세상의 마지막이 어떻게 될 것인가를 예언한 다니엘서가 500여 년 후에 사도 요한에 의해 계시록으로 연결된 사실을 발견한다. 성경의 구약, 신약의 이와 같은 미래의 종말 사상은 세상에서 하나님 뜻대로 살아가게 만드는 안내서인 것이다.

2. 석가모니

이스라엘의 다니엘(B.C. 605~535) 때 인도에서는 석가모니(B.C. 623~544)가 태어났다. 이들은 동시대인이지만 전혀 다른 두 세상을 살아갔다.

1) 석가모니의 생애

석가모니의 생애에 대한 전승에는 두 가지가 있다. 하나는 B.C. 623~544년 설이고, 다른 하나는 B.C. 557~447년 설이다. 왜 이렇게 통일되지 않은 두 개의 주장이 계속되는지 알 수가 없다.

여기서는 고대 설을 따르고, 석가모니의 생애로 국한시키겠다. 석가모니 제자들이 만든 불교에 관한 내용은 생략하겠다.

'석가'(Sakya)는 종족 이름이고, '모니'(muni)는 성인이란 뜻이다. 석가모니는 네팔 남쪽 국경 근처의 '카필라바스투'(kapilavastu) 성주인 슈도다나(Suddhodana) 왕의 태자로 태어났다. 성(姓)은 고타마(Gotama), 이름은 '시다르타'(Siddhartha)였다. 어머니인 마야(Maya) 부인이 시다르타 출산 후 7일 만에 죽음으로 이모 밑에서 양육되었다. 소년 시절 과학, 천문, 의학 등의 학문과 바라문교의 성전인 4베다(Veda) 경전 교육과 무예를 배웠다. 19세 때 이웃 성주의 딸 야쇼다라(Yasodhara)와 결혼해 아들 라훌라(Rahula)를 낳았다.

그는 인간의 생로병사에 관한 심각한 고뇌 끝에 29세에 출가하여

6년 동안 걸식을 하며 여러 스승들에게 배운다. 고행으로 해탈을 못하던 그가 보리수 밑에 명상을 시작한 지 7일 만에 대성 각성의 도를 깨닫는다.

35세에 성불한 후 45년 동안 1,000여 명의 제자들에게 자기의 깨달음인 4제(四諦) 팔정도(八正道) 진리를 가르친다. 그는 왕, 이교도, 장년 등을 가르친 후 5수행자를 최초의 비구니로 삼는다. 그리고 80세에 열반에 들어간다. 그의 사후 시신 다비식을 하니까 사리(舍利)가 8말 8되가 나왔다. 그 사리를 8등분해서 8곳에 사리탑을 세웠다.

불교에서는 ① 그가 태어난 룸비니 동산, ② 그가 도를 깨달은 부다가야, ③ 그가 최초로 설법한 미가라야, ④ 그가 입멸한 쿠시나가라를 4대 성지라고 한다.

그가 평생 가르친 교훈은 '4제8정도'이고, 사후 100년 후 비구니들 700명이 만든 4야함경과 법구경은 제자들이 만든 경전이고, 사후 600년 후 비구니들 500명이 만든 왕문경, 반야경, 그 후에 부도경, 해밀심경, 법화경, 금강반야바라밀경, 열반경, 금강정경, 화엄경들이 계속 만들어졌다.

2) 석가모니의 사상

석가모니의 사상은 '4제8정도'이다.

석가모니 사상의 시작은 인간의 '고통'(苦痛)이 왜 생기는가 하는 고뇌에서 시작된다.

석가모니가 본 인생의 삶은 전부가 고(苦)이다.

① 생로병사 전체가 고통이다

② 원증회고(미운 사람과 더불어 사는 것도 고통)

③ 애별리고(사랑하는 사람과 이별해야 하는 것도 고통)

④ 구득불고(바라는데도 얻지 못하는 것도 고통)

그렇다면 그와 같은 고뇌, 고통의 원인이 무엇인가? 그것을 네 가지 원인이라는 4제(四諦)로 설명한다. 여기서 말하는 '제'(諦)란 '살필 제' 자를 쓴다. 무엇을 살펴야 하는가?

① 고제(苦諦): 세상의 모든 고뇌가 미혹에서 시발된다.

② 집제(集諦): 미혹되는 것을 떨쳐 버리지 못하는 집념이 고뇌를 계속 이어간다.

③ 멸제(滅諦): 집념을 멸해 버려야 열반의 경지에 도달할 수 있다.

④ 도제(道諦): 이상적 열반의 경지에 도달하려면 다음의 8정도의 수행을 계속해야 한다.

팔정도(八正道)란?

① 정견(正見): 바른 견해를 가져야 한다. 특정한 쪽에 기울어진 견해가 아닌 정당한 견해

② 정사성(正思性): 바른 견해를 지키겠다는 바른 의지

③ 정어(正語): 바른말, 편벽되지 않는 말의 실천

④ 정업(正業): 바른 행위

⑤ 정명(定命): 바른 생활

⑥ 정정진(正精進): 바른 생활을 하려는 노력

⑦ 정념(正念): 바른 생각을 계속 유지하는 것

⑧ 정정(正定): 바른 명상을 유지하는 것

이상이 소위 '팔정도'(八正道)이다.

결론

다니엘(B.C. 605~535)과 석가모니(B.C. 623~544)는 같은 동시대를 살아갔다. 다니엘은 그의 사상이 온통 미래 세상에 쏠려 있다. 바벨론 제국이 망한 후 페르시아, 그리스, 로마 제국으로 이어질 미래의 정치 세력의 향방은 어떤가? 이스라엘의 미래는 어떻게 전개될 것인가? 다니엘의 사상은 미래의 대환난과 영적 세계의 투쟁에 관한 그림을 그려 놓았다.

한편 석가모니는 어떤가? '인간이 왜 고뇌가 계속되는가? 인간의 고뇌를 없애려면 내 속의 내면을 어떻게 잠재워야 하는가?' 석가모니는 인간의 내면을 다스리는 인간 성찰에만 집중했다. 그 결과 인간의 내면 상을 각각 다르게 깨달은 8만 대장경을 만들어냈다. 그래도 아직까지 완전한 해답이 없다.

다니엘이야말로 세상의 미래를 보게 하는 참 선각자였다.

그에 반해 석가모니는 인간의 자기 내면에 집착하도록 인간 성찰에만 주력하였다.

사람은 자기 자신도 자신을 믿을 수 없다. 이 같은 내면의 성찰은 적극적 전개보다는 만사를 위축되게 만드는 매우 소극적, 폐쇄적 인간을 만들게 한다. 인간은 부족해도 미래에 대한 꿈들을 가져야 발전이 가능하다. 두 사람이 동시대인이었으나 인류에 끼친 기여는 완전히 다르다.

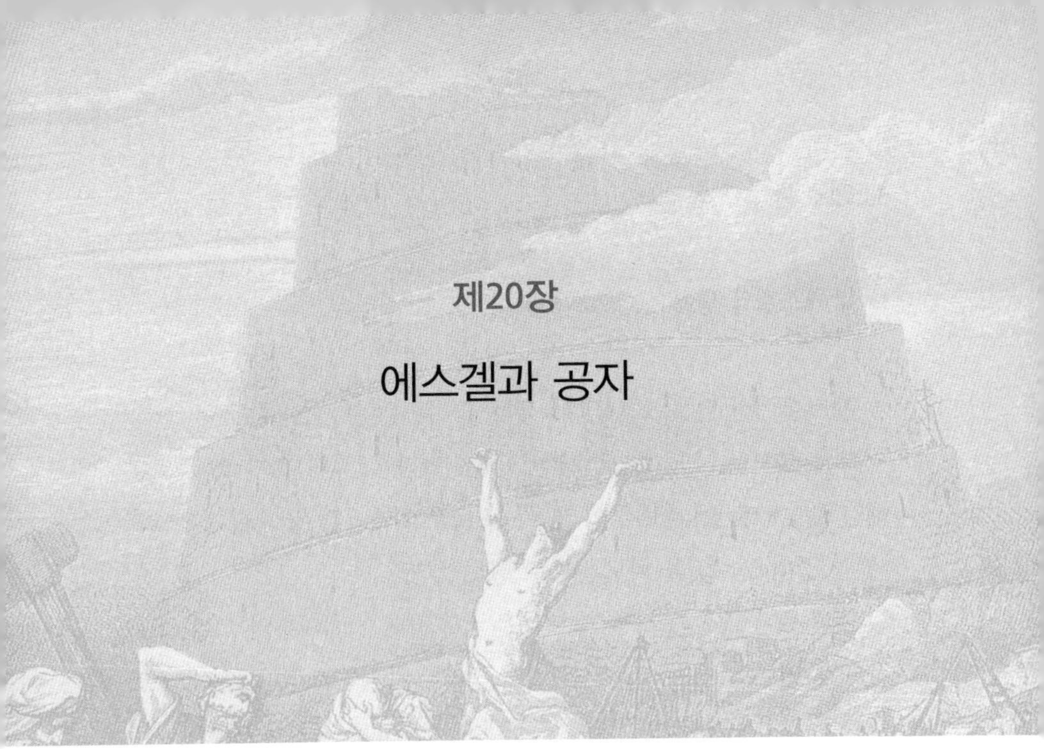

제20장

에스겔과 공자

서론

에스겔은 남왕국 유다가 B.C. 597년에 바벨론에 의해 침략당했을 때 2차 포로로 잡혀간 약 1만 5천 명(렘 52:24~30) 중 하나였다. 그런데 하나님께서 포로민 중 하나인 에스겔을 선지자로 부르신다.

에스겔은 포로민 중 하나로 권위를 다 상실한 채 약 20년간(B.C. 592~570) 선지자 활동을 한다. 그는 '에스겔서'를 남겼다.

에스겔과 거의 동시대인인 공자는(B.C. 552~479) 중국의 춘추시대(B.C. 770~481)에 태어나 혼란된 세상을 예(禮)로써 다스려야 한다는 독특한 주장을 하였다. 공자는 그의 가르침과 생애를 후에 제자들이 편찬한 '논어'(論語)로 남겼고, 그가 편찬했다는 '시경', '서경', '역경'이 전해진다.

에스겔과 공자는 동시대에 전혀 다른 두 세상을 각각 다르게 살아간 인물들이다. 이 두 사람의 생애와 사상을 살펴보자.

1. 에스겔

1) 에스겔의 생애(B.C. 592~570)

'에스겔'이란 말은 '하나님은 강하시다'는 뜻이다.

그는 부시의 아들로 태어난 제사장이었다. 그런데 그가 25세 되던 해인 B.C. 597년에 바벨론이 제2차 포로로 여호야김 왕과 함께 약 1만 5천여 명의 포로민을 바벨론으로 끌고갔다.

당시 유다 출신 포로들 대부분은 유프라테스강 지류인 그발(1:1, 3) 강가의 '닙푸르'(Nippor) 근처의 임시 정착촌에 배치되었다. 유다 포로들은 유프라테스강의 물줄기를 바벨론의 주요 도시들로 연결시키는 대규모 운하 공사에 투입된 것 같다. 에스겔은 제사장이지만 포로민들과 함께 군중 속의 노동자로 약 5년간 막노동에 종사한다.

그런데 에스겔이 나이 30이 되는 B.C. 593년에 하나님께서 에스겔을 선지자로 부르신다. 이때 에스겔은 약 7년간 아직도 고국에 남아 있는 동족들에게 유다가 망할 테니 회개하라고 외친다. 그렇게 7년 동안 조국 유다를 향해 외친 예언이 에스겔 4~24장 내용이다. 그렇게 7년간 예언한 대로 B.C. 586년에 유다는 완전히 망한다.

B.C. 586년 조국 유다가 멸망한 후에는 그의 예언 내용이 달라진다. 에스겔은 25~32장까지 15년 동안을 이방 나라들에 대한 심판을 예언한다. 그리고 에스겔 33~48장까지는 이스라엘이 회복될 것을 예언한다.

에스겔은 약 20여 년간 예언 활동을 했다. 그리고 비교적 정확한 연대순으로 에스겔서를 남겼다.

2) 에스겔서의 내용

① 서론(1:1~3:15)

여호와의 영광스러운 현현과 에스겔의 소명

② 유다의 심판(3:16~24장)

③ 이방의 심판(25~32장)

④ 이스라엘의 회복과 종말 때 선민의 이상왕국(33~48장)

- 이스라엘의 회복(33~39장)
- 종말 세상 때 이뤄질 왕국의 환상(40~48장)

에스겔서 내용 중 마지막 내용인 에스겔 33~48장의 내용은 아직까지 이뤄지지 않은 미래의 종말론에 해당되는 내용이다. 이 부분은 계시록 예언과 상치되는 내용으로 많은 논란이 되고 있다. 뒤에서 살펴보도록 하겠다.

3) 에스겔의 사상

(1) 패역한 시대를 향한 갖가지 상징적 메시지

하나님께서는 이스라엘 민족을 위해 수많은 사역자들을 기회 때마다 선발해 사용해 오셨다. 그래서 하나님의 말씀을 대언케 하심으로 하나님의 사역을 이어오셨다.

하나님의 사역자들 모두는 좋은 환경이나 안정된 방법들이 아니라, 각 시대마다 많은 고난과 역경들을 감수해 가면서 시대와 역행되는 방법으로 사역들을 수행해야 했다. 그 대표적인 예가 바벨론 포로라는 극한 상황에서 활약한 다니엘과 에스겔이다.

다니엘의 경우는 바벨론 왕궁이라는 도시생활 속에서 육체적으로 자유롭지만 정신적, 신앙적으로 고독한 투쟁을 해야 했다.

에스겔의 경우는 육체적으로 부자유한 노동자로서 부과된 포로민의 말단 생활을 해가면서 동족들에게 예언 활동을 해야 했다. 에스겔 자신이 바벨론 포로민인데, 그 환경에서 고상한 하나님의 말씀을 전하려 할 때 동족들의 반응은 너무 냉소적이었다. 그래서 에스겔은 하나님께서 주시는 엄숙한 메시지를 언어로 전달하다 못해 갖가지 상징적인 표현들로 하나님의 뜻을 전달한다.

4장 1~3절에서는 흙으로 만든 토판 성과 그 주위를 둘러싼 철벽으로 예루살렘이 포위되어 공격당할 것에 대한 상징적인 메시지를 전하게 하신다. 4장 4~8절에서는 40일 동안 왼쪽으로만 누워 있음으로 바디 랭귀지(Body language)를 통해 전하게 하신다.

4장 9~17절에서는 인분 대신 쇠똥으로 떡을 구워 먹게 함으로 괴이한 메시지를 전하게 하신다. 5장 1~4절에서는 에스겔의 머리털과 수염을 깎아 3분의 1씩 불태우는 상징 행위로 메시지를 전하게 하신다.

또 12~24장에서는 유다가 하나님의 심판을 받을 것에 대한 상징적인 표적과 비유가 10여 가지 이상 계속된다. 12장 1~16절에는 포로로 끌려가는 행장의 표적, 12장 17~28절에는 떨면서 음식을 먹고 근심하면서 물을 마시는 땅의 황폐해질 것의 표적, 15장 1~8절에는 포도나무를 불에 던지는 표적이 나온다.

16장 1~63절에는 길가에 버려진 고아를 양육하여 훌륭한 인격자로 만들어 결혼시켜 놓았더니 그가 음란한 자녀들을 출산하는 이스라엘의 비유, 17장 1~24절에는 독수리 두 마리와 포도나무의 비유, 19장 1~14절에는 암사자 배신의 비유, 20~24장에서는 예루살렘에 대한 심판의 메시지 등등 에스겔의 전반부 7년 동안의 메시지는 다 기울어진 조국 유다의 죄악을 신랄하게 비판하는 내용이다.

에스겔의 메시지는 단순한 언어의 선포만이 아니다. 몸동작을 통한 메시지와 상징적인 행위의 메시지와 다양한 비유를 통한 메시지 등, 메시지 전달 방법이 매우 다양한 것이 에스겔의 특징이다.

하나님께서는 왜 이처럼 독특한 방법으로 에스겔을 사용하셨을까? 에스겔의 메시지를 들어야 하는 당시의 포로민들은 자기들이 그토록 믿고 의지해 왔던 하나님에 대해 철저한 불신을 품고 있는 자들로, 신앙적으로 밑바닥 수준이었다. 저들은 하나님이 세상 모든 나라들의 주인공이고 자기 민족은 하나님이 선택한 선민이기에 결코 망할 수 없다고 철저하게 믿고 있었다. 그렇기에 1차, 2차 포로로 나라 멸망이 눈앞에 다가왔는데도 선민의식에만 사로잡혔을 뿐, 자기들이 범죄자 죄인이라는 것을 깨닫지 못하고 있었다.

에스겔은 마지막 남은 기간이라도 포로 된 자들의 회개를 통해 조국에 남아 있는 동족들이 회개할 수 있기를 바랐다. 그러나 포로민들은 자기들이 포로 된 것에 대한 원망과 불만으로 하나님의 메시지 자체를 거부했다.

이렇게 하나님 말씀 듣기를 거부하는 동족들에게 에스겔은 말이 아니라 상징이나 비유로 메시지를 전할 수밖에 없었던 것이다.

에스겔서 전체에는 "그때에야 그들이 나를 여호와인 줄 알리라"는 말이 70여 회나 반복되고 있다(6:10, 13, 7:4, 9, 27, 11:10, 12, 12:15, 16, 20, 13:9, 14, 21, 23, 14:8, 23, 15:7 등).

이 말은 무엇을 의미하는가? 오만한 선민의식에 사로잡혀 살아오다가 이방인 바벨론에게 포로로 잡혀온 현실을 이해하지 못하고 믿지 못하는 남왕국 유다 백성들의 수준을 뜻한다.

하나님께서는 지금도 이 시대를 향해 깨닫지 못하고 세상인들 수준에 따라 물결처럼 살아가는 형식적 종교인들에게 갖가지 상징들을 보여주고 계신다. 그것이 성경에 기록된 하나님의 사람들의 기준에다 자기 삶을 맞추고 돌출적으로 살아가는 소수의 의인들의 모습이다. 그러나 대부분의 사람들은 애써 성경적 표준을 외면하고 세상 사람들의 기준대로 자신의 기준을 격하시키고 살아간다. 이렇게 무기력한 종교인들에게 필요한 메시지는 심판을 당해 봐야 '그때에야 너희들이 나를 여호와인 줄 알리라'는 말이다.

(2) 선민 중심이 아닌 개인 중심의 구원

에스겔서의 전반부에 해당하는 4~24장 내용은 선민이라고 믿어온 유다 민족에 대한 심판의 내용이다. 그리고 25~32장 후반부 일부에는 이방인에 대한 심판도 선포되고 있다.

에스겔은 유다 민족이 철석처럼 믿고 있는 선민의식이 얼마나 잘못되었는가를 신랄하게 비판한다.

이스라엘 민족은 하나님이 자기들의 아버지이니까 아버지로부터 보호와 축복만 받아야 하고, 심판이나 징계는 받아서는 안 된다고 믿고 살아왔다. 그래서 에스겔 18장에는 '아버지가 신 포도주를 먹은 것이 아들의 이가 시다'는 무책임한 속담처럼 자신들의 불행이 자신들의 잘못이 아니라 조상들 탓이라는 잘못된 선민의식을 강렬하게 비판한다. 이렇게 에스겔은 선민 중심의 역사관을 강하게 부정한다.

그리고 에스겔 14장에는 철저한 개인 중심의 구원임을 강조한다. 노아, 다니엘, 욥 이 세 사람은 모두 다 하나님께 인정받은 의인들이다. 그런데 그들의 아들이라고 해서 다 구원받았는가? 천만의 말씀이다. 하나님의 구원은 철저한 개인 중심일 뿐, 아버지가 훌륭하다고 해서 그 자식들이 구원받는 것이 아니라고 에스겔은 말한다.

다윗이 역사에 위대한 믿음의 사람이었다. 그러나 그의 아들 솔로몬의 노년은 방탕한 우상 숭배자였다. 히스기야 왕은 믿음이 좋은 성군이었다. 그러나 그의 아들 므낫세는 남왕국 유다 왕들 중 최악의 왕이었다. 요시아 왕은 성전에서 발견된 율법책을 보고 종교개혁을 단행한 용감한 왕이었다. 그러나 그의 아들 여호야김은 예레미야를 박해하고 두루마리를 베어서 화로에다 불태우는 만행을 저지르다가 바벨론 2차 포로 때 눈이 뽑힌 채 포로로 잡혀가 죽었다.

에스겔은 선민이라는 도매금 구원은 진리가 아님을 전한다. 노아, 다니엘, 욥이 하나님 앞에 있다 하더라고 그들의 자녀를 자기 마음대로 구원할 수가 없다. 하나님의 구원은 철저한 개인의 개별적 구원이다. 부모라도 자식 구원을 마음대로 못할진대 이 세상의 모든 구원은 다 각각 자기 생명은 자기가 해결해야 한다. 에스겔은 철저한 개인 구원을 강조한 선지자다.

이와 같은 개인 구원 사상이 고린도전서 3장 10~17절에 나타난다. 바울 사도는 만인이 구원받을 믿음의 기초는 예수 그리스도뿐이고, 그 기초 위에다 각각 개별적인 건축을 해야 함을 말한다. 그리스도의 기초 위에다 나무나 풀이나 짚같이 불에 타 버릴 재료로 건축하는 자는 공적을 심사할 때 재료가 타 버림으로 상급을 받지 못하게 될 것이다. 그러나 금이나 은이나 보석처럼 불에도 타지 않는 재료로 믿음을 건축하는 자는 공적 심사 때 큰 상을 받게 될 것이다.

여기서 개인 구원과 상급 받을 자를 말해주고 있다.

(3) 선민을 위한 종말론

에스겔서의 후반부에서는 이방인에 대한 심판(25~32장)과 이스라엘의 종말적 회복(33~48장)으로 위로를 전한다.

에스겔이 바벨론 포로민들을 향해 미래의 희망을 예언하는, 이스라엘의 회복에 대한 내용인 33~48장은 아직까지 이뤄지지 않은 내용이다.

그중에서 37장의 에스겔 골짜기에 쌓여 있는 마른 뼈들을 향한 예언이 1945년 이스라엘의 신생국 탄생으로 일부 성취되었다고 보는 견해도 있다. 그러나 에스겔 38~39장의 바사, 구스, 붓, 고멜, 도갈마 족들이 연합 전선을 형성해 이스라엘을 공격하는 전쟁은 아직 이뤄지지 않았다.

여기 기록된 곡과 마곡이 계시록 20장 8절에 곡과 마곡으로 연결된다. 그렇기에 곡과 마곡의 전쟁은 미래에 있을 계시록의 내용이다.

그런데 40~48장의 내용에는 종말 때에 새 성전이 세워지고 제사제도가 복원될 것이 예언되고 있다. 이 부분의 내용이 세 부분으로 구성되어 있다. 전반부 40~43장은 새 성전의 식양과 새 성전의 영광, 중간부 44~46장은 새 성전에서 드려지는 새 제사제도, 후반부 47~48장은 새 성전에서 발원하는 생명수 내용이다.

이 모든 내용을 미래에 이루어질 예언이라고 본다면 많은 문제점이 따른다. 계시록 21장 22절에서 "성 안에서 내가 성전을 보지 못하였으니 이는 주 하나님 곧 전능하신 이와 및 어린양이 그 성전이심이라"라고 한 계시록 내용과 완전 배치가 되기 때문이다.

여기서 우리는 '계시의 점진성'(Progressive of Revelation)이라는 신학 개념을 이해해야 한다.

구약 사람들은 건물 성전 개념을 갖고 살아갔다. 그러나 주님은 자신의 육체가 성전이라고 하셨다(요 2:21). 그리고 구약의 제사 대신에 시간과 장소에 구애받지 않는 신령과 진정의 예배가 하나님이 찾으시는 바라고 하셨다(요 4:23~24). 바울 사도는 성령을 모신 자가 하나님의 성전이고(고전 3:16~17), 우리는 살아 계신 하나님의 성전이라고 했다(고후 6:16).

이렇게 건물로서의 성전과 제사 제도가 사라진 신약성경 진리가 장차 미래에 다시 재생된다는 에스겔의 예언을 사도 요한의 한마디로(계 21:22) 완전히 정리된다.

그렇다면 우리는 에스겔의 성전 회복과 제사 제도 부활의 예언을 어떻게 이해해야 하는가? 그것은 에스겔 당시 조국을 잃고, 성전을 잃고, 종교제도를 잃은 이스라엘 민족에게 장래에 회복될 미래상으로 희망을 주고 위로를 주는 메시지였다고 이해할 수 있다. 물론 에스겔 예언 중 어느 부분은 예언으로 이해하고, 어느 부분은 당시 백성들에게 적용시킨다는 신학적 모순이 따르는 불완전함은 남는다. 그래도 처음 계시보다는 뒤의 계시와 최종 계시가 더욱 정확하다는 신학적 원칙으로 대승적으로 수용해야 할 것 같다.

2. 공자(B.C. 552~479)

주전 6세기에 이스라엘의 예언자로 에스겔이 있었다. 에스겔은 바벨론 강대국에 의해 강제로 포로로 잡혀가 노동자로 혹사당하는 속에서 예언 활동을 했다.

에스겔보다 100여 년 늦은 때에 중국에서는 춘추시대라는, 전란에 의한 변화가 많은 시대를 겪게 된다. 이 무렵에 걸출한 사상가들이 많이 출현한다. 순자, 묵자, 한비자, 노자, 장자 등 소위 제자백가들이 어지러운 나라를 바로잡을 방법으로 갖가지 독특한 주장들을 내세운다. 그중에서 공자의 주장이 후대의 맹자와 연결되면서 유교라는 형태로 전승되고 있다.

여기서는 공자의 생애와 사상을 살펴보겠다.

1) 공자의 생애

공자의 이름은 구(丘)이고, 자는 중니(仲尼)이다.

아버지는 숙량흘(叔梁紇)로 70세가 다 된 노인과 16세의 무녀(巫女) 안씨(顔氏) 사이에서 태어났다. 그가 태어난 곳은 현재 산동성 곡부현 남쪽 80리 되는 창평향(昌平鄕) 추읍(陬邑)이었다. 그가 세 살 때 아버지를 여의고 어려운 환경 속에 자라나 청년 시절 한때 창고 관리직과 축산 담당자로 가사를 돕는다. 19세기 때 키가 9척 6촌의 장대한 몸으로 송나라의 딸과 결혼하여 아들 리(鯉)를 낳았고, 그가 공자의 손자 자사(子思)를 낳았는데 자사가 '중용'(中庸)을 지었다. 공자가 24세 때 어머니마저 세상을 떠난다.

공자는 주(周)나라에 가서 노자(老子)에게 예(禮)를 배우고 돌아와 학문 연구에 몰두한다. 그가 30대가 되었을 때는 제자들이 모여들었다.

공자 나이 35세 때 공자의 조국 노(魯)나라의 정치가 소공(昭公)이 제(濟)나라로 달아나자 노나라가 혼란해졌다. 공자는 제나라로 가서 고소자(高昭子)의 가신이 되어 뜻을 펼쳐 보려 했으나 반대자로 인해 노나라로 돌아왔다. 공자가 벼슬 할 뜻을 버리고 시서(詩書)와 예악(禮樂)을 닦자 제자들이 더욱 많이 모여들었다.

공자 나이 51세 때 노나라의 정공(定公)이 공자를 중소도시의 비읍으로 임명했는데 1년 만에 치세가 빛이 났다. 공자 나이 53세 때 국토를 다스리는 농업 장관인 사공이 되고, 이듬해에는 사법 장관인

대사구(大司寇)를 거쳐 55세 때 재상의 직무를 대행하는 정승의 일을 하였다.

당시 노나라는 맹손, 계손, 숙손의 3중신이 권력을 장악하여 왕실의 권위가 떨어져 있었다. 공자는 이들 3중신을 축출하고 나라의 기강을 세우려 하다가 오히려 저들의 모함으로 축출당한다.

공자는 나이 55세 때 노나라를 떠나 68세가 되기까지 약 14년 동안 온갖 고초를 겪으면서 여러 나라들을 순회하며 그의 가르침을 전파한다. 그러나 위, 조, 진, 송, 채 여러 나라들 사람들이 공자의 가르침을 받아들이지 않자 현실 정치의 집념을 버리고 고국에 돌아온다.

고국으로 돌아온 공자는 69세부터 74세로 세상을 떠날 때까지 제자 교육과 자기 수양에 전념한다. 이 무렵에 시경(詩經)과 서경(書經)을 편찬하며, 예(禮)와 악(樂)을 제정하고, 주역(周易)을 주석하고, 춘추(春秋)를 저술했다고 한다. 그러나 그 자신이 직접 저술한 책은 아무것도 없고, 제자들이 공자의 가르침과 언행을 편술한 '논어'(論語)가 공자의 직접적인 사상이라고 전해진다.

2) 공자의 사상

공자는 요순시대와 주(周)나라 때의 제도를 가장 이상적인 모델로 삼았다. 주나라는 B.C. 11세기~B.C. 771 때의 서주(西周) 시대와 B.C. 771~249 때의 동주(東周) 시대로 나뉜다. 그중 동주 시대는 대략 춘추전국시대이다. 공자가 태어난 때는 동주 춘추전국시대였기에 그가 말하는 주(周)란 서주(西周) 시대를 의미한다.

공자는 요순 시대나 서주 시대가 실천한 덕(德)을 중심한 예(禮)를 갖춘 이상적 국가 사회를 주장했다.

공자의 사상을 요약한다면, '도(道)에 뜻을 두고 덕(德)에 의거하여 인(仁)에 의지하며 예(禮)에서 노니는 것'이다. 공자가 말하는 인(仁)이란 공손함(恭), 너그러움(寬), 미더움(信), 민첩함(敏), 은혜로움(惠), 지혜(知), 용기(勇), 의리(義), 효(孝)까지 포함한다. 인(仁)을 실천하는 방법으로 예절(禮節)과 도의(道義)를 말했다.

예(禮)는 인간의 외면을 다스려 주고, 낙(樂)은 인간의 내면을 다스려준다. 따라서 예로써 행실을 바로잡고 낙으로써 화합을 이룩해야 한다.

이와 같은 예(禮)와 낙(樂)을 갖춘 이상형이 군자(君子)이다. 군자는 의리에 밝고 소인은 잇속에 밝다. 군자는 화합하나 뇌동하지 않고, 소인은 뇌동할 뿐 화합하지 않는다. 군자는 위로 발전하나 소인은 아래로 발전한다. 군자는 자기 탓을 하고 소인은 남의 탓을 한다. 군자는 일에 민첩하고 말은 신중히 한다.

공자의 가르침이라는 '논어'에는 교훈되는 내용이 많다. 하루에 매일 세 번씩 반성하라. 어진 사람에게는 미인을 사랑하듯 하고, 부모를 섬길 때는 젖 먹던 힘까지 바치고, 임금을 섬길 때는 몸과 마음을 바치고, 벗과 사귈 때는 믿음의 말만 골라서 해라. 제사를 지낼 때는 조상이 와서 계신 것처럼 해야 한다.

아침에 도를 들으면 저녁에 죽어도 한이 없다. 덕이 있는 사람은 외롭지 않은데, 이것은 반드시 이웃이 있기 때문이다. 지혜로운 사람은 물을 좋아하고 어진 사람은 산을 좋아한다. 나는 태어날 때부터 도를 깨달은 사람이 아니다. 다만 옛것을 좋아해서 그것을 빨리 알기 위해 노력한 사람이다. 사치가 심해지면 거만해지고, 검소하면 인색해진다. 그래서 거만한 것보다는 인색한 것이 훨씬 좋다. 새는 죽음이 눈앞에 다가오면 애처롭게 울고 사람은 죽음이 다가오면 말이

선하게 된다.

공자의 지식과 학문은 대단히 출중했다. 그의 학문을 서양의 철학자들과 비교해도 결코 모자랄 바가 없다. 그러나 그의 가르침들은 모두가 인생의 삶에 국한되어 있다. 그의 가르침의 영역은 정치, 사회, 가정, 국가 등 현실적인 삶에 적용되어야 할 삶의 지침서들이다. 공자에게는 미래 세상에 대한 관심이 없다.

자로(子路)가 귀신 섬기는 일을 묻자 공자는 "사람도 제대로 섬기지 못하면서 어찌 귀신을 섬기겠느냐?"라고 하였다. 또 죽음이란 무엇인가 묻자 "미지생(未知生)이어늘 언지사(焉知死)리요? 아직까지 삶도 알 수 없는데 어찌 죽음을 안다고 하겠느냐?"라고 답하였다. 삶의 일부들에서 깨달은 것을 가르치지만 죽음은 모른다고 한 것이다.

이와 같은 공자의 가르침은 인생의 지혜서로 가치가 있다. 그렇기에 그의 가르침을 죽음 이후의 미래 세계를 예언하는 선지자 에스겔과 비교할 수가 없다.

결론

에스겔(B.C. 592~570)과 공자(B.C. 552~479) 두 사람이 동시대에 살아간 옛사람이라는 공통점은 같다. 그러나 두 사람이 남긴 사상적 영향력은 너무 격차가 크다.

에스겔은 자기가 비록 포로민이요 노역자였으나 그가 제시하는 미래 세계는 수천 년 미래의 꿈들이었다. 공자는 젊은 시절 정치적 경험들과 인간들의 경험에서 매우 고상한 삶의 지혜들을 말했다. 에스겔을 통해서는 인생의 방향성을 배우지만 공자에게서는 인간들 속에서의 관계의 지혜를 배운다.

두 사람이 다 각각 공헌을 했는데 에스겔은 세상 전체의 역사관을 깨우쳐 줬다면, 공자는 어느 시대에서든지 인간관계의 지혜를 깨우쳐 줬다고 할 수 있겠다.

그런데 이들 두 사람의 가르침이 수천 년 흘러오면서 어떤 결과들을 만들어냈는가를 비교해 보자. 에스겔의 가르침은 수천 년이 지난 지금도 인류의 미래사에 관한 해답을 제시해 주고 있다. 반면에 공자의 가르침은 어떤 결과를 가져왔는가? 유교의 정신을 건국 정신으로 삼은 조선왕조 500년 역사가 가장 정확하게 유교를 만든 공자의 정신을 증명한다. '조선왕조 500년' 하면 무엇이 떠오르는가? 성리학의 공리적 논쟁으로 500년간 끝없는 분파와 투쟁들이 각종 사화로 이어졌다. 공직 사회와 사람을 신분별로 차별화한 서민들의 신분 차별은 끝없는 갈등과 참화를 거듭하게 만들었다.

우리는 공자의 인생 지침서들은 참고하되, 공자가 만든 경전들로 인한 사회 갈등은 배격해야 하겠다는 역사의 교훈을 깨닫게 된다.

그에 반해서 에스겔은 조국이 망해서 외국의 포로생활을 하며 아내마저 사별당한 비참한 환경 속에서도 하나님 말씀에 사로잡혀 살아갔다.

그렇게 비참한 환경 속에서도 하나님 말씀에 사로잡혀 산 그의 삶과 기록은 수천년 동안 수많은 인류에게 불명의 진리를 전해주고 있다.

우리의 삶도 하나님 말씀에 사로잡혀 살아가야만 가치있는 삶으로 기억될 것임을 깨닫게 된다.

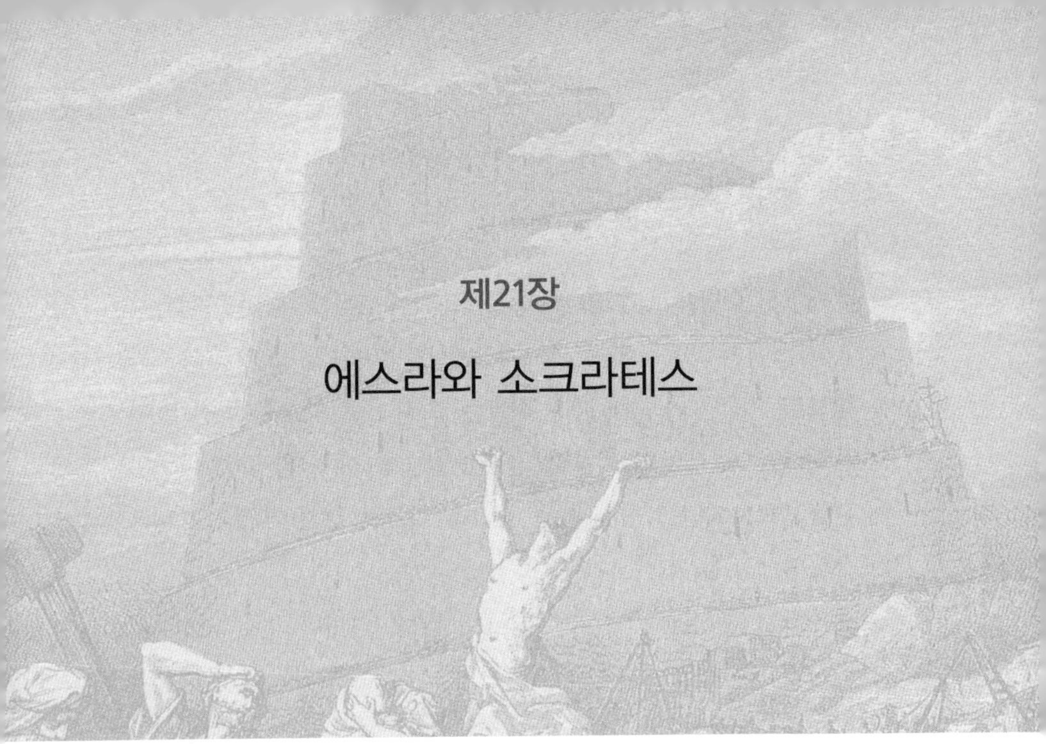

제21장 에스라와 소크라테스

서론

에스라는 B.C. 538~458년에 살다갔다. 그는 남왕국 유다가 B.C. 586년 바벨론에게 멸망했을 때 포로로 끌려간 유대인의 아들로 바벨론에서 태어났다. 그는 바벨론 포로생활 70년 세월을 바벨론에서 보냈다.

그는 포로민의 극한 상황 속에서도 여호와 신앙을 굳게 지키면서 동시에 적국인 바벨론의 문화도 배워 나갔다. 그렇게 바벨론의 포로 생활 70년을 헛되게 보내지 않고 자기 신앙을 지키며 주어진 시대 환경도 배워 나갔다.

그렇게 포로생활 70년이 지난 후 세상이 달라졌다. 바벨론이 페르시아에 망했다. 에스라는 새 주인이 된 페르시아를 또 배웠다. 그래서 새 주인이 된 페르시아인들은 에스라를 귀중하게 보았다. 드디어 페르시아는 남아 있던 유대인들에게 제2차 귀환을 허락한다. 이때 에스라가 지도자가 된다.

에스라는 고국에 돌아와 무너진 조국 재건에 전력한다. 에스라는 조국 재건의 수단으로 율법 강론을 사용한다. 당시 귀환민들 대다수가 70년 바벨론 포로생활로 모국어인 히브리어를 잘 몰랐다. 에스라는 히브리어로 된 율법을 읽은 후에는 그 내용을 백성들이 잘 알아들을 수 있는 갈대아어로 설명을 해준다(느 8:5~9). 이와 같은 이중언어 활용으로 100년 이상 피폐된 율법을 새로운 정신 혁명의 기본으로 삼는다.

에스라는 제2차 포로 귀환민의 지도자만이 아니라 고국에 돌아온 유대인들의 영적 갱생의 지도자로 활약을 하고, 또 에스라서 10장과 역대상·하의 역사서를 남기고(대하 36:22~23과 스 1:1~4), 또 구약성경의 시편들을 최종적으로 편찬하는 일도 한다.

에스라의 공적은 매우 다양하다. 그래서 하버드대 영문과 교수인 마틴 푸크너는 《글이 만든 세계》라는 저서에서 에스라가 구약의 경전을 탄생케 만든 인물이라는 주장을 했다.[29]

사실은 히브리 원전과 최초의 70인역 성경에는 에스라서와 느헤미야가 한 권으로 되어 있다. 그런데 라틴어 성경(Vulgate)이 저자에 따라 에스라와 느헤미야로 구분해 놓았다. 영어 성경들은 라틴어 성경을 따라 둘로 구분한 것을 그대로 따랐고, 한글 성경들도 이를 따르고 있다.

에스라보다 몇십 년 뒤늦게 태어난 소크라테스(B.C. 470~399)가 있다. 그는 아테네에서 문답과 논박을 통해 백성들의 무지를 깨우쳐주며 살아갔다. 그는 그에게 자존심이 짓밟혔다는 많은 시민들에 의해

29) 마틴 푸크너, 《글이 만든 세계》 최파일 역(까치글방, 2019), pp. 76~95.

법정에 고발되어 독배를 마시고 죽어갔다. 그러나 그의 신실한 제자 플라톤에 의해 그의 삶과 가르침이 세상에 알려졌고, 그를 죽음으로 몰아간 아테네 시민들의 무지의 비극을 알게 되었다. 소크라테스는 철학자의 고상한 삶과 가르침으로 인류의 정신문명에 커다란 공헌을 끼쳤다.

에스라는 그가 살아가는 동시대인들에게 영적 각성으로 새로운 삶을 살도록 생활의 변화를 주었을 뿐만 아니라 구약성경들을 편찬하고, 이스라엘 민족의 역사를 하나님의 역사 지배라는 독특한 역사관으로 역대서와 에스라서를 남겼다.

소크라테스도 마찬가지다. 그는 당시대인들에게 자기가 무지하다는 것을 깨우쳐 주면서 “너 자신을 알라”는 자기 주체인식을 깨우쳐 주었다. 그런데 어리석은 시민들은 그를 곤충 등에가 동물들의 피를 빨아 먹는 것처럼 해충으로 여겼다.

두 사람의 삶과 가르침을 통해 우리가 배울 교훈을 살펴보도록 하자.

1. 에스라

1) 에스라의 인물과 시대상

에스라 7장 1~5절에는 에스라의 조상들 내력이 소개된다. 이 내용에 근거하면 에스라는 최초의 대제사장 아론의 16대 후손인 제사장 가문 출신이다.

에스라가 제사장 가문 출신으로 바벨론 포로생활 중에 출생한 포로민이었으나 바벨론을 정복한 페르시아의 아닥사스다 왕 때에 율법에 익숙한 자로 왕의 신임을 얻는다. 아마도 에스라는 포로민이었으나 중앙 정부의 관리였을 것으로 추정된다(6절).

에스라가 왕의 두터운 신임을 받았다는 것은 아닥사스다 왕이 에스라에게 귀국 허락을 해준 조서 내용(11~26절)을 통해 잘 알 수 있다.

아닥사스다 왕은 에스라의 귀국을 허가하며 내린 조서에서 말하길, 예루살렘에 돌아가기를 원하는 자는 누구든지 귀국하라고 한다(13절). 앞서 80여 년 전 제1차 포로 귀환자들이 완성한 스룹바벨 성전의 제사 제도의 온전한 회복을 위한 재정적 지원도 허락한다(15~20절). 왕은 또 에스라의 현지 관찰을 위해 일곱 자문관을 함께 보내준다(14절). 또 유프라테스강 이남에 있는 모든 창고지기들에게 조서를 내려 에스라가 요구하는 모든 것은 즉시 시행하라고 한다(21절). 또 에스라에게 은 백 달란트, 밀 백 고르, 포도주, 기름은 백 바트까지 임금으로 주라고 한다(22절). 이 모든 특혜 속에 에스라의 귀환을 허락한다.

여기서 우리는 에스라가 살아간 시대상을 이해할 필요가 있다.

제1차 포로 귀환이 실시된 B.C. 537년에는 스룹바벨과 세스바살이라는 왕족 후손들이 중심이 되어 귀국한 포로민들이 4만 2,360명이였다(스 2:64). 이들 4만 3천여 명은 고국에 돌아와 B.C. 536년에 성전 재건 공사를 하다가 사마리아인들의 방해로 성전 공사가 16년간 방치된다.

뒤늦게 학개, 스가랴 같은 선지자들의 독려로 다시 B.C. 520년에 성전 공사를 시작해 B.C. 516년에 스룹바벨 성전을 완성했다.

그런데 제1차 포로 귀환 후 80년이 지난 후에 왜 또다시 제2차 포로 귀환이 실현되어야만 했는가? 그 이유를 두 가지로 이해할 수 있다.

하나는 페르시아 궁궐에서 일어난 에스더 왕후의 사건이고, 다른 하나는 제1차 포로 귀환민들에게 제대로 된 율법학자가 없음으로 인해 백성들의 신앙 지도에 한계가 있었기 때문이다.

먼저 페르시아 궁궐 내 사건을 보자. 스룹바벨에 의한 제1차 포로 귀환민들은 B.C. 537년에 4만 3천여 명이 귀국을 했다. 그리고 페르시아에는 유대인들이 많이 남아 있지 않았다. 이때의 총리였던 아말렉 후손 하만은 자기에게 무릎 꿇지 않는 모르드개에게 분개하여 모르드개의 민족인 유대인을 멸족하려 한다. 이때가 B.C. 474~3년경이다.

모르드개는 질녀인 에스더가 아닥사스다 왕의 왕후가 된 것을 기회로 하만의 오만을 완벽하게 꺾어 버린다. 그렇게 해서 '부림절'이라는 절기가 만들어진다(에 9:26).

이렇게 유대인 모르드개의 도움을 받은 아닥사스다 왕은 자기가 신뢰하는 신하인 에스라를 제2차 포로 귀환의 책임자로 삼고, 최대로 지원을 해준 것이라고 이해할 수 있다.

또 다른 이유는 예루살렘 내의 문제였다. 제1차 포로 귀환 때(B.C. 537) 귀국한 4만 3천여 명은 귀국해서 성전 재건 공사를 하여 스룹바벨 성전을 완성했다(B.C. 516). 그러나 성전을 완성만 했을 뿐 성전을 중심으로 한 신앙 운동이 활발하게 된 내용이 없다. 그에 반해 제2차 포로 귀환 명을 받은 에스라는 귀환 준비로 제사장과 레위인 및 성전 봉사자들을 모집하는 내용이 두드러지게 강조되고 있다(스 7:13).

이것은 무엇을 의미하는 것일까? 이것은 제1차 포로 귀환으로 4만 3천여 명의 많은 숫자가 귀환을 했고 성전 건축도 완성했으나 백성들의 신앙을 지도할 영적 지도자인 제사장이나 성전 봉사에 전력할 레위인이 부족했음을 의미한다. 그래서 제2차 포로 귀환 때는 귀환자들이 1,775명 정도로 소수였다(스 8:1~14).

이렇게 포로 귀환민의 영적 각성과 신앙 지도를 위해 귀국한 에스라는 레위인들의 도움을 받아 율법 교육과 함께 생활개선책으로 이방 여인들과 결혼한 남자들을 색출해 내고 이방 여인들을 축출하도록 한다(스 10장).

우리는 에스라서, 느헤미야서, 에스더서를 통해서 이스라엘 민족의 또 다른 역사를 배울 수 있다.

구약성경은 이스라엘 민족이 전 인류의 대표자 모형으로 서술되고 있다. 이때 고대 족장들을 통해 땅이 없는 이국땅에서 혈통으로 이룩되는 이스라엘의 조상들의 역사가 있다. 그 후 자기 조국 땅이 있고 국민이 있고 왕이 있는 왕정시대의 역사가 있었다.

그런데 에스라서, 느헤미야서, 에스더서는 땅이 없고 왕이 없는 상태에서 국민들이 신앙으로 민족을 이끌어 가는 역사를 소개하고 있다. 이것은 구약의 민족 중심의 역사가 개인의 신앙 중심으로 전환될 과도기적 형태를 보여주는 역사적 산 교훈이라 할 수 있다.

2) 에스라의 사상

우리가 에스라의 사상을 '에스라서'에서만 찾아보려고 하면 매우 협소한 이해가 된다.

에스라서 내용 자체는 두 가지 내용이다. 에스라서 전반부인 1~6장까지는 제2차 포로 귀환과 성전 재건한 약 80년(B.C. 538~459)의 역사 내용이다. 그리고 후반부인 7~10장은 제2차 포로 귀환이 이루어진 후의 내용이다.

에스라의 사상을 이해하려면 에스라가 살아간 바벨론 포로생활과 페르시아 궁정생활, 고국에 돌아온 이후의 그의 행적 등이 모두 고려되어야 할 것 같다. 이 같은 세 곳의 각각 다른 생활을 참작하면서 에스라의 사상을 살펴보자.

(1) 역사의 주관자이신 하나님

역사의 주관자가 누구인지에 대한 견해가 세상 사람들마다 갖가지로 다르다.

고대 그리스 역사가 헤로도토스(Herodotos: B.C. 484~420)는 신(神)들이 사람을 통해 그의 뜻을 나타내주는 신탁(神託)이나 미리 나타내 보이는 전조(前兆)를 수용하고, 인간이 한계를 넘는 오만을 경고하였다. 기번(E. Gibbon: 1737~1794)은 《로마제국의 쇠망사》에서 로마제국의 멸망 원인을 도덕적 붕괴로 보았다. 헤겔(G.W.F. Hegel: 1770~1831)은 '역사 철학'에서 역사는 정(正) 반(反) 합(合)의 변증법적 발전이라 했다. 마르크스(K.H. Mark: 1818~1883)는 '사적 유물론'에서 역사를 이끌어 가는 주체가 물질이라고 했다. 토인비(A.J. Toynbee: 1889~1975)는 '문명사관'을 주장하며, 도전에 대해 응전하는 소수가 역사의 주체임을 말했다.

에스라는 역사의 주인이 인간들이 아니라 하나님이시라는 독특한 역사관을 갖고 있다.

우리가 이 사실을 잘 이해해 보자. 에스라가 역사 속에 활동한 때는 B.C. 538~458년대이다. 그는 자기 조국이 아닌 바벨론 포로민으로 태어난 후 또다시 페르시아 국왕의 도움으로 고국에 돌아왔다. 에스라가 바벨론 포로민으로 살아갈 때에는 자기가 페르시아 국왕의 혜택을 받으리라고는 상상도 못했다.

그런데 이스라엘 민족이 페르시아의 고레스에게 혜택을 받게 될 것은 에스라보다 무려 160여 년 전인 B.C. 740~680년경의 이사야가 예언했던 내용이다(사 44:28~45:3). 그리고 에스라보다 120여 년 전인 B.C. 627~580년경의 예레미야가 바벨론 포로생활 70년 후에는 고국으로 돌아올 것을 예언했던 내용이다(렘 29:10). 다니엘은 예레미야의 70년 후 귀국 예언을 믿고(단 9:2) 자기 민족의 미래사를 알려 달라고 매달렸다.

이렇게 지나온 세월 동안 이루어진 이스라엘 민족의 역사 진행 결과를 알게 된 에스라는 어떤 의식을 가졌는가? 에스라는 하나님께서 이스라엘 민족만의 역사를 집행하시는 분이 아니라 바벨론의 운명, 페르시아의 운명, 그리고 헬라와 로마 제국 등, 전 세계 모든 국가와 민족의 역사를 주관해 가시는 역사의 주인공이심을 굳게 믿고 있다.

이 같은 에스라의 역사 인식은 모든 그리스도인들이 공통적으로 가져야 하는 명확한 역사 인식이라고 믿는다.

오늘 우리가 살고 있는 이 시대의 현상은 어떤가? 정권을 장악한 이들은 자기들이 나라를 이끌어 간다고 착각한다. 또 정권에 반대하는 이들은 자기들이 단합해서 목소리를 크게 내면 나라가 달라질 것이라고 착각한다. 눈에 보이는 현상들 하나하나를 보면 답답하고 울화통이 터지지만 역사의 긴 흐름으로 볼 때 나라든 민족이든 정권이든 모든 것은 하나님께서 원하시는 방향으로 진행될 따름이다. 나라 꼴을 보고 일희일비할 일이 아니다.

역사의 방향은 하나님 뜻대로 진행되어 갈 따름이다.

(2) 하나님 나라 건설을 방해하는 사탄의 세력

에스라 4장을 보면 이스라엘이 포로 귀환 직후 예루살렘에 성전을 재건하려고 한다. 이때 유다 지파, 베냐민 지파 외에 과거의 북왕국 이스라엘 10지파의 후손들이 자기들도 성전 재건 공사에 동참하겠다고 한다. 그러나 유다와 베냐민 지파들은 북왕국 10지파 후손들이 이스라엘 멸망 후 이방인들과 잡혼을 한 과거사를 이유로 성전 재건 공사 동참 요구를 거절한다.

그러자 저들은 페르시아 국왕이 사마리아에 파송한 방백 르훔과 서기관 심새(8절)에게 뇌물을 주어(5절) 아닥사스다 왕에게 예루살렘 백성을 고발한다(8절). 이들 방백과 서기관의 동료들 여러 명의 이름으로(9~10절) 성전 건축이 아니라 성읍을 건축한다고(12절) 거짓 상소를 올린다. 이때 왕궁에서는 성전 공사가 아닌 성읍 공사를 중단하라는 하명이 떨어진다(24절).

이렇게 해서 포로민들의 성전 재건 공사는 중단되고 만다. 그 후 16년이 지난 후에야 학개와 스가랴 선지자의 독려로 성전 공사는 B.C. 516년에 완성된다.

뒤에 느헤미야가 예루살렘 성벽 재건 공사를 할 때도 마찬가지다.

에스라의 2차 포로 귀환이 B.C. 458년 이뤄졌다. 그 후 14년 후 느헤미야 인도로 3차 귀환이 B.C. 444년에 이뤄진다. 느헤미야가 무너진 성벽들을 다시 세우려 할 때 사마리아의 산발랏과 도비야와 아라비아 사람, 암몬 사람, 아스돗 사람 등 유다에 적대적이던 모든 이들이 단합하여 느헤미야의 성벽 공사를 방해한다(느 4장). 그래서 느헤미야는 성벽 재건 공사자들에게 한 손으로는 일을 하고, 다른 한 손으로는 병기를 잡고 공사를 계속하도록 한다(느 4:16).

이처럼 하나님의 일에는 여기저기서 많은 사탄의 세력들이 방해를 하며 싸움을 걸어온다. 이 같은 사실을 통해 배울 교훈이 무엇인가?

성도들이 성령의 감동으로 주님의 일을 하려고 할 때 결코 순탄하지 않다. 사탄은 가장 가까운 사람을 통해 가장 그럴듯한 이유로 일을 못하게 막거나, 또는 예기치 못한 강한 반대 세력으로 강한 저항을 받게 한다.

바울 사도는 '우리의 씨름은 혈과 육을 상대하는 것이 아니요 통치자들과 권세들과 이 어둠의 세상 주관자들과 악의 영들을 상대'해야 한다고 했다(엡 6:12). 우리가 하나님의 일을 하려는데 가로막는 갖가지의 방해 세력의 배후에는 악한 사탄들이 작동한다. 그러므로 가로막는 방해 세력 배후의 악의 세력을 꿰뚫어 볼 수 있는 영적 안목이 있어야 승리할 수 있다.

(3) 하나님 백성의 거룩한 삶

에스라 10장에는 이방 여인과 결혼한 유대인들의 남자들을 색출해 내고, 이방 여인들과 그들에게서 태어난 자녀들을 모두 다 축출하는 내용이 나온다. 어떻게 이럴 수가 있는가? 아무리 이방 여인이라 해도 가정을 이루어 자녀까지 낳았는데, 수십 년간 형성한 가정을 파괴하고 그들의 인권을 무시하는 행위이며, 사회 기강을 무너뜨리는 일이다.

과거 이스라엘 조상들 중에는 이방 여인들을 아내로 맞이한 조상들이 부지기수로 많다. 아브라함이 후처 그두라를 아내로 맞이했다(창 25:1). 그두라가 낳은 아들들이 아라비아 족속들의 조상이 된다. 그렇기에 그두라는 이방 여인이었을 것이다. 에서는 가나안 여인들과 이스마엘의 딸을 아내로 맞이한다(창 36:1~3). 유다는 가나안 여인 수아와 결혼해 아들 셋을 낳고, 수아가 죽은 후에는 며느리 다말과 관계해 베레스와 세라를 낳는다(창 38장). 요셉은 애굽 여인 아스낫과 결혼한다(창 41:46). 보아스는 모압 여인 룻과 결혼한다(룻 4장). 다윗은 헷 사람 우리아의 아내 밧세바를 아내 삼는다(삼하 12장). 솔로몬은 애굽 여인과 혼인하고(왕상 3:1), 수많은 이방 여인들을 후궁과 첩으로 삼는다(왕상 11:1~3). 아합은 시돈 여인 이세벨을 아내로 삼았다(왕상 16:31).

이스라엘 조상들 중에 이방 여인과 결혼한 사례는 허다하다. 이방 여인과 결혼해서 자신은 물론이고 국가와 민족을 망치게 한 결정적 실패는 아합 왕과 솔로몬 왕이다. 그 후부터는 이방 여인들과의 결혼을 부정적으로 볼 뿐 아니라 죄악시했다.

여기 에스라의 경우에 포로 귀환민들 중 이방 여인을 아내로 취한 자는 모두 110명에 불과했다(18~44). 그런데 왜 에스라는 이들을 색출해 내서 가정을 파괴하는 초법적인 강경책을 쓰는가? 우리는 그 이유를 에스라가 추구하려는 포로 귀환 이후 성결을 회복하기 위한 시대적 특수 상황으로 이해해야 할 것 같다. 이것은 이방 여인이라는 사실보다는 에스라 시대가 초법적 강경책이 필요했던 시대적 상황으로 이해된다. 이 내용의 핵심은 하나님 백성의 거룩에 목적이 있다고 하겠다.

2. 소크라테스(B.C. 469~399)

에스라가 팔레스타인에서 활동을 끝낼 무렵에(B.C. 458) 그리스에서 소크라테스가 출생한다(B.C. 469). 여기서 소크라테스의 생애와 사상을 살펴보자.

1) 소크라테스의 생애

그는 B.C. 469년 그리스 아테네에서 태어났다. 부친은 석공으로 장인 기술자였고, 어머니는 조산원의 산파였다. 그가 태어났을 때 아테네는 스파르타와 수많은 전쟁을 계속하는 격동기였다. 이들의 전쟁은 소크라테스가 장년이 되었을 때에도 계속되었기에 그는 세 번의 전투에 참전하게 된다(37세, 45세, 47세).

그는 조상들이 '우주의 원리'에 대해 다양하게 말한 여러 주장들을 배운다. 탈레스(B.C. 624~546)는 우주의 근원을 물이라고 했다. 아낙시메네스(B.C. 586~525)는 공기라고 했다. 엘레아(Elea) 학파는 흙이라고 했다. 헤라클레이토스(B.C. 544~470)는 불이라고 했다.

이와 같은 조상들의 주장을 배운 후 그는 크게 실망한다. 그는 40세에 '우주'가 아닌 '자아'의 중요성을 터득하게 된다. 그 후 평생 아테네 사람들에게 자기 자신에게 가장 중요한 것이 무엇인지를 묻고, 대화를 통해 영혼의 소중함을 깨우쳐 주는 일에 전력을 다한다.

그는 아테네의 정치가, 예술가, 기술자, 상인 등등, 신분 귀천을 가리지 않고 '사람에게 중요한 것이 무엇이냐? 사람을 행복하게 만드는 것이 무엇이냐? 선한 것은 무엇이냐? 용기란 무엇이냐?' 등등 부드러운 철학적 질문을 통해 '아직 그것을 모른다'고 대답하는 문답법으로 사람들을 깨우치려고 했다.

이때 사람들은 소크라테스가 모르는 것을 깨우쳐 주려 한다고 긍정적으로 이해하기보다는 자기가 알고 있는 것을 다른 사람들은 모른다는 무지를 깨닫게 하려는 음흉한 수법이라고 분노한다. 사실 소크라테스는 사람들로 하여금 자기가 아무것도 모른다는 것을 깨닫게 해주는 '무지(無知)의 지(知)'를 깨우쳐 주려고 했다. 그러나 아테네 시민들은 그에 대해 반감을 가졌고 적대자들이 계속 많아져 갔다.

소크라테스는 50세 전후에 결혼하여 70세로 죽을 때에는 아내와 세 명의 자녀가 있었다. 소크라테스가 67세 때 25세의 플라톤이 제자가 된다.

소크라테스가 70세 되었을 때 그에 대해 감정이 좋지 않았던 아테네 시민 세 그룹이 집단 고소를 한다. ① 시민들 대표, ② 시장인과 정치가들의 대표, ③ 소크라테스를 싫어하는 대중 연설가들 대표이다. 이들이 소크라테스는 국가가 인정하는 신을 숭배하지 않고 새로운 종교를 도입하여 청년들을 부패케 한다는 죄목으로 고소했고, 재판관은 그를 구속하여 재판을 받게 했다.

이때 소크라테스가 재판정에서 자기의 무죄를 변명한 내용을 제자 플라톤이 소크라테스 사후에 《소크라테스의 변명》으로 저술해서 세상에 알려진다. 플라톤은 《플라톤의 대화》, 《크리톤》, 《파이돈》 등에서 스승의 사상을 소개한다.

소크라테스의 용모는 추악하여 눈이 튀어나왔고, 코는 찌부러진 사자 코였다고 한다. 게다가 그가 아테네 시민들의 자존심을 짓밟았다는 적개심으로 재판 때 1차에서 배심원 500명 중 280명이 유죄, 220명이 무죄로 판정했다. 그러나 2차에서는 유죄 360명, 무죄 140명이 되었다.

소크라테스는 이때 살기를 포기한다. 그의 동년배 친구이며 제자가 사형 집행 전날 간수를 매수하여 탈출을 종용했으나 "악법도 법이다"라는 말로 끝내 거절한다.

사형 직전에 아내와 세 자녀와 마지막 면회 후 독배를 마시고 마지막 유언으로 "나는 아스클레피오스(의학의 신)에게 수탉 한 마리를 빚졌다"라는 말을 남기고 70세로 죽었다.[30)]

---

30) 플라톤, 왕학수 역, 《소크라테스의 변명, 국가, 향연》(동서문화사, 2016).

2) 소크라테스의 사상

(1) 아폴론 신으로부터 내려진 신탁(神託)

소크라테스가 살던 당시의 아테네는 전쟁이 계속됨으로 국가가 전반적으로 피폐하였다. 여기에 정치가들은 부패하였고, 시민들은 도덕적으로 타락하여 문제들이 심각하였다. 이때 소크라테스는 아테네의 수호신 '아폴론'으로부터 내려진 신탁을 듣게 된다. 아폴론으로부터 "소크라테스보다 더 현명한 자는 없다"는 신탁을 들은 소크라테스는 엄청난 충격으로 신탁의 말이 믿기지 않았으나 신탁의 내용을 확인하고자 하는 강렬한 욕구가 생겼다.

소크라테스는 신탁을 확인하려고 타인과의 문답을 통해 자신의 내면과 타인의 내면을 들추어내야 했다. 그는 혼자만의 묵상에 머물러 자가당착에 빠지지 않기 위해, 자신을 알기 위해 타인의 거울을 통해 자신을 비춰보는 문답법을 택한다. 그는 모든 사람들과 대화를 통해 문답을 하고 논박을 통해서 자신을 알아간다.

그는 '나는 아는 것이 없다'와 '너 자신을 알라'는 주제를 실천함으로 신탁으로 주어진 의미를 파악해 가는 기쁨이 있었으나 무지를 깨달은 시민들로부터는 자존심을 짓밟은 자로 증오의 대상자들을 양산해 갔다.

소크라테스는 자신을 동물들 등에서 피를 빨아먹으려는 쇠파리나 등에처럼 여겼다. 동물들 등에서 피를 빨아먹는 등에가 동물 등에 따끔한 침을 찌르면 동물들이 안일함에서 깨어난다. 소크라테스도 자신을 아폴론 신이 아테네 시민들의 무지를 깨우쳐 주는 '등에'와 같은 존재로 인식했다.

소크라테스의 이와 같은 신념에 의한 독특한 사상은 그의 삶과 죽음으로 연결된다. 그는 사상, 삶, 죽음이 하나로 통일된 자였다. 이것은 믿음과 삶이 완전히 분리된 종교인들과 크게 대조된다.

(2) 무지(無知)의 지(知)

이것이 소크라테스의 대표적 사상 같다. 소크라테스는 무엇인가를 배우는 일은 자신이 무엇을 알고 있는지, 또는 무엇을 모르고 있는지를 자각하는 데서 시작한다고 보았다. 그러므로 '모른다는 것(無知)을 알고 있다(知)'는 사실이 매우 중요하다.

자기 자신을 안다는 것은 자기 개성을 자각하거나 자기 성격을 파악하는 것을 의미하지 않는다. 그것은 인간이 어디로 와서 어디로 가는 것이며, 인생의 최후는 어떻게 되는지, 사람에 관하여 다른 사람들도 납득할 수 있는 인간 전부를 아는 것을 인간을 안다고 하는 것이다.

그래서 이 같은 신념으로 이름난 현자나 정치가나 소문난 시장인이나 유명인들을 찾아가 대화를 나누다가 결국에는 그가 아무것도 모르는 자라는 것을 드러냈다. 상대방을 자극하여 그가 알고 있는 속에 있는 것을 계속적 질문으로 끄집어내는 것을 '산파술'이라고 했다. 그래서 끝없는 질문을 그의 순수한 동기와 목적으로 실천했으나 실제 질문 때는 빈정거림으로 수치를 느끼게 했고, 시치미를 떼고 반어법으로 질문을 했다.

소크라테스는 질문으로 모호한 의식에서 깨어나게 하려 했으나 받아들이는 이들에게 충격과 통증으로 앙심을 품게 만들었다. 그러나 소크라테스는 이렇게 무지를 일깨워 주는 일이 신이 자기에게 준 사명이라고 믿었다.

(3) 이데아(Idea)

이 사상은 소크라테스가 시작해 플라톤이 완성했다. 그렇기에 이데아 사상은 두 사람에게 다 적용된다. 소크라테스는 어떤 실재이든지 그것은 보이지 않는 본질의 그림자라고 보았다. 우리가 눈으로 보고 있는 돈, 건강, 자녀, 명예, 부귀 등 이 모든 것들은 잠시 눈에 보이다가 시간이 지나면 사라지는 그림자라고 했다.

그림자는 실물과 빛이 있을 때 생기는 그늘이다. 그림자는 어떤 물체의 실재를 전제로 존재하는 음영일 뿐이다. 그런데 영원히 없어지지 않고 참되게 존재하는 영원불변한 것이 있다. 그것이 '이데아'라고 했다.

영원불변한 존재는 크게 둘로 볼 수 있다. 그것은 ① 불멸의 영혼과 관련된 철학, ② 마음으로만 볼 수 있는 이데아(Idea)이다.

이와 같은 소크라테스의 영원한 '이데아' 사상은 그의 제자 플라톤이 더 발전시킨다.

소크라테스는 이처럼 높은 지적 표준들과 윤리적 목표 의식을 갖고 인격적 감화를 주려고 살아갔다. 그러나 부귀영화와 야망을 인생 목표로 삼고 수준 낮게 살아간 아테네 시민들은 그를 부패케 하는 자라고 모함하고 민주주의 방식으로 죽게 했다.

결론

에스라와 소크라테스는 비슷한 동시대의 인물이다. 에스라는 포로민들이 귀국해서 국가를 재건해야 하는 어려운 시대에 살아갔다. 에스라는 국가가 재건할 때 경제적, 산업적인 것보다 신앙적 재건이 우선순위가 되어야 한다고 믿었다. 그래서 성전을 중심으로 한 율법

교육과 시민들의 생활 개선으로 이방 여인들과의 결별을 강조했다.

이 같은 에스라의 신앙 재건 운동은 국토도, 왕도, 정치가도 없는 이스라엘 민족을 신앙 공동체로 결속시켜 주었다. 그 정신이 신약시대인 지금까지도 계승되도록 커다란 공헌을 하였다.

한편 소크라테스는 아폴론이라는 그릇된 신의 신탁을 믿고 일생 신의 사명자로 살아갔다. 그가 믿는 신념 때문에 많은 반대와 핍박 속에 살아가면서도 자기 신념을 지킨 점은 훌륭하다. 그는 단 한 줄의 글도 남기지 않았다. 그러나 자기보다 더 훌륭한 제자 플라톤에 의해서 그의 교훈은 세상에 알려졌다. 하지만 그가 남긴 철학적 주제는 아직까지도 공허한 이론으로 철학자들 세계에서만 소통되고 있다.

두 사람은 비슷한 시대를 살아갔다. 에스라는 하나님을 믿는 신앙 중심으로 살아갔다. 에스라가 믿었던 하나님 신앙은 수천 년이 지난 후에 동일한 하나님을 믿는 자들에게 신앙의 모범자로 커다란 교훈을 주고 있다. 그러나 소크라테스는 거짓된 신에 따라 철학을 완성케 해주는 공헌을 했다. 그러나 소크라테스가 이룩한 철학은 보편적 인류에게 주는 교훈보다는 특수한 일부 사람들에게 좋은 선각자로 모범을 줄 정도이다.

신앙이냐, 철학이냐? 우리가 이 두 가지를 다 갖추면 삶이 풍성해질 수 있을 것이다. 그러나 둘 중에서 가장 중요한 것은 신앙임을 깨닫게 해준다.

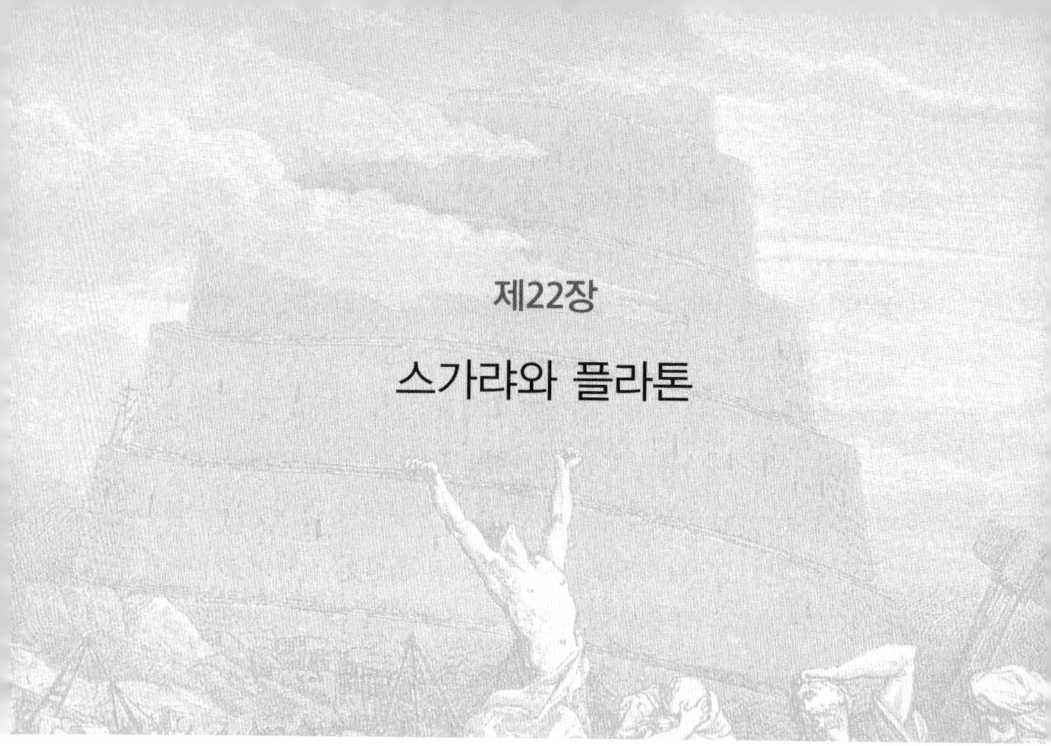

제22장

스가랴와 플라톤

서론

스가랴는 B.C. 520~470년까지 50여 년간 활동한 포로 귀환 후의 선지자이다. 그는 스가랴서라는 예언서를 남겼다. 스가랴서에는 메시아에 대한 예언과 미래 세계에 대한 예언이 많이 기록되었다. 스가랴서의 메시아 예언은 이사야 예언 다음으로 많다. 그렇기에 스가랴서는 메시아와 미래 세계에 대한 내용을 많이 알려 주는 귀한 자료이다.

스가랴보다 50여 년 뒤에 태어난 플라톤이 있다(B.C. 428~348).

플라톤은 소크라테스의 제자로, 소크라테스가 시작한 '이데아'(Idea) 사상을 더욱 발전시켰고, 그의 대표적 사상인 '영혼 불멸' 사상을 주장했다.

플라톤의 영혼 불멸 사상이 기독교 교부들에게 영향을 미쳐 기독교의 영생 부활 사상과 혼동을 일으키게 되었다. 플라톤의 영혼 불멸 사상은 지금도 기독교도들 중에서 잘못된 부활 신앙으로 혼동되고 있다.

우리는 스가랴와 플라톤이 비슷한 시기에 서로 다르게 활동하며 각각 다른 공헌들을 남겼음을 알 수 있다. 두 사람의 생애와 사상을 비교해 보자.

1. 스가랴(B.C. 520~470)

스가랴는 포로 귀환 이후에 활동한 세 명의 선지자 중 하나이다. 포로 귀환 때 백성들을 이끌고 지도한 정치적 지도자 세 명이 있다. 제1차 때의 스룹바벨, 제2차 때의 에스라, 제3차 때의 느헤미야가 정치 지도자로 공헌했다.

포로 귀환 때 정치적 지도자를 도우며 신앙운동을 지도한 세 명의 선지자가 있다. 스룹바벨 성전이 중단된 것을 학개 선지자와 함께 독려함으로 성전 재건을 완성시킨 스가랴 선지자가 있다. 학개 선지자의 활동은 4개월(B.C. 520년 9~12월) 만에 끝났으나 스가랴 선지자는 에스라 활동 때까지 50여 년간(B.C. 520~470) 장기간 활동을 한다.

1) 스가랴서의 내용

스가랴서는 전체가 14장이다.

(1) 전반부 1~8장

이 부분의 시대 배경은 제1차 포로 귀환민들이 B.C. 536년에 스룹바벨 성전 재건 공사를 시작했다가 반대 세력들에 의해 중단되었던 것을 B.C. 520년에 다시 재개하도록 예언 활동을 하는 내용이다.

B.C. 520년 학개 선지자가 먼저 성전 재건의 중대성을 역설한다. B.C. 520년 9월 1일, 10월 21일, 12월 24일 세 번에 걸친 예언이 학개서 2장이다.

학개보다 두 달 늦게 선지자로 나선 스가랴 역시 성전 재건을 독려하는 예언 활동을 한다. 성전 재건과 관련된 8개의 환상과 4편의 설교가 스가랴서 전반부의 내용이다.

스가랴는 성전이 단지 건물 성전으로 그치지 않고 새로운 왕국의 상징이 될 것을 예언한다.

(2) **후반부 9~14장**

스룹바벨 성전 완공 후(B.C. 516) 약 40여 년이 지난 B.C. 480~470년대가 스가랴서 후반부 내용의 배경이 된다.

포로 귀환 후 스룹바벨, 에스라 같은 정치 지도자들이 백성들을 이끌어 주었고, 성전 재건도 완성했다. 그러나 에스라, 느헤미야 등을 정치적으로 후원해 주던 페르시아 궁궐에는 왕위 계승자 문제로 계속적인 반란이 이어짐으로 지방 문제에 관심과 힘을 쓸 여력이 없었다. 거기에다 포로민들이 돌아오기 전에 본토를 점유하고 있던 이방인들의 반항이 계속되고, 귀국한 포로민들 중에 이방 여인과 결혼한 세력들이 계속된 불만을 이어갔다.

이런 때 뚜렷한 지도자가 없음으로 백성들에게는 극적 반전이 없는 고단하고 초라한 생활이 연속될 뿐이었다.

이때 과거 페르시아에게 망했던 애굽 세력이 다시 등장하고, 앗수르도 다시 복원 세력들이 생겼다. 그래서 이스라엘 사람들은 국제 정치적 상황으로 페르시아를 계속 따라야 한다는 이들과 애굽이나 앗수르와 손을 잡아야 한다는 파벌들 속에서 자기 이익만 챙기겠다는 집단 이기주의자 등 국내 사정이 매우 복잡했다.

포로 귀환민들이 귀환해서 힘들게 성전 재건은 했으나 그 후 40여 년간 국제 정치도, 국내 상황도 아무 희망이 보이지 않는 고달픈 일상이 계속될 따름이었다.

이런 상황에서 국민들은 신앙이 열기가 계속 죽어갔다. 과연 하나님은 계신가? 선민 이스라엘이 무슨 의미가 있는가? 여호와를 위해 신앙의 순결성을 지킨다는 것이 무슨 의미가 있는가? 이스라엘 백성들의 정체성과 신앙이 흔들리고 있었다.

이때 스가랴 선지자가 나타나 종말론에 근거한 메시아를 예언하는 것이 스가랴서의 후반부 내용이다.

스가랴서 후반부에는 두 가지를 예언한다.

첫째, 9~12장에서 메시아가 배척받을 것을 예언한다.

슥 9:9 메시아가 작은 나귀 새끼를 탈 것이다(마 21:1~9 성취).

슥 11:4 메시아는 잡혀 죽는 어린양이 된다(요 3:16, 10:11~18).

슥 11:12 은 30개로 나를 팔 것이다(미 26:15 성취).

슥 11:13 은 30개로 토기장이의 밭을 살 것이다(마 27:3~10).

이렇게 스가랴의 메시아 예언은 500년 후에 그대로 성취되었다.

둘째, 13~14장에서 메시아의 미래 통치를 예언한다.

이 부분은 이미 성취된 부분으로 볼 수도 있고, 아직 성취되지 않은 미래 사항으로 남아 있는 것으로 볼 수 있는 양면을 가진 매우 중대한 내용들이다.

스가랴 13장 8~9절을 보면 "이 온 땅에서 삼분의 이는 멸망하고 삼분의 일은 거기 남으리니 내가 그 삼분의 일을 불 가운데에 던져 은같이 연단하며 금같이 시험할 것이라"라고 하였고 이와 유사한 내용이 계시록 8장 7~12절에 예언되고 있다.

스가랴 14장 1~3절 내용은 A.D. 70년 예루살렘 함락을 예언한 듯한 내용이다.

스가랴 14장 4절 "그날에 그의 발이 예루살렘 앞 곧 동쪽 감람산에 서실 것이요"라는 내용과 에스겔 11장 23절 "여호와의 영광이 성읍 가운데에서부터 올라가 성읍 동쪽 산에 머무르고"라는 구절을 연결해 상상하면, 이 내용은 주님께서 재림하실 때 맨 먼저 동쪽 감람산으로 오실 것으로 이해된다.

스가랴 14장 12~15절의 내용은 그리스도께서 재림하실 때 하나님을 대적하던 이방 세력들이 초자연적 대재앙을 당할 예언으로 본다.

스가랴 14장 20~21절은 그리스도 재림 이후에는 선민의 땅 전체에 보편적이고 항구적인 평화가 이루어진다는 예언으로 볼 수 있다.

스가랴 13~14장에는 미래 예언들이 가득하다. 스가랴서의 후반부 내용을 이해하지 못하면 복음서들 내용이나 서신서 내용이나 계시록 내용을 이해할 수가 없다. 그만큼 스가랴서 후반부 내용은 신약에 넓게 적용되고 있다.

2) 스가랴 시대의 역사적 배경

스가랴의 사상을 이해하기 위해서는 스가랴서에 기록될 당시 시대의 역사적 배경을 이해해야 한다.

스가랴 1장 1절에 "다리오 왕 제이년 여덟째 달"이라는 표현이 있다. 그리고 1장 7절에는 "다리오 왕 제이년 열한째 달"을 말한다. 또 스가랴 7장 1절에는 "다리오 왕 제사년 아홉째 달"을 말한다. 여기서 스가랴가 말하는 다리오 왕은 누구인가?

성경에는 다리오 왕에 대한 언급이 많다.

① 다니엘 9장 1절, 11장 1절에 기록된 메대 사람 다리오
② 에스라 4장 5절, 학개 2장 10절, 스가랴 1장 1, 7절, 7장 1절에 기록된 바사(페르시아) 왕 다리오
③ 느헤미야 12장 22절의 바사(페르시아) 왕 다리오는 각각 다른 인물들이다.

구약성경을 바르게 이해하기 위해 이들 각각 다른 다리오 왕들을 구별할 필요가 있다.

(1) 고레스(사 4:28~45:1) 또는 키루스(B.C. 559~529)

고레스는 이란 지역 남서부의 작은 왕국 '메대' 왕이었다. 이 작은 왕국 메대가 B.C. 612년에 바벨론과 연합하여 앗수르를 멸망시켰다. 그리고 B.C. 539년 10월 29일에는 평소 우호국이던 바벨론을 정복함으로 그의 명성이 크게 높아진다.

고레스 왕은 바벨론을 정복한 후 바벨론에 포로로 잡혀와 있던 유대 민족에게 해방과 귀환을 허락한다. 고레스 왕이 이렇게 유대인에게 특혜를 베풀 것을 160년 전 이사야가 예언했었다(사 44:28~45:1).

고레스 왕의 아들인 캄비세스 2세(Cambyses Ⅱ: B.C. 530~522)는 부친 밑에서 왕의 대리자로 8년 동안 정치 실무를 닦고, 부왕 고레스가 B.C. 530년 전사하자 왕위에 오른다.

(2) 메대 사람 다리오: 캄비세스 2세(B.C. 530~522)

다니엘서 5장 31절, 9장 1절, 11장 1절의 메대 사람 다리오란 고레스 왕의 아들 캄비세스 2세를 말한다.

메대 사람 다리오는 부왕을 계승해 왕위에 오른 후 부왕의 유지를 받아 이집트, 카르타고, 에티오피아 등의 원정 정복에 몰두한다. 그런데 왕이 없는 사이에 왕궁에서 왕을 노리는 반란이 일어남으로 귀국 도중 B.C. 522년 팔레스타인에서 객사한다.

(3) 다리우스 1세(B.C. 521~486)

다리우스 1세는 왕자가 아닌 선왕 캄비세스 2세의 친위대장이 반란을 일으켜 왕위에 오른 것이다. 그에 대한 반란이 2년여 동안 계속되었고, 그는 19회의 전쟁을 치른 후에야 안정을 얻는다. 그도 안정 후 아프리카 리비아, 그리스 북쪽 마게도냐까지 영토를 넓혀 페르시아 대제국을 이루었다.

그는 그리스 본토를 정복하기 위해 두 차례 원정을 실시했으나 모두 실패한다. 이때의 전쟁 후사로 B.C. 490년 마라톤 평원의 그리스군 승리가 마라톤 경주의 기원이 된다.

다리우스 1세는 유대인 제2차 포로 귀환을 허락해 준다(스 4:5, 24, 5:5~7, 6:1~12; 학 1:1, 15; 슥 1:1, 7, 7:1 등에 기록). 그는 스가랴서의 배경이 되는 왕이다.

(4) 아하수에로 왕 또는 크세르크세스 1세(B.C. 486~465)

다리우스 1세의 아들로, 부왕 사망 후 왕이 되었다. 그는 부왕이 실패한 그리스 본토 정복을 위해 B.C. 480년에 출정했으나 살라미스 해상 전투에서 패배한다. 이 내용이 영화로 소개되었다.

전쟁에 패한 왕은 궁전 건축, 조로아스터교 보급 등 내정에 주력하며 지나친 사치를 즐겼다. 궁정 내 음모가 끊이지 않다가 B.C. 465년 아들과 함께 암살당한다.

에스라 4장 6절의 아하수에로와 에스더 1장 1절의 아하수에로가 바로 크세르크세스 1세로 추정된다.

에스더 1장의 아하수에로 왕은 인도로부터 구스까지 127지방을 다스리는 왕이라고 했다. 그리고 수산 궁에서 180일 동안 잔치를 베푼다. 에스더가 이 왕의 왕후가 된다(에 2장). 이때 하만의 음모를 해결한 부림절이 생기고, 에스더서가 기록된 것으로 본다(B.C. 464~435경).

(5) 성경에 기록되지 않은 역사 속의 다리우스

① 다리우스 2세(B.C. 423~404)

② 다리우스 3세(B.C. 336~330)

알렉산더 대왕의 침공으로 B.C. 331년 페르시아 왕국이 멸망한다.

3) 스가랴의 사상

(1) 순금 등잔대와 두 감람나무 환상(슥 4:1~10)

스가랴의 사역은 전반기에 제2성전인 스룹바벨 성전 재건 공사와 관련된 8개의 환상 내용이 기록된 1~7장까지와 8장에 기록된 4편의 설교가 전반부 내용이다. 그리고 9장부터 14장까지는 미래에 대한 예언들이다.

여기서 전반기 사역 때 그가 받은 8개의 환상 중 하나를 살펴보겠다.

스가랴는 B.C. 520년 스룹바벨 성전 재건 공사를 재개한 두 달 뒤에 예언활동을 시작한다(슥 1:1; 학 1:15).

포로 귀환민들은 B.C. 536년에 성전 재건 공사를 시작했었으나 사마리아인들의 조직적 방해로 중단된 채 16년의 세월이 흘러갔다. 그러나 이번에는 다리오 왕의 허락 없이 학개와 스가랴의 독려로 자체적으로 B.C. 520년에 재건 공사를 시작했다. 이때에도 재건 공사는 계속 방해를 받았다(스 5:3~17). 이 같은 상황에서 스가랴는 성전 재개가 하나님이 원하시는 바이며, 반드시 이루어야 할 사항임을 환상들을 통해 설명한다. 그 8개의 환상 중 하나만 살펴보자.

스가랴서 4장을 보면, 스가랴는 순금 등잔대, 일곱 관, 등잔대 곁의 두 감람나무의 환상을 보았다. 이때의 순금 등잔대는 과거 성전 안에 불을 밝혔던 등잔대(출 25:37)로 성전을 상징한다. 그리고 두 감람나무는 두 가지를 상징한다. 하나는 스가랴 당시의 두 지도자인 정치 지도자 스룹바벨과 대제사장 여호수아를 상징한다(14절). 또 다른 하나는 힘으로 되지 아니하며 능력으로 되지 아니하는 오직 하나님의 영인 성령을 상징한다(6절).

하나님께서는 스가랴에서 성전 재건은 사람의 힘인 군사력이나 정부의 힘으로 이뤄지는 것이 아니라 여호와의 영이신 성령의 힘으로만 가능하다고 하셨다. 그래서 7절에 "큰 산 아 네가 무엇이냐 네가 스룹바벨 앞에서 평지가 되리라"고 예언한다.

이 내용처럼 B.C. 520년에 중단되었던 성전 재건 공사를 학개, 스가랴 선지자의 격려로 다리오 왕 허락 없이 독자적으로 시작했다. 그러자 또다시 유브라데강 건너편 총독 닷드내와 스달보스내 등이 성전 공사 방해 상소문을 올렸다(스 5장). 그런데 다리오 왕궁에서 한 두루마리를 발견하게 된다. 그 내용은 고레스 왕 원년에 유다 백성들에게 예루살렘 성전 건축에 대한 모든 경비 지원을 허락한다는 내용이었다. 이 자료를 접한 다리오 왕은 성전 재건 공사를 적극 지원하라는 조서를 내린다(스 6장). 그래서 "큰 산아 네가 무엇이냐 네가 스룹바벨 앞에서 평지가 되리라"는 스가랴의 예언이 곧 이루어졌다.

오늘날 우리는 무슨 일을 하려 할 때 세상 환경과 조건을 따지고 합리적인 경우만을 정상적인 것으로 믿으려 하는 경향이 있다. 그러나 하나님의 일은 '성령의 힘'으로 시작하고 진행하며 완성하는 것이다. 성령은 인간의 합리적 사고에 예속되지 않는다.

(2) 형식적인 신앙을 넘어선 참된 신앙 촉구

스가랴 7장 1~7절과 8장 18~23절을 보면, 당시 포로 귀환민들이 전통적으로 지켜오던 금식일에 관한 질문을 한다.

유대인들은 B.C. 586년 예루살렘이 함락되던 시드기야 왕 11년 아홉째 달(렘 39:2)이 4월로, 매년 4월이면 금식을 하고 슬퍼했다. 같은 해 5월에는 예루살렘 성전이 파괴되었으므로 5월에도 금식을 했다. 7월에는 유다 총독 그달랴가 이스마엘 국수주의자들에게 살해되었다(왕하 25:25). 그래서 유대인들 4월, 5월, 7월에 금식을 실시해 왔다. 이 같은 관행을 포로 귀환 후에도 계속 실천해야 하는가를 스가랴에게 물었다(7:5, 8:19).

이때 스가랴는 백성들의 질문에 답변을 해준다.

'너희들이 실천하는 금식 행사가 여호와를 위한 것이냐, 너희를 위한 것이냐?'(슥 7:5~6) '그 금식 후에 즐겨 먹는 음식은 너희들 자신을 위한 것이 아니었느냐? 그와 같은 사람을 위한 금식과 절기가 무슨 의미가 있느냐? 오히려 기쁨과 즐거움과 희락이 절기들이 되어야 하지 않느냐?'(8:19)

스가랴는 형식적, 전통적, 무의미한 절기 행사를 거부한다. 가톨릭 교회가 발행하는 매년 달력을 보라. 거의 1년 내내 모든 날들이 각종 기념일들로 가득 차 있다. 개신교에도 1년 중 각종 형식적 절기들이 계속 이어진다. 스가랴는 그와 같은 형식적인 신앙이 아니라 참된 신앙을 촉구하고 있다.

2. 플라톤(B.C. 427~348)

1) 플라톤의 생애

플라톤은 B.C. 427년에 출생했다. 그가 출생하기 전인 B.C. 431년부터 시작된 아테네와 스파르타 간의 펠로폰네소스 전쟁이 B.C. 404년까지 27년간 계속되는 와중에 출생하여 청년기에 이른다. 그렇기에 그의 인성은 전쟁의 격랑 속에서 형성된다.

이 시기에는 과거 철인들의 고상한 가르침은 사라지고, 국민을 현혹시키는 과격한 민중 선동가들이 활개를 쳤고, 각지에는 내란이 계속되었다. 따라서 도덕적 퇴폐가 만연했고 솔직, 고결, 인격, 덕 같은 고상한 가치는 실종되었다.

플라톤은 B.C. 427년 5월, 어머니가 정치가와 인연이 있는 집의 셋째 아들로 태어났다. 그런데 플라톤이 어렸을 때 부친이 사망하자 어머니가 시동생과 재혼을 한다.

그는 어렸을 때 모친의 가족들이 정치가여서 정치가와 자주 접촉하며 정치가의 꿈을 갖게 되었다. 플라톤 나이 18세 때(B.C. 409~404) 국가적 의무에 따라 기병으로 군복무를 한다.

그의 나이 20세 때(B.C. 407) 56세의 소크라테스를 만난다. 그 후 8년간 소크라테스의 충실한 제자가 된다. 플라톤이 23세(B.C. 404) 때 아테네가 스파르타에 패전한 지 5년쯤 되었을 무렵, 아테네의 부패한 시민들이 소크라테스를 고소해 죽게 한다.

플라톤은 자기 스승의 재판 과정과 최후 장면을 다 목격한다. 이 때 정치인들의 부패한 집단 행위들을 보고 정치가의 꿈을 포기한다. 그에 반해 불의와 거짓 앞에서도 죽음을 전혀 두려워하지 않은 소크라테스의 모습에 크게 자극을 받아 철학자의 길을 택한다.

플라톤은 그의 나이 28세(B.C. 399) 때 스승을 옹호하다가 정치가들의 위협으로 신변에 위험을 느껴 본국을 떠난다. 그는 2~3명의 친구와 함께 아테네 서남쪽 '메가라'로 가서 3년간 피신한 후 아프리카의 그리스 식민지령으로, 다시 남이탈리아의 피타고라스에게로, 다시 시실리아로 계속 옮겨 다니면서 11년의 여행을 한다.

플라톤은 시실리아 시라쿠사의 참주 디오니시우스를 만났으나 그의 오해로 노예선에 팔렸다가 풀려난다(B.C. 387).

플라톤이 고향 아테네로 돌아온 때는 39세(B.C. 387) 때였다. 그는 아테네 교외의 체육장 부지를 매입하여 '아카데미아' 학교를 개교하였다. 수업료는 받지 않고 기부금과 물품 기증으로 학교를 운영해 나갔다. 이와 같은 '아카데미'는 B.C. 387년에서 A.D. 529년까지 900여 년간 이어졌다.

플라톤은 이 '아카데미' 경영과 교육을 80세까지 계속했다. 이 학교가 유럽 철학과 정신사의 원류가 된다. 그리고 이 기간에 30여 편의 저술들을 한 것이 오늘날까지 보존되어 오고 있다.

2) 플라톤의 저서들

그의 저서들은 30여 편에 이른다. 그의 저서들은 일종의 희곡(戱

曲) 작품이며, 여러 가지 논제를 철학적 논리로 전개하였다. 후세인들은 그의 저서들을 '대화편'(對話篇)이라 부르고, 집필 연대에 따라 전기, 중기, 후기로 분류한다.[31]

(1) 전기 대화편[주로 덕(德)을 다룸]

① 소크라테스의 변명

② 소피스트에 관한 프로타고라스

③ 용기에 관한 라케스

④ 절제에 관한 카르미데스

⑤ 경건에 관한 에우티포론

⑥ 우정에 관한 리시스

⑦ 미에 관한 대 힙파이스

(2) 중기 대화편(이데아(이상)론)

① 영혼 불멸에 관한 파이돈

② 아름다움에 관한 향연

③ 연애에 관한 파이드로스

④ 이상 국가에 관한 폴리테이아(50~60세의 대작)

(3) 후기 대화편(철학적 내용)

① 영혼의 이데아에 관한 파르메니데스

② 지식에 관한 테아이테토스

③ 사물에 관한 소피스테스

---

31) 플라톤, 왕학수 역, 《소크라테스의 변명, 국가, 향연》(동서문화사, 2016), pp. 788~790.

④ 쾌락에 관한 필레보스

⑤ 법률에 관한 티마이오스

⑥ 정치가에 관한 폴리티코스 등등이 있다.

이 중에서 소크라테스의 재판 과정을 서술한 '소크라테스의 변명', 죽음을 앞둔 철학자의 자세를 그린 '파이돈', 미에 대한 '향연', 국가에 관한 '폴리테이아' 등이 가장 뛰어난 작품으로 전해져 오고 있다.

플라톤의 저서들은 토론과 대화의 형식을 띠고 있으며, 확고한 결론이 없다. 어떤 결정적 주장이 아니라 더 많은 생각을 해보라는 권유적 성격이므로 그의 사상 이해는 이해하는 이마다 다르다.

3) 플라톤의 사상

(1) 대표적 사상 이데아(Idea)

이데아(idea)의 본래의 뜻은 '보다'라는 의미의 idein으로, 이 말은 보이는 것에 대해 알맞은 조치로 대응(對應)하는 외관이나 모양을 뜻한다.

그런데 플라톤이 말하지 않았으나 그의 제자 아리스토텔레스가 스승의 가르침을 좀 더 명확하게 구별시켜서 변하는 형상들을 '에이도스'(eidos: 형상)라 했고, 변하지 않는 영원한 진 실재를 '이데아'(idea: 이상)라고 했다.

플라톤 자신은 스승 소크라테스가 '그것이 무엇인가?'를 묻고 대화를 진행해 가면서 그 물음에 만족시킬 만한 '바로 ~인 것' '~자체'를 '이데아'라고 주장했던 것에 힌트를 얻고 그대로 '이데아'를 계승한다.

플라톤은 소크라테스보다 더 많은 개념으로 발전시킨다. 그래서 '이데아'란 세상에 생성하는 모든 것의 존재 자체, 또 많은 것들 중에 하나의 근본인 것, 타와 자가 구별되지 않고 하나인 것, 육체의 감각에 의해 파악되지 않고 영혼의 눈인 이성(理性)에 의해서만 볼 수 있는 것, 순수한 사고에 의해서만 파악될 수 있는 것, 이 모든 것을 '이데아'라고 했다. 플라톤의 '이데아' 개념은 윤리적 개념을 넘어서는 인식론, 존재론, 자연학 등에도 적용되는 본질의 개념이었다.

플라톤의 '이데아'(idea) 경지를 인간이 어떻게 체험할 수 있는가? 그에 대해서 순수한 이성(logos)이 '이데아'에 접할 수 있는 것은 신비(神祕)에 속하는 영역이라고 했다.

이렇게 이성이 이데아에 접할 수 있다는 신비라는 이론은 4세기의 기독교 교부의 대표인 아우구스티누스가 기독교 용어로 채용한다. 그래서 물세례 때 성령이 임해 중생을 가능케 한다는 소위 '세례중생론'(Baptismal Regeneration) 교리가 만들어진다.

(2) 영혼 불멸설

플라톤은 '파이돈', '파이드로스' 등에서 세상을 두 세계로 설명한다. 본래 영혼은 천상에 있는 진 실재였다. 영혼은 천상에서 관조(觀照)를 즐기고 지냈다. 그러다가 사악한 생각 때문에 지상에 떨어져서 흙인 육체 속에 갇히어 생물이 되었다. 사람이 지(知)를 추구하는 것은 지상의 사물 속에서 천상의 사물을 찾아내어 지상과 천상의 유사성과 특별성을 찾아내려는 작업이다.

그러나 천상의 근원을 가진 '영혼'은 영원히 멸하지 않는다는 영혼불멸성을 주장했다.

(3) 플라토닉 러브

플라톤은 80 평생을 독신으로 살아갔다. 그는 평생 동성애자였고 또 여성도 사랑한 양성애자였다. 그런데 그가 왜 평생 독신으로 살아갔는가?

그는 남성, 여성 등 이성에게서 느끼는 것 이상으로 정신적, 철학적 사랑에서 만족감을 갖고 살아갔다.

이와 같은 이성을 초월한 정신적, 철학적 사랑을 '플라토닉 러브'라고 한다.

4) 플라톤의 유산

플라톤의 사상은 보는 이에 따라 그 중요도가 각각 다르게 주장되었다. 그래서 그의 사후에 그에 대한 강조 차이가 각각 다른 플라톤 학파로 발전한다.

(1) 고 아카데미아(Akademeia) 학파

플라톤이 세운 아카데미아의 학문적 전통을 이어받은 이들은 지혜란 문자로 전해질 수 없고, 지혜에 대한 사랑(필로소피아) 탐구에서만 구현된다는, 플라톤 학설의 충실한 계승자들이다.

여기서 "진리는 발견되는 것이 아니고 탐구될 뿐이다"라는 스토아(Stoicism) 학파가 키케로, 세네카, 에픽테투스 등에 의해 계승된다(행 17:18 참조).

또 에피쿠로스 학파(Epicureanism)의 창시자 에피쿠로스(B.C. 342~270)는 모든 관념의 유일한 근거는 느낄 수 있는 감각만이 진리의 유일한 판단 기준이라고 했다. 시돈의 제논(B.C. 335~263)이 대표적 계승자이다.

이와 같은 고 아카데미아 학파는 B.C. 3세기 초까지 이어진다.

(2) 중기 플라톤 학파

A.D. 1~2세기에 플라톤 철학에다 종교적 경향을 강조한 사상가들이 나타난다. 그리스의 전기작가 플루타르코스(Plutarachos: A.D. 46~120)가 쓴 《영웅전》이 대표적 예이고, 아르비노스, 막시모스, 기독교 교부로 알렉산드리아 교리문답학교 교장이었던 성서 신학자 오리게네스(Origen: A.D. 185~254)가 중기 플라톤 학자에 속한다.

(3) 신 플라톤 학파

A.D. 3세기경 알렉산드리아 플로티노스(Plotinos: A.D. 205~269)가 로마에 가서 학교를 세우고 제자를 가르쳤다. 플로티노스는 스토아 철학과 아리스토텔레스의 사상을 혼합한 신 플라톤 철학을 가르쳤다.

그는 철학의 애지(愛知)란 영혼을 지닌 존재로 사물이 된 인간이 탈아(ekstasis)에 의해 일자의 세계로 융일(henosis)될 수 있다는 아리스토텔레스의 신비(神秘: mysticism)를 주장했다.

이와 같은 아리스토텔레스(B.C. 384~322) 사상이 기독교 교부인 히포의 아우구스티누스(A.D. 354~430)에게 계승되었고, 가톨릭의 토마스 아퀴나스(T. Aquinas: 1224~1274)에게 계승되었다. 이 내용은 23장 아리스토텔레스 부분에서 다시 살펴보겠다.

결론

우리는 구약의 예언자 스가랴(B.C. 518~470)와 고대의 철학자 플라톤(B.C. 427~348)을 살펴보았다. 이들 두 사람이 50여 년의 차이를 두고 각각 다른 영역에 살아갔다. 이들의 주장들이 수천 년을 흐르면서 전혀 상반된 주장으로 계승되어 오고 있다.

영원 불변하는 것은 하나님의 말씀뿐이라는 신념에 찬 스가랴서는 수천 년 동안 한결같은 진리의 기준으로 간직되어 오고 있다.

그에 반해 플라톤은 영원한 것은 '이데아'라고 했다. 그런데 그 '이데아'에 대한 이해가 시대에 따라 달라지며 그 개념 역시 아직까지도 모호하다. 또 그가 주장한 '영혼 불멸설'은 애당초부터 존재한다는 '영혼 선재설'로 이어지고 있다.

그에 반해 기독교에서는 '영혼 창조설'과 '영혼 유전설'로 신학적 견해가 나뉘어 있다.

그뿐만이 아니다. 신학적 견해 차이는 미래의 종말론의 차이를 가져왔다. 구원받은 자들이 천국에서 살아갈 미래의 종말 세계를 '영혼'만이 영생한다는 '영혼 불멸설'과 영혼이 변화된 영체를 갖추고 신령한 몸(고전 15:35~49)으로 영생할 것을 믿는 종말론으로 나뉘어 있다.

스가랴의 영향은 신약에도 계승되어 한결같으나 플라톤의 영향은 고대, 중기, 신 플라톤 학파 등 갖가지로 나뉘어 있어서 지금도 혼란을 주고 있다. 왜 이렇게 차이가 나는가? 성경의 진리는 처음부터 끝까지 한결같으니까 진리이다. 반대로 철학은 인간들의 견해이니까 각각 다르고, 알면 알수록 혼란을 계속 일으킨다. 이것이 철학의 한계성이다.

우리는 성경의 진리를 따르는 생명의 길을 가야 하겠다.

우리가 신·구약 성경에만 몰두해서 한평생을 살아갈 때 그에게서 깨닫고 배울 점들을 발견할 수가 있다.

그에 반해 철학은 깨닫는 사람마다 다 각각 다른 주장을 하므로 철학은 과거인들의 잡다한 주장들로 인해 혼란만 가중시킬 뿐이다. 성경은 진리이며 진리는 자유케 하는(요 8:32; 갈 5:1) 능력이 따른다.

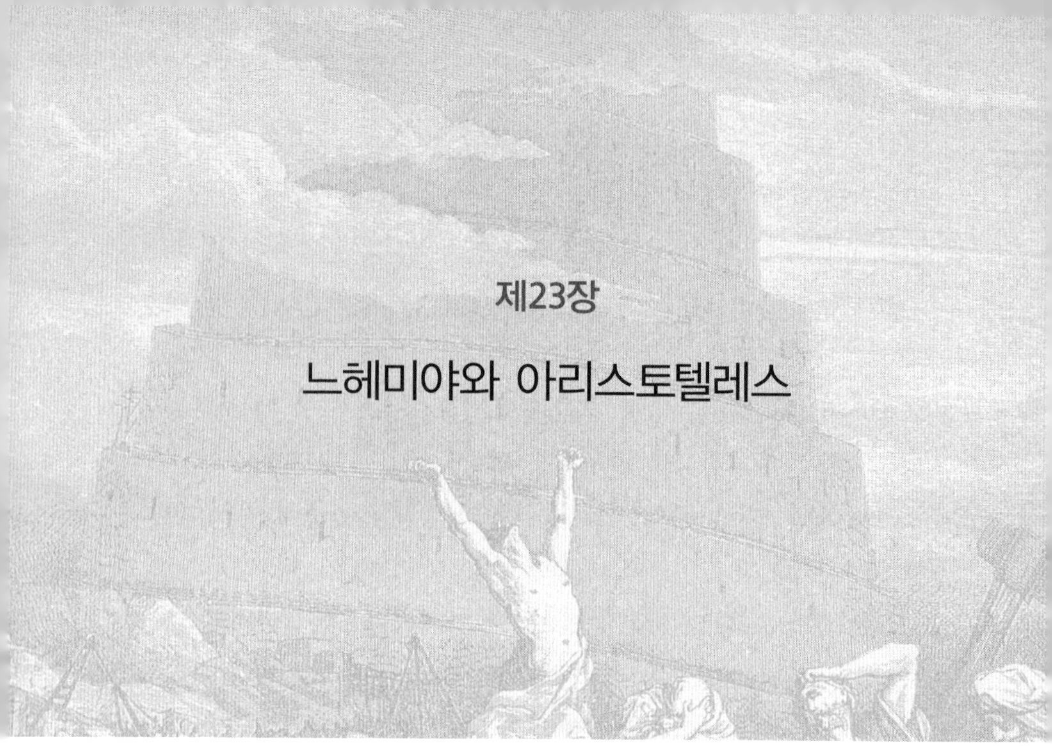

제23장

느헤미야와 아리스토텔레스

서론

느헤미야는 B.C. 444~425년경 유대인 포로 귀환민들을 잘 이끌어 간 정치적 지도자이다. 그는 유대 민족이 페르시아의 지배 속에 살아갈 때에 왕과 정부 관료들의 신뢰를 얻은 충실한 신하였으며, 조국의 어려운 소식을 들었을 때에 왕의 허락을 받아 예루살렘 성벽을 재건하였다.

그가 예루살렘 성벽을 재건하려 할 때 주변의 수많은 대적자들의 반대가 극심했다. 이 같은 외적들의 반대로 민심이 크게 흔들렸다. 그러나 신앙적 담대함, 조국을 사랑하는 열정, 백성들의 마음을 헤아리는 희생적 모범, 외적들의 공격에 굴하지 않는 진취력 등등, 느헤미야는 난세를 성공적으로 이끌어 간 탁월한 신앙적 지도자였다.

오늘날 우리나라는 국제적으로 전후좌우가 모두 다 무서운 대적들로 둘러싸여 있다. 거기에다 국내적으로는 온갖 파벌들이 쉬지 않고 갈등과 반목을 거듭해 가고 있다. 투철한 신앙에 근거하여 모든 세력들을 다 아울러서 나라를 나라답게 좋은 결과들을 이루어낼 탁월한 지도자가 그립다. 느헤미야에게서 우리는 그 같은 지도자상을 배울 수 있을 것 같다.

아리스토텔레스(B.C. 384~322)는 느헤미야보다 약 60여 년 뒤의 시대를 살아갔다.

아리스토텔레스는 부친이 마게도니아 왕의 시의(侍醫)여서 어려서 궁중에서 자랐으나 일찍 부모를 여의고 친척의 도움으로 17세 무렵 교육을 위해 아테네로 나왔다.

아리스토텔레스는 당시 유명한 플라톤의 아카데미아에 입학했다. 본시 독서를 즐겨한 아리스토텔레스는 제1독서가라는 평판을 받으며 플라톤의 제자 겸 조교 역할을 하게 된다. 플라톤의 제자로 교육은 받았으나 훗날 플라톤과 길이 달라졌고 아테네시에 '리케이온'(Lykeion) 학교를 세워 제자들을 가르친다.

아리스토텔레스는 한때 어린 알렉산더를 가르친 인연으로 알렉산더 대왕 융성기에는 학교가 활발했었다. 그러나 알렉산더 대왕의 급서(急逝) 후 신변에 위협을 느낀다. 아리스토텔레스는 어머니의 고향으로 피신해 1년 후에 위장병으로 62세에 죽는다.

그는 평생 400여 권의 책, 146종류의 저작을 했으나 오늘날 전해지는 것은 30여 권밖에 없다. 아리스토텔레스가 아테네에 세운 리케이온 학당은 그가 죽은 후에도 그의 제자들이 11대까지 교장을 이어가며 A.D. 529년까지 계속 아리스토텔레스 학파를 이어갔다.

오늘은 느헤미야와 아리스토텔레스를 살펴보겠다.

1. 느헤미야(B.C. 444~425)

1) 느헤미야 때의 시대적 특성

느헤미야가 살아간 시대적 특성을 알아야 느헤미야에 대한 이해가 쉽다.

남왕국 유다는 B.C. 605~535년까지 70년 동안 바벨론의 지배를 받으며 포로생활을 했다. 그 후 B.C. 535~331년까지 약 200여 년간은 페르시아 제국의 속국으로 살아갔다.

이 내용 이해를 위해 적절한 예는 아니지만 우리나라의 과거사를 연상해 볼 수 있다.

우리나라 고려 말기에 제24대 원종 때(1264년) 이후 제25대 충렬왕부터 34대 마지막 공양왕 때까지 80년 동안(1392년) 원(元; 몽고)의 지배를 받으며 원나라 황실과 결혼을 이어감으로 명맥을 유지했었다.

또 조선왕조는 1910년 한일 병합 후 36년간(1945년) 일제 총독들 10명이 우리나라를 다스렸다. 제1대 데라우치(寺內正毅)로부터 제10대 아베(阿部信行) 총독(1944.7)이 나라를 다스렸다. 마지막 총독 아베는 일본 최장기 총리였던 '아베'의 조부이다.

우리나라가 고려 때 80년, 일제 강점기 36년간 타국의 지배를 받은 것에 비해 이스라엘 나라는 바벨론에게 멸망당한 후(B.C. 586) 신생 이스라엘이 독립할 때(1945)까지 수천 년을 계속 주인을 바꾸며 살아갔다.

느헤미야는 페르시아 제국의 지배를 받을 때 활약한 지도자이다.

페르시아 제국은 유대민족에게 역사에 남을 아주 좋은 일을 했다. 그것이 바벨론 제국이 포로로 끌고 왔던 포로민들에게 3차에 걸쳐 포로 귀환을 허락해 준 사건이다.

페르시아 제국은 B.C. 537년에 스룹바벨을 지도자로 제1차 포로 귀환을 하게 했으며, 제2차는 B.C. 458년에 에스라를 지도자로 삼아 귀환케 했고, 제3차는 B.C. 444년에 느헤미야를 지도자로 귀환하도록 허락했다.

2) 느헤미야의 신앙 인격

느헤미야는 페르시아의 수산궁(느 1:1)에서 일하는 왕의 술 관원(느 1:11)이라고 했다.

느헤미야 시대의 페르시아에는 왕의 궁전이 네 곳에 있었다. ① 악메다 궁성(스 6:2), ② 페르스폴리스 궁, ③ 바벨론 궁(단 2:49), ④ 옛 엘람의 수도였던 수산 궁(느 1:1) 등이다. 왕은 춘하추동 계절마다 왕궁을 옮겨 다니며 정사를 보았다.

어떤 사람들은 느헤미야가 술 맡은 관원이었다는 내용을 매우 천박한 것으로 이해한다. 그것은 조선왕조 때 궁전에서 내시(內侍)들이 행했던 것과 유사한 직책으로 연상하기 때문이다.

물론 느헤미야도 왕의 술 맡은 관원이어서 왕의 음식을 먼저 맛보는 일과 왕의 침실을 맡아 보고 왕의 경호까지 책임을 맡아 일했다. 그런데 페르시아는 왕을 독살하고 왕권을 전복시키는 변란이 계속 반복되던 나라였다. 그러한 곳에서 왕의 술 맡은 관원으로 일했다는 것은 왕이 최고로 신임하는 자였다는 의미이다.

그런데 느헤미야가 어떻게 유대인 소수민족으로서 제국의 왕의 신임을 받는 자리에 있게 되었을까? 아마도 이 왕은 에스더 왕후의 계자(繼子)이고 에스더는 계모(繼母)였을 것이다. 그래서 에스더가 같은 동족의 느헤미야를 왕에게 추천했을 것으로 추정해 본다.

에스더는 술 맡은 관원이 얼마나 중요한가를 아는 왕후다. 에스더는 느헤미야의 신앙과 인품과 민족정신이 투철한 여러 장점을 알았을 것이다. 그렇기에 느헤미야가 술 맡은 관원이었다는 내용을 조선시대 궁전의 내시 정도로 상상하는 것은 바른 이해가 아닐 것 같다.

느헤미야가 귀국한 후 행동들을 본다면 느헤미야에 대한 이해가 달라질 것이다.

느헤미야가 수산 궁에 근무하고 있을 때였다. 멀리 예루살렘에 사는 아우 '하나니'(느 7:2)가 1,600km 떨어진 수산 궁의 형을 찾아왔다. 그때 느헤미야는 아우로부터 고국 예루살렘의 처참한 소식을 듣게 된다. 그것은 '사로잡힘을 면하고 남아 있는 자들이 그 지방에서 큰 환난을 당하고 능욕을 받으며 예루살렘성은 허물어지고 성문들은 불탔다'(느 1:3)는 소식이었다.

아하수에로 왕(B.C. 486~465)이 그리스 본토 정복 원정에 패한 후 궁전 건축과 향연으로 세월을 보냈다. 그 후 아닥사스다 왕(B.C. 464~425) 때 에스라의 귀환(B.C. 458)과 느헤미야의 귀환(B.C. 444)이 이뤄진다.

이렇게 포로민 귀환 사건이 유대인들에게는 기쁜 일이지만 유대인의 회복을 바라지 않는 예루살렘 주변의 원주민들은 유대인들을 공격하고 예루살렘 성벽을 파괴하기를 반복했다.

고대의 성벽은 민간인 거주지와 짐승들의 침입을 막는 경계선의 담벼락 기능을 했다. 그런데 예루살렘 성벽 파괴로 예루살렘 성내를 짐승들의 소굴로 전락시키려는 원수들의 잔인한 음모가 계속 반복된다는 소식을 들은 것이다.

이 소식을 전해 들은 느헤미야는 고국의 기막힌 사정에 수일 동안 울면서 슬퍼하며 금식 기도를 한다(느 1:4~11).

여기 느헤미야가 아우로부터 유다 귀환민들의 처지와 고국 예루살렘의 상황을 전해 듣고 난 후의 반응이 소개된다. 느헤미야는 수일 동안 울며 금식 기도를 했다. 왕의 술 맡은 관원이 수일 동안 울며 기도하려면 직장에 휴가를 내고 자유로운 시간을 가져야만 가능한 일이다. 그는 수일 동안 휴가를 내서 금식하고 울면서 조국을 위해 기도에 전력을 다한다. 이것이 진정한 애국자의 모습이라고 할 수 있다.

우리나라의 애국자들은 우리나라를 침략한 일본인을 죽이고 자기도 죽거나 또는 일본인을 죽이고 오랜 세월 감옥 생활을 한 사람들을 애국자로 칭송한다. 그 같은 용기는 우리나라 사람들은 위대하다고 칭송할지라도 피해를 입은 일본인들은 자자손손 적개심으로 이어간다. 그런 방법은 성경적 방법이 아닌 것 같다. 바울 사도는 "너희가 친히 원수를 갚지 말고 하나님의 진노하심에 맡기라…원수 갚는 것이 내게 있으니 내가 갚으리라…악에게 지지 말고 선으로 악을 이기라"(롬 12:19~21)라고 했다.

원수 갚는 방법도 선해야 한다. 느헤미야가 우리에게 보여주는 원수 갚는 방법은 모든 성도들이 본받아야 할 방법이다.

느헤미야는 하늘의 하나님, 크고 두려우신 하나님, 과거 이스라엘 역사 속에 권능을 행하신 하나님, 주께서 구속해 주신 백성들의 하나님께서 종을 통해 또 한 번 큰 역사를 이루게 해 달라고 기도한다. 이처럼 조국의 위기를 감정적으로 처리하지 않고 위대하신 하나님께서 자기를 하나님의 도구로 써달라고 기도한다.

이렇게 기도한 때가 아닥사스다 왕 제20년 기슬르월이었다(느 1:1). 이때는 B.C. 445년 11월 또는 12월쯤 된다. 그로부터 3~4개월 뒤인 니산월(느 2:1)은 B.C. 444년 3월 또는 4월에 해당된다. 이때 느헤미야는 아닥사스다 왕으로부터 귀국 허가와 성벽 재건 공사의 허락을 받아

낸다(느 2:8).

느헤미야가 원수를 갚는 방법은 기도한 후에 왕의 허락을 받고 왕명으로 성벽을 재건하는 합법적 방법을 사용한 것이다. 이 사실을 우리가 배워야 한다.

아무리 정당한 이유라 할지라도 당시의 국법을 위반해 가면서 목적을 달성하려는 행위는 온당치 못하고 비난받을 소지가 많다. 우리나라와 일본이 가까운 이웃에 살면서도 수백 년을 서로 경원시하는 이유에는 방법들에 문제가 있었다고 할 수 있다.

느헤미야는 페르시아 궁정의 관리였다. 그런데 조국의 어려움과 동족들의 고난의 소식을 듣고 조국과 동족의 문제 해결을 위해 나선다.

바울 사도는 로마시민권을 가진 신분이었다. 그가 하나님의 사도로 선교를 하지만 동족에 대한 끝없는 연민의 애정을 갖고 있었다. 그래서 로마서 9장 3절에 자신이 저주를 받아 그리스도에게서 끊어질지라도 자기 민족이 구원을 받는다면 자기가 저주를 받겠다고 했다.

우리나라가 1919년 3·1운동 때 독립선언서에 서명한 33인의 민족대표 중 기독교 지도자가 16명이었다(길선주 목사, 이갑성 옹 등). 참된 그리스도인은 나라와 민족이 어려울 때 분연히 일어나야 한다. 그리고 방법은 평화적인 방법을 사용해야 한다. 느헤미야나 바울 사도가 동족을 사랑하는 일에 평화적인 방법을 사용했기에 수천 년이 지난 오늘날에도 그들의 삶이 빛이 나는 것이다.

3) 느헤미야의 지도력

느헤미야가 이룬 사역은 52일 만에 성벽 재건을 완성한 일이다(느 6:15). 사역의 결과만을 놓고 보면 대단히 큰 사역이라고 말할 수 없다. 그러나 우리는 느헤미야를 통해 온갖 반대와 악조건 속에서도 백성들의 마음을 결집해 목표를 달성해 가는 지도자의 지도력을 배워야 한다.

(1) 느헤미야의 반대자들

① 호론 사람 산발랏(느 2:10, 19, 4:7).

호론은 에브라임 남쪽 지역의 벧호론(수 10:10; 대하 8:5)을 가리킨다. 이곳이 북왕국 이스라엘이 앗수르에 멸망당하기(B.C. 722) 이전까지는 사마리아 구역이었다. 그러나 앗수르는 이스라엘을 멸망시킨 후 타 민족들을 이주시켜 혼혈 정책으로 이스라엘 민족의 정체성을 상실시킨다. 페르시아 최후의 왕 다리우스(B.C. 336~330)는 산발랏을 사마리아 총독으로 임명했다. 산발랏은 사마리아에 과거 이스라엘 시대의 영광을 회복하고자 했기에 예루살렘의 회복과 복구를 집요하게 반대했다. 암몬 사람 도비야는 산발랏의 부하로 방해 공작을 주도적으로 감행했다.

② 아라비아 사람 게셈(느 2:19).

그는 요단강 동쪽 지역 과거 에돔 지역의 총독과 같은 정치가로, 그도 느헤미야의 성벽 재건 공사를 방해했다.

③ 아스돗 사람들(느 4:7).

아스돗은 팔레스타인 남서쪽, 과거 블레셋족의 근거지다(수 11:22; 삼상 5:1; 렘 25:20; 암 1:8; 슥 9:6). 이들은 블레셋족의 후손이다.

느헤미야가 성벽 재건 공사를 페르시아 왕의 허락을 받고 시작했으나 지방 정치가들은 각 지역 이기주의와 맞물려 갖가지 방법으로 느헤미야 성벽 재건 사역을 방해했다.

(2) **예루살렘 주민들의 의기소침**

느헤미야 5장을 보면, 같은 동족 예루살렘 주민들 중 가난한 자와 채무자들이 생활의 핍절함을 호소하는 내용이 나온다. 이때 느헤미야는 귀족들과 민장들을 꾸짖고 의기소침한 주민들을 격려하여 동족들 간에 화합을 이룬다.

(3) **느헤미야의 솔선수범**

느헤미야 5장 14~19절을 보면 느헤미야 자신이 12년 동안 총독의 녹을 먹지 않고, 그 수하에 아랫사람들 150명이 있었지만 결코 부당한 요구를 하지 않았음을 말한다.

이렇게 주변 환경과 시대적으로 장애가 많았다. 그러나 느헤미야는 수많은 장애들을 믿음으로 마주하여, 적들에 굴하지 않고 동족들을 화합시키며 자신의 삶의 모범으로 당당하게 목적을 달성한다.

느헤미야에게서 배울 교훈은 난세를 헤쳐 나가는 지도력이다.

2. 아리스토텔레스(Aristoteles)

1) 아리스토텔레스(B.C. 384~322)의 생애와 사역

(1) **출생과 가정**

아리스토텔레스는 마게도니아의 이오니아 식민도시 '스타게이로스'에서 태어났다. 아리스토텔레스의 아버지 니코마코스는 마게도니아 왕 아민타스(알렉산더 대왕의 할아버지)의 친구이자 주치의였다. 그런 이유로 아리스토텔레스는 유년 시절에 알렉산더 대왕의 부친 필리포스 왕(아리스토텔레스보다 두 살 아래)과 함께 마게도니아의 수도 펠라의 궁궐에서 지냈다.

아리스토텔레스는 유년 시절에 아버지의 의료생활을 보며 자랐으므로 훗날 자연학이나 생물학적 지식에 관심을 갖게 되었을 것으로 본다. 그는 또 펠로폰네소스와 마게도니아 간에 27년간 계속되었던 전쟁의 영향으로 마게도니아인들의 배타적인 그리스인 민족우월주의에도 영향을 받았을 것으로 본다.

아리스토텔레스는 일찍 부모를 여의고 친척들의 도움으로 성장해 17세 무렵(B.C. 367) 고등 교육을 받기 위해 대도시 아테네로 가게 되었다.

(2) 아테네시 아카데미아에 입학(B.C. 367~347)

27년간 계속된 펠로폰네소스 전쟁으로 그리스의 거의 모든 도시 국가들이 붕괴의 위기에 있었다. 그러나 아테네는 여전히 그리스의 정치, 경제, 문화의 중심지를 유지하고 있었다.

아리스토텔레스가 아테네로 진출할 때 아테네시에는 두 개의 유명 학교가 있었다. 하나는 웅변에 능한 정치 평론가 이소크라테스가 운영하는 정치 성향의 학교였고, 다른 하나는 플라톤이 세운 철학적 이상 국가를 주장하는 아카데미아(Akademia)였다. 이 두 개 학교가 모두 인재들을 모으고 있었는데, 아리스토텔레스는 플라톤 학교에 입학했다.

당시 학장인 플라톤은 60세였고, 아리스토텔레스는 17세 청년으로 이곳에서 20년 동안 플라톤의 문하생으로 지낸다. 아리스토텔레스가 플라톤 학교를 선택한 것은 그가 자란 이오니아가 마게도니아에 반(半) 속령화로 된 곳이었기에 정치적 관심이 없었고, 그보다는 아카데미아에 소장된 도서관의 서고가 훨씬 더 매력적이었기 때문이다. 아리스토텔레스는 이 학교에서 '제1독서가'라는 인정을 받으며 플라톤의 저서들을 탐독했다.

플라톤 사상을 그대로 계승한 아리스토텔레스는 점차 학장인 플라톤을 도와 변론술, 논리학 등의 강의를 맡아 조교 역할을 담당했다. 플라톤은 아리스토텔레스의 재능을 발견하고 그를 특별 지도하며 장려했다. 그러나 아리스토텔레스는 플라톤의 이상적 이론적 관조주의적인 형이상학에 머물러 있지 않고 플라톤의 이데아(Idea) 학설을 수학화(數學化)라는 독자적 주장을 함으로 학우들 사이에서 격렬한 논쟁을 이어가기도 했다.

(3) 아소스 3년, 레보스섬 2년 편력

B.C. 347년 아리스토텔레스가 37세 때 플라톤이 80세로 세상을 떠났다. 그리고 아카데미아 학교는 플라톤의 조카 스페우시포스가 제2대 학장이 되었다. 아리스토텔레스는 학장이 바뀐 아카데미아에 머물 수 없었다.

이 무렵 소아시아 아소스 군주이며 플라톤의 제자인 헤르메이아스의 초청으로 학우들과 함께 아소스로 갔다. 거기서 아카데미아 분교를 세워 약 3년간 가르친다.

이때 《정치학》을 저술한 것 같다. 왕이 철학자가 되는 것은 불필요하고, 왕은 참된 철학자들의 충언을 들을 때 좋은 행동이 따를 수 있다는 논조였다.

그곳의 군주 헤르메이아스의 조카딸 피티아스와 결혼하여 딸을 낳았으나 아내가 죽고 만다. 그러자 피티아스가 데리고 온 헤르필리스라는 시종녀와 동거해 아들 니코마코스를 낳는다. 그 아들 니코마코스가 훗날 아리스토텔레스의 《니코마코스 윤리학》을 편집해 내놓았다.

아리스토텔레스가 아소스에서 머문 지 3년이 되었을 때 군주 헤르메이아스가 페르시아 암살자에 의해 죽는다. 아리스토텔레스 39세 때(B.C. 345) 학우 데아프라스토스의 고향인 레보스섬으로 간다. 여기서 아리스토텔레스는 바닷가의 생물을 연구하며 식물, 동물 등 자연의 모든 생명체의 목적론적 인과관계를 집중적으로 연구한다.

여기서 아리스토텔레스는 관찰 다음에 따르는 이론을 학습하며 플라톤의 관찰과 증명이 없는 영혼 불멸설을 배척한다. 그가 저술한 《영혼에 관하여》(De anima)에서 물질적 존재 증명이 가능한 것을 강조하면서, 영혼은 육체와 본질적으로 통일되어 있는 생명의 원리로 강조한다.

여기서 아리스토텔레스는 플라톤의 영혼 불멸설을 부정한다. 그는 플라톤이 주장하는 '영혼'을 수용하면서 또 독자적 주장을 했다. 영혼이란 모든 현상과 형상들을 생성하게 하는 존재물들의 이면적 핵심요소이고 사람들의 눈에 보이는 형상은 겉으로 보여지는 꼴이나 모습일 뿐이다. 플라톤은 최고의 이상으로 '이데아'(idea)를 말했으나 아리스토텔레스는 '질료'와 '형상'으로 구별을 시켰다. 이렇게 해서 아리스토텔레스는 플라톤과 다른 길을 개척한다.

(4) 알렉산더의 가정교사(B.C. 343~336)

아리스토텔레스 나이 41~42세 때 유아기의 친구였던 필리포스가 마게도니아 왕이 되었다. 필리포스 왕은 어린 왕자인 13세의 소년 알렉산더의 가정교사로 아리스토텔레스를 초청했다. 이 무렵 아리스토텔레스는 왕자 교육에 전념한다.

이때 아리스토텔레스는 알렉산더에게 그리스인의 피의 우수성을 교육한다. 그리고 일설에 의하면, 아리스토텔레스의 교육 교재가 호메로스의 《일리아스》였기에 훗날 알렉산더가 서방이 아닌 동방 원정을 선택했다는 주장이 있다.

알렉산더의 부친 필리포스의 기대와 달리 알렉산더는 그리스인의 피의 우수성이나 비그리스인의 혐오에 대한 교육과는 다르게 페르시아 귀족 가문 출신의 여인을 아내로 맞이했다. 부친 필리포스 왕이 페르시아 원정 준비 중이던 B.C. 336년에 암살되자 20세의 알렉산더가 새 왕이 된다.

아리스토텔레스는 왕자 교육 8년 후 49세 때(B.C. 335) 아테네로 돌아가 학교를 세운다.

(5) 아테네에서 리케이온 학교 설립(B.C. 335~323)

아리스토텔레스가 아테네를 떠난 지 12년 후에 다시금 아테네로 돌아왔다. 아테네는 표면상으로는 시민의 자치가 이뤄지는 자유의 도시였다. 그러나 군사상으로는 마케도니아 총독이 지배하는 점령지였다.

아리스토텔레스의 모교인 아카데미아는 플라톤의 조카인 스페우시포스가 제2대 학장이었으나 그가 B.C. 339년에 죽자 아리스토텔레스의 학우인 크세노크라테스가 제3대 학장이 되어 있었다.

아리스토텔레스 모교인 아카데미아는 과거 플라톤의 수학적 사변적 학풍에 머물러 있었다. 때문에 생물학적, 실증주의적, 과학적 학풍을 추구하려는 그의 학문과는 전혀 어울릴 수가 없었다. 새로운 학풍을 수립한 아리스토텔레스는 옛날의 플라톤 제자가 아니었다.

그는 아테네 서쪽 외딴 교외로 가서 아폴론 신전이 세워진 숲속에다 자신의 학교 '리케이온'(Lykeion)을 설립한다(B.C. 335). 아리스토텔레스는 이 학교에서 13년간 자족적인 학구 생활을 통해 경험적, 실증적, 과학적 학풍을 세워 나간다.

아리스토텔레스는 상급 학생들과 아침에 산책길을 소요하면서 전문적이고 심오한 여러 문제들을 이론적으로 강의를 했다. 그래서 이들을 '소요학파'(逍遙學派)라고 불렀다. 그리고 오후에는 초보 학생이나 일반 청중들에게 맞는 강의를 진행해 나갔다. 아마도 오전에는 논리학, 자연학, 철학 등을 다루었고, 오후에는 변론술, 윤리학, 정치학 등 대중적인 분야를 다룬 것 같다.

이 학교는 설립 초부터 마케도니아의 총독인 안티파트로스로부터 많은 물질적 원조를 받았다. 또 동방 원정을 이뤄나가던 알렉산더 대왕은 동방에서 취한 여러 가지 진기한 자료들을 리케이온에 있는 소년 시절의 가정교사였던 아리스토텔레스에게 보내주었다.

이렇게 마케도니아의 정치적 후원에 힘입은 리케이온 학교는 아카데미아를 훨씬 넘어서는 큰 학교가 되었다. 특히 서고는 실습실 연구실을 겸한 도서관 또는 박물관 같은 규모였으며, B.C. 3세기에 알렉산드리아에 건설된 대박물관의 모델이 되었다. 여기서 아리스토텔레스가 강의, 토론, 연구, 집필한 것들이 훗날 아리스토텔레스 전집의 기초가 된다.

그런데 B.C. 323년 가을, 동방 원정 13년을 이뤄나가던 알렉산더 대왕이 급사한다. 이때 아테네 시민들은 마케도니아에 대한 감정으로 아리스토텔레스에게 죄를 씌워 고발을 추진했다. 아리스토텔레스는 체포 직전에 아테네를 탈출한다(B.C. 323). 그는 어머니의 고향인 에우보이아의 칼키스 시로 피신한다. 그리고 그곳에서 위장병으로 62세에 죽는다(B.C. 322).

아테네의 리케이온 학교는 그의 학우이자 수제자인 데오프라스토스에 계승된다. 그의 유언은 자기 뼈를 처음 결혼한 부인 피티아스와 함께 묻어 주고, 그의 하녀이자 동거녀이며 아들을 낳은 여자와 아들에게는 재산을 나누어 주라는 것이었다.

2) 아리스토텔레스의 저술

아리스토텔레스는 146종류 400여 권의 책을 저술했으나 오늘날 전해지는 것은 30여 권 정도이다. 그리고 리케이온 학교는 A.D. 529년까지 계승되면서 제11대 학장으로 이어지며 아리스토텔레스 학파의 책들을 저술했다.

여기서는 아리스토텔레스 저술로 남은 것을 정리해 보자.

(1) 플라톤과 함께 아카데미아 시절(B.C. 354~347)

플라톤의 대화 형식의 저술 '프로토레프티코스', '에우데모스', 논리학 범주인 '범주론', '명제론', '논거집', '분석론', '자연학' 1, 2, 7권, '천체론' 1권, '형이상학' 1, 2권, '대 도덕학'을 저술했다.

(2) 아소스, 레보스섬 시절(B.C. 347~345)

'철학에 관하여', '에우데모스 윤리학', 자연학, 천체론, 형이상학 일부를 저술했다.

(3) 마케도니아 알렉산더 개인 교사 시절(B.C. 343~335)

'호메로스 문제'를 왕자를 위해 저술했고, 알렉산더는 이것을 평생 소지했다. '군주 정치론'과 '식민지 이론' 등이 있다.

(4) 아테네 리케이온 시절(B.C. 335~323)

'자연학' 제8권, '기상론', '동물의 생성', '영혼론', '형이상학' 제7~9권, '니코마스의 윤리학'(아들이 부친의 강의록을 편찬), '정치학' 제3~4권, '아테네인의 국가제도' 등이 남아 있다.

3) 아리스토텔레스의 사상과 사후 영향

그의 사상을 크게 네 영역으로 살펴보자.

(1) 그의 사상

① 철학 사상

ⓐ 부동의 제일 동자 = 움직이고 있는 것은 반드시 다른 무엇인가가 움직이게 해서 움직인다.

ⓑ 목적인, 형상인, 질료인, 시동인 4개 인이 기본 원동력이다.

ⓒ 질료[質料: 힐레(hyle)]는 형상과 함께 생성하게 하는 존재자의 구성요소다.

ⓓ 형상[形相: 에이도스(eidos)]은 나타나 보여지는 모습이다.

ⓔ 형이상학의 실재를 10개 범주로 설명 - 유, 종, 개체, 질료, 형상, 가능태, 현실태, 4원소, 4원인(목적인, 형상인, 질료인, 시동인)[32]

② 자연철학

아리스토텔레스는 지구를 중심으로 한 천체의 완전성과 영원성을 믿었다. 자연적 목적과 섭리에 낙관적 관점을 가졌고, 태양, 행성, 달의 원(圓) 운동은 지성적인 원동자(原動者)에 의해 일어난다고 했다.

---

32) 아리스토텔레스, 이종훈 역, 《형이상학》(동서문화사, 2016).

그는 우주 운행이 하나님 섭리가 아닌 원동자라고 했다.

③ 인식론

논리학에서 이성으로 설명할 수 있는 방법은 지식에 중점을 두는 연역법, 귀납법의 삼단 논법이 있다.

④ 미학, 윤리학, 정치학[33)]

시(詩)는 현실 생활에서 발생 가능성이 있는 일의 모방이다.

덕(德)은 양 극단의 중용이다.

행복은 지적 활동에 의한 덕의 실천이다.

정치는 국가가 최고 형태의 공동체로 인간의 행복을 위해서 꼭 필요한 자족적 사회 도구다.

(2) 그의 사후 영향

세월이 흐르면서 각 분야의 다양한 사람들이 그의 저서 내용을 인용하고 각각 다른 해석으로 다른 주장들을 내놓으며 다양한 영향을 미친다. 그는 그가 저술한 분야가 다양한 것처럼 철학, 과학, 정치, 종교 등 매우 다양한 분야에 영향을 미친다.

여기서는 대표적 영향 분야를 살펴보자.

① 그리스 철학에 미친 영향

리케이온 2대 학장인 데오프라스는 아리스토텔레스의 형이상학과 심리학을 자기 식으로 발전시켰다. 그는 식물 연구로 식물학의 창

---

33) 아리스토텔레스, 손명현 역, 《윤리학, 정치학, 시학》(동서문화사, 2016).

시자가 되었고, 광물학, 논리학, 삼단 논법을 발전시켰다. 또 제자 디카이아르코스는 지리학을, 아리스토크세노스는 음악을, 로마의 정치가 키케로는 플라톤 사상과 아리스토텔레스 사상을 유럽화시키도록 하였다.

② 라틴 제국과 비잔틴 제국에 미친 영향

A.D. 3세기의 플로티노스는 아리스토텔레스의 막대한 영향을 받아 플라톤 사상을 변형시킨 신 플라톤주의(Neo-Platonism)를 제창했다.

그 신 플라톤주의의 영향을 받은 4세기의 아우구스티누스는 플라톤의 이데아(Idea) 사상을 기독교 신학에 적용시킨다. 플라톤은 이성이 이데아와 결합하는 것을 신비(神祕)라고 했다. 그런데 아우구스티누스는 물세례가 성삼위의 이름으로 실시됨으로 구원에 이르는 것을 신비(mystery)라고 했다. 아우구스티누스의 '세례 중생론'이 가톨릭 교회의 세례 중생론이고, 개신교들이 물세례를 교회 정회원으로 인정하는 기준이 되고 있다.

또 5세기경 디오니시우스 위 아레오바고(Dionysius the Pseudo-Areopagite)가 신 플라톤 사상과 성경을 종합한 많은 저서들을 남긴다. 여기서 아리스토텔레스의 철학 용어가 기독교 용어인 실체, 본질, 형상, 속성이라는 신학 용어들로 전용된다. 그것이 현재 조직 신학에서 신의 속성, 세 위격, 신의 본질이라는 용어들로 쓰이고 있다.

이 같은 철학이 신학 용어로 된 것을 9세기의 콘스탄티노플의 총대주교 포티우스(Photius: 820~895)가 답습하고, 10세기경에는 유대교 의사이자 철학자인 이사크 벤 솔로몬이 신 플라톤주의자로 활동한다. 이 전승을 중세기 라틴 스콜라 신학자 아벨라르(P. Abelard: 1079~1142)가 유명한 《예와 아니오》(Sic et Non: 1112)에서 계승하고, 토마스 아퀴나스(T. Aquinas: 1224~1274)가 유명한 《신학대전》(Summa Theologica)에서 아리스토텔레스의 질료와 형상 개념으로 성례전 신학을 만든다.

아퀴나스는 빵과 포도주가 눈에 보이는 '형상'이지만 그 배후에는 형상 이면의 능력이 있는 '질료'가 담겨 있다고 하였다. 그래서 가톨릭의 세례, 견진, 미사, 고해, 결혼, 도유, 서품 등의 모든 '형상'들 배후에는 '질료'인 성령의 능력이 있다고 주장한 현 가톨릭의 '칠성사'(七聖事) 교리가 완성되었다.

③ 근대 철학에 미친 영향

플라톤 철학과 아리스토텔레스 철학이 중세기 스콜라 신학 때 최전성기였다. 그러나 종교개혁 후 철학적 영향은 소강상태에 머문다.

그 후 17세기에 폴란드의 코페르니쿠스의 지동설과 갈릴레오의 주장으로 다시 아리스토텔레스 천체학이 살아난다. 또 독일의 철학자, 신학자, 자연과학자 라이프니츠(G.W. Leibnitz: 1646~1716)가 아리스토텔레스의 질료와 형상 이론을 받아들여 '단자론'(Monadology; 1714)으로 계몽주의적 낙관론 철학을 주장했다.

19세기에 교황 레오 13세(Leo XIII: 1810~1903)가 과거 12세기 토마스 아퀴나스 사상을 가톨릭에 부활시키며 가톨릭 내 철학 연구를 진행케 했다.

미국도 예외가 아니다. 20세기 미국의 철학자, 교육학자인 듀이(J. Dewey: 1859~1952)는 "교육이란 경험의 의미를 중요시하고 계속되는 경험 과정으로 능력을 향상시키는 경험의 재구조화"라고 정의했다. 그래서 과거의 지식 중심, 환경 중심, 교사 중심, 학생 중심의 교육 패턴이 아닌, 생활 중심, 성장 중심의 교육을 제창했다. 이 같은 실험주의, 경험주의 이론은 아리스토텔레스의 영향을 받았다고 할 수 있다.

결론

이상에서 B.C. 400년경의 느헤미야와 B.C. 300년경의 아리스토텔레스를 비교해 보았다.

두 사람이 이룩한 업적과 영향을 세상적 인류에게 미친 영향으로만 비교한다면 느헤미야는 비교의 대상이 못 된다. 그러나 하나님의 평가는 인류에게 많은 다양한 영향력을 미쳤느냐가 아니라 그가 얼마나 많은 이들에게 영생을 얻도록 진실하게 살아갔느냐에 초점이 있다.

아리스토텔레스가 말한 영혼의 개념, 질료의 개념, 원동자의 개념은 철학자들의 언어의 향연 같은 모호한 개념들뿐이다. 그렇기에 그의 학문은 계속 이견들이 대립되고 있다. 그러나 느헤미야의 정신과 지도자의 모범은 길이 남을 진리이다.

느헤미야를 아리스토텔레스의 작품들과 비교한다면 조족지혈(鳥足之血)이라고 할 수 있을 것이다.

아리스토텔레스의 사상은 다양한 학문 영역에 다양한 공헌을 했다. 그런데 아리스토텔레스의 영향을 받은 철학은 더 혼란스럽고 가톨릭은 미신 종교로 전락시켰다. 그에 반해 느헤미야는 온 천지가 적대자와 반대자들의 공격인 속에서 난세를 잘 이끌어간 탁월한 지도력을 보였다.

현대와 같은 국제적 국내적 난세에 느헤미야가 그리운 것은 그의 학문이 아니라 신앙 인격에 의한 탁월한 지도력이었다.

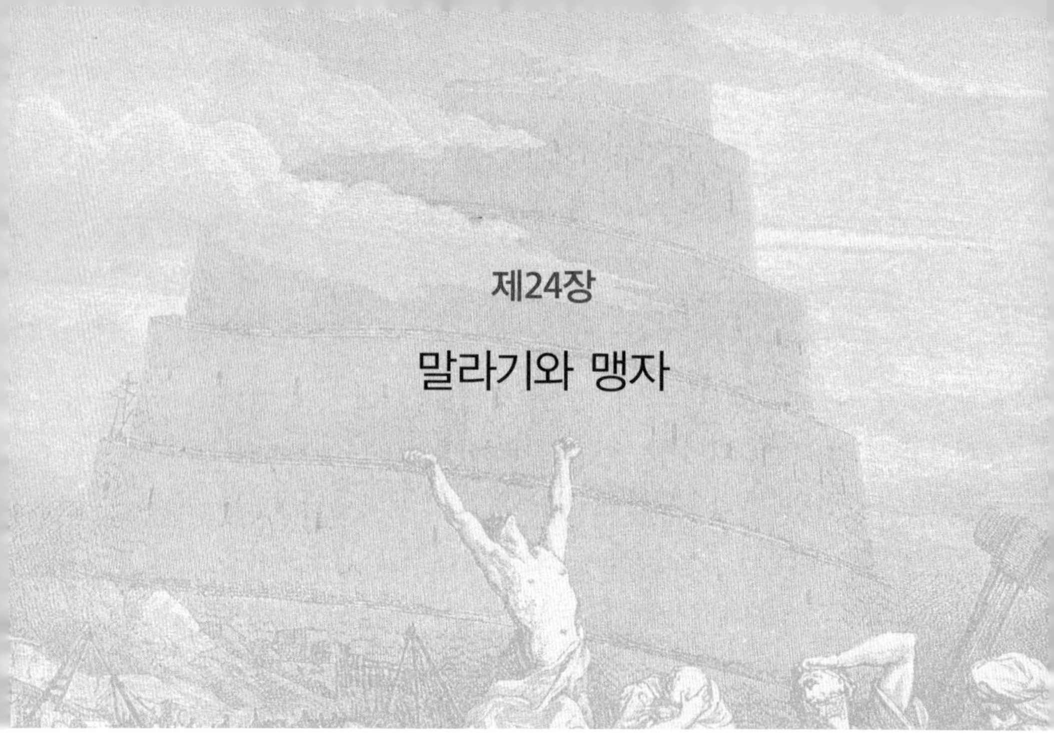

제24장

말라기와 맹자

서론

말라기는 B.C. 432~425년까지 활약한 구약 최후의 예언자이다.

말라기는 포로 귀환으로 고국에 돌아온 후 에스라, 느헤미야 같은 위대한 지도자들이 영적 각성 운동을 일으켰으나 여전히 형식적인 종교생활을 계속하는 동족들에게 마지막 심판을 경고한 선지자이다.

말라기 때는 제사장들의 타락이 극심했다. 그래서 타락한 지도자들을 향한 책망이 주된 메시지다.

말라기는 선민들의 심각한 타락으로 더 이상 희망이 없음을 잘 알고 있었다. 그래서 미래에 새로운 엘리야가 오고 구약시대는 단절될 것을 예언한다. 그리고 평신도들이 신앙 회복을 위해 십일조 의무를 잘 준수해야 함을 깨우쳐 준다.

말라기는 구약성경 완성자의 사명을 수행한다. 말라기 이후 400년 동안 계시가 단절된다. 말라기는 구약성경을 완결시키는 예언자였다.

맹자(B.C. 372~289)는 공자 사후(B.C. 479) 약 100여 년에 태어났다. 맹자는 공자의 인생과 똑같이 15년 동안 각국을 유세한 후 고향에 돌아가 후진 양성에 힘썼다. 맹자는 공자 사상의 연장선에서 유교를 완성시키는 일을 해낸다.

말라기가 구약을 완성한 점이나 맹자가 유교를 완성한 것은 유사점이라고 할 수 있다. 그러나 이 둘의 사상은 비교가 안 된다. 두 사람의 생애와 사상을 살펴보자.

1. 말라기(B.C. 432~435)

1) 말라기서의 특징

'말라기'라는 히브리 말은 '말르아키'(מלאכי)다. 이 말은 '나의 사자' (my messenger)라는 뜻이다.

말라기는 느헤미야와 같은 시대에 사역한 선지자이다. 그때는 성전(스룹바벨)이 이미 재건된 상태여서 성전에서 희생 제사가 드려지고 있었다. 그리고 느헤미야에 의해 예루살렘 성벽 재건도 완성되었다. 그렇다면 백성들은 안정된 생활로 신앙생활도 정상적으로 해야만 했다. 그러나 느헤미야가 직면했던 문제들이 여전히 개선되지 않고 계속되고 있었다.

종교 지도자들인 제사장들이 부패했다(느 13:7~14; 말 1:6~2:9). 또 백성과 지도자들이 십일조와 봉헌 예물에 무관심했다(느 13:15~22; 말 3:7~12).

또 이교도들을 아내로 맞는 신앙 가족 파괴가 여전했다(느 13:23~27;

말 2:10~16).

이렇게 느헤미야 시대에 표면적으로는 국민들이 단합해 눈에 보이는 성벽을 재건했으나 이면적인 그들의 생활은 전혀 개선되지 않은 채 부패가 계속되고 있었다.

말라기는 느헤미야가 직면하였던 부패한 제사장, 사악한 풍습, 거짓된 안정감으로 깊이 병든 백성, 자신의 의무감을 외면하는 안일주의 등을 통렬하게 지적한다.

이와 같은 말라기의 책망과 심판의 메시지가 전파된 후에 하나님께서는 400년간 침묵하신다. 그래서 말라기가 구약을 완성하는 구약 최후의 선지자로 활동한 후 400년 동안 '구약과 신약의 중간시대'가 이뤄진다. 하나님께서는 400년 후 침례자 요한으로 새로운 계시의 문을 여신다.

그렇기에 우리는 말라기서를 시대적 특징이라는 환경과 함께 이해해야 한다.

2) 말라기의 사상

(1) 종교 지도자의 타락과 백성들의 타락

말라기의 2장에서는 종교 지도자인 지도자의 타락과 그에 뒤따르는 백성들의 타락을 신랄하게 비판하고 있다. 종교 지도자들은 어떤 삶을 살아야 하는가? 여기서 매우 중요한 원칙을 말하고 있다.

말라기는 부정한 제물로 여호와를 모독한 당시 제사장들의 추악상을 낱낱이 지적한다.

이스라엘의 제사장들은 율법을 기준으로 해서 무엇이 옳고 무엇이 그른 것인지를, 제물인 동물들에서 정결하고 흠 없는 것을 구별해

내는 일을 했다. 그런데 당시 제사장들은 제물을 받으시는 하나님의 살아 계심을 의식하지 않았기 때문에 제물들이 추악해졌다. 제사장들은 짐승 중 눈먼 것, 저는 것, 병든 것, 흠 있는 것, 강탈한 물건, 더러운 떡 등등을 제물로 용납했다.

이것은 제물을 받으시는 여호와를 멸시하는 행위였다. 그래서 말라기는 제사장들의 죄악을 그들의 자손들에게 보응할 것이라고 심판을 선언한다. 그리고 그런 나쁜 제물을 총독에게 준다면 총독이 받아주겠느냐고 반문한다(말 1:8).

그러면서 말라기는 제사장이 지켜야 할 원칙을 말한다.

① 그의 입에는 진리의 법이 있고 불의함이 없어야 한다(2:5).

백성의 지도자는 옳고 그른 것, 정결하고 부정한 것을 판결할 때 조금도 불의나 부정이 없어야 한다. 성직자들이 강단에서는 진리를 외치면서 그의 삶은 온갖 세상적 이권과 연루되어 있다면 그는 타락자이고 후손들이 저주받을 일이다.

② 화평함과 정직함으로 하나님과 동행해야 한다(말 2:6 상).

지도자는 내적인 화평과 정직함이 외적인 행실과 말로 일관되게 유지되어야 한다.

지도자는 급변하는 상황이나 자기 감정적 기호에 따라 사역을 해서는 안 되고, 초지일관된 충성을 계속해야 한다.

③ 많은 사람을 돌이켜 죄악에서 떠나게 해야 한다(말 2:6 하).

지도자가 진리를 가르치고 선포하는 일은 사역의 절반에 불과하다. 나머지는 그의 가르침과 신앙의 모범을 통해 다른 사람들이 진리를 따라 살 수 있도록 이끌어 주는 역할을 해야 한다.

④ 율법을 행할 때 사람에게 치우치게 하였다(말 2:9).

영적 지도자는 영적 주인이신 하나님 편에서 행동해야 한다. 만일 영적 지도자가 사람에게 치우친 행동을 하게 되면 그는 하나님에 대한 반역자가 되고, 사람들 눈에도 추하게 보인다.

정치가는 사람들을 의식해야 하는 직업이지만 편을 갈라서 자기 편만을 위한 위선적 말을 하면 추하다 못해 혐오감이 생긴다.

영적 지도자도 마찬가지다. 하나님의 종은 언제나 어느 때든지 하나님 편에서 생각하고 말하고 행동해야 한다. 사람의 비위를 맞추는 지도자는 멸시와 천대를 당하게 되는 것이 공의의 법칙이라는 것이다.

말라기는 종교 지도자들인 제사장들의 타락이 평민들에게 그대로 반영되고 있음을 지적한다(말 2:10~16).

현대 교회는 말라기의 지적에 예외가 될 수 있는가? 목사들은 교인들이 무슨 일을 해서 헌금을 바치는가에 대해 전혀 관심을 갖지 않는다. 그 헌금이 사기를 한 것인지, 부정한 방법으로 얻은 것인지, 음란한 사업과 사람들에게 해를 끼쳐 가면서 만든 것인지, 헌금의 출처를 전혀 관심 삼지 않는다. 헌금을 많이 하면 큰 공적처럼 광고로 알린다. 그러니 과연 말라기 때와 현대가 다르다고 할 수 있을까?

말라기가 구약의 마지막 선지자로 구약 종교의 형식뿐인 타락을 외쳤던 것이 현대에도 적용된다고 할 수 있다.

(2) **십일조 의무**(말 3:7~12)

이스라엘 백성들의 죄악을 지적해 온 말라기는 보다 구체적인 죄악의 실례로 십일조와 봉헌물의 예를 든다. 당시 백성들은 하나님께서 약속해 주신 가나안 땅에 살고 있고 또 형식적이지만 제사를 드리고 있었다. 그래서 자신들은 하나님을 떠난 일이 없다는 안일한 정신으로 살아가고 있었다.

그런데 말라기는 '너희들이 하나님을 떠난 근거가 하나님의 것을 도둑질한 십일조와 봉헌물임'을 지적한다.

여기서 십일조에 관해 살펴보자.

① 십일조의 기원

십일조는 율법이 주어지기 전 족장시대 때에 이미 시행되었다. 창세기 14장 20절을 보면 아브라함이 그가 얻은 것에서 십 분의 일을 살렘 왕이며 하나님의 제사장인 멜기세덱에게 주었다. 창세기 28장 22절에 야곱이 벧엘에서 서원을 할 때 십 분의 일을 하나님께 드리겠다고 한다. 그 후에 이스라엘 백성들이 출애굽 한 후에 시내산에서 계명으로 십일조 의무를 약속한다(레 27:30~34).

② 십일조는 율법인가, 의무인가?

십일조가 구약시대 율법이기 때문에 신약시대에는 적용되지 않는다는 이론을 주장하는 이들이 있다. 여기서 율법에 대한 바른 이해가 필요하다.

율법에는 그 내용상 의식법, 도덕법, 사회법이 있다.

첫째, 의식법은 5대 제사와 절기들을 뜻한다.

율법 중 의식법은 신약시대 시작과 함께 이미 폐지되었다.

둘째, 도덕법은 완성해야 하는 율법 부분이다.

주님은 산상수훈에서 십계명 속에 담겨 있는 살인, 간음, 증오 등은 일점일획도 폐하지 말고 다 지켜서 완전케 하라고 하셨다. 따라서 율법 중 도덕법은 폐지가 아니라 완성해야 할 부분이다.

셋째, 사회법이 있다.

십일조가 바로 사회법이다. 십일조의 용도는 기업이 없는 제사장들과 레위인을 위하고, 가난한 고아와 과부와 나그네를 구제하는 데 쓰이도록 의무 사항으로 주어졌다(레 27:30~34; 신 14:22~29). 이렇게 사회 약자와 제사장들의 생활을 위해 쓰이는 십일조를 왕정 시대에 다윗이 성전 건축비로 쓴다(대상 29장).

주님은 정의와 긍휼과 믿음을 지키기 위한 십일조는 버리지 말고 행해야 한다고 하셨다(마 23:23). 그렇기에 제사장들의 생활과 사회적 약자를 위해 쓰이는 십일조는 율법의 사회법으로 준수해야 할 의무다.

예수님 시대에는 이미 헤롯 성전이 세워져 있었다. 그 성전 내에는 여인들의 뜰, 남자들의 뜰, 이방인들의 뜰을 따라 일렬로 된 나팔 모양의 연보궤가 13개 놓여 있었다. 주님은 연보궤에 연보하는 행위는 사회법으로 용납하셨다(막 12:41~43; 눅 21:1~4). 그러나 연보가 눈에 보이는 건물인 성전에 잘못 쓰이는 것에는 성전을 헐어 버리라고 분개하셨다(요 2:19). 오늘날 십일조를 구별되게 쓰지 않고 건물에 불과한 예배당과 모든 건축물에 유용하는 것은 기복 신앙자들의 부패 현상이다.

③ 십일조에 대한 하나님의 약속

ⓐ 십일조를 실천하지 않는 것은 하나님의 것을 도둑질한 것이다.

여기 '도둑질'이란 원문이 '하이크빠으'(היקבע)다. 이 말은 '강제로 빼앗는다. 강탈한다'는 뜻이다. 히브리 말에 남의 것을 몰래 도둑질하는 것은 '까나브'(גנב)라고 한다(창 30:33; 출 20:15).

여기에 쓰인 원문은 강제로 빼앗는다는 뜻이므로 영어 성경들에는 '강도질'이라고 번역되었다. KJV는 '그러나 너희는 내 것을 강도질하고도'(Yet ye have robbed me)라고 했고, NIV도 '강도질'(Yet you rob me)이라고 했다.

사실 도둑질은 몰래 훔쳐 달아나는 것이지만 강도질은 상대방을 힘으로 제압하고 강제로 빼앗는 것이므로 죄가 더 무겁다.

말라기는 십일조를 실천하지 않는 것이 단순히 몰래 훔치는 도둑질이 아니라 누가 봐도 용납할 수 없는 강도질의 행위라고 규탄했다.

ⓑ 온전한 십일조로 나를 시험해 보라.

'온전한 십일조'란 '콜 함마아세르'(כל המעשר)다. 이 말은 첫째, 정확한 소득의 십일조, 둘째, 모든 소득의 십일조라는 두 가지 의미가 있다. 그래서 바리새인들은 사소해 보이는 박하, 회향, 근채 등의 채소류와 약초류를 수확한 것들 중에서도 십일조를 바쳤다(마 23:23).

"십일조로 나를 시험해 보라." 구약성경에 '시험하다'는 말은 '우베하누니'(ובחנוני)다. 그런데 구약성경에 '시험하다'는 말의 종류가 많지 않아서 그 뜻을 정확하게 분별하기 어렵다. 그러나 신약에서는 test에 해당하는 '도키마죠'(δοκιμάζω)가 있고(고전 3:13; 딤전 3:10; 요일 4:1), 그와 달리 나쁘게 유혹한다는 temptation에 해당하는 '페이라조'(πειράζω)가 있다(마 4:1, 16:1; 고전 10:13).

그렇다면 말라기의 '시험'은 무엇인가? 말라기의 '시험'은 신약에 쓰인 두 가지 뜻 모두 아니다. 아마도 이 말은 몸소 체험해 보도록 순종해 보라는 도전적, 강조적 의미라고 할 수 있다.

ⓒ 하늘 문을 열고 복을 쌓을 곳이 없도록 붓지 아니하나 보라.

'하늘 문'이란 '아룹보트 핫쇄마임'(אבות השמים)이다. 이 말은 하늘에서 만물의 생장에 절대 필요한 비를 공급해 준다는, 생명의 근원이 연속적으로 주어진다는 상징적 표현이다. 그 근거는 생명의 근원인 하나님과 연결되어 있으므로 물질적 만족은 물론이고 사회적, 신분적 관계까지 복이 미치며, 영원한 천국까지 이르는, 쌓을 곳이 없는 복인 것이다.

ⓓ 메뚜기를 금하고 기한 전에 떨어지지 않게 하리니.

'메뚜기'는 '빠오켈'(באכל)로 '먹는 자'(the devourer)라는 뜻이고, '기한 전에 떨어진다'는 '텍솩켈'(תשכל)로 유산이나 낙태를 의미한다.

이 표현은 농경사회에 해당하는 표현이다. 이 표현을 현대 다원화된 세상에 적용한다면 모든 영역에 적용되는 원리이다. 누구든지 자기가 종사하는 다양한 분야에서 최선을 다하고 노력을 경주한다 할지라도 마지막 결실은 쓸모없게 된다는 것이다.

이상에서 말라기는 세상이 아무리 변천한다 해도 지켜야 할 의무사항은 잘 지켜야 부패와 타락을 예방할 수 있음을 말한다. 현대어용 신학자나 목회자들이 십일조는 구약시대에 있었던 율법이므로 폐지되어야 한다고 주장하는 것은 무지의 소치이다.

(3) 오실 여호와의 사자, 언약의 사자(말 3:1)

말라기는 3장 1절에 두 사자를 예언한다. "내가 내 사자를 보내리니 그가 내 앞에서 길을 준비할 것이요." 여기서 말하는 길을 준비할 사자는 말라기 4장 5절에서도 말하는 선지자 엘리야이다.

여기서 말하는 사자는 침례자 요한임을 주님께서 설명해 주셨다(마 11:10~14).

그다음에 말라기는 3장 1절 후반에서 "또 너희가 구하는 바 주가 갑자기 그의 성전에 임하시리니 곧 너희가 사모하는 바 언약의 사자가 임하실 것이라"라고 말한다. 그리고 3장 2~6절에는 언약의 사자가 오셔서 행하실 사역들을 설명한다.

이때 예언된 '언약의 사자'는 예수 그리스도를 지칭한다. '언약의 사자'에 대한 이 예언은 주님의 성전 숙청사건에서 성취되었다(마 21:12~14; 막 11:15~18; 눅 19:45~48; 요 2:13~22).

(4) **여호와 앞에 있는 기념책의 기록**(말 3:16~4:3)

말라기의 마지막 예언들은 매우 귀중한 내용이다. 3장 16절의 기념책의 기록, 3장 17절의 특별한 소유로 삼을 정한 날, 4장 1절의 용광로 불 같은 날, 4장 2절의 치료하는 광선이 비추는 날, 4장 3절의 정한 날에 악인을 밟을 것 등이다.

이 같은 예언들은 아직까지 성취되지 않은 미래의 일이다. 이 같은 예언들은 계시록 20장 11~15절에 예언된 미래의 백보좌 심판 때 이뤄질 사항이고, 또 계시록 21장 1~4절에 예언된 새 하늘과 새 땅에서 이루어질 미래의 예언이다.

이렇게 말라기 내용을 보면, 오실 여호와의 사자인 침례자 요한과 성전을 정화시킨 언약의 사자 예수 그리스도에 대한 예언은 이미 성취되었다. 그러나 백보좌 심판과 새 하늘, 새 땅의 예언은 미래의 일로 남아 있다.

이처럼 말라기는 그 내용의 광폭이 대단히 광대하고 구약의 마지막 예언으로 중대성을 지닌다.

2. 맹자(B.C. 372~289)

1) 맹자의 생애

공자(B.C. 552~479) 사후 100여 년이 지난 후에 공자와 같은 지역인 산동성 찌우현에서 맹자가 태어났다. 맹자 어머니가 맹자의 교육을 위해 집을 세 번이나 이사했다는 삼천지교(三遷之敎) 고사는 사실 여부가 의심스럽다. 맹자는 젊은 시절 공자의 출생지인 노(魯)나라에서 공자 손자인 자사(子思) 문하생으로 공자의 가르침을 받는다. 그 후 제자들을 데리고 약 15년 동안 양(梁)나라와 제(齊)나라 등 각국을 유세하며 제후들에게 자기 주장을 펼친다.

맹자가 살아간 시대는 중국의 춘추시대(B.C. 722~481)가 지나고 더 살벌한 전국시대(戰國時代; B.C. 453~221)였다. 이때에는 유력한 제후들이 자칭 왕이 되어 무력으로 다른 나라들을 귀속시켜서 천하를 제패하려고 하던 때였다.

이 무렵의 정치가들은 부국강병을 할 수 있는 외교적 책략을 필요로 하였다. 이 무렵에 제(齊)나라의 환공(桓公)이나 진(晉)나라의 문공(文公)처럼 힘에 의해 패권(霸權)을 장악하는 것이 선망의 대상이었다.

그런데 맹자는 공자의 인(仁)에 의한 덕치의 왕도(王道)정치를 주장했다. 이와 같은 맹자의 주장은 당시 시대인들과 상반된 주장이었다. 그래서 맹자는 제후들로부터 외면당하자 고향에 돌아가 평생 후학들 교육에만 전념한다. 맹자의 생애는 공자와 판에 박은 듯 비슷하다.

2) 맹자의 사상

맹자가 제자 만장과 공손추와 함께 공자의 사상을 7편으로 만든 작품을 후대에 '맹자'라고 일컫는다. 이 '맹자'는 맹자의 사상으로, 송(宋)나라 때 주자학(朱子學) 이후에 공자의 '논어', 공자의 손자인 자사의 '중용', 공자의 제자 증자의 '대학'과 함께 유교의 사서(四書)로 채택된다.

맹자의 사상은 무엇인가? 크게 둘로 나눌 수 있다.

첫째, 인의설(仁義說)의 기초가 되는 성선설(性善說)

성선설을 설명하는 사단지설(四端之說)

둘째, 왕도정치 이론

이 두 가지가 맹자의 핵심 사상이다. 그 내용을 살펴보자.

(1) 성선설(性善說)

공자와 맹자는 인(仁)을 바탕으로 한 성선설의 주장자들이다. 공자의 인(仁)이나 맹자의 인의(仁義)는 같은 개념이다.

맹자는 인간이 태어나면서 네 가지의 품성을 마음속에 자리 잡고 태어난다고 했다. 즉 ① 측은지심(惻隱之心) 인(仁), ② 수오지심(羞惡之心) 의(義), ③ 사양지심(辭讓之心) 예(禮), ④ 시비지심(是非之心) 지(智). 인간의 마음속에는 인의예지가 갖춰져 있으므로 이 네 가지 품성들을 고르게 잘 배양 육성하면 천하가 모두 평안해질 수 있다는 성선설을 주장했다.

맹자가 성선설을 주장한 후 50여 년 후에 순자(荀子, B.C. 3세기경)가 나타났다. 순자는 공자, 맹자처럼 그들의 사상을 후대 제자들이 편찬하지 않고 자기가 직접 저술한 20권 32편을 남겼다. 순자는 맹자와 정반대로 성악설(性惡說)을 주장했다.

중국 고대의 사상가로 공자, 맹자, 순자는 그리스의 소크라테스, 플라톤, 아리스토텔레스와 비견된다.

순자의 성악설과 맹자의 성선설은 계속해서 논란을 이어간다. 맹자와 동시대인 고자(告子)는 인성을 성악, 성선으로 구분할 수 없다는 논쟁을 벌였다. 묵자(墨子: B.C. 480~390)는 인간에게는 두 가지 성품이 겸해 있다는 겸애설(兼愛說)을 주장했다. 양주(양주: B.C. 440~360)는 위아설(爲我說)로 인간은 철저한 이기주의자일 뿐이라고 주장한다.

맹자의 성선설은 기존 주장들과 반대와 토론과 연구를 거듭한 끝에 드디어 유교의 교리로 승격이 된다. 맹자의 성선설은 유교의 도덕 실천의 근거를 제시하는 학설로 계속해서 유교와 함께 계승 발전되어 왔다.

(2) 왕도정치(王道政治)

공자와 마찬가지로 맹자도 정치에 많은 관심을 가졌다. 그래서 백성이 잘 살아가려면 정치가들이 민중을 사랑하는 마음으로 정치를 해야 한다는 왕도정치 이론가였다. 힘에 의한 정치를 '패도'(覇道) 정치라 하면 어진 군주에 의한 정치를 왕도정치라고 한다.

만일 군주가 어질지 못하다면 그 같은 군주는 쫓아내야 한다는 역성혁명(易姓革命)을 긍정하며 중국 고대사를 설명했다. 중국 고대사에 B.C. 2200년경 하(夏)나라가 있었다. 하 왕조의 걸왕(桀王)이 무도(無道)한 짓을 하자 은(殷)나라(B.C. 1766)의 탕왕(湯王)이 무력으로 걸왕을 추방하고 천자의 자리에 올랐다. 또 은나라의 주왕(紂王)이 포악한 짓을 하자 주(周)나라 (B.C. 1122) 무왕(武王)이 주왕을 토벌하고 천자가 되었다. 이와 같이 이전의 왕조를 무너뜨리고 새로운 왕조를 세우는 일은 하늘의 명을 받아 혁명(革命)을 하는 일이다.

또 이와 같은 혁명은 주역의 역(易)경의 혁괘(革卦)에 근거에 따르는 5행(五行)의 결과로, 이것을 역성혁명(易姓革命)이라고 한다.

맹자의 이와 같은 민본주의에 입각한 역성혁명 이론을 철저하게 신봉한 자가 조선왕조를 개국하게 한 정도전(1337~1398)이고, 이를 막으려다가 참변을 당한 것이 정몽주다. 역성혁명은 조선왕조 때 여러 번 시행된다. 세조(1417~1468)가 단종(1441~1457)을 몰아내고 자신이 왕이 될 때나 연산군(1470~1506)을 몰아내고 중종(1488~1544) 반정을 이룬 때에도 역성혁명을 적용했다.

맹자는 정치와 달리 경제면에서 정전법(井田法)을 주장했다. 전답을 정(井)자 형으로 9등분해서 중앙 토지는 조세용인 공전(空田)으로 삼고, 그 주위의 땅을 백성들에게 균등하게 배분해 준다는 토지제도의 이념이다.

맹자의 정전법은 주(周)나라 때 실시되었고, 진(秦)나라(B.C. 350) 때에 폐지된 정전법을 다시 주장했다. 이 정전법은 조선왕조 때 실학파(實學派) 정약용(1762~1836)이 황사영 백서에 연루되어 강진에서 18년간 유배생활 중에 저술한 목민심서 48권(1818)에 반영되었다. 정약용의 이론은 맹자의 정전법과 똑같지는 않으나 당시 토지제도의 문란함에 대한 토지 개혁안으로 정전론(井田論) 정전의(井田議)로 설명한 점은 맹자 이론과 유사하다고 할 수 있다.

유교는 공자와 맹자의 사상을 주축으로 하므로 유교를 속칭 공맹지교(孔孟之敎)라고 한다. 이와 같은 공자, 맹자의 이상주의적 인의(仁義) 중심의 사상이 춘추전국시대에 빛을 보지 못했다. 오히려 사람 죽이기로 유명하고 포악한 진시황(秦始皇)이 진나라로(B.C. 221~206) 중국을 통일시켰다. 잔인하고 포악한 진시황의 중국을 한(漢나라: B.C.

206~A.D. 220)의 유방의 지배한다. 그리고 A.D. 233~297년의 위, 촉, 오의 세 나라 지도자 조조, 유비, 제갈공명의 지략 싸움이 삼국지(三國志)로 알려졌다.

결론

말라기는 B.C. 432~425년에 사역한 선지자이다. 그는 당시의 종교 지도자들인 제사장들의 타락과 부패로 인해 백성들까지 타락했음을 신랄하게 비판했다. 그리고 타락을 회복하는 수단으로 십일조를 강조했다.

십일조는 제사장들, 레위인들의 생활비와 고아, 과부, 나그네 등 사회적 약자를 위해 쓰이는 재정이다. 현대 교회가 연보(捐補)를 헌금(獻金)으로 대치시켜서 사회적 약자와 무관한 건물과 사업 확장에 치중함은 철저한 타락의 현실이다.

말라기는 이미 이루어진 많은 예언들과 미래 사항으로 남아 있는 예언들을 주었다. 그렇기에 미래 종말론의 한 부분을 계시해 주고 있다. 이런 면에서 말라기의 사역은 계속 진행형이라고 할 수 있다.

한편 맹자(B.C. 372~289)의 성선설은 인성의 한쪽 면만 강조하여 많은 논란이 이어져 왔으나 아직까지도 해답을 주지 못하는 편견에 그치고 있다. 그의 왕도정치 이론이 역성혁명 이론과 결부된 것은 그의 이론이 부당하다는 반증이다.

우리는 말라기의 무한한 내용에 비해서 수많은 문제를 야기하는 맹자의 이론은 너무 대조적임을 배운다. 그 문제점들이 우리나라의 조선 왕조 500년을 지배했다.

우리는 말라기의 진리가 2500년이 지난 지금도 유효한 반면에 맹자의 주장에는 많은 문제점들이 폐해를 일으켰음을 깨닫게 된다.

구약과 동시대 세상 I
(구약편)

1판 1쇄 인쇄 _ 2023년 12월 15일
1판 1쇄 발행 _ 2023년 12월 20일

지은이 _ 정수영
펴낸이 _ 이형규
펴낸곳 _ 쿰란출판사

주소 _ 서울특별시 종로구 이화장길 6
편집부 _ 745-1007, 745-1301-2, 743-1300
영업부 _ 747-1004 FAX 745-8490
본사평생전화번호 _ 0502-756-1004
홈페이지 _ http://www.qumran.co.kr
E-mail _ qrbooks@daum.net / qrbooks@gmail.com
한글인터넷주소 _ 쿰란, 쿰란출판사
등록 _ 제1-670호(1988.2.27)
책임교열 _ 이주련·박은아

 ISBN 979-11-6143-910-5 94230
979-11-6143-911-2 (세트)

책값은 뒤표지에 있습니다.

겨자씨 문서선교회 이상

1. 올바른 신앙 뿌리 회복을 위한 과거 2천 년 교회의 역사서
2. 하나님께서 기뻐하시는 현재의 삶을 위한 신·구약 성경 강해서
3. 오늘과 미래의 그리스도 십자군 정병을 위한 핵심 교리서

위의 세 종류 문서로 주님 오심을 대비하게 한다.

[겨자씨 문서선교 정기후원자](가나다순)

1. 강효민 목사(새삶교회)
2. 김경석 목사(강서교회)
3. 김덕기 목사(서영희)
4. 김소망 형제(이정화)
5. 김종훈 목사(오산교회)
6. 문무철 목사(성남교회)
7. 박명숙 권사(조준환)
8. 박상준 목사(태능교회)
9. 배국순 목사(송탄중앙교회)
10. 백광용 장로(유명자)
11. 여우석 목사(새벽교회)
12. 여주봉 목사(포도나무교회)
13. 우치열 목사(늘푸른교회)
14. 윤승자 사모(이주일)
15. 이동수 목사(대구교회)
16. 이유경 자매(전수연)
17. 이재기 목사(사랑빛는교회)
18. 장광태 집사(이종희)
19. 정은희 자매(박용배 집사)
20. 정준희 목사(백민정)
21. 주승은 목사(독산동교회)
22. 지효숙 권사(이정복 장로)
23. 최성균 목사(동백지구촌교회)

윗분들의 정성 어린 후원으로 문서선교가 이루어져 가고 있습니다.
더 많은 선교 참여자가 계속 이어지기를 기도합니다.

후원 계좌

농 협	356-0669-9227-93	정수영
우리은행	1002-246-769541	정수영
국민은행	229301-04-285676	정수영

Email: chungsy40@naver.com